KB189611

부처님이 깨달음을 얻은 수행법

위빠싸나 II

김열권 편저

불광출판사

부처님이 깨달음을 얻은 수행법

위빠싸나 II

●

김열권 편저

담마(法)의 이익이 전 인류에게 나누어지길

"마음의 오염(번뇌)으로부터 자유로움을 얻는 것을 포함하여 일곱 가지의 이익을 얻기 위한 하나의 길이며 유일한 길이 있다. 그것은 네 곳에 마음챙김하는 사념처 위빠싸나(Satipaṭṭhāna Vissanā)이다."

부처님은 이와 같이 단호한 확신을 가지고 수행으로 얻는 이익과 정확한 수행법에 대하여 마치 수레의 두 바퀴처럼 분명하게 설명하셨다. 이 말씀에 따라 여법하게 수행한 역대 모든 선사들은 그에 따른 이익을 여지없이 성취하였던 것이다.

삿띠빳타나(Satipaṭṭhāna, 四念處)의 용어적 의미와 특성을 살펴보면 이 수행법에 대한 이해가 간단 명쾌하게 드러난다. 삿띠라는 말은 알아차림 혹은 마음챙김(念, mindfulness)을 의미하고 빳타나는 네 곳의 마음챙김 대상(身-몸, 受-느낌, 심-마음, 法-법)에 굳건하고 밀밀하게 뿌리내리고 있는 것을 뜻한다. 그러므로 '삿띠빳타나'는 관찰되어지는 대상에 대한 관찰, 즉 마음챙김이 확고하고 밀밀면면하게 건립되는 것을 말한다. 빳타나에서 빠(호흡 관찰)는 초강력의 의미를 담고 있어 '빳타나'는 보통의 상태로 관찰대상에 밀착되어 있는 것이 아니라 초강력으로 완전하게 밀착되어 있는 상태이다. 그러므로 '삿띠빳타나'의 의미는 마음챙김(관찰, 알아차림)이 관찰대상에 파고들어 대상 속에 계속 이어지는 것을 말한

2

다. 여기에서 대상에 파고드는 것은 전광석화처럼 단도직입적으로 돌이켜 생각하거나 분별함이 없는 직관적인 통찰로서 대상에 즉각 파고들어 계속 이어지면서 굳건하게 자리 잡는 지혜의 관찰이다.

즉 이것은 대상이 일어나자마자 즉각 그 대상을 포착하여 파고드는 비상(非常)하고 초강력적이고 확고부동한 마음챙김이며, 일어나는 대상에 힘차게 돌진해 들어가 빈틈없이 무간단(無間斷)으로 굳건하게 자리잡는 마음챙김이며, 그 대상을 처음부터 끝까지 완전히 놓치지 않고 장악함으로써 끊임없이 현재의 당처에 머무는 당하무심(當下無心)의 마음챙김이다. 이와 같은 마음챙김의 복합적인 의미는 일어나는 대상을 즉각적으로 확고부동하게, 전심전력으로 온전히 포착하여 대상에 파고들어 계속 빈틈없이 밀밀면면하게 성성적적하게 현 당처를 내관(內觀)하는 직관적인 관찰법이다. 한마디로 '삿띠빳타나'는 네 곳의 관찰대상에 초강력적으로 확고부동하게 굳건히 머무는 바로 그 마음챙김(Sati)을 뜻한다.

'삿띠빳타나'의 수행을 정확하게 실천하기 위하여 도움을 주는 아홉 가지 사항이 있다. 즉 정직성(진실성), 명료함, 여실하게 앎, 정확성, 심오함, 간결함, 순일함, (올바른 수행의) 병행성과 이익이 그것이다.

이와 같은 '삿띠빳타나' 수행에는 팔정도(八正道)의 나머지 요소들이 저절로 내포되어 있고, 항상 깨어 있음 속에서 내면을 정화하며 깨달음에 이르는 유일한 길이므로 모든 사람 누구나에게 가장 중요한 일이 아닐 수 없다. '삿띠빳타나(四念處) 위빠싸나'가 갖고 있는 특성을 살펴보면 다음과 같다.

(1) 누구나 수행해야 할 절대적으로 필요한 것이며
(2) 타인이 대신해줄 수 없는 본인 스스로 직접 수행해야 하는 것이며

(3) 적절한 시간을 놓치지 않고 꾸준히 수행해야 한다.

(4) 그 결과는 대단히 유익하다.

비유를 들어 설명해 보면 건강을 위해서는 맑고 신선한 공기가 반드시 필요하듯이 '삿띠빳타나' 수행은 깨달음을 얻기 위해서 절대적으로 필요 불가결한 것이며, 공기는 우리 자신 스스로 들이마셔야 하듯이 이 수행도 우리 자신 스스로 실천해야 하며, 공기도 제때에 계속해서 들이마셔야 하듯이 수행도 늙고 병들고 죽기 전에 규칙적으로 꾸준히 연마해야 한다. 이와 같이 열심히 수행하면 부처님께서 보증하신 일곱 가지 이익을 얻을 수 있다.

(1) 마음의 오염(번뇌)으로부터 자유로워지며,

(2) 슬픔과 비탄으로부터 자유로워지며,

(3) 갈애와 불안으로부터 자유로워지며,

(4) 육체적 고통으로부터 자유로워지며,

(5) 모든 정신적 고통으로부터 자유로워지며,

(6) 성스러운 도(道, Ariya magga)를 얻으며,

(7) 성스러운 과(果, Ariya phala, 견성해탈)를 얻는다.

뿐만 아니라 선과 악이 변화무쌍하게 난무하는 세파 속에서 자신의 삶을 초연하고 평온하게 유지하고 현실에서 지혜의 힘으로 무심(平等心)하고 자유롭게 자신의 생활을 영위할 수 있다. 그 실례로 1900년대 초 미얀마의 위대하신 선사인 마하시 사야도의 경우를 보면, 그는 6세 때 출가하여 경전을 공부하고 20대 후반에 그의 스승 밍군제타반 사야도의 지도하에 4개월 동안 전혀 잠이나 졸음에 떨어지지 않고 완전히 깨어있는 상태로 용맹정진하여 대지혜와 만족할 만한 성과를 얻었다. 그

후 그는 미얀마뿐만 아니라 세계 곳곳에 수많은 승려와 일반 수행자들에게 법을 베풀어 달마의 행복을 함께 나누었던 것이다. 기록에 의하면, 1972년까지만 해도 세계 각국에서 70만명이 넘는 수행자들이 그의 문하를 거쳐 나갔고 마하시 분원이 미얀마에서만도 400여 곳이 설립되었으며, 그리고 70여 권에 달하는 많은 저서를 남겼다. 무엇으로 이러한 위업이 가능했는가? 그것은 다름아닌 삿띠빳타나(四念處, 위빠싸나)의 수행을 올바로 여법(如法)하게 실천하여 정신적 계발과 지혜를 성취하고 수행자 스스로 법의 기쁨을 누리게 되었기 때문이다. 또한 수행자들 자신의 삶인 인간적 가치를 성스러운 마음의 상태로까지 예리하게 이해하게 되어 사견(邪見)에서 벗어나 영원한 자유를 누릴 수 있는 계기가 되었기 때문이다.

그러므로 사념처 위빠싸나를 실천하는 법의 가족들이 점점 증가하면 세계는 더욱더 우호적이고 정답게 될 것이며, 아울러 비인간적이고 부정한 것은 점점 줄어들고 인간적이고 정의로운 삶이 더욱더 번창하게 될 것이다. 비록 완전하게 정의로운 사회는 아직 구현되지는 않았지만 그곳을 향한 문은 활짝 열려져 있다. 불교문화의 발전과 번영 그리고 부처님 가르침의 정확한 전달로 한국을 비롯한 전 세계에 삿띠빳타나 가족이 날로 증가하고 이로 인하여 담마(法)의 이익이 현 세계의 인류 모두에게 골고루 나누어지길 기원한다.

빤디따라마 선원장 우빤디따

Sayadow U Pandita
Panditarama
Shwe Taung Gon Sasana Yeitha
Yangon, Myanmar

서문

1

"내 나이 29세에 왕궁을 버리고
생사 없는 진리를 찾아 사문이 되었다.
그때 이후로 50년의 세월이 흘러갔건만,
나의 가르침 밖에서 구경해탈도에 이르는
사념처 위빠싸나를 가르치는 사람은
한 사람도 찾아볼 수 없었다.
다른 가르침에서는 최상의 진리를 얻은
성자는 발견되지 않았다.
만약 이 가르침(8정도, 위빠싸나)을
열심히 수행해 나간다면
승가는 계속 발전되고 구경각을 실현한
아라한은 영속하리라."

이것은 부처님께서 대열반(Parinibbāna)에 들기 직전에 그를 찾아온 마지막 제자인 수밧다에게 설한 법문으로 초전법륜의 중도법문과 일치한다.

지금까지 인류가 발견해낸 수행법은 사마타(Samatha, 止, 유루선정)와 위빠싸나(Vipassanā, 觀, 지혜해탈법) 두 가지로 분류할 수 있다. 사마타는

6

관(觀)이 없는 기도·주력·염불·수식관·선정호흡·지·수·화·풍을 대상으로 수행하는 것으로 근본 무명은 제거할 수 없고, 다만 정신통일하여 8선정의 평온의 상태에 도달한다. 이 사마타 수행은 불교 외에 요가의 8선정·선도 등 타종교에서도 발견할 수 있다.

반면 위빠싸나는 부처님께서 8선정을 뛰어넘어 견성해탈에 이른 수행법(一乘道, ekāyanamagga)이다. 위빠싸나는 마음의 당처를 있는 그대로 철견하여 탐·진·치를 제거하고 궁극의 열반에 이르는 수행법으로 불법 내에서만 발견된다.

고타마 싯다르타께서 왕궁을 버리고 사문이 된 후 사마타 수행의 최고경지인 비상비비상처정(非想非非想處定)을 성취했으나 궁극의 해탈에는 이르지 못했다. 그러나 위빠싸나 수행으로 전환하여 비로소 생사 없는 무상정등정각(無上正等正覺)을 성취함으로써 부처가 되었던 것이다.

그리하여 대념처경에선 부처님께서 깨달음을 얻은 후 "중생의 정화(淨化)를 위한, 슬픔을 건너기 위한, 괴로움의 소멸을 위한, 진리의 길을 걷기 위한, 열반을 증득하기 위한 유일한 길(一乘道, ekāyanamagga)이 사념처(위빠싸나)이다."라고 하셨다.

위빠싸나는 넓게는 사마타의 정(止)·무루선정·중도·보리·반야(지혜)·궁극의 깨달음 등을 포함한다. 삼세제불(三世諸佛)이 반야에 의지하여 아뇩다라삼먁삼보리를 얻고, 오직 반야에 의해서만 오온(五蘊)이 공(空)한, 일체 고가 녹아버린 해탈이 성취되며 모든 자비도 반야에서 나온다. 열반의 삼덕인 반야·해탈·법신에서도 반야가 가장 핵심적인 역할을 한다.

그 반야의 실천이 바로 위빠싸나 수행이다. 이것이 부처님께서 발견한 유일한 수행법이며 이것으로 깨친 진리를 말로 설한 것이 경전이다. 그 경전의 핵심 내용도 중도, 연기이다. 한편 대승경전에서도 화엄경의 12지(十二地), 능엄경의 25원통법이 위빠싸나 수행의 실례이며 대열반경에서도 "불성자(佛性者)는 제불(諸佛)의 극과(極果)인 십력(十力)과 사무소외(四無所畏)와 대비(大悲)와 사념처(四念處)이다."라고 했고, 용수도 수르드 레카(Suhrd-lekhā)에서 "사념처(위빠싸나)는 삼세제불에 의해서 실수 없이 보여준 깨달음으로 가는 유일한 길이다. 언제나 네 곳에 마음챙김을 유지하라. 만약 이것을 게을리 한다면 모든 노력이 허사로 돌아갈 것이다."라고 언급한 대목이 보인다.

우리나라에서는 불교가 들어온 지 1,600여 년이 되었지만 부처님께서 어떻게 수행하여 깨달음을 얻었고, 그의 제자분들에게 어떻게 가르쳤는지 구체적으로 정확하게 아는 사람은 많지 않다. 간화선(화두참구법)에 관한 책은 많이 발간되어 있지만, 부처님 당시의 참선 수행에 대한 책은 거의 없다고 해도 과언이 아니다. 이것은 중국 당나라에서 발달한 선종불교에 너무 의존한 나머지 수행법이 화두참구법으로 거의 일관되어 왔기 때문일 것이다.

한편 우리나라에서는 사마타와 위빠싸나 수행에 관하여 정확하고 구체적인 구별을 해오지 않았던 것 같다. 이로 인하여 명안종사를 못 만나든가 충분한 이론의 뒷받침이 없는 수행자의 경우는 중간경계를 집착하여 깨달음으로 잘못 인식한 나머지 수행상 더 이상 진보가 없는 경우도 있다. 심지어 일부에서는 위빠싸나를 사마타와 혼돈하여 위빠싸나 하면 하근기 수행법이라 하여 무조건 소승관법으로 잘못 오해하는 어처구니 없는 실수를 저지르는 경우도 있다. 소승·대승은 경전이나 사념처법

자체에 있는 것이 아니고 수행자의 집착이나 어리석은 태도에서 오는 것이다. 화두도 잘못 수행하면 사구(死句)가 되고, 제대로 참구하면 활구(活句)가 되는 것과 같다. 아공(我空)에만 집착하면 소승이 되고, 법공(法空)에만 집착하면 대승의 누가 되고, 아공과 법공에서 벗어나면 일승도(一乘道)인 최상승이 된다.

이러한 모든 것들이 부처님의 수행법에 대한 올바른 이해 부족에서 기인한 것이라고 본다. 그리하여 필자는 29세에 한평생 부귀영화가 보장된 왕궁을 버리고 남루한 옷 한 벌과 밥그릇 하나만 가진 평범한 수행자가 된 고타마 사문이 어떤 생각을 했으며 어떤 수행법으로 생사 없는 무상정등정각(無上正等正覺)을 성취하여 부처가 되었고 그 깨친 바 내용은 무엇이며, 어떻게 하여 제자들을 당신과 같은 깨달음에 이르게 하였나? 그리고 후대 고해에 빠져 있는 인류가 무엇을 의지하고 어떻게 수행해야 하고 어떻게 살아가야 참된 삶을 살며 부처의 길에 이를 수 있는가에 대한 부처님의 말씀에 초점을 두고 이 책을 엮었다.

부처님의 근본 수행법을 바르게 이해함으로써 화두 수행을 위시한 현재 우리나라 수행법들의 특성과 장단점을 재조명하는 계기가 되었으면 한다. 그리고 부족하지만 이 내용이 향후 우리나라 불교발전에 일조가 되었으면 하는 마음 간절하다.

2

책의 구성을 살펴보면 Ⅰ부 경전상에 나타난 부처님의 수행법에서는 부처님 일대기를 수행 중심으로 근본경전인 빨리어 경전에 입각하여 엮었다.

부처님 자신의 육성으로 강조하시는 사념처 위빠싸나의 구체적인 내용, 그 중요성과 수행방법을 경전에서 추려 구성했다.

Ⅱ부 불교의 정통 수행법에서는 사마타와 위빠싸나를 구체적으로 설명하고 그 차이점을 밝혀 실수행자들에게 올바른 수행의 길과 그 결과에 정확하게 이르도록 하는 데 주안점을 두었다. 아울러 사마타 8선정·위빠싸나(사선정)·성위사과(聖位四果) 수행을 경전과 『청정도론』을 중심으로 고찰하고 최근 돈·점 논쟁과의 관계도 언급했다.

Ⅲ부 불교수행의 요체에서는 불교의 모든 견성해탈법을 한 권의 책으로 축약한 대념처경(大念處經)을 한글번역본, 영역본, 빨리어 원본, 일어 번역 등을 참조하여 번역하고 금세기 동남아 최고의 선지식 중 한 분인 마하시 사야도가 실수행의 측면에서 설명한 해설본을 소개했다.

Ⅳ부 '수행의 실제'에서는 부처님의 수행법을 독자 스스로 이해하고 실천할 수 있도록 설명했다. 특히 37조도품을 경전에 입각하여 구체적으로 계발하는 방법을 수록했다. 수행은 생활 속에서 수행하는 분, 그리고 입산수도하는 스님들 등 모든 분들에게 도움이 되도록 설명해 보았다.

Ⅴ부 '현재 상좌부 수행'에서는 남방에서 실천하고 있는 많은 수행법 중 가장 널리 이용하고 있는 마하시 사야도 수행 중심으로 쉐우민, 파욱, 붓다다사 선사의 방법을 추가하여 살펴보았다. 여기에서는 기초적인 수행단계에서 궁극의 열반에 이르는 과정들을 자세하게 설명하여 혼자서 수행하는 분들에게 많은 참조가 되도록 했다. 여기 소개한 책은 현재 미얀마 마하시 수도원과 스리랑카, 태국의 마하시 계통의 사원에서 교과서나 다름없이 이용하는 책이다.

3

이 책의 자료들을 편집하고 펴내기까지는 국내외에서 여러 사람들의 도움이 필요했다. 우선 거해 스님의 깊은 배려로 남방에 가서 비구로 수행하면서 위빠싸나 수행법을 직접 접할 수 있는 기회를 가졌다. 수행 중에 미얀마 · 태국 · 말레이시아에 있는 위빠싸나 수도원의 도서관을 다 뒤졌다. 말레이시아 MBMC 수도원에서는 중국계, 말레이시아인 찰리웅(Challiwong)이라는 학생이 필요한 책을 찾는 데 도와주었고, 일본 모지(門司) 선원에서는 우 위말라(U.Wimalla) 스님이 필요한 경전과 주석서를 손수 찾아주었다. 일본 동경대에서 연구 중인 정원 스님과 정형선 법우가 바쁜 시간 가운데 요긴한 자료들을 찾아주었으며, 또한 미국 콜롬비아 대학 종교학과에서 연구하면서 평소에도 많은 자료를 보내준 절친한 도반, 마리안느(Marian Caudron)도 요청한 자료들을 미국에서 직접 보내주었다. 그리고 한국에서는 '고요한 소리'에서 많은 자료들을 참조할 수 있었다.

참으로 많은 분들이 국내외에서 시간과 노고를 아끼지 않고 도와준 덕분에 부족하지만 이 책을 출간할 수 있었다. 다시 한 번 도움의 자비를 베풀어준 모든 분들에게 깊이 감사드린다.

처음 책을 구상할 때는 미진한 필자의 능력으로는 감히 엄두가 나지 않았다. 그러나 평소 수행 중에 부처님은 어떻게 깨달았고, 그분은 제자들을 어떻게 가르쳤는가에 대해 집요하게 생각해왔기에 이 책을 쓰면서 부처님을 친견하는 마음으로 가능하면 모든 내용을 경전에 입각하여 구성했다. 만약 잘못이 있다면 필자의 수행과 전문지식 부족으로 인한 것이니 널리 양해해 주시고, 아낌없는 충고와 질책을 부탁드리는 바이다.

처음부터 끝까지 정독해가면 어떤 것이 부처님의 수행법이고 어떻게 하면 올바르게 깨달음을 성취할 수 있는가를 독자 스스로 이해하게 되리라 생각한다.

나아가 독자들에게 감히 바라는 것은 고타마 싯다르타는 길에서 우리와 같은 인간으로 태어나 위빠싸나로 부처님이 되었고, 부처님이 된 후 위빠싸나로 중생을 제도하시다가 위빠싸나로 열반에 드셨다. 이 책을 읽는 현재 이 순간까지 2500년 전 부처님께서 발견하신 깨달음을 얻는 유일한 길인 위빠싸나가 우리의 몸과 마음에 전승되어지고 있다는 것을 잊지 말길 바란다. 그러므로 이 책을 읽음으로써 부처님의 수행법에 대한 이해의 차원에서만 머무르지 말고 꼭 체험으로 증득하여 풍전 등화 같은 이 생애에서 영원불멸의 니르바나를 실현하여 지혜와 자비로 이웃과 사회에 영원한 등불이 될 수 있길 빈다.

끝으로 이 책의 출간을 위하여 도와준 불광출판부 여러분과 부족한 필자에게 용기와 격려의 말씀을 주신 여러 스님들과 도우(道友)들에게 감사드린다. 특히 상묵 스님, 문성 스님, 증악 스님과 현음 스님, 선우회 회원, 그리고 항상 옆에서 격려와 경책의 말씀을 주신 청정궁(박월향), 자재성(정혜경), 보문심 보살님과 같이 수행을 한 초연행, 문수화, 명성행, 지택 보살님, 최혜륜 교수 모두에게 거듭 감사드린다.

우리 모두 고(苦)의 끝을 발견하고
해탈의 자유를 누리길 바라면서
불원(不遠) 김열권 합장

 필자가 1990년 미얀마에 가서 위빠싸나를 수행하고 한국으로 돌아온 후, 『위빠싸나Ⅰ·Ⅱ』(1993)를 출간한 지도 13년이라는 세월이 흘렀다.

 그 동안 여러 스님들과 일반 수행자들이 국내·외에서 위빠싸나 수행법을 체험함과 동시에 새로운 정보를 담은 관련 책자들이 시중에 다수 출간됨에 따라 위빠싸나 수행법이 점차 대중화되어 현재는 국내에도 수행자의 숫자가 급속히 늘어나고 있을 뿐만 아니라 수행에 관한 이해도 한층 깊어지고 있다. 이러한 여건에 맞추어 반가운 마음으로 『위빠싸나Ⅰ·Ⅱ』의 개정 증보판을 내게 되었다. 개정 증보의 필요성과 그 내용을 부연하면 다음과 같다.

 먼저 위빠싸나에서 사용되는 용어들이 통일되어 정착하기 시작했다(마음집중→마음챙김). 또한 미얀마의 마하시 계통의 기존 수행법 위주에서 이와 다른 쉐우민, 모곡, 파욱, 붓다다사 선사들의 다양한 수행법이 소개되고 국내 수행자들도 여러 선원을 오가면서 다양하게 수행법을 배우고 있다. 국내에서도 위빠싸나와 화두수행간의 비교 또는 상호 보완의 필요성이 검토되기에 이르렀다. 이런 이유로,
　(1)부처님의 핵심수행법인 대념처경의 해설과 위빠싸나 16단계를

수행에 직접 활용할 수 있도록 쉽고 자세하게 설명했다.

(2) 또한 『위빠싸나 Ⅱ』에서는 마하시 수행을 기본으로 붓다다사, 모
곡, 파욱 등의 수행방법을 정리하면서 원효의 대승위빠싸나의 핵
심을 추가했고,

(3) 남·북방 위빠싸나의 비교 대조를 통해 향후 우리나라 근본불교
의 바람직한 수행과제와 방향을 제시했다.

이와 연계해 추후 '정견과 선정의 기초 수행법', 아나빠나삿띠(호흡
관찰법) 등을 『위빠싸나 Ⅰ』에 추가하여 개정판을 출간할 예정이다.

새롭게 나온 『위빠싸나 Ⅰ·Ⅱ』가 독자들의 수행에 새로운 활로를 개
척하게 하고 수행에 용기와 영감을 주며 매순간 정진에 획기적인 도움
이 되길 바라마지 않는다.

2006년 9월

14

차례

Ⅲ 부 · 불교 수행의 요체

Ⅳ 부 · 수행의 실제

I 부 · 경전상에 나타난 부처님의 수행법

28

일러두기

Ⅰ. 중부경(Majjhima – Nikāya)·상응부경(Saṃyutta – Nikāya)·증지부경(Aṅguttara – Nikāya)·장부경(Dīgha – Nikāya)·위나야(Vinaya 율장)로 표기한 것은 빨리어 니까야 출처이고, 중아함경·잡아함경·증일아함경·장아함경으로 표기한 것은 한글대장경(범어본) 출처이다. 이해의 폭을 넓히기 위해 대승경전과 논서도 인용했다.

Ⅱ. 참고문헌과 인용한 경전이 일련번호가 있으므로 페이지 기입은 생략했다.

Ⅲ. 인쇄를 거듭할수록 독자들의 많은 성원에 감사드린다. 독자들과 대화를 해본 결과 다음 몇 가지가 쉽게 이해가 가지 않아 부연 설명하고자 한다.

1. 삼법인(三法印)을 무상(無常), 고(苦), 무아(無我)로 말할 때는 무명(無明)을 바탕으로 한 5온(五蘊), 12연기(緣起)의 생멸(生滅)현상으로, 그리고 특히 북방불교에서는 무상(無常), 무아(無我), 열반(涅槃)이라고 말할 때는 5온, 12연기에서 무명이 제거된 진여(眞如)의 대기대용 상태로 보는 특성이 있다.

2. '알아차림(自覺, 智慧, 慧性)'은 빨리어로 반야(paññā)의 동사행인 빠자나띠(pajānāti)와 삿띠(sati, 念)를 나타내는 것이다.

부처님께서 보리수 하에서 반야로 사성제(四聖諦)를 철견했을 때 "나는 반야(pañña) 해탈을 얻었다."고 선언하셨다. 수행의 첫 출발을 반야의 동사형인 '알아차림'에서 시작하여 오온에서 탐·진·치를 제거한 반야의 완성인 사성제의 증득 즉 견성, 해탈로 끝난다. 탐·진·치의 번뇌는 무명의 현상인 어둠에 비유되고 알아차림인 반야는 빛에 비유된다. 이것을 『능엄경』에서는 처음 인행(因行)에서 열반(涅槃)의 빛인 무생멸심(無生滅心) 즉 알아차림(pajānāti)에서 시작하여 과지(果地)인 반야의 완성 즉 견성, 해탈, 열반으로 수행이 완성된다고 되어 있다. 부처님께서는 '알아차림(pajānāti, 慧性), 혹은 주시, 마음챙김(sati, mindfulness, 正念), 수관(anupassi, 隨觀), 관(vipassana, 觀)을 번갈아 가면서 사용하신다. 하나만으로 설명할 때는 나머지 요소들이 내포되어 있다. 이 모든 것은 동시에 작용한다.

3. '알아차림(慧性, 自覺)' 속에는 '정(定)'은 이미 구족되어 있다. 그리고 '정정(正定)'에는 '계(戒)'가 내포되어 있다. 계(戒), 정(定), 혜(慧) 삼학(三學) 즉 8정도가 '알아차림', '주시, 마음챙김(正念)', 관(觀) 속에 동시에 작용한다.

4. 보다 효과적인 이해를 위해 Ⅴ부 '현재 상좌부 남방선사들의 수행' 편부터 먼저 읽기 바란다.

5. '알아차림', '관(觀)'의 설명만으로 이해가 안 될 때는 위빠싸나 선사들에게 3개월 정도만 지도받으면 스스로 체득하게 된다. 그러므로 훌륭한 선사의 지도하에 수행해 나가길 바란다.

III

불교수행의 요체

삶은 덧없고 목숨은 짧다네.

늙음을 피하지 못하는 자는 조용히

쉴 곳이 없네.

죽음의 두려움을 꿰뚫어 보는 사람은

세상의 욕망을 버리고

영원한 열반을 찾아나서리.

1장 대념처경(Mahāsatipaṭṭhāna Sutta)

1. 총 설

이와 같이 내가 들었다.

어느 때 부처님께서는 깜맛사담마라고 하는 꾸루족의 마을에서 꾸루 사람들과 함께 계셨다. 거기에서 부처님께서는 비구들에게 "비구1)들이여!"라고 부르셨다. 그 비구들은 "부처님이시여!"라고 부처님께 대답했다. 부처님께서는 이와 같이 말씀하셨다.

"비구들이여, 이것은 중생의 정화(淨化)를 위한, 슬픔과 비탄을 건너기 위한, 괴로움의 소멸을 위한, 진리의 길을 걷기 위한, 열반의 증득을 위한 단 하나의 길 즉 네 가지에 마음 챙김을 굳게 확립하는 사념처(四念處)이다. 무엇이 넷인가? 비구들이여, 여기 비구는 몸(身)에서는 몸을 전심전력으로 마음 챙김(마음 집중, 주시)하여 분명한 앎으로 계속 관찰하면서2) 세상의 욕망과 고뇌에서 벗어나 지낸다.

감각(느낌, 受)에서는 감각을 전심전력으로 마음챙김하여 분명한 앎으로 계속 관찰하면서 세상의 욕망과 고뇌에서 벗어나 지

---

1) 비구(Bhikkhu) : 출가자, 재가자를 포함한 수행자.
2) 마음챙김(sati)은 Ⅳ부 4와 1권 99쪽 참조. 분명한 앎(sampajaññā)과 대념처경 해설참조. 계속 관찰(Anupassī, 隨觀)은 대념처경 해설 참조.

낸다. 마음(心)에서는 마음을 전심전력으로 마음챙김하여 분명한 앎으로 관찰하면서 세상의 욕망과 고뇌에서 벗어나 지낸다. 법(法)에서는 법을 전심전력으로 마음 챙김하여 분명한 앎으로 관찰하면서 세상의 욕망과 고뇌에서 벗어나 지낸다(이것을 4념처라고 한다).

2. 몸에 대한 관찰(Kāyānupassanā 身隨觀)

호흡에 대한 마음챙김(入出息念)

그런데 비구들이여, 비구가 어떻게 몸에서는 몸을 관찰하면서 지내는가? 비구들이여, 비구가 숲속에서나 나무 아래서나, 빈방에서 결가부좌를 틀고 몸을 똑바로 세우고 마음을 챙겨서 앉는다. 그는 마음 챙겨 숨을 들이쉬고 마음 챙겨 숨을 내쉰다. 혹은 길게 숨을 들이쉬면서 '길게 숨을 들이쉰다'고 알아차리고[3] 혹은 길게 숨을 내쉬면서는 '길게 숨을 내쉰다'라고 알아차린다. 혹은 짧게 숨을 들이쉬면서 '짧게 숨을 들이쉰다'라고 알아차린다. 혹은 짧게 숨을 내쉬면서는 '짧게 숨을 내쉰다'라고 알아차린다.

'온몸을 경험하면서 숨을 들이쉰다'고 마음을 다잡아 수행하고, '온몸을 경험하면서 숨을 내쉰다'라고 마음을 다잡아 수행한다. '신체적 반응(身行)을 고요하게 가라앉히면서 숨을 들이쉰다'라

---

3) 수행 상에서 '알아차림(pajānāti, understand, know)'은 있는 그대로의 사실대로 보아 나가는 것을 말한다. 알아차림(pajānāti)은 반야(paññā)의 동사형이다. 수행의 처음부터 반야의 시작이다. 삼세제불, 보리살타가 반야바라밀(완성)로 수행을 성취한다.

고 마음을 다잡아 수행하고, '신체적 반응을 고요하게 가라앉히면서 숨을 내쉰다'라고 마음을 다잡아 수행한다.4)

이렇게 자신을 수행한다.

비구들이여, 마치 숙련된 도공이나 그 제자가 원반을 오래 돌리면서 '오래 돌린다'라고 알아차리고, 짧게 돌리면서는 '짧게 돌린다'라고 알아차리듯이 이와 같이 비구는 길게 숨을 들이쉬면서는 '길게 숨을 들이쉰다'라고 알아차리고, 길게 숨을 내쉬면서는 '길게 숨을 내쉰다'라고 알아차리며, 또는 짧게 숨을 들이쉬면서는 '짧게 숨을 들이쉰다'라고 알아차리고, 짧게 숨을 내쉬면서는 '짧게 숨을 내쉰다'라고 알아차린다. '온 몸을 경험하면서 숨을 들이쉰다' '온 몸을 경험하면서 숨을 내쉰다' '신체적 반응을 가라앉히면서 숨을 들이쉰다' '신체적 반응을 가라앉히면서 숨을 내쉰다' 이렇게 알아차리면서 마음을 다잡아 수행한다.

이와 같이 혹은 안으로 몸에서는 몸을 관찰하면서 지내고, 혹은 밖으로 몸에서는 몸을 관찰하면서 지내며 안팎으로 함께 몸에서는 몸을 관찰하면서 지낸다. 혹은 몸에서 생겨나는 현상(法)을 관찰하면서 지내고 또는 몸에서 멸해가는 현상을 관찰하면서 지내며 또 몸에서 생했다가 멸해가는 현상5)을 관찰하면서 지낸다. 그래서 마음챙김과 지혜가 현전함에 따라 '이것이 몸이다'6)라는 마음챙김

---

4) 호흡의 장·단 혹은 몸의 느낌을 의도적으로 조절하지 않고 있는 그대로 알아 차린다. 이때 수행(sikkhati)은 마음을 다잡아 수행하는 결정심이 내포되어 있다. 불법의 모든 수행법은 심신(心身, 五蘊)을 있는 그대로 여법(如法)하게 철견(徹見)하여 열반을 실현하는 것이다.

5) 생멸현상(samudaya-vaya dhamma) : 사념처 중 호흡 중심으로 삼법인, 연기, 인과(무명, 갈애, 업, 자양분 등)를 포함하여 어떻게 일어나고 사라지는가를 앎. 안팎은 자기와 타인(객관)을 칭함

(念, 智慧)이 분명하게 확립된다. 그는 초연하게 갈애와 사견에서 벗어나 지내고 세상의 어느 것에도 집착하지 않는다. 비구들이여, 이와같이 비구는 몸에서 몸을 관찰하면서 지낸다.

행동 태도(몸의 움직임) : [四威儀 : 行, 住, 坐, 臥]

다음으로 또 비구들이여, 비구는 가면서는 '가고 있다'고 알아차리고 서서는 '서 있다'라고 알아차리고, 앉아 있으면서는 '앉아 있다'라고 알아차리고, 누워 있으면서는 '누워 있다'라고 알아차린다. 이와 같이 어떠한 상태로든 몸이 놓여 있는 그대로 알아차린다.

이와 같이 혹은 안으로 몸에서는 몸을 관찰하면서 지내고, 혹은 밖으로 몸에서는 몸을 관찰하면서 지내며, 혹은 안팎으로 몸에서는 몸을 관찰하면서 지낸다. 혹은 몸에서 생겨나는 현상(法)을 관찰하면서 지내고, 또는 몸에서 멸해가는 현상을 관찰하면서 지내며, 또 몸에서 생(生)했다가 멸해가는 현상을 관찰하면서 지낸다.7)···중략···

모든 행동에 대한 분명한 앎(Sampajañña)

다음으로 또 비구들이여, 비구는 앞으로 갈 때나 뒤돌아서 갈 때도 이를 명확하게 알아차리고, 앞을 볼 때나 뒤를 볼 때나 이

---

6) '개아', '영혼'이 존재하지 않는 집합, 연기의 현상. 관찰이 깊어지면 12연기관이 됨.

7) 호흡을 제외한 모든 몸의 생멸하는 현상(法)의 조건은 무명·갈애·업·자양분·마음이다(호흡은 공기가 추가됨). 몸 역시 12연기관으로 조건이 사라지면 열반이 드러난다.

를 명확하게 알아차리며, 구부릴 때나 펼 때나 이를 명확하게 알아차린다. 옷(가사)을 입거나 발우를 들 때도 이를 명확하게 알아차리고, 먹고 마시고 씹으면서 맛볼 때도 이를 명확하게 알아차리며 대소변을 볼 때도 이를 명확하게 알아차린다. 가면서나 서서나 앉아서나 잠잘 때나 깨어있을 때나 말할 때나 잠잠히 있을 때나 모든 상황에서 이를 명확하게 알아차린다. 이와 같이 혹은 안으로 몸에서는 몸을 관찰하면서 지내고, 혹은 밖으로 몸에서는 몸을 관찰하면서 지내며, 안팎으로 함께 몸에서는 몸을 관찰하면서 지낸다. 혹은 몸에서 생겨나는 현상(法)을 관찰하면서 지내고 또는 몸에서 멸해가는 현상을 관찰하면서 지내며, 또 몸에서 생했다가 멸해가는 현상을 관찰하면서 지낸다.…중략…

부정한 몸에 대한 관찰(不淨觀)

다음으로 또한 비구들이여, 비구는 이 몸을 위로는 머리끝에서 아래로는 발바닥까지 여러 가지 깨끗하지 못한 물질로 피부에 담겨져 있는 것으로 관찰한다. '이 몸에 머리털·몸털·손(발)톱·치아·피부·살·힘줄·뼈·골수·콩팥·염통·간·늑막·지라·허파·창자·창자내용물·위·위내용물·똥·담즙·가래·고름·피·땀·지방·눈물·피고름·침·콧물·관절액·오줌 등이 있다'고 알아차린다.

비구들이여, 마치 양쪽으로 입이 있는 자루에 여러 가지 곡식, 즉 벼·보리·녹두·콩·참깨·쌀 등으로 채워져 있는 것을 좋은 눈을 가진 사람이 이를 열고서 '이것은 벼, 이것은 보리, 이것은 녹두, 이것은 콩, 이것은 참깨, 이것은 쌀이다'라고 알아차리는 것과 같이 비구들이여, 비구는 이 몸을 위로는 머리끝에서 아래로는 발바닥까지 여러 가지 깨끗하지 않은 물질로써 가득 차 피부에 담겨져 있는 것으로 관찰하여 '이 몸에는 머리털·몸털·손톱·치아·피부·살·힘줄·뼈·골수·콩팥·염통·간·늑막·지라·허파·창자·창자내용물·위·위내용물·똥·담즙·가래·고름·피·땀·지방·눈물·기름·침·콧물·관절액·오줌 등이 있다'고 알아차린다.

이와 같이 혹은 안으로 몸에서는 몸을 관찰하면서 지내고, 혹은 밖으로 몸에서는 몸을 관찰하면서 지내며, 안팎으로 몸에서는 몸을 관찰하면서 지낸다. 혹은 몸에서 생겨나는 현상(法)을 관찰하면서 지내고 또는 몸에서 멸해가는 현상을 관찰하면서 지내며 또 몸에서 생했다가 멸해가는 현상을 관찰하면서 지낸다.…중략…

사대요소에 대한 관찰

다음으로 또 비구들이여, 비구는 이 몸을 놓여진 그대로 배치된 그대로 요소(界)에 대해서 관찰하여 '이 몸에는 땅(地)의 요소, 물(水)의 요소, 불(火)의 요소, 공기(風)의 요소가 있다'[8]라고 알아차린다.

비구들이여, 마치 숙련된 백정이 그 제자가 소를 도살해서 부분별로 나누어 놓고 큰 길 네 거리에 앉아 있는 것과 같이, 비구는 이 몸을 놓여진 그대로의 요소에 대해서 관찰하여 "이 몸에는 땅의 요소, 물의 요소, 불의 요소, 공기의 요소가 있다."고 알아차린다.

---

8) 지(地)의 요소 : 딱딱함, 견고함. 수(水)의 요소 : 집착성, 유동성. 화(火)의 요소 : 뜨거움, 차가움. 풍(風)의 요소 : 움직임과 지탱함의 성질을 나타냄.

이와 같이 혹은 안으로 몸에서는 몸을 관찰하여 지내고 밖으로 몸에서는 몸을 관찰하면서 지내며, 안팎으로 몸에서는 몸을 관찰하면서 지낸다. 혹은 몸에서 생겨나는 현상(法)을 관찰하면서 지내고, 또는 몸에서 멸해가는 현상을 관찰하면서 지내고 또 몸에서 생겼다가 멸해가는 현상을 관찰하면서 지낸다.…중략…

공동묘지에 대한 아홉 가지 관찰

① 다음으로 또 비구들이여, 비구는 마치 공동묘지에 버려진 시체가 죽은 후 하루 이틀, 또는 사흘이 지나서 부풀고 검푸러지고 썩어가는 것과 같이, 이 몸을 관찰하여 '이 몸도 또 이와 같은 현상(法 : dhamma)에 의해 이와 같이 되어서 그것을 벗어나지 못하리라'라고 알아차린다.

이와 같이 혹은 안으로 몸에서는 몸을 관찰하면서 지내고, 밖으로 몸에서는 몸을 관찰하면서 지내며, 안팎으로 몸에서는 몸을 관찰하면서 지낸다. 혹은 몸에서 생겨나는 현상을 관찰하면서 지내고, 또 몸에서 멸해가는 현상을 관찰하면서 지내며, 또 몸에서 생겼다가 멸해가는 현상을 관찰하면서 지낸다.

그래서 마음챙김과 지혜가 현전함에 따라 '이것이 몸이다'라고 그 마음챙김이 분명히 확립된다. 그는 초연하게 지내고 세상의 어느 것에도 집착하지 않는다. 비구들이여, 이와 같이 비구는 몸에서는 몸을 관찰하면서 지낸다.

② 다음으로 또 비구들이여, 비구는 마치 공동묘지에 버려진 시체가 까마귀에 먹혀지고, 매에게 먹혀지고, 독수리에게 먹혀지고, 개에게 먹혀지고, 여우에게 먹혀지고, 표범에게 먹혀지고, 늑

대에게 먹혀지고, 다른 여러 가지 살아있는 것들에 의해 먹혀지는 것을 보고 이 몸을 관찰하여 '이 몸도 또한 이와 같은 현상(法)에 의해 이와 같이 되어서 그것을 벗어나지 못하리라'라고 알아차린다.

이와 같이 혹은 안으로 몸에서는 몸을 관찰하면서 지내고… 중략… 비구들이여, 이와 같이 비구는 몸에서 몸을 관찰하면서 지낸다.

③ 다음으로 또 비구들이여, 비구는 마치 공동묘지에 버려진 시체가 피와 살이 아직 살아 있는 채로 힘줄에 묶여 해골로 변해 있음을 보고 이 몸을 관찰하여 주시하되 '이 몸도 또한 이와 같은 현상(法)에 의해 이와 같이 되어서 그것을 벗어나지 못하리라'라고 알아차린다.

이와 같이 혹은 안으로 몸에서는 몸을 관찰하면서 지내고… - 중략… 비구들이여, 이와 같이 비구는 몸에서 몸을 관찰하면서 지낸다.

④ 다음으로 또 비구들이여, 비구는 마치 공동묘지에서 버려진 시체가 살은 없고 피가 묻어있는 채 힘줄에 묶여 해골로 변해 있음을 보고 이 몸을 관찰하되 '이 몸도 또한 이와 같은 현상(法)에 의해 이와 같이 되어서 그것을 벗어나지 못하리라'라고 알아차린다.

이와 같이 혹은 안으로 몸에서는 몸을 관찰하면서 지내고… 중략… 비구들이여, 이와 같이 비구는 몸에서 몸을 관찰하면서 지낸다.

⑤ 다음으로 또 비구들이여, 비구는 마치 공동묘지에 버려진

시체가 피와 살이 없이 힘줄에 묶여져 해골로 변해 있음을 보고 이 몸을 관찰하되, '이 몸도 또한 이와 같은 현상(法)에 의해 이와 같이 되어서 그것을 벗어나지 못하리라'라고 알아차린다.

이와 같이 혹은 안으로 몸에서는 몸을 관찰하면서 지내고…중략… 비구들이여, 이와 같이 비구는 몸에서 몸을 관찰하면서 지낸다.

⑥ 다음으로 또 비구들이여, 비구는 마치 공동묘지에 버려진 시체가 뼈마디가 연결되지 않고 여기에는 손뼈, 저기에는 발뼈·정강이뼈·넓적다리뼈·골반뼈·척추뼈·두개골 등이 사방 팔방으로 흩어져 있음을 보고 이 몸을 관찰하되, '이 몸도 또한 이와 같은 현상(法)에 의해 이와 같이 되어서 그것을 벗어나지 못하리라'라고 알아차린다.

이와 같이 혹은 안으로 몸에서는 몸을 관찰하면서 지내고…중략… 비구들이여, 이와 같이 비구는 몸에서 몸을 관찰하면서 지낸다.

⑦ 다음으로 또 비구들이여, 비구는 마치 공동묘지에 버려진 시체가 고동 색깔과 같이 백골로 변해 있음을 보고 이 몸을 관찰하되, '이 몸도 또한 이와 같은 현상(法)에 의해 이와 같이 되어서 그것을 벗어나지 못하리라'라고 알아차린다.

이와 같이 혹은 안으로 몸에서는 몸을 관찰하면서 지내고…중략… 비구들이여, 이와 같이 비구는 몸에서 몸을 관찰하면서 지낸다.

⑧ 다음으로 또 비구들이여, 비구는 마치 공동묘지에 버려진 시체가 1년이 지나서 뼈 더미가 되어 있음을 보고 이 몸을 관찰

하되, '이 몸도 또한 이와 같은 현상(法)에 의해 이와 같이 되어서 그것을 벗어나지 못하리라'라고 알아차린다.

이와 같이 혹은 안으로 몸에서는 몸을 관찰하면서 지내고…중략… 비구들이여, 이와 같이 비구는 몸에서 몸을 관찰하면서 지낸다.

⑨ 다음으로 또 비구들이여, 비구는 공동묘지에 버려진 시체가 뼈마저 썩어 문드러져 가루가 되어 있음을 보고 이 몸을 관찰하되, '이 몸도 또한 이와 같은 현상(法)에 의해 이와 같이 되어서 그것을 벗어나지 못하리라'라고 알아차린다.

이와 같이 혹은 안으로 몸에서는 몸을 관찰하면서 지내고 밖으로 몸에서는 몸을 관찰하면서 지내며 안팎으로 몸에서는 몸을 관찰하면서 지낸다. 혹은 몸에서 생겨나는 현상을 관찰하면서 지내고, 또는 몸에서 멸해가는 현상을 관찰하면서 지내며 또 몸에서 생했다가 멸해가는 현상을 관찰하면서 지낸다.

그래서 마음챙김과 지혜가 현전함에 따라 '이것이 몸이다'라고 그 마음챙김이 분명히 확립된다. 그는 초연하게 지내고 세상의 어느 것에도 집착하지 않는다. 비구들이여, 이와 같이 비구는 몸에서 몸을 관찰하면서 지낸다.

3. 감각(受 : 느낌)에 대한 관찰(Vedanānupassanā 受隨觀)

그런데 비구들이여, 비구가 어떻게 감각에서는 감각을 관찰하면서 지내는가?

여기에 비구들이여, 비구가 혹 즐거운 감각(受)을 느끼면서 '즐거운 감각을 느낀다'라고 알아차리고, 혹은 괴로운 감각을 느끼면서 '괴로운 감각을 느낀다'라고 알아차리며, 혹 괴롭지도 즐겁지도 않은 감각을 느끼면서 '괴롭지도 즐겁지도 않은 감각을 느낀다'라고 알아차린다. 혹은 세간적인 즐거운 감각을 느끼면서 '세간적인 즐거운 감각을 느낀다'라고 알아차리고, 또는 출세간적인 즐거운 감각을 느끼면서는 '출세간적인 즐거운 감각을 느낀다'라고 알아차린다. 세간적인 괴로운 느낌을…, 출세간적인 괴로운 느낌을…, 혹은 세간적인 괴롭지도 즐겁지도 않은 감각을 느끼면서는 '세간적인 괴롭지도 즐겁지도 않은 감각을 느낀다'라고 알아차린다. 또 출세간적인 괴롭지도 즐겁지도 않은 감각을 느끼면서 '출세간적인 괴롭지도 즐겁지도 않은 감각을 느낀다'라고 알아차린다.

이와 같이 혹은 안으로 감각에서는 감각을 관찰하면서 지내고, 밖으로 감각에서는 감각을 관찰하면서 지내며, 안팎으로 감각에서는 감각을 관찰하면서 지낸다. 혹은 감각에서 생겨나는 현상을 관찰하면서 지내고, 또는 감각에서 멸해가는 현상을 관찰하면서 지내며, 또 감각에서 생했다가 멸해가는 현상[9]을 관찰하면서 지낸다. 그래서 마음챙김과 지혜가 현전함에 따라 '이것이 감각이다'라고 그 마음챙김이 분명히 확립된다. 그는 초연하게 지내고 세상의 어느 것에도 집착하지 않는다. 비구들이여, 이와 같이 비구는 감각에서 감각을 관찰하면서 지낸다.

---

9) 감각현상을 생, 멸시키는 조건들은 무명·갈애·업·접촉이다. 이 역시 몸, 마음, 법의 관찰에서처럼 12연기와 관련하여 의관(疑觀)하면 효과적임

4. 마음에 대한 관찰(Cittānupassanā 心隨觀)

그런데 비구들이여, 비구가 어떻게 마음에서 마음을 관찰하면서 주하는가?

여기에 비구들이여, 비구는 혹 탐욕(貪)이 있는 마음을 '탐욕이 있는 마음이다'라고 알아차리고, 혹 탐욕이 없는 마음을 '탐욕이 없는 마음이다'라고 알아차린다. 혹 성냄(瞋)이 있는 마음을 '성냄이 있는 마음이다'라고 알아차리며, 혹 성냄이 없는 마음을 '성냄이 없는 마음이다'라고 알아차린다. 혹 어리석음(癡)이 있는 마음을 '어리석음이 있는 마음이다'라고 알아차리며, 혹 어리석음이 없는 마음을 '어리석음이 없는 마음이다'라고 알아차린다. 혹 무기력한 마음(sàmkhitta, 薄弱, indolence)을 '무기력한 마음이다'라고 알아차리며, 혹 산란한 마음(vikkhitta)을 '산란한 마음이다'라고 알아차린다. 혹 넓은 마음(mahaggata)을 '넓은 마음이다'라고 알아차리며, 혹 넓지 않은 마음을 '넓지 않은 마음이다'라고 알아차린다. 혹 우월의 마음을 '우월의 마음이다'라고 알아차리며, 혹 열등의 마음을 '열등의 마음이다'라고 알아차린다. 혹 고요한(定) 마음을 '고요한(定) 마음이다'10)라고 알아차리며, 혹 고요하지 않은 마음을 '고요하지 않은 마음이다'라고 알아차린다. 혹

---

10) 넓은 마음(大心, developed mind)은 색계, 무색계의 마음이고 넓지 않은 마음(小心, undeveloped mind)은 욕계의 마음이다. 우월의 마음(anuttaraṁ, 無上, superior state of mind)은 색계, 무색계의 마음으로 열등의 마음(sauttaraṁ, 有上, inferior state of mind)인 욕계의 마음보다 우수한 마음이다. 고요한 마음(samāhita, 定)은 우빠자라 사마디와 아나빠나 사마디 상태이다(II부 세 가지 종류의 사마디 참조). 한 생각에 우주가 벌어진다. 위빠싸나는 순경계든 역경계든 있는 그대로 당처를 알아차린다.

해탈된 마음을 '해탈된 마음이다'라고 알아차리며, 혹 해탈되지 않은 마음을 '해탈되지 않은 마음이다'라고 알아차린다.

이와 같이 혹은 안으로 마음에서는 마음을 관찰하면서 지내고 혹은 밖으로 마음에서는 마음을 관찰하면서 지내며 혹은 안팎으로 마음에서는 마음을 관찰하면서 지낸다. 혹은 생겨나는 현상(法)을 관찰하면서 마음에서 지내고 혹은 멸해가는 현상을 관찰하면서 마음에서 지내며, 혹은 생했다가 멸해가는 현상[11]을 관찰하면서 마음에서 지낸다. 그래서 마음챙김과 지혜가 현전함에 따라 '이것이 마음이다'라고 그 마음챙김이 분명히 확립된다. 그는 초연하게 지내고 세상의 어느 것에도 집착하지 않는다. 비구들이여, 이와 같이 비구는 마음에서 마음을 관찰하면서 지낸다.

5. 법에 대한 관찰(法, Dhammānupassanā 法隨觀)

다섯 가지 장애(蓋, nīvaraṇa)에 대한 관찰

그런데 비구가 어떻게 해서 법(法)에서 법을 관찰하면서 지내는가? 여기에 비구들이여, 비구는 다섯 가지 장애(五蓋)의 법(法)에서 법을 관찰하면서 지낸다. 그런데 비구들이여, 비구는 어떻게 다섯 가지 장애의 법에서 법을 관찰하면서 지내는가?

① 여기에 비구들이여, 혹 안에 탐욕(愛慾, kāmacchanda)이 있으면 '내 안에 탐욕이 있다'라고 알아차리고, 혹 안에 탐욕이

---

11) 마음의 현상을 생·멸시키는 조건은 무명·갈애·업·몸과 마음의 집합이다.

없으면 '내 안에 탐욕이 없다'라고 알아차린다. 그는 또 아직 생겨나지 않은 탐욕이 어떻게 일어나는지 알아차리고 이미 생겨난 탐욕을 어떻게 소멸시키는지 알아차리며, 또 이미 멸해진 탐욕이 이후로 어떻게 하면 생겨나지 않는지를 알아차린다.

② 혹은 안에 성냄(瞋怒, vyāpāda)이 있으면 '내 안에 성냄이 있다'고 알아차리며 혹 안에 성냄이 없으면 '내 안에 성냄이 없다'라고 알아차린다. 그는 또 아직 생겨나지 않은 성냄이 어떻게 생겨나는지 알아차리고 이미 생겨났던 성냄이 어떻게 소멸되는지 알아차리고 또 멸해진 성냄이 이후로 어떻게 하면 생겨나지 않는지를 알아차린다.

③ 혹은 안에 나태와 졸음(惛沈, 睡眠, 無記 thina-middha)이 있으면 '내 안에 나태와 졸음이 있다'라고 알아차리고 혹 안에 나태와 졸음이 없으면 '내 안에 나태와 졸음이 없다'라고 알아차린다. 그는 또 아직 생겨나지 않은 나태와 졸음이 생겨나면 어떻게 생겨나는지 알아차리고 이미 생겨난 나태와 졸음이 멸해지면 어떻게 멸해지는지 알아차리며 또 이미 멸해진 나태와 졸음이 이후로 생겨나지 않으면 어떻게 생겨나지 않는지를 알아차린다.

④ 혹은 안에 동요(掉擧, uddhacca)와 회한(悔, kukkucca)이 있으면 '내 안에 동요와 회한이 있다'고 알아차리고 혹 안에 동요와 회한이 없으면 '내 안에 동요와 회한이 없다'고 알아차린다. 그는 또 아직 생겨나지 않은 동요와 회한이 생겨나면 어떻게 생겨나는지 알아차리고, 이미 생겨난 동요와 회한이 멸해지면 어떻게 멸해지는지를 알아차리며, 또 이미 멸해진 동요와 회한이 이후로 생겨나지 않으면 어떻게 생겨나지 않는지를 알아차린다.

⑤ 혹은 안에 의혹(疑, viccikicchā)이 있으면 '내 안에 의혹이 있다'라고 알아차리고 혹은 안에 의혹이 없으면 '내 안에 의혹이 없다'라고 알아차린다. 그는 또 아직 생겨나지 않은 의혹이 생겨나면 어떻게 생겨나는지 알아차리며, 또 이미 생겨난 의혹이 멸해지면 어떻게 멸해지는지 알아차리며, 또 멸해진 의혹이 이후로 생겨나지 않으면 어떻게 생겨나지 않는지를 알아차린다.

이와 같이 혹은 안으로 법(法)에서 법을 관찰하면서 지내고 혹은 밖으로 법에서 법을 관찰하면서 지내며 혹은 안팎으로 법에서 법을 관찰하면서 지낸다. 혹은 법에서 생겨나는 원인을 관찰하면서 지내고, 혹은 법에서 멸해가는 원인을 관찰하면서 지내고 혹은 법에서 생겨났다가 멸해가는 원인을 관찰하면서 지낸다.12) 그래서 마음챙김과 지혜가 현전함에 따라 '이것이 법이다'라고 그 마음챙김이 분명히 확립된다. 그는 초연하게 지내고 세상의 어느 것에도 집착하지 않는다. 비구들이여, 이와 같이 비구는 다섯 가지 장애의 법에서 법을 관찰하면서 지낸다.

다섯 가지 쌓임(五取蘊, Khandha)에 대한 관찰

다음으로 또 비구들이여, 비구는 다섯 가지 쌓임(五取蘊, khandha)의 법에서는 법을 관찰하면서 지낸다. 그런데 비구들이여, 비구는 어떻게 다섯 가지 쌓임의 법에서는 법을 관찰하면서

---

12) 5장애는 법의 무상·고·무아를 항상함, 즐거움, 개아가 있으므로 잘못 보는 사견(邪見)에서 온다. 5장애는 관찰에 의해 무상·고·무아에 대한 정견(正見)이 갖추어지면 사라진다. 즉 탐욕과 성냄은 아나함과, 나태와 졸음(무기)은 아라한과, 회한은 아나함과, 불안정은 아라한과 의혹은 수다원과에 도달하면 각각 멸해진다. 이때도 생멸현상을 의관(疑觀)하면 효과적이다.

지내는가?

여기에 비구들이여, 비구는 '물질(色, rūpa)은 이러하고 물질이 생겨남(集, samudya)은 이러하며 물질의 멸함(滅, atthaṅgama)은 이러하다, 감각(受, vedana)은 이러하고 감각의 생겨남은 이러하며 감각의 멸함은 이러하다, 인식(想, saññā)은 이러하고 인식의 생겨남은 이러하며 인식의 멸함은 이러하다, 의도(또는 반응, 行, sánkhāra)는 이러하고 의도의 생겨남은 이러하며 의도의 멸함은 이러하다, 의식(識, viññāṇa)은 이러하고 의식의 생겨남은 이러하며 의식의 멸함은 이러하다'고 알아차린다.

이와 같이 혹은 안으로 법(法)에서는 법을 관찰하면서 지내고 혹은 밖으로 법에서는 법을 관찰하면서 지내며 안팎으로 법에서는 법을 관찰하면서 지낸다. 혹은 생겨나는 법을 관찰하면서 법에서 지내고, 혹은 멸해가는 법을 관찰하면서 법에서 지내며 생했다가 멸해가는 법13)을 관찰하면서 법에서 지낸다. 그래서 마음챙김과 지혜가 현전함에 따라 '이것이 법(法)이다'라고 그 마음챙김이 분명히 확립된다. 그는 초연하게 지내고 세상의 어느 것에도 집착하지 않는다. 비구들이여, 이와 같이 비구는 다섯 가지 쌓임의 법에서 법을 관찰하면서 지낸다.

---

13) 물질(몸)의 생멸 원인은 앞부분의 몸의 생멸 원인과 같고 수·상·행·식의 생멸 원인은 앞부분의 마음관찰 주석에 있는 생멸원인과 같다. 여기에서 식은 무명까지 포함한다고 본다. 반야심경에서도 오온을 철견하면 무명까지 녹아버린다. 이것이 열반이고 해탈이다. 수행이 깊어지면 오온 관찰이 저절로 된다. 이때 12연기를 알게 된다. 부처님께서는 상응부경에서 "오온의 생멸을 완전히 알기 전에 나는 깨쳤다고 선언하지 않았다."고 하셨다. 우리 나라 수행자들은 오온 관찰을 경시한 것이 가장 큰 실수이다. 오온의 생멸을 모르면 사마타 수행이기 때문이다.

여섯 가지 안팎의 기관(六處, āyatana)에 대한 관찰[14]

다음으로 또 비구들이여, 비구는 여섯 가지 안팎의 기관(六處) 법(法)에서 법을 관찰하면서 지낸다. 그런데 비구들이여, 비구는 어떻게 여섯 가지 안팎의 기관의 법에서 법을 관찰하면서 지내는가?

① 여기에 비구들이여, 비구는 눈(眼, cakkhu)을 알아차리고 (눈의 대상인) 형상(색, rūpa)을 알아차리며, 또 그 두 가지를 조건(緣)으로 생겨난 속박(結, 족쇄, 번뇌, saṁyojana)[15]을 알아차린다. 그는 아직 생겨나지 않은 속박이 생겨나면 어떻게 일어나는지 알아차리고 이미 생겨난 결과가 멸해지면 어떻게 멸해지는지 알아차리며 이미 멸해진 결과가 이후로 생겨나지 않으면 어떻게 다시 일어나지 않는지를 알아차린다.

② 그는 또 귀(耳, soka)를 알아차리고 (귀의 대상인) 소리(聲, sadda)를 알아차리며 또 그 두 가지 조건에 의해 생겨난 속박(족쇄, 번뇌)을 알아차린다. 그는….

---

14) 여섯 기관의 안팎은 12처(處), 18계(界)이다. 잡아함경 13권에서 바라문이 부처님에게 무엇이 일체(一切)인가 하고 물었다. "바라문이여, 일체는 12처에 포섭되는 것이니, 곧 눈과 색…마음과 법이다. 만일 이 12처를 떠나 다른 일체를 시설코자 한다면 그것은 언설일 뿐, 물어봐야 모르고 의혹만 더할 것이다. 왜냐하면, 그것은 경계가 아니기 때문이다." 불법은 합리적이고 실제적이다. 그리고 수행 또한 실제적이다. 마음은 여섯 기관의 안팎을 통하여 작용한다. 마음을 관하는 위빠싸나 한 법이 만 법을 다 포함한다.

15) 족쇄·장애·속박·결박의 번뇌 등으로 번역, 영어로는 fetter, 빨리어로는 saṁy ojana이다. 여기에는 열 가지 결박의 번뇌가 있다. '개아(個我, 有身見)' '형식의식에 집착(戒禁取見)' '의심(疑結)' '탐욕(貪結)' '성냄(瞋結)' '색계에 대한 집착(色愛結)' '무색계에 대한 집착(無色愛結)' '불안정함(들뜸, 掉結)' '자만심(慢結)' '근본 무명(無明結)'이다. 5장애와 더불어 수행자가 명심하고 제거해야 하는 독화살들(12연기)이다. 이때 열반이 실현된다(1권 II부의 4과 설명 참조).

③ 그는 또 코(鼻, ghāna)를 알아차리고 (코의 대상인) 냄새 (香, gandha)를 알아차리며 또 그 두 가지 조건에 의해 생겨난 속박(번뇌)을 알아차린다. 그는….

④ 그는 또 혀(舌, jivha)를 알아차리고 (혀의 대상인) 맛(味, rasa)을 알아차리며 그 두 가지 조건에 의해 생겨난 속박(번뇌) 을 알아차린다. 그는….

⑤ 그는 또 몸(身, kāya)을 알아차리고 (몸의 대상인) 접촉(觸, photthabba)을 알아차리며 또….

⑥ 그는 또 마음(意, manas)을 알아차리고 (마음의 대상인) 현상(法, Dhamma)을 알아차리며 또 그 두 가지 조건에 의해 생 겨난 속박(번뇌)을 알아차린다. 그는 아직 생겨나지 않은 속박이 어떻게 생겨나는지를 알아차리고 이미 생겨난 속박이 멸해지면 어떻게 멸해지는지 알아차리며 또 이미 멸해진 속박(번뇌)이 이 후에는 생겨나지 않으면 어떻게 생겨나지 않는지를 알아차린다.

이와 같이 혹은 안으로 법(法)에서는 법을 관찰하면서 지내고 밖으로 법에서는 법을 관찰하면서 지내며 안팎의 모든 법에서는 법을 관찰하면서 지낸다. 혹은 법에서 생겨나는 현상을 관찰하면 서 지내고, 혹은 법에서 멸해가는 현상을 관찰하면서 지내며, 법 에서 생했다가 멸해가는 현상16)을 관찰하면서 지낸다. 그래서 비구들이여, 이와 같이 비구는 여섯 가지 안팎의 기관의 법에서 현상을 관찰하면서 지낸다.

---

16) 육체적 기관의 생멸 원인은 무명·욕망·업·음식이고, 마음(意)의 생멸 원인은 무명·욕망·업·육체와 마음이다. 이때도 의관(疑觀)하면 효과적임.

일곱 가지 깨달음의 요소(七覺支, bojjhaṅga)[17]에 대한 관찰

다음으로 또 비구들이여, 비구는 일곱 가지 깨달음의 요소(七覺支, bojjhaṅga) 법에 대하여 법을 관찰하면서 지낸다. 그런데 비구들이여, 비구는 어떻게 일곱 가지 깨달음의 요소 법에 대하여 현상을 관찰하면서 지내는가?

① 여기에 비구들이여, 비구는 안으로 염각의 깨달음 요소(念覺支, sati-sambojjhaṅga)가 있으면 '내 안에 염각의 깨달음 요소가 있다'고 알아차리고, 혹 안으로 염각의 깨달음 요소가 없으면 '내 안에 염각의 깨달음 요소가 없다'라고 알아차린다. 그는 또 아직 생겨나지 않은 염각의 깨달음 요소가 생겨나면 어떻게 생겨나는지 알아차리고 이미 생겨난 염각의 깨달음 요소를 어떻게 계발하여 완성하는지를 알아차린다.

② 그는 또 안으로 법의 선택(擇法支, dhamma-vicaya)[18]의 깨달음 요소가 있으면 '내 안에 법의 선택의 깨달음 요소가 있다'라고 알아차리고 혹 안으로 법의 선택의 깨달음 요소가 없으면 '내 안에 법의 선택의 깨달음 요소가 없다'고 알아차린다. 그는 또 아직 생겨나지 않은 법의 선택의 깨달음 요소가….

③ 그는 또 안으로 용맹스러운 정진(精進, viriya)[19]의 깨달음 요소(精進覺支)가 있으면 '내 안에 용맹스러운 정진의 깨달음 요소가 있다'라고 알아차리고, 혹 안으로 용맹스러운 정진의 깨달

---

17) bojjhaṅga : Bodhi(깨달음)+Anga(요소, Factor), 깨달음은 위빠싸나를 통하여 4성제를 깨닫는 것이고 요소는 이러한 깨달음에 이르는 일곱 요소를 말한다.
18) 법의 선택은 4성제 삼법인, 인과, 12연기 등을 아는 것을 말한다. 염각지와 법의 선택 관찰에서 의관이 강해지면 '이뭣고' 화두와 그 보림법과 통한다.
19) 법의 선택에 따라 계속 노력하는 것, 더 상세한 것은 IV부의 7각지 계발 참조

음 요소가 없으면 '내 안에 용맹스러운 정진의 깨달음 요소가 없다'라고 알아차린다. 그는 또 아직 생겨나지 않은 용맹스러운 정진의 깨달음 요소가….

④ 그는 또 안으로 기쁨(喜, pīti)의 깨달음 요소(喜覺支)가 있으면 '내 안에 기쁨의 깨달음 요소가 있다'라고 알아차리고, 혹 안으로 기쁨의 깨달음 요소가 없으면 '내 안에 기쁨의 깨달음 요소가 없다'라고 알아차린다. 그는 또 생겨나지 않은 기쁨의 깨달음의 요소가….

⑤ 그는 또 안으로 경안(經安, 혹은 輕快安, passaddhi)의 깨달음 요소가 있으면 '내 안에 경안의 깨달음의 요소(經安覺支)가 있다'고 알아차리고, 혹 안으로 경안의 깨달음의 요소가 없으면 '내 안에 경안의 깨달음 요소가 없다'고 알아차린다. 그는 또 오직 생겨나지 않은 경안의 깨달음 요소가….

⑥ 그는 또 안으로 삼매(定, samādi)의 깨달음의 요소가 있으면 '내 안에 삼매의 깨달음 요소(定覺支)가 있다'고 알아차리고, 혹 안으로 삼매의 깨달음 요소가 없으면 '내 안에 삼매의 깨달음 요소가 없다'라고 알아차린다. 그는 또 아직 생겨나지 않은 삼매의 깨달음의 요소가….

⑦ 그는 또 안으로 평등(捨, 平等, upekkhā)의 깨달음 요소(平等覺)가 있으면 '내 안에 평등의 깨달음 요소가 있다'고 알아차리고 혹 안으로 평등의 깨달음 요소가 없으면 '내 안에 평등의 깨달음 요소가 없다'라고 알아차린다. 그는 또 아직 생겨나지 않은 평등의 깨달음 요소가 생겨나면 어떻게 생겨나는지 알아차리고 이미 생겨난 평등의 깨달음 요소가 어떻게 발전되어 완성되는지

를 알아차린다.[20)]

이와 같이 혹은 안으로 법(法)에서는 법을 관찰하면서 지내고 밖으로 법에서는 법을 관찰하면서 지내며 안팎으로 법에서는 법을 관찰하면서 지낸다. 혹은 법에서 생겨나는 현상을 관찰하면서 지내고, 혹은 법에서 멸해가는 현상을 관찰하면서 지내며 법에서 생했다가 멸해가는 법(法)[21)]을 관찰하면서 지낸다. 그래서 마음챙김과 지혜가 현전함에 따라 '이것이 법이다'라고 그 마음챙김이 분명히 확립된다. 그는 초연하게 지내고 세상의 어느 것에도 집착하지 않는다. 비구들이여, 이와 같이 일곱 가지 깨달음의 요소 법에서 현상을 관찰하면서 지낸다.

네 가지 진리(四聖諦 catuariya-sacca)에 대한 관찰

다음으로 또 비구들이여, 비구는 네 가지 성스러운 진리(四聖諦, catuariya-sacca) 법(法)에서 법을 관찰하면서 지낸다. 그런데 비구들이여, 비구는 어떻게 네 가지 성스러운 진리의 법에서 법을 관찰하면서 지내는가?

여기에 비구들이여, 비구는 '이것은 괴로움(苦, dukkha)이다'라고 있는 그대로 알아차리고 '이것은 괴로움의 원인(集, dukkha-samudaya)이다'라고 있는 그대로 알아차리고 '이것은 괴로움의 소멸(滅, dukkha-nirodha)이다'라고 있는 그대로 알아차리며

---

20) 법의 관찰에서는 있는 그대로 혹은 의심을 넣어서 관찰하기도 함. 즉 5장애, 6처, 7각지 관찰 등에서 '어떻게 일어나고', '어떻게 사라지고', '어떻게 생겨나지 않는가'를 알아차린다. 의심이 가미된 관찰(疑觀)이 향상을 가져온다.
21) 7각지의 일어남은 무상·고·무아로 보는 정견(正見)에 의해서 일어나고 7각지의 사라짐은 유상·즐거움·유아로 보는 사견(邪見)에 의해서 사라진다.

'이것이 괴로움의 소멸에 이르는 길(道, dukkha-nirodhagamini, patipada)이다'라고 있는 그대로 잘 안다.

(1) 괴로움의 진리(苦諦, dukkha-sacca)

비구들이여, 괴로움의 성스러운 진리(苦聖諦, dukkha-ariya-sacca)란 무엇인가? 태어남(生, jāti)도 괴로움이고 늙음(老, jarā)도 괴로움이고 병듦(病, vyādhi)도 괴로움이고 죽음(死, marana)도 괴로움이며 슬픔(愁, soka)·비탄(悲, parideva)·아픔(苦, dukkha)·우울(憂, domanassa)·불안(惱, upāyāsa)도 괴로움이고, 싫은 것과 만나는 것도 괴로움(怨憎會苦)이고 좋은 것과 떨어짐도 괴로움이고(愛別離苦) 원하는 것을 얻지 못하는 것도 괴로움(求不得苦)이다. 간략히 말해서 집착에서 생긴 다섯 가지 쌓임(五取蘊, pañcupādāna-khandha)은 괴로움이다.

① 비구들이여, 태어남이란 무엇인가? 어떤 부류에 있든 모든 생명체(衆生, satta)의 출신(jāti)·출생(sañjāti)·출성(出成, okkanti)·재생(再生, abhinibatti)·오온의 태어남(諸蘊의 顯現)·감각 기관의 얻음(內外諸處의 攝受), 이것을 일러 비구들이여, 태어남이라 한다.

② 비구들이여, 늙음이란 무엇인가? 어떤 부류에 있든 모든 생명체의 늙어감·노쇠화·치아의 빠짐·흰 머리카락·주름살·수명의 단축·감각기관의 악화, 이것을 일러 비구들이여, 늙음이라 한다.

③ 비구들이여, 죽음이란 무엇인가? 어떤 부류에 있든 모든 생명체의 흩어짐과 사라짐(散滅)·파괴·멸망·소멸·사망·수명이

다함(命終), 오온의 해체·신체의 버림 이것을 일러 비구들이여, 죽음이라 한다.

④ 비구들이여, 슬픔(愁, soka)이란 무엇인가? 비구들이여, 어떠한 불행과 손실을 가져오고 어떠한 마음의 괴로운 상태를 가져오는 심한 슬픔과 비애를 일러서 비구들이여, 슬픔이라 한다.

⑤ 비구들이여, 비탄(悲, parideva)이란 무엇인가? 비구들이여, 어떠한 불행과 손실을 가져오고 어떠한 마음의 괴로운 상태를 가져오는 탄식과 비애·비탄·비통 이를 일러 비구들이여, 비탄이라 한다.

⑥ 비구들이여, 괴로움(苦, dukkha)이란 무엇인가? 비구들이여, 몸의 고통과 불쾌, 몸의 접촉에서 생기는 고통과 불쾌감, 이를 일러 비구들이여, 괴로움이라 한다.

⑦ 비구들이여, 우울(憂, domanassa)이란 무엇인가? 비구들이여, 마음의 고통과 불쾌, 마음과 접촉해서 생기는 고통과 불쾌감, 이를 일러 비구들이여, 우울이라 한다.

⑧ 비구들이여, 불안(惱, upāyāsa)이란 무엇인가? 비구들이여, 어떠한 불행과 손실을 가져오고 어떠한 마음의 괴로운 상태를 가져오는 실망·낙담·의기소침 이를 일러 비구들이여, 불안이라 한다.

⑨ 비구들이여, 싫은 것과 만나는 괴로움이란 무엇인가? 여기에 비구들이여, 불유쾌하고 바람직하지 않고 마음에 들지 않는 물질·소리·냄새·맛·감촉·현상과, 또 호의가 아닌 것, 적당치 않은 것, 불편한 것, 안온치 못한 것 등이 있어서 이들과 맺어지고 만나고 결합되고 연결되는 것 이를 일러 비구들이여, 싫은 것과 만나는 괴로움이라 한다.

⑩ 비구들이여, 좋은 것과 떨어지는 괴로움이란 무엇인가? 여

기에 비구들이여, 유쾌하고 바람직하고 마음에 드는 물질·소리·냄새·맛·감촉·현상과 또 호의로운 것, 적당한 것, 편안한 것, 안온한 것 등과 그리고 어머니·아버지·형제·자매·친우·동료·친척들이 있는데 이들과 떨어지고 헤어지고 결합치 못하고 연결치 못하는 것 이를 일러 비구들이여, 좋은 것과 떨어지는 괴로움이라 한다.

⑪ 비구들이여, 원하는 것을 얻지 못하는 괴로움이란 무엇인가? 비구들이여, 태어나기 마련인 중생에게 이러한 욕구가 일어난다. '오, 우리에게 태어나는 법이 없었으면! 우리에게 실로 태어남이 오지 말았으면!' 하고. 그러나 이것은 욕구만으로 얻어지지 못한다. 그래서 이를 원하는 것을 얻지 못하는 괴로움이라 한다.

또 늙어가기 마련인 중생에게…, 또 병들기 마련인 중생에게…, 또 죽기 마련인 중생에게…, 또 슬픔·비탄·아픔·우울·불안한 중생에게 이러한 욕구가 일어난다. '오, 우리에게 슬픔·비탄·아픔·우울·불안한 현상이 오지 말았으면!' 하고. 그러나 이것은 욕구만으로 얻어지지 못한다. 그래서 이를 원하는 것을 얻지 못하는 괴로움이라 한다.

⑫ 비구들이여! '간략히 말해서 집착에서 생긴 다섯 가지 쌓임의 괴로움'이란 무엇인가? 집착에서 생긴 물질(色)의 쌓임, 집착에서 생긴 감각(愛)의 쌓임, 집착에서 생긴 인식(想)의 쌓임, 집착에서 생긴 의도(반응, 行)의 쌓임, 집착에서 생긴 의식(識)의 쌓임, 이들을 일러 비구들이여, '간략히 말해서 아집 등으로 집착에서 생긴 다섯 가지 쌓임의 괴로움'이라 한다.

비구들이여, 이를 일러 괴로움의 성스러운 진리라고 한다.

(2) 괴로움의 원인의 진리(集諦, samudaya-sacca)

비구들이여, 괴로움의 원인이 되는 성스러운 진리(苦集聖諦, dukkha-samudaya-ariya-sacca)란 무엇인가? 다음 생(後生)으로 이끌고 쾌락과 탐욕을 수반하며 여기저기 만족을 찾아 다니는 욕망(愛, taṇhā) 즉, 감각적 욕망에 대한 갈애(欲愛, kāma-taṇhā), 존재에 대한 갈애(有愛, bhava-taṇhā), 존재하지 않는 것에 대한 갈애(無有愛, vibbava-taṇhā)이다.[22] 그런데 비구들이여, 이 갈애가 일어날 때 어디에서 일어나고 어디에서 자리잡는가? 세상(5온 : 마음과 물질의 현상)에서 좋아하는 것이나 즐거워하는 성질이 있으면 여기에서 이 갈애는 일어나고 여기에서 자리잡는다.

세상에서 좋아하는 것과 즐거워하는 것이란 무엇인가?

① 눈(眼)은 세상(5온, 12처, 18계)에서 좋아함과 즐거워함의 성질(특성)을 가지고 있다.[23] 이 갈애가 일어나고 자리잡을 때 여기에서 일어나고 여기에서 자리잡는다. 귀(耳)는…, 코(鼻)는…, 혀(舌)는…, 몸(身)은…, 마음(意)은 세상에서 좋아함과 즐거워함의 성질을 갖고 있다. 이 갈애가 일어나고 자리잡을 때 여

---

22) 존재의 욕망은 영원주의로, 존재하지 않음의 욕망은 소멸주의와 쾌락주의로 통함. 근본 무명과 수반되어 작용함.

23) 미얀마판 번역본과 일본판 번역본, 빨리어 원본을 대조해 본 결과, 위의 본문과 같이 번역하는 것이 보다 더 분명하게 그 의미가 나타나는 것 같아서 이렇게 번역했다. 눈과 세상(5온)을 연기의 측면에서 보았다. 5온은 12처, 18계로 세분화된다.

기에서 일어나고 여기에서 자리잡는다.

② 색(色)은 세상(5온)에서… 소리(聲)는… 냄새(香)는… 맛(味)은… 접촉(觸)은… 법(法)은 세상에서 좋아함과 즐거워함의 성질을 갖고 있다. 이 갈애가 일어나고 자리잡을 때 여기에서 일어나고 여기에서 자리잡는다.

③ 눈의 의식(眼識)은 세상(5온)에서… 귀의 의식(耳識)은… 코의 의식(鼻識)은… 혀의 의식(舌識)은… 몸의 의식(身識)은… 마음의 의식(意識)은… 세상에서 좋아하고 즐거워하는 성질(특성, 본능)을 가지고 있다. 이 갈애가 일어나고 자리잡을 때 여기에서 일어나고 여기에서 자리잡는다.

④ 눈과의 접촉(眼觸)은 세상(5온)에서… 귀와의 접촉(耳觸)은… 코와의 접촉(鼻觸)은… 의(意)와의 접촉(意觸)은 세상에서 좋아하고 즐거워하는 성질을 갖고 있다. 이 갈애가 일어나고 자리잡을 때 여기에서 일어나고 여기에서 자리잡는다.

⑤ 눈과의 접촉에서 생긴 감각(眼觸所生의 受)은 세상(5온)에서… 귀와의 접촉에서 생긴 감각은… 코와의 접촉에서 생긴 감각은… 혀와의 접촉에서 생긴 감각은… 몸과의 접촉에서 생긴 감각은… 의(意)와의 접촉에서 생긴 감각(意觸所生의 受)은 세상에서 좋아하고 즐거워하는 성질을 갖고 있다. 이 갈애가 일어나고 자리잡을 때 여기에서 일어나고 여기에서 자리잡는다.

⑥ 색의 인식(色想)은 세상(5온)에서… 소리의 인식은… 냄새의 인식은… 맛의 인식은… 접촉의 인식은…, 법의 인식(法想)은 세상에서 좋아하고 즐거워하는 성질을 갖고 있다. 이 갈애가 일어나고 자리잡을 때 여기에서 일어나고 여기에서 자리잡는다.

⑦ 색에 대한 정신적 반응(色思)은 세상(5온)에서… 소리에 대한 정신적 반응은… 냄새에 대한 정신적 반응은… 맛에 대한 정신적 반응은… 접촉에 대한 정신적 반응은… 법에 대한 정신적 반응(法思)은 세상에서 좋아하고 즐거워하는 성질을 갖고 있다. 이 갈애가 일어나고 자리잡을 때 여기에서 일어나고 여기에서 자리잡는다.

⑧ 색에 대한 갈망(色愛)은 세상(5온)에서… 소리에 대한 갈망은… 냄새에 대한 갈망은… 맛에 대한 갈망은… 접촉에 대한 갈망은… 법에 대한 갈망(法愛)은 세상에서 좋아하고 즐거워하는 성질을 갖고 있다. 이 갈애가 일어나고 자리잡을 때 여기에서 일어나고 여기에서 자리잡는다.

⑨ 색에 대한 생각(色尋)24)은 세상(5온)에서… 소리에 대한 생각은… 냄새에 대한 관념은… 맛에 대한 관념은… 접촉에 대한 생각은… 법에 대한 생각(法尋)은 세상에서 좋아하고 즐거워하는 성질을 갖고 있다. 이 갈애가 일어나고 자리잡을 때 여기에서 일어나고 여기에서 자리잡는다.

⑩ 색에 대한 궁리(色伺)는 세상(5온)에서… 소리에 대한 궁리는… 냄새에 대한 궁리는… 맛에 대한 궁리는… 접촉에 대한 궁리는… 법에 대한 궁리(法伺)는 세상에서 좋아하고 즐거워하는 성질을 갖고 있다. 이 갈애가 일어나고 자리잡을 때 여기에서 일어나고 여기에서 자리잡는다.

---

24) 생각(色尋, vitakka)은 처음 일으킨 생각(initial turning of the mind towards the object of attention)이고 궁리(色伺, vicāra)는 일으킨 생각 이후에 보다 깊이 조사하고 고찰하는 마음이다. 선정의 요소에서는 '유지하는 노력'이다.

이를 일러 비구들이여, 괴로움의 원인의 성스러운 진리라고 한다.

(3) 괴로움의 소멸로 이르는 진리(滅諦, Nirodha-sacca)

비구들이여! 괴로움의 소멸로 이르는 성스러운 진리(苦滅聖諦, dukka-nirodha-ariya-sacca)란 무엇인가? 이것은 갈애의 버림, 갈애의 소멸, 갈애로부터 자유로워지는 것이다. 그런데 비구들이여, 이 갈애가 어디에서 버려지고 어디에서 소멸하는가? 세상(5온 : 마음과 물질의 현상)에서 좋아하는 것이나 즐거워하는 것, 여기에서 이 갈애는 버려지고 여기에서 소멸된다.

세상에서 좋아하는 것과 즐거워하는 것이란 무엇인가?

① 눈(眼)은 세상(5온)에서… 내지… 마음(意)은 세상에서 좋아하고 즐거워하는 성질을 갖고 있다. 이 갈애가 버려지고 소멸될 때 여기에서 버려지고 여기에서 소멸된다.

② 색(色)은 세상(5온)에서… 내지… 법(法)은 세상에서 좋아하고 즐거워하는 성질을 갖고 있다. 이 갈애가 버려지고 소멸될 때 여기에서 버려지고 여기에서 소멸된다.

③ 눈의 의식(眼識)은 세상(5온)에서… 내지… 마음의 의식(意識)은 세상에서 좋아하고 즐거워하는 성질을 갖고 있다. 이 갈애가 버려지고 소멸될 때 여기에서 버려지고 여기에서 소멸된다.

④ 눈과의 접촉(眼觸)은 세상(5온)에서… 내지… 마음의 접촉(意觸)은 세상(5온)에서 좋아하고 즐거워하는 성질을 갖고 있다. 이 갈애가 버려지고 소멸될 때 여기에서 버려지고 여기에서 소멸된다.

⑤ 눈과의 접촉에서 생긴 감각(眼觸所生의 受)은 세상(5온)에

서… 내지… 마음(意)과의 접촉에서 생긴 감각(意觸所生의 受)은 세상(5온)에서 좋아하고 즐거워하는 성질을 갖고 있다. 이 갈애가 버려지고 소멸될 때 여기에서 버려지고 여기에서 소멸된다.

⑥ 색의 인식(色想)은 세상(5온)에서… 내지 법의 인식(法想)은 세상(5온)에서 좋아하고 즐거워하는 성질을 갖고 있다. 이 갈애가 버려지고 소멸될 때 여기에서 버려지고 여기에서 소멸된다.

⑦ 색에 대한 정신적 반응(色思)은 세상(5온)에서… 내지… 법에 대한 정신적 반응(法思)은 세상(5온)에서 좋아하고 즐거워하는 성질을 갖고 있다. 이 갈애가 버려지고 소멸될 때 여기에서 버려지고 여기에서 소멸된다.

⑧ 색에 대한 갈망(色愛)은 세상(5온)에서… 내지… 법에 대한 갈망(法愛)은 세상(5온)에서 좋아하고 즐거워하는 성질을 갖고 있다. 이 갈애가 버려지고 소멸될 때 여기에서 버려지고 여기에서 소멸된다.

⑨ 색에 대한 생각(色尋)은 세상(5온)에서… 내지… 법에 대한 생각(法尋)은 세상(5온)에서 좋아하고 즐거워하는 성질을 갖고 있다. 이 갈애가 버려지고 소멸될 때 여기에서 버려지고 여기에서 소멸된다.

⑩ 색에 대한 궁리(色伺)는 세상(5온)에서… 내지… 법에 대한 궁리(法伺)는 세상(5온)에서 좋아하고 즐거워하는 성질을 갖고 있다. 이 갈애가 버려지고 소멸될 때 여기에서 버려지고 여기에서 소멸된다.

이를 일러 비구들이여, 괴로움의 소멸로 이르는 성스러운 진리라고 한다.

(4) 괴로움의 소멸로 이르는 길의 진리(道諦, Magga-sacca)

비구들이여, 괴로움의 소멸로 이르는 길의 성스러운 진리(苦滅道聖諦, dukkha-nirodha-gāminī-ariya-sacca)란 무엇이겠는가? 이것은 성스러운 여덟 가지의 길, 즉 올바른 견해(正見), 올바른 사유(正思), 올바른 언어(正語), 올바른 행위(正業), 올바른 생활(正命), 올바른 노력(正精進), 올바른 마음챙김(正念), 올바른 선정(正定) 등이다.

① 그런데 비구들이여, 올바른 견해(正見, Sammā-diṭṭi)란 무엇이겠는가? 비구들이여, 괴로움(苦)에 관해서 확실히 알고, 통찰(慧)하고 괴로움의 원인(集)에 관해서 확실히 통찰(慧)하고, 괴로움의 소멸(滅)에 관해서 확실히 통찰(慧)하고, 괴로움의 소멸에 이르는 길(道)에 관해서 확실히 통찰하는 것, 이를 일러 비구들이여, 올바른 견해라고 한다.

② 비구들이여, 올바른 사유(正思, Sammā-Saṅkappa)란 무엇이라 하겠는가? 욕심 없는 생각(無慾), 증오하지 않는 생각(無恚), 남을 해하지 않는 생각(無害) 이를 일러 비구들이여, 올바른 생각이라 한다.

③ 비구들이여, 올바른 언어(正語, Sammā-Vācā)란 무엇이겠는가? 거짓말(兩舌)을 않고, 헐뜯는 말(惡口)을 않고, 거친 말(妄語)을 않고, 쓸데없는 말(綺語)을 하지 않는 것 이를 일러 비구들이여, 올바른 언어라 한다.

④ 비구들이여, 올바른 행위(正業, Sammā-Kammanta)란 무

엇이겠는가? 생명체를 죽이지 않고(不殺生), 주지 않는 것은 갖지 않으며(不與取), 잘못된 애욕 행위를 하지 않는 것(不邪婬), 이를 일러 비구들이여, 올바른 행위라 한다.

⑤ 비구들이여, 올바른 생활수단(正命, Sammā-ājiva)이란 무엇이겠는가? 비구들이여 성스러운 제자들은 잘못된 생활수단(邪命)을 버리고 올바른 생활수단으로써 삶을 영위한다. 이를 일러 비구들이여, 올바른 직업이라 한다.

⑥ 비구들이여, 올바른 노력(正精進, Sammā-Vāyāma)이란 무엇인가? 여기에 비구들이여, 비구는 아직 생기지 않은 악(惡)이나 좋지 않은 행위(不善法)가 일어나지 않도록 결심하여 노력하고 전력을 기울여 마음을 다잡아 애쓴다. 이미 일어난 악이나 좋지 않은 행위를 버리기 위해 결심하여 노력하고 전력을 기울여 마음을 다잡아 애쓰고, 또 아직 생기지 않은 선한 행위가 일어나도록 결심하여 노력하고, 전력을 기울여 마음을 다잡아 애쓰고, 이미 일어난 선한 행위는 머물러 흩어지지 않게 기르고, 충만하게 이루어 성취케 하려는 결심을 하여 노력하고, 전력을 기울여 마음을 다잡아 애쓴다.

⑦ 비구들이여, 올바른 마음챙김, 주시(正念, Sammā-Sati)란 무엇인가? 여기에 비구들이여, 비구는 몸에서는 몸을 전심전력으로 마음챙김하여 분명한 앎으로 계속 관찰한다(무상·고·무아를 깨닫는다). 그리하여 마음챙김하지 않으면 나타나는 탐욕과 근심을 버린다. 감각에서는 감각을… 마음에서는 마음을… 법(法)에서는 법을 전심전력으로 마음챙김하여 분명한 앎으로 계속 관찰한다. 그리하여 마음챙김하지 않으면 나타나는 탐욕과 근심을 버

린다. 이를 일러 비구들이여, 올바른 마음챙김이라 한다.

⑧ 비구들이여, 올바른 선정(正定, Sammā-samādhi)이란 무엇인가? 여기에 비구들이여, 비구는 애욕을 여의고 좋지 않은 행위(不善法)를 떨쳐버린 후 일으킨 생각(尋, initial application of the mind, vitakka)과 지속적인 노력(伺, sustained application of the mind, vicāra), 무집착에서 생긴 희열(喜, pīti, joy)과 행복감(樂, happy, sukka)의 초선을 얻는다. 다음으로 이러한 일으킨 생각과 지속적인 노력을 고요하게 한 후 안으로 평온과 마음의 집중을 얻음으로써 일으킨 생각과 지속적인 적용을 벗어나 삼매(定)에서 생긴 희열과 행복감의 제2선(第二禪)을 얻어 머문다. 다음에는 희열을 여의고 무심(捨)·마음챙김(念)·분명한 앎(智)에 머물고 몸으로는 행복감을 감지하면서, 성인들이 말하는 "무심한 이는 마음챙김하여 행복감에 머문다."라는 제3선(第三禪)을 얻어 머문다.

다음으로 즐거움도 괴로움도 버리고 전에 느꼈던 기쁨과 우울도 멸해진, 따라서 괴로움도 기쁨도 아닌(不苦不樂) 무심(捨)과 청정한 마음챙김(念)의 제4선(第四禪)을 얻어 머문다. 이를 일러 비구들이여, 올바른 선정이라 한다.25) 이를 일러 비구들이여, 괴로움의 소멸에 이르는 성스러운 길의 진리라고 한다.

---

25) 제3선부터 마음챙김(sati)과 분명한 앎(sampajāno)의 지혜가 나타난다. 일으킨 생각(vitakka)과 지속적인 노력(vicāra)이 초선 이후 가라앉았지만 내면에는 저절로 작용하듯이 마음챙김과 분명한 앎도 초선부터 있었지만 3선부터 뚜렷하게 나타난 것이다. 그러므로 초선부터 무상·고·무아·인과의 관찰이 가능하다.

이와 같이 혹은 안으로 법(法)에 대하여 법을 관찰하면서 지내고 밖으로 법에 대하여 법을 관찰하면서 지내며, 혹은 안팎으로 법에 대하여 법을 관찰하면서 지낸다. 혹은 법에서 생겨나는 현상을 관찰하면서 지내고, 혹은 법에서 멸해가는 현상을 관찰하면서 지내며, 혹은 법에서 생했다가 멸해가는 현상을 관찰하면서 지낸다. 그래서 마음챙김과 지혜만이 현전함에 따라 "이것이 법이다."라고 그 마음챙김이 분명히 확립된다. 그는 초연하게 지내고 세상의 어느 것에도 집착하지 않는다. 비구들이여, 이와 같이 비구는 네 가지 성스러운 진리법에서 법을 관찰하면서 지낸다.

6. 사념처의 수행결과

비구들이여, 누구든지 이 사념처를 7년 동안 이와 같이 닦는 자는 두 가지 결과 중 어느 것이나, 즉 바로 지금 여기에서 구경각인 아라한 또는 집착의 자취가 남아있으면 아나함의 경지가 기약된다.

비구들이여, 7년 동안은 제쳐두고라도 누구든지 이 사념처를 6년 동안 …내지… 5년 동안… 4년 동안… 3년 동안…2년…1년 동안 이와 같이 닦는 자는 두 가지 결과 중 어느 것이나, 즉 바로 지금, 여기에서 구경각 아라한 또는 집착의 자취가 있으면 아나함의 경지가 된다.

1년간은 제쳐두고라도 비구들이여, 누구든지 이 사념처를 이와 같이 7개월 동안 닦는 자는 두 가지 결과 중 어느 것이나…

7개월은 제쳐 두고라도, 비구들이여, 6개월 동안…내지…5개월 동안…4개월 동안…3개월 동안…2개월 동안…1개월 동안…보름 동안, 이와 같이 닦는 자는 두 가지 결과 중 어느 것이나…

보름 동안은 제쳐 두고라도 비구들이여, 누구든지 이 사념처를 7일 동안 이와 같이 닦는 자는 두 가지 결과 중 어느 것이나, 즉 바로 지금 여기에서 구경각 아라한 또는 집착의 자취가 있으면 아나함의 경지가 기약된다.

"비구들이여, 이것은 중생의 정화를 위한, 슬픔을 건너기 위한, 괴로움의 소멸을 위한, 진리의 길을 걷기 위한, 열반의 증득을 위한 단 하나의 길, 즉 네 가지 대상에 마음챙김을 굳게 확립하는 사념처이다."라고 (첫 머리에) 말한 것은 이 때문에 설해진 것이다.

부처님께서 이를 설하시자 기쁨으로 충만한 비구들은 부처님의 설하신 바를 환희롭게 받아들였다.

2장 대념처경 해설

1. 케마마하짜리 선사편

"비구들이여! 이것은 중생의 정화(淨化)를 위한, 슬픔을 건너기 위한, 괴로움의 소멸을 위한, 진리의 길을 걷기 위한, 열반의 증득을 위한 단 하나의 길, 즉 네 가지(身, 受, 心, 法)에 마음챙김을 굳게 확립하는 사념처(四念處)이다."

사념처 위빠싸나는 해탈에 이르는 유일한 길이라고 부처님께서는 선언했다. 왜냐하면, 사념처 수행은 중생의 번뇌를 완전히 정화하는 최상의 길이기 때문이다. '중생'이란 아직도 형상(相)에 집착하고 있는 사람이다. 사념처를 수행하지 않는다면 중생의 마음은 탐·진·치인 번뇌, 망상의 노예가 된다. 이러한 마음의 오염은 '환상(無知)'인 전도된 견해(邪見)에서 비롯된 것이다. 전도된 견해(邪見)로 인하여, 추한 것을 아름다운 것으로, 고통(苦)을 행복으로, 무상(無常)을 영원한 것으로, 무아(無我)를 유아(有我)로 보게 되는 결과를 초래한다. 이것이 슬픔·괴로움·비탄을 가져오는 탐·진·치를 야기시킨다.

중생들에게 이러한 위험은 참으로 무서운 것이다. 그러나 사념처를 수행한다면 마음을 길들이고 청정하게 정화하여 이 생애에서 최고의 축복인 열반을 증득하게 된다. 비록 번뇌·망상을 정화한 성위과(聖位果)엔 이르지 못한다 하더라도 수행이 어느 정도 진보함에 따라 마음의 안정을 얻을 수 있다. 수행자가 아라한의 성위과를 달성하여 번뇌·망상을 완전히 제거했을 때는 고(苦)의 멸(滅)인, 열반을 증득하게 된다.

이 유일한 길인 사념처는 주로 마음챙김(mindfulness)으로 번역된다. 사념처는 마음챙김을 기둥으로써 사용하기 때문이다.

삿띠(Sati)26)는 마음챙김으로 번역되는데 마음을 혼란에서 벗어나게 하여 신심, 정진(精進), 정(定)·혜(慧) 속에 머물게 하고 우리가 매순간 생각하고(正見·正思), 말하고(正語), 행동(正業)하는데 있어 올바른 길에 들도록 한다.

사념처(四念處, Satipaṭṭhāna)는 마음챙김의 대상으로도 번역된다. 마음챙김은 챙김의 대상을 가져야 하므로 네 가지 대상은 마음을 고요하게 하여 본성을 철견하기 위한 것으로 이용된다. 네 가지 대상은 몸, 감각, 마음, 법이다.

몸에 대한 관찰

이 경에서는 "비구들이여, 여기에 비구는 몸에서는 몸을 전심 전력으로 마음챙김하여 분명한 앎으로 관찰하여 세상의 욕망과

---

26) 삿띠(sati)는 일곱 가지 개념이 함축되어 있다.(IV부 4의 삿띠 개념 참조) 영어로는 nothing, awearness, watch, comprehension, attention, mindfulness… 등으로 번역하다가 현재는 mindfulness로 통일되어 가고 있다. 우리말로는 '마음집중', '마음챙김', '알아차림', '주시' 등으로 번역되고 경우에 따라서는 주시·마음챙김·알아차림을 각각 구분해서 사용할 때도 있고 마음챙김 속에 내포하여 사용할 때도 있다.(IV부 4. 올바른 마음챙김 참조)

고뇌에서 벗어나 지낸다."라고 했다. 여기에 보면 대상에 대한 관찰하는 방법이 나타나 있다. 관찰하는 방법은 세 가지 요소 즉 ① 전심전력으로 노력하는 정진력(精進力, energy) ② 올바른 앎(智慧, clear comprehension) ③ 마음챙김, 주시(mindfulness)를 내포하고 있다. 또한 관찰의 결과 고(苦)의 원인인 욕망을 극복한다고 설했다.

여기에서 말하는 '몸에서는 몸을 관찰하라'는 것은 관찰의 대상이 혼합되어서는 안 된다는 것이다. 몸의 관찰은 관찰의 대상으로서 몸이 되어야 하고, 감각(느낌)의 관찰은 감각이, 마음의 관찰은 마음이, 법의 관찰은 법이 그 각각의 관찰 대상이 되어야 한다. 이렇게 관찰할 때 마음챙김은 그 대상에 확고하게 자리잡게 된다. 만약 복합적인 방법 즉, 느낌·마음·법에서 몸을 관찰하고 몸·마음·법에서 감각(느낌)을 관찰하고, 몸·감각·법에서 마음을 관찰하고, 몸·감정·마음에서 법을 관찰한다면 마음은 사유(분별, 생각)하게 되고 혼란하고 불안정하게 되어 전도된 사견(邪見)을 근절시키지 못할 것이다. 몸에 대한 관찰은 세 가지로 분류된다.

(1) 몸의 상태 (2) 몸의 움직임 (3) 몸의 요소

(1) 몸의 상태

몸의 상태에 대한 관찰에서는 아나빠나삿띠(ānāpānasati)라고 부르는 호흡의 출입에 마음챙김하는 수련에 대해서 살펴보겠다. 호흡의 출입은 몸을 유지하기 위한 필수불가결한 것이다. 들숨이든 날숨이든 하나만 없어도 몸은 유지될 수 없다. 바람의 요소(風大)가 균형을 잃는다면 고통받게 된다. 예를 들면, 과도한 일

이나 암벽등산과 같은 것으로 사람이 녹초가 되었을 때는 병이 나고 몸살이 나게 되어 호흡은 짧고 빨라진다. 열정, 증오, 괴로운 일과 같은 상황에 있을 때는 한숨을 쉬게 된다. 모든 이러한 것은 내적인 고통을 나타내는 징후이다. 그러므로 부처님께서는 호흡의 출입에 마음챙김하는 법을 가르쳤다. 호흡에 주시하여 호흡이 길고 짧음을 알아차릴 때 왜 우리가 호흡에 마음챙김해야 하는가를 알게 된다. 그때 우리들은 마음상태를 알아차릴 수 있게 된다.

호흡에 마음챙김할 때, 호흡은 고르게 되고 마음은 가라앉는다. 마음을 고요하게 하기 위하여 호흡의 출입에 마음챙김해야 하고 고요해짐과 동시에 매번, 매순간 호흡하여 빈틈없이 마음챙김해 나간다. 이렇게 함으로 해서 마음은 초조해지거나 산만해질 기회를 갖지 않는다.

호흡에 마음챙김하는 방법에는 여러 가지가 있다. 그 중 하나는 숨이 입술로 스칠 때 숨이 코끝이나 입술에 닿는 지점에 집중한다. 이때 마음은 이리저리 방황하지 않고 한 곳에 머물게 된다. 또한 호흡이 코끝이나 입술을 스칠 때마다 숫자를 헤아릴 수도 있다. 하나에서 열까지 그리고 나서 열에서 하나까지 헤아린다. 이때 들떠 있고, 요동하던 마음은 쉽게 고요하게 된다. 이렇게 하여 선정(定)이 깊어지고 이 선정은 통찰력(慧)으로 이어져 삼법인(三法印)을 철견(徹見)하게 된다.

(2) 몸의 움직임

몸의 움직임에는 걷는 것, 앉는 것, 눕는 것, 앞으로 가는 것,

뒤로 가는 것, 앞을 바라보는 것, 고개를 돌려보는 것, (팔다리) 뻗는 것, 옷입는 것, 먹고, 마시고, 씹고, 맛보고, 배설하는 것, 오줌 누는 것, 잠자는 것, (눈떠) 일어나는 것, 말하는 것, 침묵을 지키는 것 등이 있다.

이러한 몸의 자세와 움직임은 매순간 빈틈없이 관찰하여 번뇌·망상이 끼어들지 않고 항상 올바르고 깨어 있는 행동이 되도록 해야 한다. 이것이 수행의 결과로 얻을 수 있는 이익 중 하나이다.

또 다른 관점에서 보면, 이러한 관찰로 인하여 육체적 움직임의 진정한 특성을 볼 수 있게 된다. 이러한 몸의 움직임은 마음의 의도가 4대(地·水·火·風)를 움직여서 일어나게 된다. 이러한 진행과정은 자동차의 엔진과 같다. 마음은 운전사이고 자동차는 몸이다. 만약 운전사가 서둘러서 눈을 두리번거리기 시작하면 이 자동차는 위험하게 되어 사고를 낼 수도 있다. 마찬가지로, 마음챙김이 안 된 몸의 움직임은 부도덕해지기 쉽고 번뇌·망상의 노예가 된다. 반면, 운전사가 유능하고 주의 깊다면 그는 조심해서 운전하여 위험을 모면할 수 있다. 이와 마찬가지로, 마음챙김이 잘 되어 있는 행동은 자신의 행위를 보호하고 고요하게 하여 안정하게 한다.

이러한 마음챙김으로 이 몸 속에 '나', '인격체'가 있다는 잘못된 견해를 제거한다. 이러한 사견(邪見)으로 말미암아 탐욕과 성냄이 일어난다. 우리가 참 실재를 볼 때에만 비로소 '나의 것, 너의 것'이라는 관념에서 벗어난다. 그러므로 몸을 움직일 때는 올바르게 마음챙김하여 우리들의 말과 행동을 잘 다스려 성자처럼 고요하게 거동하여야 한다.

그러나 일반인들의 경우는 다르다. 어떤 사람은 안으로는 좋으나 밖으로는 추하다. 그들은 마치 가득 찬 항아리에 뚜껑이 열려 있는 것과 같다 하겠다. 어떤 사람은 안팎으로 훌륭하다. 그들은 마치 가득 찬 항아리에 뚜껑이 잘 덮여진 것과 같다. 어떤 이들은 안팎으로 추하고 나쁘다. 그들은 텅 빈 항아리에 뚜껑이 덮여 있지 않은 것과 같다.

참 실재를 보지 못한 사람은 외양상으로 행동이 훌륭하고 뚜껑은 덮여 있으나 빈항아리와 같다. 안으로 알고 있으나 실천을 하지 않는 사람은 뚜껑이 없는 가득 찬 항아리와 같다. 내적으로 참 실재를 알고 밖으로도 행동을 잘 하는 사람은 뚜껑이 잘 덮인 가득 찬 항아리와 같다. 내적으로도 알지도 못하고 행위도 엉망인 사람은 뚜껑이 없는 빈항아리와 같다.

이러한 몸의 움직임이 몸이라 불리우고, 몸의 움직임에 대한 관찰이 몸에 대하여 몸을 관찰하는 수행이다.

(3) 몸의 요소

부처님께서는 몸의 상태와 몸의 움직임은 4대(地·水·火·風)와 관련해서 관찰되어야 한다고 가르쳤다. 4대는 각각의 특성을 갖고 있다. 딱딱함과 견고함은 지대(흙)의 특성이다. 흐름과 적시고 빨아들이는 것은 수대(물)의 특성이고, 따뜻하고 차가움은 화대(불)의 특성이며, 움직임은 풍대(바람)의 특성이다.

흙의 요소는 홀로 존재할 수 없다. 흙의 요소는 물의 요소와 결합해서 몸이라고 하는 견고한 형태를 유지한다. 몸은 부패하지

74

못하도록 따뜻하게 하는 불의 요소에 의존하고, 바람의 요소는 몸을 부드럽고 유연하게 활동하도록 한다.

또한 4대 요소와 관련해서 몸의 32개 부분에 대한 관을 할 수도 있다. 머리털·몸털·발톱·손톱·이빨·가죽·살·근육·뼈·골수·신장·심장·간·횡경막·지라·폐·큰창자·작은창자·새로 들어온 음식·소화된 음식·골 등 이러한 것은 흙의 요소에 속한다. 담즙·점액·고름·피·지방·눈물·콧물·침·관절액·오줌 등은 습성이 있으므로 물의 요소에 든다.

불의 요소는 몸을 따뜻하게 해주고 열을 가하여 소화를 돕는다. 바람의 요소는 위와 창자 운동을 돕고 호흡을 하게 한다. 이러한 관찰로 네 개 원소가 몸의 상태와 움직임에 어떻게 연관되어 있는지를 알게 하여 '나의 것, 너의 것'이라는 잘못된 견해를 제거한다. 그리고 배의 움직임과 몸의 움직임에서도 딱딱하고 견고한 것은 흙의 요소이고, 흐름과 습성이 있는 것은 물의 요소, 뜨겁고 차가운 것은 불의 요소, 움직임은 바람의 요소라는 것을 관찰할 수 있다.

관찰은 내적(자신)으로 그리고 외적(타인)으로 행하여져야 한다. 이렇게 할 때 자신이 결점이 있는지 없는지를 알 수 있다. 왜냐하면, 자신의 결점은 발견하기 어렵지만 타인의 결점은 발견하기 쉽기 때문이다.

또한 이러한 법(Dhamma)이 일어나는 대로 관찰하고, 사라지는 대로 관찰하고 그리고 일어나고 사라지는 대로 관찰해야 한다. 이와 같이 수행자는 일어남과 사라짐을 조건지우는 것을 볼 수 있게 된다. 그 요소는 무명(無明), 갈애 혹은 집착, 업과 영양분이다.

몸은 영양분에 의해 지탱된다. 선업(善業)과 악업(惡業)도 몸을 생기게 하는 원인이다. 선업은 몸을 아름답게 하는 반면, 악업은 몸을 추하게 만든다. 어떠한 경우에도 그 본성인 무상과 고(苦)를 벗어날 수 없다. 선업과 악업 모두 갈망이나 집착에 연(緣)해서 온다. 집착은 제일 근본적인 원인인 무명을 바탕으로 해서 갈망이 발동될 때 오게 된다. 이러한 조건들이 있는 한 육체적인 몸은 있게 된다. 이러한 조건들이 사라질 때 육체는 없어진다.

이러한 조건으로 인하여 몸이 일어나고 이러한 조건의 소멸로 인하여 몸이 사라지는 것을 분명하게 보게 될 때 몸의 일어남(生)과 사라짐(滅)에 대한 의혹은 더 이상 존재하지 않는다.

이러한 발견에 의해 우리들은 우리들 자신이나 타인에게 즐거운 것(이로운 것)이나 불쾌한 것(해로운 것)에 관한 욕망과 실망으로부터 해방될 수 있다. 이와 같은 몸에 대한 관찰이 마음챙김을 유지하고 실재를 직시(直示)할 수 있는 지혜(智慧)를 계발하고 자아(self), 존재와 세상에 대한 사견(邪見)과 욕망에서 벗어난다.

몸에 대한 관찰이 지속적인 마음챙김, 분명한 앎 그리고 마음챙김과 분명한 앎을 일으키는 정진력과 완전히 하나가 된다. 이렇게 될 때에만 비로소 고(苦)를 일으키는 슬픔과 욕망, 괴로움과 비탄을 극복하게 된다. 그러므로 부처님께서는 "여기에서 비구는 몸에서는 몸을 열심히 전심전력으로 마음챙김하여 분명한 앎으로 계속 관찰해 나갈 때 이 세상에서 욕망과 고뇌에서 벗어나 지낸다."라고 했다.

감각(느낌)에 대한 관찰

부처님께서는 물질적인 대상을 가진 수행법(rūpakāmmattha-na, material meditation)을 우리들에게 가르치셨다. 그것은 앞에서 다루었던 몸에 대한 관찰이다. 이제는 미묘한 비물질적인 것에 대한 수행법(arūpakammatthāna, immaterial meditation)에 대해 다루겠다. 부처님께서는 몸에 대한 관찰을 설명하신 후에 계속해서 대념처경(大念處經, Mahāsatipaṭṭhāna sutta)의 두 번째 부분인 감각(느낌)에 대한 관찰에 대해서 가르치셨다.

마음챙김의 대상은 비물질적인 것도 될 수 있다. 어떠한 대상을 향해 쫓아가든가 그 대상을 아는 것은 의식, 혹은 마음이라고 부른다. 의식은 많은 상태와 대상을 가지고 있다. 이러한 것들 중에 감각(즐거운 것, 괴로운 것, 즐겁지도 괴롭지도 않은 것)은 다른 어느 요소들보다도 쉽게 분간할 수 있는 집합이다. 사람들은 즐거운 것을 좋아하고 괴로운 것을 싫어하기 때문에 보다 뚜렷하고 감지하기 쉬운 몸의 대상을 관찰한 후에 감각을 마음챙김의 대상으로 가르쳐 왔다. 그러므로 감각은 의식과 별도로 구분된 집합이다.

"비구들이여! 비구는 감각에서는 감각을 전심전력으로 마음챙김하여 분명한 앎으로 관찰하면서 이 세상에서 욕망과 슬픔을 극복하면서 지낸다."

이 말씀에 의하면 감각을 관찰하는 수행자는 앞에서도 설명했듯이 세 가지 특성인 정진력(energy)·마음챙김(mindfulness)·분명한 앎(clear comprehension)을 가져야 한다. 그 결과로 욕망과 슬픔을 극복한다. 감각은 대상을 맛보는 현상(Dhamma)으로 접촉이 있을 때 의식으로부터 나온다. 접촉은 여섯 감각기관(六根)이 여섯 바깥 대상(六境)을 만날 때 일어나고 여기에 상응하는 의식이 일어난다. 예를 들면 눈의 대상이 눈과 마주칠 때 눈의 의식(眼識)이 일어난다. 듣는 기관 및 다른 기관에서도 이와 마찬가지로 적용된다. 접촉(觸)에 연(緣)해서 즐거운 감각(樂), 괴로운 감각(苦) 혹은 즐겁지도 괴롭지도 않은 감각(非苦非樂)이 일어난다.

보이는 대상이나 들리는 대상이 매혹적일 때 즐거운 감정은 일어나게 된다. 그러나 그 대상이 불쾌한 것일 때는 괴로운 감정이 일어날 조건을 만든다. 만약 그 대상이 즐겁지도, 괴롭지도 않을 때는 중립적인 감정이 일어난다. 이러한 세 가지 감정은 (세간적) 감각이거나 혹은 (출세간적) 정신적인 감각일 수도 있다. 세간적인 것이란 마음에 탐욕이 일어나게 하든가 혹은 싫어함이 일어나게 하는 것을 뜻한다. 이러한 형태의 감각은 나쁜 결과를 가진다. 이것은 마치 독이 든 음식을 맛보는 것과 같다. 먹을 때 즐거움을 주지만 나중에 고통을 당한다.

출세간인 즐거움(niramisa sukha, spiritual pleasure)은 법(Dhamma)과 함께 오는 법희(法喜)이다. 이것은 수행을 잘 연마해서 사실을 있는 그대로 볼 수 있는 사람에게 온다. 이것으로부터 만족이 온다. 부처님께서는 "법(Dhamma, 法)으로부터 즐거움을 갖는 사람은 청정하고 행복한 마음을 갖는다."라고 설했다.

세속적인 고통스러운 감정은 언제나 격렬하다. 그러나 정신적으로 고통스러운 감정은 그 순간은 괴롭지만 나중에는 행복을 가져다준다. 예를 들면, 바르게 선행(善行)을 닦는 사람은 도중에 많은 장애를 만난다. 심지어 부처님께서나 그의 제자들도 평화스러운 행복감(santisukha-nibbana, peace-happiness)을 달성했지만 처음에는 많은 어려움을 만났다. 수행자는 이러한 형태의 감정을 수용해서 집요하게 참고 견디어야 한다.

평범한 사람들이 즐겁지도 괴롭지도 않은 대상을 만날 때 중립적인 감정(非苦非樂)이 일어난다. 중립적인 감정은 현자들이 느끼는 보다 정화된 감정이다. 부처님께서도 "현자(賢者)는 기쁨도 슬픔도 보이지 않는다"라고 했다.

세 가지의 세속적인 감정은 감정에 대한 집요한 관찰로 인하여 세 가지 출세간적 감정이 일어날 때 소멸된다. 그리하여 부처님께서는 감정을 관찰하는 방법에 대한 질문을 받았을 때 다음과 같이 설했다.

"여기에 비구들이여, 비구가 즐거운 감정(감각)을 느낄 때는 '나는 즐거운 감정을 느낀다'라고 알아차린다. 즐겁지도 괴롭지도 않은 감정을 느낄 때는 '나는 중립적인 감정을 느낀다'라고 알아차린다."

이것으로 알 수 있는 것은 관찰 중에 감정들이 서로 혼합되어서는 안 된다는 것을 알 수 있다(즉 한 순간에 하나의 대상에만 집중). 이와 같이 수행자는 세속적인 감정을 버리고 마음을 정화(淨化)하는 한 가지 방법인 정신적인 감정을 계발해 나가야 한다.

감정은 수행자 자신의 안으로(내부) 관찰되는 것으로 가르쳐졌다. 즐거운 감정은 고(苦)로써 이해된다. 왜냐하면, 순간적인 즐거움은 그것이 사라질 때 고통이 된다. 고통스러운 감정은 가시로, 그리고 즐겁지도 괴롭지도 않은 감정은 무상한 것으로 보여진다. 중립적인 감정은 즐거움과 괴로움의 중간에 있으므로 찰나지간에 즐거운 것이든 괴로운 것이든 둘 중 하나로 바뀐다. 이러한 관찰은 마음을 즐거운 것에 대한 집착과 괴로운 것에 대한 혐오감, 그리고 무심한 상태에서의 부주의함으로부터 보호해 준다.

바깥(외부)의 다른 사람의 감정에 대한 관찰에 대해서는 우리들은 직접적으로 알 수 없다. 그러나 감정은 얼굴의 표정이나 말과 같은 외적인 표현으로 드러난다. 이것은 그 사람이 즐거운지 괴로운지 즐겁지도 괴롭지도 않은지를 나타낸다. 예를 들면, 부(富)나 명성과 같은 것을 성취한 즐거운 대상에 젖어 있는 사람은 자신의 육체적 표현과 말로써 기쁨을 나타낸다. 그러나 부나 명성, 연인을 잃어버린 것과 같은 우울한 대상에 빠져있는 사람은 몸과 말을 통하여 고통스러운 상태인 슬픔과 비탄을 나타낸다. 그러나 현명한 사람에게는 (정신적이든 세간적이든) 즐거움과 괴로움에 끄달리지 않는다. 얼굴·몸·말의 표현에서 알 수 있다.

부처님께서 고행을 수련하고 있었을 때는 정신적인 괴로운 감정을 나타내고 있었다. 사리풋타가 아직도 방황하고 있을 당시 앗사지 비구에게 설법을 들은 후 평화스러운 환희를 경험했다. 앗사지의 언행(言行)과 얼굴에서 풍겨나온 즐거움이 즉석에서 사리풋타에게 깊은 감명을 주었다. 이것이 정신적인 즐거운 감정 표현의 일례이다. 매혹적이거나 추한 대상을 만날 때 마음이 혼들리지 않고 초연하게 행동하는 사람들이 있다. 이것은 현명한 사람들이 추구하는 정신적인 무심(非苦非樂)의 감정이다.27)

타인에 대한 감정의 관찰은 자신의 내부에서 선(禪)과 악(惡)을 발견하기가 어렵기 때문에 가르쳐진다. 다른 사람들을 예로써 이용할 때 우리들은 우리들 자신을 잘 안다. 이것이 우리들을 올바르게 수련할 수 있게 하는 세속적인 한 방법이다. 안팎으로 관찰함으로써 우리들 자신의 수련이 어떻게 타인과 비교되어지는가를 발견할 수 있다(즉, 他山之石의 경우다).

또한 감정(느낌)의 생(生)함과 감정의 멸(滅)함, 그리고 감정의 생하고 멸함도 관찰되어져야 한다. 감정은 접촉으로 일어나고 접촉이 사라질 때 소멸한다. 감정의 생멸에 대한 관찰은 현상의 생멸에 대한 특성을 이해하기 위하여 가르쳐진다. 또한 감정 역시 인격체나 개아(個我)가 있다는 사견(邪見)이나 욕망없이 매순간 감정상태를 관찰함으로써 애(愛)·증(憎)을 가져오는 인습적인 고정관념을 제거한다.

마음챙김(사념처) 수련에서 '감정(느낌)에서는 감정을'로 표현한 것은 관찰대상을 혼합하면 안 되기 때문이다. 즐거운 감정, 괴로운 감정, 중립의 감정들은 몸·마음·법이 아닌 감정의 범주 내에 포함된다.

감정에 대한 관찰은 정진력·마음챙김·분명한 앎의 세 가지 요소를 동반한다. 마음챙김은 일어나고 있는 모든, 그리고 낱낱의 감정을 관찰하는 기능을 갖고 있다. 지혜는 있는 그대로의 감정

---

27) 이것은 위빠싸나 지혜 단계의 11번째인 '현상에 대한 평등(무심)의 지혜'에 도달한 사람에게 감지된다(지혜 단계의 자세한 설명은 V부 2장 참조).

을 알아차릴 수 있는 특성을 갖고 있다.

지혜를 갖고 있는 사람은 마음챙김도 갖고 있다. 마음챙김은 의식이 일어나는 모든 순간에 필요한 중요한 요소이다. 그리하여 부처님께서는 "오! 비구여, 마음챙김은 일체처, 일체시에 필요한 것이다."라고 강조했다. 마음챙김을 일으켜서 작동시키기 위해서는 나쁜 생각으로부터 마음을 보호하기 위한 노력(energy)이 필요하다. 이 세 가지 요소로써 마음속에 있는 슬픔과 욕망은 극복된다. 그러므로 부처님께서는 "여기에서 비구들이여, 감정에서는 감정을 전심전력으로 마음챙김하여 분명하게 알아차림으로써 이 세상에서 욕망과 슬픔을 극복하며 지낸다."라고 가르쳤다.

마음(心)에 대한 관찰

마음챙김의 대상으로 감각에 대한 관찰을 설명한 후에, 부처님께서는 계속해서 마음에 대한 관찰에 대해서 가르쳤다. 대상을 아는 작용은 마음(意識)이라고 불리어진다. 대상이 없다면 어떤 앎도 있을 수 없다. 내적인 여섯 감각기관(眼·耳·鼻·舌·身·意)과 외적인 여섯 경계(色·聲·香·味·觸·法)의 접촉(接觸)으로 인하여 보고, 듣고, 냄새 맡고, 맛보고, 감촉하고, 아는 의식(六識)이 일어난다. 이러한 것들이 정신적 작용이다. 그러나 이것은 시작에 불과하다. 의식의 과정이 진행됨에 따라 대상이 즐거운 것이면 즐거운 감정(느낌)이 일어나고, 대상이 불쾌하면 괴로운 감정이 일어나고, 대상이 즐겁지도 괴롭지도 않으면 중립적인 감정이 일어난다. 마음의 한 측면으로서의 이러한 감정은 앞장에서 이미 다루었다.

감정뿐만 아니라, 마음관찰법에는 선(善)하거나 악(惡)한 것으로서의 의식(意識)과 의식의 대상을 분류해 놓았다.

이러한 의식은 여덟 가지 형태로 분류해 볼 수 있다.

⑴ 욕망이 있는 마음, 욕망이 없는 마음

⑵ 성냄이 있는 마음, 성냄이 없는 마음

⑶ 어리석음(無明)이 있는 마음, 어리석음이 없는 마음

⑷ 주의깊은 마음, 산란한 마음

⑸ 넓은 마음, 넓지 않은 마음

⑹ 우월한 마음, 열등한 마음

⑺ 고요한 마음, 고요하지 않은 마음

⑻ 자유로운 마음, 자유롭지 않은 마음

이러한 마음의 현상과 연관된 수많은 마음의 상태와 요소들이 있지만 관찰 대상으로서는 위와 같이 크게 분류해 볼 수 있다.

욕망이 있는 마음은 매력적인 대상에 집착하거나 욕망을 품는 마음이다. 심지어 많은 사람들이 행복이라고 생각하는 세간적인 즐거움(樂)에 탐닉하는 것도 욕심이 있는 마음이다. 이것은 잠시 즐겁지만 나중에는 커다란 괴로움(苦)을 준다. 그것은 마치 서서히 반응을 일으키는 맛이 있는 독(毒)과 같다.

성냄이 있는 마음은 노(怒)하는 마음이고 심지어는 복수심에 가득 찬 마음이다. 그것은 마치 격렬하게 불타오르고 있는 독과 같다. 어떤 사람들은 대수롭지 않은 불쾌한 대상을 만날 때마다 쉽게 화를 낸다. 그것은 마치 빠르게 퍼져나가는 부드러운 독과 같다. 어떤 사람은 발끈 화를 내지만 잠시 후면 가라앉는다. 그것은 퍼져나가지 않는 심한 독과 같다. 그런가 하면 쉽게 화를 내

어 오래 지속하는 사람도 있다. 그것은 심한 독이 쉽게 퍼져나가는 것과 같다. 어떤 사람은 전혀 화를 내지 않는 사람도 있다. 화가 나더라도 일시적으로 스쳐갈 뿐이다. 그것은 퍼져나가지 않는 약한 독과 같다. 이런 경우는 가장 순한 상태이지만 그래도 독이 조금은 있다.

어리석은 마음은 집착과 성냄으로 범벅되어 미혹의 상태에 있는 마음이다. 이것은 당황하고 의심하는 마음이다. 이 상태에서는 사물을 분별할 수 없고 이해(앎)가 없는 상태에 있다.

탐욕이 없는 마음은 보통사람들의 경우에는 부정관을 수련할 때 일어난다. 성냄이 없는 마음은 자비관을 실천할 때 생긴다. 어리석음이 없는 마음은 사실을 있는 그대로 이해할 때 이루어진다.

넓지 않은(위축된) 마음은 너무 많은 생각으로 인하여, 혹은 싫증남으로 인하여 일어난다. 넓은(고상한) 마음은 감각적인 대상은 떠나 있지만 아직도 마음과 물질의 상태 하에 있다. 넓지 않은 마음은 감각적인 대상을 갖고 있는 마음이다.

열등한 마음과 우월한 마음에 대해 살펴보면, 우리가 여러 가지 대상에 대해서 생각해 볼 때 어떤 사람은 어리석게 생각하고 어떤 사람은 현명하게 생각한다. 그러므로 현명한 사람은 둔한 사람에 비하여 우월하다. 마찬가지로 어떤 때는 잘 생각할 수 있지만 다른 때는 잘못 생각할 수도 있다. 법(Dhamma)에 있어서는 건전한 상태(善)나 불건전한 상태(惡)도 각각의 강도가 있다. 열등한 마음은 우월한 마음에 비교해 볼 때 낮은 상태에 있는 것이다. 예를 들면, 색계의 의식(色界, rūpā vacara jhāna cittani)

은 욕계(欲界)의 의식보다는 우월하지만 무색계의 의식(arūpāv
acara jhāna cittani)보다는 열등하다. 무색계의 의식은 초세간적
인 의식을 제외하고는 가장 우월하다. 심지어 보통사람의 경우에
도 수준의 격차가 많다.

고요한 마음은 마음챙김의 대상을 갖고 있는 평화스럽고 안정
된 의식의 상태를 말한다. 고요하지 않은 마음은 불안정하고 5장
애의 영향 하에 있는 의식 상태를 뜻한다.

자유로운 마음은 선업에 의해 악업을 멀리해 버린 번뇌로부터
해방된 것을 뜻한다. 예를 들면 자비에 의해 악한 마음을, 연민에
의해 잔인함을, 동정적인 기쁨에 의해 질투를, 평등심에 의해 증
오하는 마음을, 즉 자비희사(慈悲喜捨)에 의해 정화된 마음이 자
유로운 마음이다. 자유롭지 않은 마음은 악한 마음의 상태에 있
는 것을 뜻한다.

만약 수행자가 탐욕·성냄·어리석음을 가진 어떠한 불건전한
마음이든 매순간, 모든 마음의 상태를 주의깊게 관찰한다면 즉각
극복된다. 위축되고 산만한 마음도 고요하고 밝게 될 것이다.

마음에 대한 관찰은 마음이 일어나고 사라짐에 따라 안팎으로
관찰되어야 하고 마음 역시 개아나 인격체가 없는 것으로 단순
하고 직관적으로 관찰되어야 한다. 여기에 대해선 앞에서 이미
설명했다.

마음에 대한 관찰 역시 마음챙김·정신력·분명한 앎의 세 가지
요소를 내포한다. 그러나 즐거운 대상을 향해 달아나는 불안정한
마음의 상태를 제어하고 보호하기에는 힘이 든다. 탐욕·성냄·어
리석음에 빠져든 마음은 단순한 알아차림으로는 불충분하다. 악

업을 극복하고 마음을 제어할 수 있을 만큼 충분한 통찰력을 가져올 수 있을 때까지 마음챙김과 분명한 앎을 불러일으킬 용맹스러운 정진력이 필요하다. 이렇게 정진할 때라야만 수행의 결실로써 욕망과 슬픔을 극복하게 된다.

법(法, Dhamma)에 대한 관찰

마음챙김 수련의 네 번째 대상은 법에 대한 관찰이다.

"비구들이여! 비구는 법에 대하여 법을 전심전력으로 마음챙김하여 분명한 앎으로 계속 관찰하면 이 세상에서 욕망과 슬픔을 극복하면서 지낸다."

법이란 존재가 있는 것이 아닌 무아(無我)이다. 법이란 단지 오온(五蘊)이나 세계, 현상을 구성하는 연기(緣起)의 상태에 지나지 않는 것으로 앞에서 언급한 몸·감각·마음의 대상과 별도로 구분한다. 이러한 것은 아비담마에서 세 가지로 상세히 구분되어 있다. 즉 도덕적인 상태(kusala Dhamma, moral), 비도덕적인 상태(akusala Dhamma, immoral), 초도덕적인 상태(abyakat Dhamma, unmoral)이다. 먼저 초도덕적인 상태를 이해하는 것이 쉽다. '도덕적이다, 비도덕적이다'라고 말할 수 없는 현상이 초도덕적인 상태이다. 몸·감각·마음과 같은 상태가 초도덕적인 상태이다.

즐거운 감정, 괴로운 감정, 즐겁지도 괴롭지도 않은 감정은 '도덕적이다, 비도덕적이다'라고 분류할 수 없다. 즐거운 것에 욕망을 일으켜서 불선업(不善業)을 지을 때에 비로소 비도덕적인 상태가 된다. 마음(意識) 그 자체는 초도덕적이다. 마음이 있으므로 정신적·육체적 현상이 일어난다. 그리고 그 의식은 눈·귀·코·혀·몸과 마음에서 작용한다. 이러한 의식 역시 초도덕적인 상태이다. 그러나 보는 것에 연(緣)해서 일어나는 욕망·성냄·어리석음은 비도덕적인 것이다. 반면, 보는 것에 연해서 일어나는 자애(慈愛)는 도덕적인 상태이다.

법(法, Dhamma)이라는 말 자체는 초도덕적이다. 사념처-몸·감각·마음·법 모두가 초도덕적이다. 그러나 이러한 것들은 도덕적이거나 혹은 비도덕적인 상태도 되기 때문에 도덕적인 것으로나 혹은 비도덕적인 것으로 관찰된다. 예를 들면, 마음의 상태와 감각기관에 따라서 분류된다. 욕심있는 마음, 욕심없는 마음, 성냄있는 마음, 성냄없는 마음, 어리석은 마음, 어리석지 않은 마음 등이 있다. 마음 관찰에 있어서 마음의 대상은 마음의 탐욕·성냄·어리석음과 같은 상태와 결합해서 나타나더라도 주로 마음이다.

이것이 마음의 초도덕적인 특성[28])을 나타내는 것이다. 욕심·성냄·어리석음을 가진 현상은 비도덕적인 상태이다. 욕심·성냄·어리석음이 없는 현상은 도덕적인 상태이다.

초도덕적인 상태에 대한 관찰은 여섯 감각기관의 안팎에 대한 관찰에서 일어난다. 즉 6근(眼·耳·鼻·舌·身·意)과 6경(色·聲·香·味·觸·法), 6식(六識)을 있는 그대로 보기 위한 마음챙김이다. 이러한 감각기관에 연(緣)해서 일어난 번뇌, 일어난 번뇌가 어떻게 사라지며 이미 사라진 번뇌가 어떻게 더 이상 일어나지 않는가,

---

28) 비유로 살펴보면, 쇠는 살생 무기인 칼이나 총도 되고 생활에 유용한 자동차나 기계도 된다. 쇠 그 자체는 초도덕적이고 살생 무기는 비도덕적이며 자동차나 기계는 도덕적이다.

이러한 모든 것 역시 명확하게 관찰되어야 한다. 감각기관들 자체는 초도덕적이지만 번뇌가 일어나서 고통·슬픔·비탄 등을 만드는 하나의 조건이 된다.

비도덕적인 현상에 대한 관찰은 5장애와 관계가 있다. 행복으로 가는 과정을 방해하기 때문에 장애라고 한다. 여기에는 ①감각적 욕망 ②성냄 ③혼침·무기 ④불안정과 걱정 ⑤회의가 있다.

여섯 기관(六根 : 眼·耳·鼻·舌·身·意)의 대상에 대한 욕망은 감각적 욕망이라 한다. 이것은 우리들을 그 대상의 내부에 결박(구속)해 버리는 나쁜 결과를 가져온다. 심지어 감각적 쾌락은 꿈과 같고 참다운 즐거움이 없는 공허한 것이다. 욕망은 한이 없다. 욕망의 대상이 사라질 때 슬픔·비탄·고뇌가 일어난다. 그러므로 부처님께서는 "슬픔과 고통은 집착으로부터 온다."라고 설했다.

자기가 좋아하는 사람이나 물건에 집착하는 것은 인지상정(人之常情)이다. 그러나 지나치게 좋아하면 고통의 씨앗이 된다.

'성냄'은 자기의 분노 때문에 남을 해치게 된다. 그 결과 타인의 행복과 이익을 파괴하게 된다. 화가 일어나는 바로 그 순간 해가 된다. 매순간 그것은 타오르는 불꽃과 같다.

'혼침과 무기'는 자신의 마음을 흐리게 하고 해야 할 일에 싫증이나 권태를 느끼게 한다. 무기력한 의식에는 명료함이 없다.

불안정과 양심의 가책은 잘못된 행위나 행해지지 않은 선행(善行)에 대해 지나친 흥분이나 생각으로 인해 일어난다.

결정되지 않은 생각은 혼란(회의)이라 한다. 이것은 명확해질 수 없는 난처한 마음의 상태로서, 산만하거나 우유부단하게 일을 처리한 사람에게 나타난다. 그 결과 자신의 일에 성공할 수 없다.

많은 사람이 이러한 5장애의 영향 하에 있다. 이러한 상태에 있는 사람은 율법을 잃어버리기 쉽다. 왜냐하면, 자신의 행복과 발전을 위해서 무엇이 좋은 것인지를 모르기 때문이다.

현명하지 못한 집중, 즉 산만한 사고(思考)는 장애의 씨앗이다. 아직 장애가 일어나지 않았다 하더라도 조만간 일어난다. 이미 일어났다면, 버려지지 않는다. 설사 버려진다 하더라도 다시 일어난다. 그러므로 대상을 욕망으로 생각하면 '욕망'의 씨앗이 되고, 대상에 혐오감을 느끼면 '성냄'의 씨앗이 되고, 대상을 지루하고 성취할 수 없는 것으로 생각하면 '나태와 무기'의 씨앗이 되고, 대상을 자신의 능력이 미치지 못하는 것으로 생각하면 '불안정과 걱정'의 씨앗이 되고, 대상에 대해 자세히 조사하지 않고 여러 각도로 생각하면 '회의'의 씨앗이 된다. 이것들이 눈물의 씨앗이다.

장애요소들을 관찰할 때 장애가 나타나고, 줄어들고, 소멸되어지고 그리고 소멸되어지는 원인 등 모든 순간에 마음챙김하여 분명하게 알아차려야 한다. 장애는 산만한 집중으로 인하여 일어나고 마음을 바르게 집중하는 분명한 알아차림에 의하여 소멸된다.

부정관을 하게 되면 감각적 욕망을 제거하고, 자비관을 하면 증오와 성냄을 소멸하고, 용맹스러운 정진력에 의해 나태와 무기는 극복되고, 호흡에 대한 마음챙김은 불안정과 걱정을 극복한다. 또한 마음의 상태가 도덕적인지 비도덕적인지, 고통인지 행복인지, 해야 할 것인지 하지 말아야 할 것인지, 마음을 오염시키는 것인지 정화하는 것인지를 분명하게 보는 주의 깊은 관찰로 인하여 마음은 회의와 혼란으로부터 벗어난다.

도덕적인 상태에 대한 관찰은 7각지분(七覺支分)의 관찰과 관련된다. 7각지는 마음을 혼침과 망상으로부터 일깨우는 것으로 여기에는 ①마음챙김(念覺支) ②법의 선택(擇法支) ③정진력(精進力支) ④희각(喜覺支) ⑤경쾌안각(輕快安覺支) ⑥정각(定覺支) ⑦평등각(平等覺支)이 있다.

마음챙김은 모든 경험을 기억하고 알아차리는 것이다. 법의 선택은 하나의 어떤 상태가 도덕적인지 비도덕적인지 초도덕적인지, 버려야 할 것인지, 수행해야 할 것인지, 더욱 노력해야 할 것인지를 조사하는 것이며 그리고 자신의 근기에 맞는 마음챙김 대상을 선택할 지혜를 기른다.

아름다운 이성을 갈망하고 탐욕스러운 성격을 가진 사람은 신체의 32부분을 부정하게 보는 부정관을 해야 한다. 남을 증오하고 성을 잘 내는 기질을 가진 사람은 자비관을 수행하여 더욱더 친절하고 동정적이고 자애(慈愛)스러워지도록 해야 한다. 게으르고 무기력한 사람은 정진력을 기르고 현명하게 생각할 능력을 기르기 위하여 자신의 장점인 불·법·승 삼보의 공덕을 상기해야 한다. 불안정하고 걱정이 많은 사람은 절실함을 기르기 위해서 죽음에 대한 무상관이 적절하다. 천성적으로 의심이 많은 사람은 자연적인 현상들의 행위를 알기 위해서 몸의 요소에 대한 관찰 수련을 해야 한다.

마음을 힘차고 지속적으로 집중하도록 활기를 불어넣는 것이 정진력이다. 이것은 대단히 중요한 요소이다. 왜냐하면, 우리들의 수행을 변덕스러운 마음에 맡기면, 게으름 때문에 타성에 빠지고 세속적이거나 정신적인 이득을 잃게 된다.

정진력은 두 가지 기능을 갖고 있다. 하나는 5장애와 같은 비도덕적인 상태를 극복하는 것이고, 둘째는 7각지와 같은 도덕적인 상태를 계발하는 것이다. 희각지 또한 중요한 요소이다. 희각은 불·법·승 삼보의 공덕과 계행과 자비를 통한 선업에 대한 확신과 수행의 진보로 일어나는 법희(法喜)이다. 경쾌안각지는 몸과 마음이 고요해지고 가벼워지는 상태이다. 이것은 음식·기후·도반·법 그리고 행(行)·주(住)·좌(坐)·와(臥)의 동작에서 수행의 균형이 이루어질 때 일어난다.

정각지는 마음이 견실하게 집중되어 있는 상태를 말한다. 정각의 특징은 산만하지 않고 마음이 방황하는 것을 멈추게 하여 그 징후로써 즐거움을 갖게 한다. 이것은 마음이 진정되고 모든 장애가 극복되어진 상태이다. 그 결과로 모든 대상의 관찰에서 평등각을 갖게 된다. 평등각은 마음을 무심하게 하여 순경계, 역경계에서 흔들리지 않게 한다.

이러한 7각지의 기능은 장애인 무기력한 상태에서 벗어나 수행자의 마음을 일깨워준다. 7각지는 병을 치료하는 것과 같다. 그것들은 마치 병의 원인을 찾고 병을 치료할 약을 골라서 마음을 안정시켜 병을 완전히 치료하게 하는 것과 같은 역할을 한다.

마음챙김은 원인을 찾는 것이고, 법의 선택은 알맞은 약을 선택하는 것이고, 정진력은 강한 약으로 원기를 북돋우어 혼침과 무기를 치료하는 것과 같고, 희각은 마음을 진정시키는 맛이 단 약과 같고, 경안각은 병을 가라앉히는 약과 같고, 정각은 병의 기세가 꺾임으로써 불안정하지 않은 마음과 같고, 평등각은 병을 치료하여 정상적인 상태로 돌아온 것과 같다.

7각지분을 관찰할 때 5장애에서 설명한 방법과 같이 7각지가 나타나면 나타난 것을 분명히 알아차려야 하고, 사라지면 사라진 것을 분명히 알아차려야 한다. 7각지가 아직 일어나지 않았지만 어떠한 원인에 의해서 일어나거나 그리고 일어난 것이 어떠한 원인에 의해서 완전히 계발될 때 이러한 원인들 역시 분명히 알아차려야 한다.29) 7각지의 요소들이 일어나게 하는 원인은 올바른 방법으로 성성적적(惺惺寂寂)하게 마음챙김하는 것이다.

법에 대한 관찰은 도덕적이거나, 비도덕적이거나 아니면 초도덕적이라도 앞에서 서술한 대로 법의 현상이 일어나고 사라짐에 따라 안팎으로 알아차려야 한다. 수행자는 단지 법의 현상이라는 것만 알아차려야 한다. 왜냐하면, 그것은 지혜를 계발하고 마음챙김을 유지하여 이 세상에서 '나'가 있다는 사견(邪見)과 욕망에서 벗어나 초연하게 머물게 하는 도구에 지나지 않기 때문이다. 이것이 마음챙김(mindfulness)·분명한 앎(clear comprehension)·정진력(energy)을 가진 법에 대한 관찰법이다.

부처님께서는 네 가지 마음챙김법(四念處)을 가르쳤는데 몸의 관찰에서 법의 관찰로 나아갈수록 점점 더 미묘해진다. 연구분야에서 등급이 있는 것처럼 몸에 대한 관찰은 첫 번째 단계이고, 감각에 대한 관찰은 중간단계, 마음의 관찰은 고급단계, 법의 관찰은 특별한 단계에 비유될 수 있다.30)

---

29) 무엇이든 좋든 싫든 있는 그대로 알아차려 사실을 여법하게 있는 그대로 철견(徹見)하는 것이 위빠싸나 수행의 핵심이다.

30) 5온이 동시에 일어나므로 신·수·심·법의 사념처는 동시에 일어난다. 통찰지혜가 깊은 수행자는 거의 동시에 관찰할 수 있으나 초보자는 몸의 관찰수행부터 하는 것이 적절하다.(사념처 중 하나만 철견해도 깨닫는다) 어느 것이 자신에

몸을 있는 그대로 알 수 있는 몸에 대한 관찰은 부정(不淨)한 것을 아름답게 보는 환상을 극복한다. 감각에 대한 관찰은 고통스러운 것을 즐거운 것으로 보는 환상을 극복하고, 마음에 대한 관찰은 '나'가 아닌 것을 '나'로 보는 사견(邪見)을 극복한다.

이러한 환상이 소멸될 때 욕망과 슬픔은 일어날 수 없다. 그 결과 안심입명을 얻고 성스러운 길(8正道), 도과(道果)와 열반을 성취하게 된다. 그러므로 사념처경에서는 "중생의 정화(淨火)를 위한, 슬픔을 건너기 위한, 괴로움의 소멸을 위한, 진리의 길을 걷기 위한, 열반의 증득을 위한 단 하나의 유일한 길이라."고 했다.

2. 마하시 사야도 해설[31]

부처님께서는 우리들에게 다음과 같이 가르쳤다.

"비구들이여! 이것은 중생의 정화를 위한, 슬픔을 건너기 위한, 괴로움의 소멸을 위한, 진리의 길을 걷기 위한, 열반의 증득을 위한 단 하나의 길, 즉 네 가지(身·受·心·法)에 마음챙김을 굳건하게

게 적절한가는 업과 근기에 관련된다. 용맹정진하는 수행자에게는 별 문제가 되지 않으리라 본다. 그러므로 열심히 노력하는 수행자는 스스로 관찰대상을 알고 그 대상 속에서 네 곳을 모두 철견할 수 있다..

31) 대념처경에 대한 해설이 많지만 실수행과 관련해서 설명한 책은 거의 발견되지 않는다. 그 중에서 마하시 사야도의 해설은 돋보인다. 특히 그의 수행법인 '배의 움직임에 대한 관찰'과 관련해서 직접적인 실수행의 입장에서 해설했다. 독자들의 보다 구체적인 이해를 돕기 위하여 마하시 사야도의 해설을 첨가한다.

하는 사념처(四念處)이다."

중생은 탐욕과 성냄과 같은 번뇌가 있기 때문에 살생하고, 도둑질하고, 거짓말하고 남을 해치는 악업을 짓는다. 그 결과 지옥과 같은 삼악도(下界)에 떨어져 고통을 받게 된다. 설사 약간의 선업(善業)으로 인간계에 다시 재생한다 하더라도 병고, 가난, 언제 죽을지도 모르는 고통 속에서 살아가야 한다. 이러한 전도된 번뇌 망상으로 인하여 끝없는 윤회 속에서 생·로·병·사의 고(苦)를 받고 있다.

만약 이러한 고통의 사슬에서 벗어나려고 한다면, 탐·진·치 삼독의 번뇌 망상을 제거하기 위하여 전심전력하여야 한다. 이러한 불순물인 번뇌를 정화하기 위한 유일한 길이 바로 사념처이다. 그것은 몸과 마음에서 일어나고 있는 현상을 관찰(直視)하는 것이다.

거듭 말하지만 만약 탐·진·치 삼독을 제거하려면 유일한 길(Ekāyana, the only way)인 사념처를 수행하여야 한다. 다른 방법은 없다. 대안도 없다. 만약, 여러분이 이 유일한 길을 곧장 따라간다면 절대로 옆길로는 빠져들지 않을 것이다. 왜냐하면 거기에는 샛길이 없기 때문이다. 결단코 목적지에 도달한다. 사념처(Satipaṭṭāna)가 견성해탈로 가는 유일한 길이므로 계속해서 사념처를 수행한다면, 모든 번뇌망상이 제거된 구경처인 아라한과를 증득하게 된다. 이것이 부처님께서 모든 번뇌 망상을 제거하기 위해 사념처를 수행하라고 가르치신 이유이다.

과거 삼세제불과 벽지불, 아라한들이 이 사념처를 수련하여 번뇌를 정화하고 생·사의 고(苦)가 멸(滅)한 열반을 증득했던 것이다. 미래세에도 역시 모든 성자들이 이 사념처의 길을 따라 열반에 이를 것이다. 현세에도 역시 고오타마 붓다와 그의 제자들이 이 사념처 수행에 따라서 그들 자신의 번뇌를 정화하고 열반을 성취했다. 고오타마 붓다가 성도한 후에 범천의 신들이 붓다에게 중생들에게 설법해 줄 것을 부탁한 것이 바로 이것이다.

중생들은 남편이나 아내·자식·부모 친지들을 잃을 때 슬퍼하고 한탄한다. 재산을 잃어버릴 때도 역시 슬퍼한다. 물론 이러한 손실도 무서운 것이다. 만약, 이러한 고통이 없다면 이 세상은 얼마나 평화롭고 행복할까. 그러므로 사람들은 이러한 불행에서 벗어나기 위해 온갖 노력을 다한다. 그러나 어떠한 신들에게 기도한다해도 이러한 고통에서 해방될 수는 없다. 오직 사념처를 수행함으로써만이 모든 고(苦)를 소멸시킬 수 있다.

부처님 당시에도 빠따짜라(Patacara)라고 부르는 한 젊은 여인이 그녀의 사랑하는 남편·두 아들·부모·형제·친지를 사별하는 불행을 당하였다. 그녀는 너무나 슬픔에 빠진 나머지 거의 미쳐버린 상태가 되었다. 어느 날 그녀는 운 좋게 부처님께서 설법하는 장소로 오게 되었다. 거기에서 부처님께서 가르치시는 사념처를 듣고 실천하여 슬픔과 비탄을 극복하고 영원한 마음의 평화도 얻게 되었던 것이다.

오늘날도 역시 사랑하는 아들·딸·남편이나 아내를 사별하고 너무나 슬픈 나머지 먹지도 자지도 못하는 사람들이 있다. 그러한 사람들이 수도원에 와서 사념처 위빠싸나를 지도받고 실천하여 4～10일 내로 슬픔에서 벗어난 예가 많이 있다. 그러한 사람의 숫자는 천 명이 넘는다. 그러므로 슬픔과 괴로움을 극복하고,

견성 해탈을 원한다면 사념처를 수련해야 한다.

더군다나 이 세상 속의 중생은 정신적·육체적 고통으로 인하여 괴로움을 당하고 있다. 만약 이러한 정신적·육체적 고통이 제거될 수 있다면 행복하고 즐겁게 살아갈 수 있다. 육체적 고통은 몸속에 있는 아픔으로 이것은 병, 극심하게 덥거나 추운 기후, 교통사고, 상처 받음, 굴러 떨어짐 등으로 오는 것들이다. 정신적 고통은 고민이나 슬픔 등으로 이것은 사랑하는 사람과 이별, 재산의 손실, 위험, 얻지 못할 욕망 등으로 인한 것이다.

누구도 육체적·정신적 고통에서 벗어날 수 있는 사람은 없다. 오직 사념처 위빠싸나의 수행으로써만이 이러한 고(苦)를 소멸시킬 수 있다. 사업상 실패로 걱정에 빠져 있다가 사념처 수련으로 마음의 평화를 찾은 사람들이 많이 있다. 그러나 정신적, 육체적 고통을 영원히 소멸시키는 것은 사념처 수행으로 구경처인 아라한의 도과(道果)에 이르렀을 때만이 가능하다. 대열반(Parinibbāna)을 성취한 아라한만이 모든 정신적·육체적 고통을 영원히 종식시킨다. 이것이 바로 우리들이 고통을 멸하고 영원한 평화를 누릴 수 있기 위하여 사념처 위빠싸나 수행법을 닦아야 하는 이유이다.

탐욕, 성냄과 같은 내부의 부도덕한 번뇌로 인하여 끝없는 생·로·병·사의 윤회는 계속되고 있다. 이러한 고통의 원인인 번뇌는 성위과(聖位果)에 도달할 때라야 비로소 제거된다. 그리고 성위과는 사념처의 수행에 의해서만 가능하다. 더구나 일체 고(苦)의 멸(滅)인 열반은 사념처 위빠싸나에 의해서만 가능하다. 그러므로 모든 번뇌를 멸진하는 성위과, 열반에 도달하기 위하여 우리들은 사념처 위빠싸나의 길을 따라가야 한다. 사념처는 몸(身)·감각(受)·마음(心)·법(法)의 관찰로 구성되어 있다.

몸에 대한 관찰

여기에는 열네 가지의 관찰대상이 있다.

첫째, 호흡에 대한 마음챙김(Ānāpāna-sati)이다. 아나빠나는 호흡의 출입을 말한다. 공기가 콧구멍을 통하여 매번 출입할 때마다, 수행자는 들숨, 날숨을 관찰한다. 그렇게 함으로써 선정이 계발되고 선정의 계발로 인하여 삼법인(무상·고·무아)을 철견(徹見)한다. 이것이 주석서에 설명되어 있는 것이다.

둘째, 걸음, 서있음과 같은 움직임에 마음챙김하는 것이다(상세한 것은 마하시 위빠싸나 참조).

셋째, 분명한 알아차림, 넷째, 몸의 서른 두 곳을 관하는 부정관이 있다. 여기에서 선정이 계발되면 통찰지혜를 가져온다. 그리고 죽은 시체의 변화과정을 자신의 몸과 비교하여 관찰하면서 부정관을 수련하는 방법이 있다.

네 가지 분명한 앎(sampajañña, comprehensions)

① 삿따까 삼빠잔냐(Sātthaka-Sampajañña)
② 삽빠야 삼빠잔냐(Sappāya-Sampajañña)
③ 고짜라 삼빠잔냐(Gocara-Sampajañña)
④ 앗삼모하 삼빠잔냐(Assammoha-Sampajañña)

우리가 무언가 말하려고 하거나 행하려 할 때, 그 언행(言行)이 유용한지 아니한지를 고려한 후 그것이 유용한 것만 말하고 행하여야 한다. 이런 종류의 생각이 ①삿따까 삼빠잔냐이다. 만약 그 언행이 유용하다고 하더라도 그것이 적합한지 아니한지를 고려하고 적합할 때만 말하고 행하여야 한다. 이것이 ②삽빠야 삼빠잔냐이다. 이런 두 종류의 삼빠잔냐는 세상살이 일에서도 마찬가지로 유용하게 이용할 수 있다. 참선을 하려고 경행과 좌선 중 어느 것이 유용하고 적절한 것인지를 고려한 후에 결정하게 된다. 물론 간절하게 용맹스럽게 관찰할 때는 이러한 고려도 필요하지 않다. 오로지 관찰만 쉬지 않고 해나가면 된다. ③고짜라 삼빠잔냐는 수행의 대상을 의미하며 계속해서 일어나는 정신적·육체적 현상을 빈틈없이 쉬지 않고 관찰하는 것이다. 고짜라 삼빠잔냐로 계속 수행을 해가면, 집중력(集)은 더욱더 강해지고 끊임없이 일어나고 사라지는 현상을 스스로 볼 것이다. 수행자 스스로 몸과 마음의 현상이 인과에 따라 무상하고, 고(苦)이며, 무아라는 것을 명확하게 볼 수 있게 된 것이다. 이러한 앎이 ④앗삼모하 삼빠잔냐이다. 앗삼모하는 미혹이 없다는 뜻이고 삼빠잔냐는 이해한다는 뜻이다.

예를 들면, 계속 관찰해감에 따라 집중력이 강해지고 예리해지면 몸과 마음을 구별할 수 있다. 걷는 것은 몸(Rūpa)이고, 걷는 것을 관찰하는 것은 나마(Nama)이다. 빨리어인 나마, 루파라는 말을 발음할 수 없을지라도, 관찰하는 것과 관찰되어지는 것을 구별할 수 있으면 그것으로 충분하다.

또한 경행할 때는 경행하려는 의도를 관찰하여 원인과 결과를 구분할 수 있어야 한다. 걷고자 하는 의도, 걸음, 걸음에 대한 관찰 이 모든 것은 쉬지 않고 사라진다. 이때 명확하게 무상을 이해하게 된다. 있는 그대로의 현상에 대한 이해가 앗삼모하 삼빠잔냐이다.

수행자는 앞과 뒤를 볼 때 마음챙김해서 행동해야 한다. 볼 때는 '바라봄', '바라봄'하면서 관찰한다. 이것이 고짜라 삼빠잔냐이다. 계속 관찰해 감에 따라 '바라봄'과 관찰은 즉각 사라져 버린다는 것을 알게 된다. 이러한 무상에 대한 이해가 앗삼모하 삼빠잔냐이다. 일반인들은 그들이 보는 것은 계속적으로 존재한다고 생각한다. 이것이 일반적인 착각이다. 집중력이 강할 때는, 보여지는 대상과 보고 관찰하는 것은 번갯불처럼 즉각 사라진다는 것을 알 수 있을 것이다. 예를 들면, 영화 필름은 1초에 30개의 사진이 연속으로 스크린에 방영된다고 한다.

그러나 이러한 급속한 변화는 일반인의 눈에는 분간되지 않는다. '사라짐의 지혜(Bhanga-ñāna)'에 도달한 수행자는 보여지는 대상과 보고 알아차리는 것이 급속하게 사라져가는 것을 자각한다. 이 지혜가 성숙하면 성숙할수록 더욱더 명확하게 사라짐을 자각할 수 있다. 이때에 어떻게 모든 것이 무상하며, 의지할 것이 되지 못하며 자아가 없는 몸과 마음의 현상에 지나지 않는다는 것을 알게 된다.

또한 팔과 다리를 펴고 구부릴 때 '폄', '구부림'이라고 알아차린다. 이렇게 관찰할 때는 천천히 행동해야 한다. 계속 관찰해감에 따라 펴고 구부리는 동작이 급속하게 사라진다는 것을 발견할 것이다. 그리하여 구부리고 펴는 것이 무상·고·무아라는 것을 이해하게 된다. 이것이 앗삼모하 삼빠잔냐이다.

그 외 모든 행동, 옷 입는 것, 먹고 마시는 것, 배설하는 것, 잠자는 것, 말하는 것 등 일체 행동과 움직임의 상태를 관찰해야 한다. 이러한 관찰과 삼법인에 대한 이해가 고짜라 삼빠잔냐이고 앗삼모하 삼빠잔냐이다. 이와 같이 있는 그대로의 현상들을 알아차릴 때, 지혜는 성숙되어 성위의 도(道)에 들게 되어 수다원·사다함·아나함·아라한과를 성취한다(분명한 앎과 삿띠를 연관시켜 설명한 것임).

감각에 대한 관찰

"비구들이여, 비구가 혹 즐거운 감각을 느끼면서 '나는 즐거운 감각을 느낀다'라고 알아차리고, 혹 괴로운 감각을 느끼면서는 '나는 괴로운 감각을 느낀다'라고 알아차리며, 혹 괴롭지도 즐겁지도 않은 감각을 느끼면서는 '나는 괴롭지도 즐겁지도 않은 감각을 느낀다'라고 알아차린다."

배의 일어나고 사라짐을 관찰하는 동안 몸에 피곤하거나 고통스러운 감각이 일어나면, '피곤함', '고통을 느낌'이라고 관찰한다. 이러한 감각이 사라지면 다시 배의 움직임에 대한 관찰로 돌아간다. 만약 괴로움 감각이 계속 일어나면, 참을 수 있는 데까지 참아야 한다. 찌르는 듯한 고통이 일어날 때는 '참고 견디는 것이 열반으로 인도한다.' 또한 "즐겁지도 괴롭지도 않은 중립적인 감정이 몸과 마음에서 일어날 수 있다. 집중력이 특히 강할 때, 고통이 사라지고 즐거운 감정이 생긴다."라는 속담을 상기한다.

관찰을 계속해 나가는 도중에 불쾌하거나 실망할 때도 있다. 그때는 '불쾌함' '실망함'이라고 알아차리면 쉽게 사라진다. 만약, 즐거움이나 행복감이 느껴지면 '즐거움', '행복함'이라고 관찰한다. '일어나고 사라지는 현상에 대한 지혜(Udayabbayā-ñāna)[32]' 에 이르면 이러한 희열감이 충만하게 된다. 이것 역시 알아차려야 한다.

또한 즐겁지도 괴롭지도 않은 중립적인 감정이 몸과 마음에서 일어날 수 있다. 집중력이 특히 강할 때, 고통이 사라지고 즐거운 감정이 오기 전이나 혹은 즐거움이 사라지고 고통스러운 감정이 오기 전에 이러한 중립적인 감정이 현저하게 나타난다.

이러한 중립적인 감정 역시 알아차려야 한다. '일어나고 사라지는 현상에 대한 지혜'가 잘 계발되어 '사라짐의 지혜'가 얻어질 때 중립적인 감정이 현저하게 된다. 더구나 '현상(行)에 관한 평등의 지혜'가 성취될 때는 더욱 현저하다. 이때에는 이 중립적인 감정(非苦非樂)을 관찰해야 한다.

집중력이 매우 강할 때는 '괴로워함', '아픔', '고통' 등을 알아차리면, 이러한 감각들이 산산조각이 나서 사라지는 것을 볼 것이다. 일반 사람들에게는 피로함이나 아픔, 고통은 꽤 오래 지속되지만 마음챙김된 수행자에게는 그러한 감각은 산산히 조각나서 많은 고통의 원인이 되지 않는다. 그는 편하게 느끼고 계속 관찰해감에 따라 심한 고통들까지도 제거된다. 그러므로 생겨나는 감정이나 멸해가는 감정을 관찰하면서 주하고 생했다가 멸해가는 감정을 관찰하면서 지낸다.

감정의 생멸을 관찰하는 동안 성위과에 이를 수 있고 감정의 관찰을 통하여 마음챙김을 굳건히 하는 것을 웨다나 누빠싸나

---

32) V부 3장 위빠싸나 지혜의 16단계 참조

삿띠빳타나(Vedanānupassanā Satipaṭṭhāna)라 한다.

마음에 대한 관찰

"산만한 마음이 있을 때는 산만한 마음이 있다는 것을 알아차리고 침착한 마음이 있을 때는 침착한 마음이 있다는 것을 알아차린다. 이러한 마음의 종류에는 열여섯 가지가 있다."

그러므로 배의 일어나고 사라지는 움직임을 관찰하고 있는 동안에 산만한 마음이 나타나면 '산만한 마음'을 알아차린다. 이렇게 관찰함에 따라 산만한 마음은 사라진다. 그때 평온한 마음이 나타난다. 평온한 마음이 나타나면 이것도 역시 알아차려야 한다. 이와 같이 화나는 마음이 나타나면 '화냄'을 알아차린다. '나는 영원하다' 혹은 '나는 행복하다' '나는', '나' 혹은 '나의 것'과 같은 미혹된 마음이 나타나면, 미혹된 마음도 알아차린다. 게으른 마음이 나타나면 '게으름', 무엇이 마음에 나타나더라도 나타나는 그대로 알아차려야 한다. 집중이 강할 때는 알아차릴 때마다 그 현상이 한 순간도 정지되지 않은 채 일어났다가 사라진다는 것을 알게 될 것이다. 그때 현상이 일어나거나 혹은 멸해지면 그것을 관찰하면서 수행한다. 마음이 생멸하는 것을 관찰함으로써 성위과에 도달할 수 있다. 이것이 마음의 관찰을 계발하는 것이다.

법에 대한 관찰

법에 대한 관찰(Dhammānupassanā)을 간략하게 살펴보겠다.

부처님께서는 법에 대한 관찰을 다섯 부분으로 나누어 설하셨다.

(1) 5장애에 대한 관찰

①감각적 욕망 ②성냄 ③혼침, 무기 ④불안정 ⑤걱정 ⑥회의이다. 빨리어 경전에서는 ④와 ⑤를 하나로 본다.

배의 움직임(혹은 그 외 명상주제)을 관찰하는 동안 감각적 욕망이 일어나면 '즐거움', '욕망' 등으로 알아차려야 한다. 이것이 경전상에는 "비구여! 자신의 내부에 감각적 욕망이 있으면, 내 안에 감각적 욕망이 있다고 알아차린다"라고 설해져 있다. 이와 같이 관찰함에 따라 감각적인 욕망은 사라진다. 이러한 욕망의 사라짐 역시 알아차려져야 한다. 무명의 결과로 감각적 욕망은 일어난다. 왜냐하면, 첫 번째 한 생각을 알아차리지 못했기 때문이다. 사물의 진정한 본성을 모르기 때문에 그 욕망이 일어난다는 것을 이해해야 한다. 관찰하여 그 사실을 알고 나면 욕망은 일어나지 않는다. 이러한 사실도 역시 이해되어져야 한다. 일단 아라한과에 도달하면 그러한 욕망은 완전히 소멸된다. 아라한은 그러한 욕망에서 자유로워져 있다는 것을 이해해야 한다. 그러므로 수행자는 감각적인 욕망에 관해서 이해해야 한다.

마찬가지로 화가 날 때는 '나는 화내고 있다'라는 것을 알아차려야 한다. 지루하거나 게으름을 느끼면 '나는 지루함을 느낀다' '나는 게으름을 느낀다'라고 알아차리고, 격노할 때는 '나는 격노하고 있다'라고 알아차린다. 잘못 말을 하여 걱정이 되면 '나는 걱정하고 있다'라고 알아차린다. 만약 불법이나 수행에 대해서 의심이 나면, 의심하는 것을 알아차려야 한다. 수행자가 그 자신 내부에 일어나는 어떠한 장애가 일어나도 일어나는 대로 알아차린다면 그 장애는 곧 사라진다. 이러한 장애는 무명으로 인하여

야기된다. 일단 충분히 알아차리면 사라진다. 수행자가 마음챙김 수행 도중에 그가 관찰하고 있는 장애의 생멸을 이해해야 한다.

이러한 앎이 수행자로 하여금 성위의 도과(道果)33)에 이르게 한다. 이것이 5장애에 대한 간략한 관찰이다.

(2) 5온에 대한 관찰

걸음, 서 있음, 일어남, 사라짐 등의 몸(물질)에 대한 마음챙김을 함에 따라 이것은 물질일 따름이지, 아는 것(knowing)이 아니다. 그것은 이렇게 일어나서 이렇게 사라진다는 것을 스스로 알게 된다. 그리고 고통·좋음·행복 등을 관찰할 때 '이것은 즐겁거나, 혹은 괴로운 감정이다. 그것은 이렇게 일어나서 이렇게 사라진다'라고 스스로 알게 된다. '인식(perception)'을 알아차릴 때 '이것은 모양(sight) 등을 인식하는 상(想)이다. 그것은 이렇게 일어나서 이렇게 사라진다'라고 스스로 알게 된다. 애써 노력함, 행동함, 말함 등을 알아차릴 때 '이러한 것은 행(行)이다. 이것은 이렇게 일어나서 이렇게 사라진다'라고 스스로 알게 된다.(4대인 색에서도 오온 관찰이 동시에 된다.) 이와 같이 색(色), 수(受)… 등의 생·멸에 대해 관찰하고 있는 동안 성위의 도과에 이를 수 있다. 이것이 5온에 대한 간략한 관찰이다.

(3) 여섯 가지 감각기관(六根)에 대한 관찰

수행자가 '바라봄, 바라봄' 하면서 알아차리고 있는 동안에 그

---

33) 성위의 도과는 4과(수다원, 사다함, 아나함, 아라한)를 말한다.(자세한 것은 Ⅱ
   부 10항을 참조할 것)

의 집중력이 강할 때는 보이는 대상뿐만 아니라 보는 것, 그리고 보는 기관인 눈을 알아차리게 된다. 세 가지 중에서 눈은 안근 (cakkhāyatana 眼根)이라 부르고, 눈으로부터 보는 안식(眼識) 이 나온다.

보이는 대상은 모양(rūpāyatana, 色)이라 부르고, 여기에서 마음과 연관될 때 본 것은 의근과 관련되면서 동시에 의식의 활동이 나온다. 수행자가 보는 것을 알아차린다 하더라도, 그 알아차림이 충분하지 못하여 생·멸과 무상 등을 이해하지 못하면 보이는 것에서 즐거움의 욕망과 같은 번뇌가 일어난다. 이 번뇌 역시 관찰해야 한다. 관찰의 결과 사라지면, 사라짐 또한 알아차려야 한다. 성위과(聖位果)에 도달하면 이러한 번뇌는 일어나지 않는다. 이것 역시 알아야 한다. 이것이 보는 것과 관련해서 수행하고 이해하는 방법이다.

마찬가지로 들을 때는 '들음, 들음' 하면서 알아차리는 수행자는 이근(耳根)과 들리는 소리(聲)를 관찰한다. 냄새를 맡고 있는 동안에는 '냄새, 냄새' 하면서 알아차리는 수행자는 비근(鼻根)과 냄새(香)를 이해한다. 음식을 맛보고 있는 동안에는 '맛봄, 맛봄' 하면서 알아차리는 수행자는 설근(舌根)과 맛(味)을 이해한다. 몸이 닿고 있는 동안에는 '닿음, 닿음'을 알아차리는 수행자는 신근(身根)과 촉감(觸)을 이해한다(걸음·서 있음·앉아있음·일어남 등을 촉감의 관찰에 속한다). 생각하고 있는 동안 '생각, 생각'을 알아차리고 있는 수행자는 의근(意根)과 법(Dhamma-āyatana) 을 이해한다. 만약, 이러한 것들을 있는 그대로 알지 못하면 알아차리지 못하는 것으로 인하여 감각적 욕망과 같은 번뇌가 일어난다. 이 번뇌 역시 관찰되어져야 한다. 바로 관찰하여 번뇌가 사라지면 이 사라짐도 또한 알아차려야 한다. 성위과에 이르자마자 즉시 이러한 번뇌는 동시에 사라진다. 이것 역시 알아야 한다.

바라봄, 들음 등과 같은 것을 알아차리고 눈, 보는 것, 보이는 대상 등의 본성을 이해함으로써 수행자는 성위과에 이른다. 이것이 감각기관에 대한 관찰을 간략하게 살펴본 것이다. 여기서 말하는 (결박의) 번뇌는 소의 코뚜레에 매는 밧줄처럼 우리를 언제까지나 윤회의 쇠사슬에 묶는 족쇄이다. 여기에는 열 가지가 있다.

① 감각적 욕망(kāma-rāga) ② 화냄(patigha) ③ 아만(māna) ④ 잘못된 견해(diṭṭhi, 有身見) ⑤ 회의(vicikicchā) ⑥ 의식·관습(sīlabbataparāmāsa 戒禁取見) ⑦ 천상에 대한 욕망(bhava-rāga) ⑧ 질투(issā) ⑨ 탐욕(macchariya) ⑩ 무명(avijjā). 이러한 것들 때문에 무상을 영원한 것, 괴로운 것을 즐거운 것으로, 무아를 유아(有我)로 착각하게 한다. 이러한 것들 가운데 ④ 잘못된 견해 ⑤ 회의 ⑥ 의식·관습의 집착 ⑧ 질투는 수다원과에서 ① 감각적 욕망 ② 화냄은 아나함과에서, 나머지는 아라한과에서 제거된다.

(4) 7각지분에 대한 관찰

보장가(Bojjhaṅgā, 七覺支分)는 지혜의 요소라는 뜻이다. 이것에 의해서 열반을 성취한다. 여기에는 일곱 가지 요소 - 마음챙김인 염각(sati), 택법각(dhamma-vicaya), 정진각(viriya), 희각(pīti), 경안각(passaddhi), 정각(samādhi), 평등각(upekkhā)이 있다. 이러한 일곱 가지 요소 중 어떠한 것이 일어나더라도 그것을 알아차려야 한다. 7각지분은 초보자에게는 나타나지 않는다면 이것 역시 알아차려야 한다. 7각지분은 초보자에게는 나타나지 않는다. '일어나고 사라지는 현상의 지혜(udabbaya ñāṇa)' 등이 나타날 때부터 7각지를 경험하기 시작한다. '걸음, 서 있음, 누움, 피곤함, 따가움' 등을 관찰하면서 몸과 마음에 대한 관찰을 해나 감에 따라, 현상의 생멸을 분명하게 이해하게 될 때 일어나고 사라지는 현상의 지혜를 얻는다. 이때, 일어나고 사라지는 모든 순간에 마음챙김이 있어야 한다.

수행자가 마음챙김되어 있을 때, 이 사실을 알아차리고 있어야 한다. 수행자의 집중이 느슨해지고 마음챙김이 되어 있지 않을 때, 마음챙김이 되어 있지 않다는 것도 알아차리고 있어야 한다. 마찬가지로 몸과 마음(nama-rūpa)에 대한 법의 선택(擇法支覺) 이 일어날 때 이 상태도 알아차려야 한다. 그것이 없을 때도 역시 없다는 것을 알아차리고 있어야 한다. 이런 식으로 알아차려 나갈 때 선정은 대단히 빠른 속도로 강해진다. 현상의 생·멸·지혜·노력 등에 대한 알아차림을 계속해 나가면 성위과에 도달한다. 이것이 7각지분 관찰에 대한 간략한 설명이다.

(5) 사성제에 대한 관찰

4성제에 대한 관찰에 대하여 부처님께서는 다음과 같이 가르쳤다. "이것은 '고(苦)의 소멸(滅)이다라'고 비구는 있는 그대로 철견한다. 이것은 '고(苦)의 소멸(滅)에 이르는 길이다'라고 비구는 있는 그대로 알아차린다."

중생의 몸에서 일어나고 있는 물질적·정신적 특성은 실제로 고통이다. 왜냐? 그러한 것들은 육체적 아픔·정신적 고통·늙음·죽음 등과 같은 고통이 자리잡고 있는 곳이다. 이러한 것들은 무상하기 때문에 죽음이 언제 찾아올지도 모른다. 아픔이나 쑤심 같은 육체적 고통은 물질적인 몸과 의식이 있기 때문에 일어난다. 만약 물질적인 몸이 없다면, 물리적인 고통은 결코 일어날 수 없다. 설사 물질적인 몸이 있다 하더라도 의식이 없다면, 고통이 일어나는 것은 불가능하다. 왜? 만약 통나무·흙덩이·돌을 막대기로 때리거나, 칼로 자르거나, 불에 태워도 이러한 것에는 의식이 없기 때문에 고통을 느끼지 않는다. 그러나 중생은 물질과 의식을 갖고 있다. 그러므로 모든 형태의 육체적 고통이 일어나고 정신적 아픔이 그들 내부에서 발생한다. 그러므로 중생이 갖고 있는 몸과 마음은 고통이다.

또한, 우리가 태어날 때마다 우리는 생·로·병·사를 받아들여야 한다. 왜냐하면, 우리들은 썩어 문드러질 육체와 의식을 갖고 있기 때문이다. 그러므로 이러한 육체와 정신은 고통이다. 이러한 것들은 1초도 지속되지 않는다. 아니 10분의 1초, 100분의 1초도 지속되지 않는다. 이러한 것들은 엄청난 속도로 소멸해간다. 이러한 정신과 육체(물질)가 소멸할 때, 새로운 의식과 육체가 일어나지 않을 때, 죽음의 순간은 언제라도 올 수 있다. 언제 죽음이 올지도 모르는 정신과 물질에 우리의 몸을 의지해야 하는 이 사실이 얼마나 놀랍고 무서운 것인가.

이것이 중생의 몸과 마음은 고통이라고 하는 이유이다. 그러나 몸과 마음의 현상을 관찰하지 않은 사람은 얼마나 빨리 이러한 것들이 소멸하고 얼마나 놀라운 것인지를 이해하지 못한다. 설사 참선(禪)을 하는 사람도 무상(無常)의 본성을 깨닫지 못하면, 이러한 무서운 사실을 이해하지 못한다. 걷고, 서는 등의 관찰을 쉬지 않고 수행하는 사람만이 무상의 본성을 인식하고 죽음이 언제라도 올 수 있다는 무섭고 두려운 사실을 알게 된다. 고통·불행·늙음이 내재하고 있다는 것은 참으로 고통스러운 것이다. 이 사실을 스스로 알게 된다. 그리고 이것이 바로 부처님께서 말한 "이것이 참으로 있는 그대로의 고통이다"라는 것을 이해하는 지혜이다.

일단, 참으로 있는 그대로의 고통을 이해한다면 이러한 육체적 모양과 정신적 성질에 대한 집착은 제거된다. 이것이 고통의 원인인 욕망을 제거함으로써 오는 이해이다. 욕망을 제거할 때마다 고통의 순간적인 소멸을 느낀다. 통찰의 길(道)을 계발함으로써 성스러운 도의 지혜를 얻는다. 이것이 고통에 대한 관찰을 할 때마다 4성제를 이해하는 방법이다.

수행을 해나감에 따라 통찰이 완전하게 될 때 열반을 성취한다. 이것이 올바른 도(道)의 지혜에 의한 고(苦)를 소멸(滅)하는 성스러운 진리를 아는 것이다. 이러한 앎에 의해 고통에 대한 성스러운 진리(苦諦)는 실현된다. 고통의 원인에 대한 성스러운 진리(集諦)도 실현되고 고통의 소멸에 이르는 길(道諦) 역시 실현된다. 수행자가 실참에 의해 4성제를 실현할 때, 최소한도 수다원과 이상은 성취되고 타락한 하계(下界)로 떨어지는 것으로부터 영구히 벗어날 수 있다. 이것이 4성제에 대한 간략한 설명이다.

사념처 수행의 결실

부처님께서는 사념처의 수행으로부터 오는 결실에 관해서 말씀하셨다.

"비구여, 누구든지 사념처를 7년, 7개월…7일 만이라도 수행하면 두 가지 결과 중 하나를 얻는다. 이 생애에서 최상의 구경각 지혜(아라한)를 성취하든가 아니면 약간의 집착이 있다면 불환과(不還果, 아나함)를 성취한다."

만약 사다함이라도 될 수 없다면 최소한 수다원과는 틀림없이 이룬다. 많은 사람들이 배의 움직임과 같은 몸의 움직임이나 마음상태, 감각(느낌), 보는 것, 듣는 것과 같은 감각기관 등에 1~2개월 수련 후 도과(道果)와 열반을 성취해 왔다. 그러므로 이 마음챙김 수련법인 사념처(四念處)를 전심전력으로 최선을 다해 수행하여 도과를 이루고 열반을 성취하길 기원한다.

사두(Saddu : Well-down)! 사두(Saddu)! 사두(Saddu)!

3. 대념처경의 실수행

대념처경에 대한 케마마하짜리 선사와 마하시 사야도의 해설에 이어 구체적으로 생활 속에서 사념처 수행을 바로 적용해서 수행할 수 있도록 부연 설명을 해 보겠다.

대념처경의 "중생의 정화를 위한… 열반을 실현하는 유일한 길이 사념처…"에서 사념처는 마음챙김과 마음챙김의 대상을 뜻하고 이를 관찰하는 수행자의 마음은 다음 네 가지로 축약된다.

① 삿띠(sati, 마음챙김, 念), ② 아따삐(ātāpī, 전심전력, 온전히, 努力), ③ 아누빳시(anupassī, 관찰, 있는 그대로 봄, 隨觀), ④ 삼빠잔냐(sampajañña, 분명한 앎, 明智)

이 네 가지를 대념처경 본문에서는 반야(paññā)의 동사행인 빠자나띠(pajānāti) 한 단어를 사용했다. 그러므로 반야에는 이 네 가지 의미가 내포되어 있다고 볼 수 있다. 한 단어만 사용할 때는 나머지 세 가지 의미가 포함되어 있다. 이 네 가지를 실천적으로 점검하면서 수행할 때 번뇌를 제거하고 생사 없는 열반으로 가는 유일한 길인 사념처(satipaṭṭhāna)를 체험으로 증득할 수 있다.

독자들의 이해를 돕기 위해 이들 용어를 수행에 적용할 수 있도록 설명해 보겠다.

[사념처(四念處)란]

사념처(satipaṭṭhāna)에서 삿띠(sati)는 '마음챙김', '주시', '알아차림', '기억'으로 번역되고 빠(pa)는 보통의 마음챙김이 아닌 '독특한', '특별한', '비상한', '초강력', '완전한', '여러 가지', '이전' 등으로 번역된다.

타나(ṭṭhāna)는 '확립', '장소'의 뜻으로 번역되어 신·수·심·법 네 곳에 굳건히 마음챙김을 확립하여 수행하는 것을 뜻한다.

이때 신·수·심·법 넷을 대상으로 한 이유는 다음 몇 가지로 나눈다.

첫째 수행자의 특성에 따라 네 부류로 구분한다.

① 몸 관찰은 욕망이 많은 둔한 자나 사마타의 길을 가는 자

② 감각 관찰은 빠르게 변하므로 관찰이 예리한 자

③ 마음 관찰은 사견이나 이론에 집착한 자

④ 법의 관찰은 아주 세분화되어 있기 때문에 전생에 수행을 많이 했거나 관찰이 예리한 자에게 적당하다.

둘째는 부정한 몸을 아름다운 것으로, 괴로운 느낌을 즐거움으로, 무상한 마음을 영원한 것으로, 실체가 없는 무아인 법을 영원한 것으로 보는 전도되어 미혹된 생각을 제거하기 위해서이다.

여기에도 다른 주장들이 있지만 필자가 보기에는 부처님 지혜로 보았을 때 있는 그대로의 수행 대상이 넷이기 때문에 넷으로 말씀하셨던 것이다.

[반야의 흐름]

이 네 곳을 있는 그대로(yathābhutam, 如實知見), 올바로 보기 위해 ①마음챙김 ②전심전력 ③관찰 ④분명한 앎의 네 가지 수행도구를 사용했다. 이들을 좀 더 자세히 살펴보겠다.

① 마음챙김(sati)은 Ⅳ부 올바른 마음챙김에서 여러 가지로 해석했지만 여기에는 일어나는 네 곳의 대상 중 하나에 즉각 '주시'하는 의미가 강하다. '기억'으로 번역될 때는 즉각 알아차리고 주시하는 것을 잊지 않고 계속 이어간다는 뜻으로 보아야 한다. 실제 수행에서는 주된 대상(예 : 호흡, 배, 마음, 감각 등)과 보조 대상으로 나누는 것이 효과적이다. 주대상에 주시하고 있다가 다른 보조대상(예 : 망상, 가려움, 소리 등)이 육근(六根 : 눈, 귀, 코, 혀, 몸, 마음)에 나타났을 때 즉각 그 대상이 보조대상을 알아차리고 사라지면 즉각 호흡이나 마음 등의 주대상으로 돌아오는

것이다. 이때 '주시'의 이동도 알아차리고 의식과 주시의 차이, 주시 이전의 '의도'도 알아차려야 망상이 끼어들 수 없다. 삿띠가 아주 예리해지면 '의도' 이전의 무의식 상태도 알아차릴 수 있다.

② 전심전력, 온전히라는 뜻을 가진 아따삐(ātāpi)는 불방일(appamāda), 근면함, 노력 등을 뜻한다. 산만하거나 방황하지 않고 온전히 한 곳에 집중된 노력을 말한다.

여기에는 번뇌나 불선업을 예방하는 노력과 이를 극복하는 노력, 선업이나 7각지를 계발하는 노력과 이를 유지시키는 네 가지 노력이 있다.

주된 대상이나 보조 대상 어느 곳을 관찰하더라도 온전히 전심전력 일념으로 노력을 기울이면 자연히 삼매(定)가 일어난다. 관찰을 놓치면 추가적인 노력을 일으키면 된다. 마음챙김과 불방일의 추가적인 노력이 이어질 때 선정은 저절로 일어나므로 부처님께서는 여기에서 선정을 언급하지 않으셨던 것 같다.

주대상이든 보조대상이든 어떠한 장애나 번뇌망상도 전심전력으로 정확히 관찰하면 그 곳이 깨달을 수 있는 최상의 장소이고 기회이다.

③ 관찰, 수관(隨觀), 있는 그대로 봄으로 번역되는 '아누빳시(anupassī)'는 위빠싸나(vipassanā)의 지혜를 가져온다. 이때 아누빳시의 빳시(passī)와 위빠싸나의 빠싸나(passanā)는 같은 어원으로 '관찰', '본다'는 뜻이다.

배 관찰이나 호흡, 마음 관찰 등 주된 대상이나 보조대상에서 삿띠가 즉각 그 대상을 주시하여 포착하면 물체에 그림자 따르듯이 그 대상의 생멸변화를 처음부터 끝까지 놓치지 않고 따라

가면서 있는 그대로 관찰하는 역할을 한다.

이때 무상·고·무아·인과 등이 저절로 드러나 위빠싸나 지혜가 향상된다. 관찰의 뜻에는 통찰, 꿰뚫어 파악함, 법의 간택, 자세히 관찰, 주도면밀함, 밀밀내관, 광대한 지혜, 미혹없음 등의 뜻이 내포되어 있으므로 실수행 중 어떤 기능이 강하게 나타나는지도 한번씩 점검해 보는 것도 수행상 필요하다.

이때 실수행에서는 한순간에 하나의 대상만 정확하게 포착해서 관찰해야 한다. 예컨대 몸에서는 감각이 아닌 몸만, 몸 중에서도 지, 수, 화, 풍 4대 중 하나만 관찰하는 것이 효과적이다. 물론 관찰이 향상되었을 때는 하나만 관찰해도 스쳐가면서 다른 곳도 관찰된다.

예를 들면 오온에서 4대 중 몸의 '단단함'이나 식사 중 혀의 맛을 관찰할 때도 느낌(受), 인식(想), 반응(行) 등이 동시에 관찰된다.

이때도 가장 강한 것 하나만 관찰하면 된다. 유명한 톱날의 비유를 항상 명심하면 무엇을 관찰해야 하는가 하는 망설임은 사라진다. 목수가 나무를 자를 때 목수의 모든 마음은 톱날과 나무가 부딪치는 곳에 가 있다. 그러면서 톱이 왔다 갔다 하는 것, 손에 힘주는 정도, 나무가 잘리는 정도는 스쳐가면서 저절로 알게 된다.

어떤 수행 대상이든 정확히 하나만 포착하여 그 변화의 처음, 중간, 끝을 관찰하면 나머지 다른 대상들이나 전체 대상도 스쳐가면서 알 수 있고 무상, 고, 무아, 부정함, 인과 등도 저절로 통찰된다.

114

④ 분명한 앎(明智)인 삼빠잔냐(sampajañña) 역시 광의의 뜻을 내포하고 있다.

삼(sam)은 '완전히', '정확히', '올바르게'

빠(pa)는 '독특한', '여러 가지', '이전'

잔냐(jañña)는 지혜의 뜻이다.

여러 가지 사실(무상·고·무아·연기·인과·空 등)에 대해 올바르게, 독특하게, 정확하게, 체험으로, 있는 그대로, 완전하게 아는 것을 뜻한다. 주석서에서는 마하시 사야도 해설처럼 ① 유용성 ② 적절성 ③ 대상을 끊임없이 집중 ④ 무상·고·무아를 분명히 아는 것을 말한다.

이를 위해서는 올바른 겨냥과 주시, 올바른 노력, 올바른 집중이 이어져 관찰이 빈틈없이 계속될 때 분명한 앎이 저절로 나타난다.

배나 호흡 관찰 아니면 감각이나 마음 관찰 등에서 배의 동작 중 단단함이나 따뜻함이나 아픔 등의 감각에서 정확하게 하나의 대상을 포착해서 온전히 마음챙겨 그 변화의 처음, 중간, 끝을 관찰해 나갈 때 무상·고·무아·인과·공(空) 등의 여러 가지 사실을 있는 그대로 분명하게 알게 된다.

이와 같은 수행법을 사념처의 4가지 대상을 중심으로 간략하면서도 수행에 도움이 될 수 있도록 설명해 보겠다.

[깨달음의 원리]

사념처를 "번뇌를 정화하고…, 진리의 길을 걷고 열반을 실현하는 유일한 길"이라고 설법하신 부처님의 심오한 말씀을 바르게 이해해야 한다.

불법에 의하면 우리들 마음은 오온, 18계, 12연기의 생멸하는 마음의 흐름과 이를 마음챙겨 주시하고 분명한 앎으로 계속 관찰해 나가는 반야의 흐름이 있다. 예를 들면 지금 독자의 엉덩이가 닿아 있는 부분의 감각을 느낄 때, 그 감각은 생멸하면서 변한다. 이 상태를 지켜보면서 아는 마음이 따로 있다. 이 아는 마음이 반야의 시작이다. 즉 관조반야이다(반야에는 문자반야, 수행의 관조반야, 깨달음이 완성된 실상반야가 있다). 생멸하는 감각이나 의식은 의식과 무의식을 순환하는 윤회의 과정이라면 반야는 열반(寂滅, 眞空, 佛性, 眞如… 등)에 연결되어 있다.

물론 반야의 흐름도 남방에서는 생멸하는 마음 부수(心所)로 보나 북방경전에서는 불생불멸(不生不滅)로 본다. 대념처경에서는 탐·진·치가 있을 때나 탐·진·치가 소멸했을 때도 반야로 알고 열반의 상태에서도 깨어있음을 장부경, 열반경 등에서 볼 수 있다. 이 문제는 실수행으로 확인해 보는 수밖에 없다.

실수행에서는 생멸하는 마음의 흐름(苦, 集 : 오온, 12연기)을 반야로 조견(道)하여 탐·진·치가 없는 생사 열반(滅)을 실현하는 것이다. 이것을 사성제(四聖諦)라 하고 부처님께서는 『상적유경』에서 모든 짐승의 발자국이 코끼리 발자국에 다 들어오듯이 나의 모든 설법이 사성제 안에 들어온다고 하셨다.

부처님께서는 보리수 아래에서 12연기 관찰로 깨달음을 얻으셨을 때도 12연기의 흐름을 '봄(passāmi : 見)'과 '지혜(janāmi : 慧)'로 관찰하셨고 깨달음 후 호흡수행(아나빠나 삿띠) 시에도 반야로 관찰하셨고 열반에 들기 전 설사가 났을 때도 마음챙김과 분명한 앎으로 극복하셨다.

이것을 이해하고 실천하면 깨달음의 원리를 수행으로 증득할 수 있고 사념처 수행의 무수한 기법을 응용하고 계발할 수 있다.

[자연 관찰과 표적 관찰]

불법수행은 사마타와 위빠싸나를 각각 수행하기도 하고 병행하기도 하듯이 위빠싸나 수행시에도 일어나는 현상들을 자연스럽게 관찰하기도 하고 표적을 정하거나 찾아가면서 수행하기도 한다. 필자가 번역한 『위빠싸나 열두 선사』에서도 마하시 사야도, 아짠차 계통은 자연 관찰 위주의 방법이고 붓다다사, 모곡 사야도 등은 표적 관찰 수행이라 할 수 있다. 최근에는 미얀마의 파욱 사야도가 대표적인 표적 관찰 수행을 지도한다.

부처님 역시 두 가지 방법을 이용하신 것을 경전에서 찾아볼 수 있다. 보리수하에서 12연기를 순관, 역관할 때 생사는 어디서 왔는가? 존재에서 왔다. 존재는 어디서 왔는가? 집착에서 왔다…. 그리고 초전법륜 등에서 물질은 무상한가 영원한가…, 식은 영원한가 무상한가 등 사실 부처님 설법 대부분이 수행 측면에서 보면 표적 관찰이다. 화두나 염불 역시 대표적인 표적 관찰이다.

수행측면에서 예를 들어보면 배가 일어나고 들어갈 때 마하시 사야도는 자연스럽게 배를 보면서 배의 움직임 중에 일어나는 '움직임', '따뜻함', '팽창감' 등을 일어나는 대로 관찰하고 강하게 일어나는 '아픔'이나 '망상', '가려움'이 있으면 그 곳으로 자연스럽게 주시를 이동하면서 관찰한다.

표적 관찰에서는 배의 움직임에서 '앉음', '닿음' 혹은 지·수·화·풍의 12가지나 27가지를 하나하나 표적을 찾아가면서 관찰할 수 있다(Ⅴ부 2장 위빠싸나 16단계 참조).

즉 지(地)는 단단함, 부드러움, 거칢, 매끄러움, 무거움, 가벼움, 수(水)는 흐름, 점착, 화(火)는 뜨거움, 차가움, 풍(風)은 움직임, 지탱함 등을 하나하나 번갈아 가면서 관찰한다. 대념처경 중의 사성제의 6근(六根) 6경(六境), 6식(六識)에서 수(受), 상(想), 사(思)…. 관찰 역시 대표적인 표적 관찰이다. 처음에는 관념적으로 할 수 있겠으나 관찰이 예리해지면 분명하게 보인다. 주시가 예리하지 못하고 집중력이 약하게 되어(자연스러운 관찰에서도 그렇지만) 분석적으로 가면 수행에 진보가 없다.

자연 관찰은 선정 수행, 표적 관찰은 지혜 수행과 관련 있으나 수행과 특성에 따라 다르게 나타나기도 한다.

실수행에서는 자연 관찰과 표적 관찰을 번갈아 가면서 이용하면 효과적이다. 처음 피아노를 배울 때는 도레미파… 등 하나하나 연습한다. 숙달되면 악보만 보고도 자연스럽게 연주할 수 있다. 마찬가지로 표적 관찰 역시 어느 정도 숙달되면 자연스러운 관찰이 저절로 일어나 신, 수, 심, 법에서 무상·고·무아·인과·공(空)을 볼 수 있게 된다(Ⅴ부 2장 위빠싸나 16단계 참조). 나중에는 자연 관찰과 표적 관찰이 조화롭게 되어 성성적적한 자연 관찰이 된다.

[주된 대상과 보조대상]
실제 수행시에는 사념처 중 하나를 주된 1차 대상으로 하고

나머지를 보조 대상으로 할 수 있다. 몸의 움직임(좌선시는 배, 경행시는 발동작), 호흡, 감각, 마음 중 하나를 자신의 주된 대상으로 정한다. 수행이 깊어지면 7각지를 주된 대상으로 해도 된다. 마하시 방법은 바쁜 일상 생활에서는 대상을 수시로 바꾸어야 하므로 초보자에게는 어려움이 있다. 이때는 가슴의 마음 상태를 알아차리거나 호흡 하나만 주된 관찰로 정해서 수행해도 된다.

주된 수행 안에서도 자연 관찰과 표적 관찰을 병행할 수 있다. 보조수행 시에는 예를 들면 망상이 떠오를 때 자연스럽게 알아차리면 되고 끈질기거나 집착이 강한 망상일 때는 표적 관찰로 망상을 해체할 수 있다. 망상의 원인을 보거나 망상에서 주체(意), 객체(法), 의식(識)으로 나누어서 보기도 하고 느낌(受), 인식(想), 반응(行) 등으로 전개되는 순간과정을 포착하면 쉽게 사라진다.

주된 수행과 보조수행에서 표적 관찰과 자연 관찰을 사념처에 응용해서 수행하면 지루하지 않고 효과적으로 처음도, 중간도, 끝도 좋은 수행 과정으로 연마해 갈 수 있다.

몸의 관찰(身隨觀)

(1) 호흡에 대한 마음챙김(ānāpānasati, 入出身念)

아나빠나삿띠(入出身念)경의 16단계 중 4단계에 해당한다. 이때 호흡은 자연호흡이다. 자연호흡이 되기 위해서는 확고한 신심, 철저한 무상, 목숨을 건 대발심, 기본적인 사마타의 집중력 중 하나는 정견(正見)과 더불어 갖추어져야 한다. 그렇지 않으면 처음에는 효과가 빠르게 향상하는 것 같아도 나중에는 진보가 느리게 된다.

그러므로 아나빠나삿띠를 수행하기 전 기본적인 집중력 향상을 위해 전통적으로 내려오는 예비 수행인 수식관(數息觀)을 한다. 수식관은 날숨 때마다 1에서 10까지 세어 나가고 거꾸로 10에서 1로 세는 방법이 있고, 날숨과 들숨 각각에서 숫자를 세는 방법이 있다. 그리고 계속해서 1에서 100, 1000까지 세는 방법도 있다. 그래도 망상이 있으면 한 번의 들숨에서 1에서 6이나 10까지 한꺼번에 세고 한번의 날숨에서도 1에서 6까지나 10까지 단 한꺼번에 세는 방법이 있다. 망상이 차단되고 일념이 되는 시간이 적어도 5분에서 1시간 정도 가면 된다. 그래도 망상이 생기면 『위빠싸나 열두 선사』 중 순륜 사야도의 호흡을 터득해야 한다. 아나빠나삿띠의 첫 번째 단계는 긴 숨을 알아차리는 것이고 두 번째 단계는 짧은 호흡을 알아차리는 것이다. '숨을 길게 들이쉬면 길게 들이쉰다'고 알아차리고, '숨을 길게 내쉬면 길게 내쉰다'고 알아차린다. 짧은 호흡도 마찬가지이다. 혹은 들숨이 긴지 날숨이 긴지, 들숨이 짧은지, 날숨이 짧은 지를 알아차려도 된다. 숨의 길이는 시간과 관계가 있다. 동작이 천천히 움직이는가 빠르게 움직이는가의 차이다.

모든 호흡은 그 특성들을 갖고 있다. 긴 숨, 짧은 숨, 빠른 숨, 느린 숨, 고요한 숨, 거친 숨 그리고 이러한 숨들이 육체와 감정, 마음에는 어떤 영향을 주고받는가를 관찰한다.

긴 호흡과 짧은 호흡의 특성은 어떻게 구분되는가. 예를 들면 긴 호흡은 편안하고 고요한 반면 짧은 호흡은 불안하고 들뜸 등이 있다. 긴 호흡은 아랫배의 움직임, 가슴 팽창 정도와 어떤 관계가 있는가. 짧은 호흡은 어떠한가 등 호흡의 길이와 그 상태, 특성, 몸, 감각, 마음과의 관계 등을 섬세하고 예리하게 관찰해야 한다. 긴 호흡, 짧은 호흡에 전문가가 되어야 한다.

세 번째 단계인 "온 몸을 경험하면서 숨을 들이(내)쉰다…"에 대해서 설명하겠다. 이때 온 몸은 상적유경에 의하면 몸 전체(四大)도 되겠으나 들숨일 때는 코→가슴 →배, 날숨일 때는 배→가슴→코로 들고 나오는 호흡체를 말한다.

마하시 방법은 배가 일어나고 들어갈 때 배의 움직임에서 처음, 중간, 끝을 보게 한다(Ⅴ부 1장 마하시 수행법 참조(특히 '수행의 진보'에서 앉음, 닿음 숙달할 것).

파욱 방법은 호흡의 경로를 따라가지 않고 호흡이 코나 입술에 닿는 지점에 주시를 고정시켜 놓고 스쳐가는 호흡 전체를 관찰한다. 태국의 붓다다사 방법은 코, 가슴, 배를 왕래하는 호흡을 수없이 반복 관찰한다. 관찰이 잘 안 될 때는 구슬 하나가 코, 가슴, 배로 왕래한다고 상상하면서 관찰하기도 한다. 사마타가 가미된 방법이다. 태국의 아짠 문은 망상이 일어날 경우는 '붓도(Buddho)'라는 염송을 하면서 호흡의 흐름을 관찰하기도 한다. 이때 호흡이 어느 지점에서 반전되는가도 알아차려야 한다. "온 몸을 경험하면서…" '경험(patisamvedi, experiencing)'은 '완전히', '분명히' '자세히', '특성', '인과' 등을 철저히 알아차리는 것을 뜻한다. 이때는 호흡이 몸에 미치는 영향도 포함한다.

이 의미를 명심해서 수행하면 도움이 된다. 중요한 것은 알아차림이다. 망상이 있으면 호흡의 길을 시각화해서 호흡이 마음을 끌고 가듯이 관찰해 본다. 이때 호흡의 길에서 공기가 단단한 무언가처럼 느끼면서 문지르는 듯한 느낌을 느낄 수도 있다.

앞에 서술한 방법들 중에서 자신한테 잘 맞는 방법을 선택해서 수없이 반복하여 숙달하길 바란다. 방법도 중요하지만 수행의 원리를 터득해야 한다.

네 번째 단계 "신체적 반응(行)을 고요하게 가라앉히면서…" 위의 세 가지 단계를 정성을 다하여 수행하면 호흡이 미세해지면서 몸과 마음이 고요해져 마음챙김, 삼매, 지혜가 향상된다. 이때는 아무리 미세하더라도 그 미세한 호흡을 놓쳐서는 안 된다. 미세하게 관찰하는 방법을 하나 소개하겠다.

Ⅴ부 2장 위빠싸나 16단계에서 1단계에서와 같이 지·수·화·풍을 12가지로 나누어 표적 관찰한다. 코, 가슴, 배로 왕래하는 호흡의 흐름이나 코 끝에 부딪치는 지점이나 배의 움직임 중 하나에서 12가지를 하나하나씩 번갈아가면서 관찰할 수 있다. 그 다음은 12가지 각각에서 오온을 관찰한다. 예를 들면 '단단함'에서 느낌(受)을 볼 때는 좋다, 싫다, 중간인 감각중 하나를 포착한다. 이것을 인식하는 상(想), 여기에 따른 반응(行), 알음알이(識) 등을 하나하나 나열해가면서 관찰한다. 알음알이(識)는 처음 '단단함'을 알아차릴 때도 작용하고 행(行) 다음에 의식(意識)으로 넘어갈 때도 작용하는데 초보자가 관찰하기는 쉽지 않지만 반복해서 연습해 보면 알게 된다.

12가지 각각에서 오온을 관찰한 후에는 지·수·화·풍과 4온(受想行識)과의 상호연관성, 인과를 관찰하고 여기에서 무상·고·무아를 관찰하면 호흡과 마음은 고요히 가라앉는다. 사실 여기에서 모든 수행이 완성될 수도 있다. 이것은 위빠싸나적인 방법이다.

다음에 선정을 계발하는 방법을 소개하겠다.

호흡이 미세하게 되면 빛덩어리 같은 영상인 니밋따(nimitta)가 떠오른다. 이것으로 4선정, 8선정을 수행하기도 한다.

파욱 방법은 코와 윗 입술 사이에 공기가 부딪치는 한 점을 고정시켜 놓고 호흡을 따라가지 않고 공기가 들고 남을 관찰한다. 이때 스치면서 들숨, 날숨의 시작과 끝을 알아차린다. 망상이 있으면 들숨에 숫자를 1에서 8까지 날숨에서 숫자를 1에서 8까지 헤아린다. 이때 호흡의 길이는 상관없다. 자연스럽게 호흡한다. 이때 호흡이 점점 미세하게 되면서 영상인 '니밋따'가 떠오른다. 호흡이 미세하게 되어 마음이 집중되면 여기저기서 빛이 나타난다. 이 빛은 수행자의 업에 따라 빨간색, 하얀색 등으로나 목화솜덩이, 태양, 별같이 보일 수도 있다. 이때도 모양을 따라가지 않고 코끝에서 호흡에만 주시한다.

니밋따가 임의대로 모양이나 위치를 바꿀 수 있을 때를 지나면 적절한 니밋따 하나를 선택해서 여기에만 주시하여 완전한 삼매에 들도록 한다. 선정이 깊어지게 됨에 따라 몸은 고요하게 된다.

여기에서는 위빠싸나 중심으로 수행하므로 선정수행에 대한 설명은 다음으로 미룬다. 니밋따가 자유로이 조절할 수 있으면 V부 2장 16단계의 <추가설명> 중심으로 수행하면 된다. 다음에 오는 몸의 행동태도, 모든 행동에 대한 분명한 알아차림 등은 V부 1장 마하시 방법과 2장 위빠싸나 16단계로 대체하고 여기서는 설명을 생략한다. 단 경행시 호흡과 병행해서 수행해도 된다.

몸의 관찰 끝 부분에 "…몸에 생했다 멸해가는 현상(法)을 관찰하면서 지낸다"에서 이때의 생멸은 12연기와 통한다(Ⅴ부 2장 위빠싸나 지혜의 16단계 중 2단계 참조). 몸의 생멸에서 인과(因果)를 관찰해야 한다. 몸이 생멸할 때는 무명, 갈애, 업, 자양분 등이 원인이 된다. 몸과 마음이 고요해져 일념 가운데 삿띠(마음챙김, 주시)가 예리해지면 생멸 사이, 촉과 촉 사이에서 업 등의 원인들이 전광석화처럼 관찰될 수 있다.

생멸 사이에서 마음진행의 17단계(Ⅴ부 2장 참조)를 이용해도 되고 현재 생멸과 생멸 사이에서 무의식을 순환하면서 그 원인이 무명인가, 업인가, 갈애인가 등을 하나하나 나열하면서 표적 관찰로 시작해서 나중에는 자연 관찰로 저절로 볼 수 있도록 반복수행해 본다. Ⅴ부 2장의 16단계를 체험한 수행자는 어느 정도 현상에서도 공성(空性)을 체험할 수 있다.

중국 현장 스님이 번역한 반야심경에는 한 줄 빠뜨려 번역한 곳이 있다. "…색성시공(rūpaṃiva sūnyatā 色性是空), 공성시색(sūyataiva rūpam, 空性是色), 색불이공, 공불이색, 색즉시공, 공즉시색…"에서 '색성시공, 공성시색'을 생략하고 번역했다. 이것이 용수의 중론에서는 공관, 가관, 중관으로 나타났다고 볼 수 있다. 12연기를 공성과 연관해서 관찰한 것이다.

능엄경에서도 물질인 사대(四大)의 생성을 공(空)과 관련해서 설명했다. 즉 "여래장(如來藏) 중에 색(色)의 본성인 진공(眞空)과 공(空)의 본성인 진색(眞色)이 청정(淸淨)하고 본연(本然)하여 법계에 두루 있으면서 중생의 마음을 따르고 아는 정도에 응한다…."고 되어 있다.

124

여래장이라 할 때는 중생의 번뇌 속에 불성(佛性)이 잠재되어 있다는 것이다. 근본경전인 우다나경에서도 "조건지워지지 않은 열반의 세계가 본래부터 있으므로 조건지워진 세계에서 조건지워지지 않은 열반의 세계를 실현할 수 있다"고 했다. 조건지워진 세계는 중생계이다. "오온과 12연기가 여래(如來, 佛性, 眞如, 眞空)는 아니지만 이를 떠나서 여래가 있는 것은 아니다."라고 잡아함경에 되어 있다. 공성 즉 본성과 현상인 오온, 12연기의 상관관계에서 관찰할 수 있다. 이것이 아공·법공(我空法空)인 대승 위빠싸나의 수행법이다. 남방은 아공 중심으로 물질, 심(心), 심소(心所) 열반의 실체는 있다고 보는 데 반해 북방은 이들마저도 공(空)한 아공(我空), 법공(法空)으로 본다.

향후 우리나라 수행자들이 체험으로 확인해야할 숙제이다. 감각관찰, 마음관찰, 법의 관찰에서도 이와 같이 해 본다.

감각관찰(受隨觀)

감각관찰법은 간단하지만 삿띠가 예리해야 한다. 배의 일어남, 사라짐이든가 코, 가슴, 배의 호흡 관찰이든 경행이든 우선 4대(12가지) 각각에서 감각이 즐거운지(樂), 괴로운지(苦), 즐겁지도 괴롭지도 않은지(中)를 매순간 하나만 표적 관찰로 포착해서 생멸 속에서 무상, 고, 무아, 인과를 알아차려 나간다. 예를 들면 '따뜻한' 느낌도 음체질인 사람은 좋고, 양체질인 사람은 싫어한다. 음식도 마찬가지다. 무상·고·무아 역시 처음에는 무상만, 다음에는 고(苦)만, 다음에는 무아(無我)만 하나씩 표적 관찰하고 다음에는 자연스럽게 관찰한다. 자연스런 관찰은 '일어남', '사라짐',

'앉음', '닿음' 하면서 관찰해도 되고 호흡 관찰의 4단계를 대상으로 해도 된다.

몸에서뿐 아니라 일상 중 보고, 듣고, 냄새 맡고, 맛보고, 생각할 때도 감각 위주로만 관찰한다. 표적 관찰이 숙달된 후에는 자연스럽게 있는 그대로 관찰한다. 표적 관찰이 마음에 걸리는 수행자는 처음부터 자연스럽게 관찰해도 된다. 마음이 정(定)에 들어 고요해지면 생멸의 흐름인 감각과 감각 사이에서 어떻게 12연기가 작용하는가를 관찰해 본다.

감각이 일어나는 원인은 무명, 갈애, 업, 촉이다. 그 다음은 감각과 그 원인들에서 무상·고·무아를 보면서 16단계에 맞추어 수행해 본다. Ⅴ부 2장의 16단계를 정확히 체험한 사람은 공(空)과 함께 현상 이전을 들고 나오면서 반복 관찰해 본다. 이것이 대승 위빠싸나이다.

예를 들어 좌선과 경행 중심으로 설명해 보겠다.

좌선 중 다리에 통증이 있으면 우선 이것을 싫어하는 마음이 있는가, 없애고 싶은 마음이 있는가를 먼저 알아차린다. 거울에 먼지가 있으면 사물을 제대로 비추지 못하듯이 알아차리는 마음에 싫어하는 성냄이나 없애고 싶은 욕망이 있으면 정확하게 관찰이 되지 않는다.

통증이 일어날 때도 항상 촉이 있고나서 감각이 있다. 촉에 부딪쳐 감각이 일어날 때 처음엔 무상(無常) 위주로 관찰해 본다. 그 다음 고(苦), 무아(無我) 위주로 관찰한다. 없애려 하지 말고 어떻게 일어나고 어떻게 사라지는가 관찰한다.

경행 시에도 마찬가지이다. 발바닥에서 느끼는 감각을 우선 포

126

착한다. 발바닥의 육체의 감각(5根)과 가슴에서 느끼는 마음의 감각(6根)이 어떻게 작용하는가 관찰한다. 그 감각의 생멸 사이를 알아차리면서 12연기를 관찰해 본다. 수행이 깊어지면 공성과 함께 입체적으로 관해본다.

마음관찰(心隨觀)

여기서 사용된 마음(citta)은 의식(viññāṇa)과 정신적 요소(cetasika, 受, 想, 行)를 말한다. 의식은 처음 알아차리는 것이라면 정신적 요소는 의식을 특징짓는 것이다. 예를 들면 꽃을 볼 때 처음 꽃인 줄 아는 것은 의식이고 파란꽃, 빨간꽃 등 특징을 아는 것은 인식(想)이다. 꽃을 꺾고 싶은 욕망은 행(行)이다.

탐욕이 있는 마음은 애착이나 욕망을 수반한 마음이다. 탐욕이 없는 마음은 세간의 이로운 마음이거나 판단할 수 없는 마음이다. 성냄이 있는 마음은 정신적 고통과 함께하는 마음이다. 성냄이 없는 마음은 세간의 유익한 마음이거나 판단할 수 없는 마음이다. 어리석음이 있는 마음은 의심과 들뜸을 수반한 마음이고, 어리석음이 없는 마음은 세간의 유익하거나 판단할 수 없는 마음이다.

무기력한 마음은 나태와 졸음이 수반된 마음이고 산란한 마음은 들뜸을 수반한 마음이다. 해탈한 마음은 순간적·일시적으로 5장애 등이 방어된 자유로워진 마음을 뜻하고 해탈하지 않은 마음은 5장애들이 제거되지 않은 마음이다. 이것은 『청정도론』의 주석서 기준으로 설명한 것이다. 이때도 반야로 관찰한다.

니까야에서는 해탈한 후에도 반야로 관찰한다. 반야가 예리한 수행자는 마음의 관찰에서 바로 무명까지 제거하고 해탈할 수 있으므로 일시적인 해탈로만 볼 수 없다. 마음관찰의 대상은 대념처경에 있듯이 16가지이다. 즉, 탐욕이 있는 마음, 탐욕이 없는 마음…해탈한 마음, 해탈되지 않은 마음 등이다.

호흡이나 배의 움직임 경행 중에 주된 대상을 관찰하다가 망상이 들 때 자연스럽게 관찰해도 되고 아니면 표적 관찰로 알아차려도 된다. 지, 수, 화, 풍의 12가지 요소가 일어날 때, 감각관찰에서 감각이 일어날 때 그때도 마음관찰 중심으로 본다. 예를 들면 호흡이 길 때, 혹은 짧을 때의 마음 상태는 어떤가. 마음상태의 16가지 중 어느 것이 강하게 나타나는가.

호흡 관찰의 4단계, 4대(12가지 중심), 6감각 각각에서 16가지 마음상태가 어떻게 일어나는지 표적 관찰해 본다. 지루하면 지루한 마음을 관찰하고 자연스럽게도 관찰해 보기도 하고 몸 관찰이나 감각 관찰로 바꾸어서 수행해 보기도 한다. 마음 관찰과 호흡 관찰을 병행해서 수행하면 효과적이다. 호흡의 모든 상태에 따른 마음의 변화를 보는 것이다. 전심전력으로 알아차려 나갈 때 관찰이 고요함 속에서 예리하게 되면 마음의 16가지 상태 중 하나를 선택해서 그 생멸사이에서 12연기를 관찰해 본다. 주로 가슴에서 마음의 생멸 사이를 예리하게 주시하면서 마음 상태를 조건짓는 무명, 업, 갈애, 몸과 마음 중 하나하나를 관찰해 본다.

마음상태는 그 원인을 알면 즉시 사라진다. 사라지면 무의식의 마음으로 들어가 관찰해도 되고 호흡을 관찰해도 된다. 이때도 마음이 중심대상이다. 마음 관찰이 잘 되지 않을 경우는 우선 V부 1장의 마하시 방법을 충분히 숙달하고 호흡 관찰 4단계를 마음 중심으로 관찰해본다. 그리고 일상생활 중 무엇을 하더라도 마음부터 관찰한다. 예를 들면 걸을 때도 의도하는 마음부터 알아차리고 걷는 중에도 발의 느낌을 마음으로 느껴본다. 무엇을 하든 무조건 마음 작용만 관찰한다. 그러면 무엇을 하더라도 마음이 먼저 작용하고 행동이 뒤따른다. 이 단계가 지나가면 무엇을 하더라도 가슴에서 아는 마음이 먼저 작용한다. 소리든 어떤 현상이든 가슴의 아는 마음으로 와서 닿는다. 그 다음에는 마음이 모든 것을 있는 그대로 저절로 알게 된다. 이때는 법의 관찰로 바꾸어 수행을 향상하도록 시도해 본다.

[마음 관찰을 하기 위한 요령]
 - 마음 관찰에서는 지금 마음이 무엇을 취하고 어디에 가 있는가를 항상 표적 관찰을 겸해서 알아차린다. 익숙해지면 자동적으로 자연 관찰이 된다.
 - 경행을 할 때도 마음부터 알아차려야 한다. 마음을 발에 두고 발을 들고자 하는 의도, 앞으로 갈 때도 처음부터 끝까지 마음이 따라가도록 한다. 발을 내릴 때도 의도를 알아차리고 마음으로 내린다.
 - 몸에서 일어나는 느낌도 알고, 마음이 왔다갔다하는 상태도 알아야 한다. 마음따라 동작이 움직인다. 마음이 일하는 것이다. 이것을 주시하면서 알아차린다. 식(識)을 삿띠(마음챙김, 주시)로 알아차려야 한다. 이것이 아는 마음(識)을 아는(sati) 것이다.
 - 어떤 마음의 상태도 받아들이고 있는 그대로 그 인과·무상·고·무아를 본다. 수행자가 할 일은 삿띠를 두고 삿띠를 놓치지

않는 것이다.

- 가끔씩 마음에게 물어보라. 지금 무엇을 하고 있는가. 삿띠를 두고 있는가. 지금 마음은 어디에 가 있는가, 안에 있는가 밖에 있는가, 생각하고 있는가, 이렇게 자주 물어보면서 관찰해 본다.

- 무엇을 하든 건성으로 해서는 안 되고 몸과 마음이 하는 것을 마음이 다 알아차리고 해야 한다.

- 수행이 향상되거나 아픔, 마음작용 등이 사라질 때 기쁜 마음이 일어나며 심신이 가벼워진다. 이때도 기쁜 마음을 보고 또 보면 기쁜 마음도 사라진다. 그 상태도 알아차린다.

- 행동하기 전, 말하기 전, 생각하기 전 마음의 상태를 알아차려라. 특히 마음이 조급한 사람은 이와 같이 관찰하면 마음이 자제된다.

- 마음의 고통도 스스로 만들고 마음의 청정도 마음이 스스로 만드는 것이다.

- 마음 관찰은 1 : 1 대결이 아니고 1 : 6 이상의 대결이다. 6근, 6경, 6식에서 일어나는 매 순간의 마음상태를 놓치지 않고 알아차려 나가야 한다.

- 상대방 얼굴에서 상대방 잘못, 집착 등을 보는 것은 자신의 마음 상태이다. 상대방의 마음을 보기 전에 자신의 마음부터 보아야 한다.

- 원하는 마음이 없으면 고통도 번뇌도 없다. 무엇을 원하는지 억제하지 말고 일어나는 그대로 알아차려라.

- 느낌이나 감정이 일어나면 그 감정이 어떠하다고 생각하기 전에 일어나는 순간의 감정이나 그 이전의 느낌을 알아차

려야 한다.

 - 집중이 안 될 때는 긴장을 풀고 마음을 이완시킨 후에 삿띠를 강하고 예리하게 둔다. 표적 관찰로 대상을 바꾸든가 경행 등으로 정진력(viriya)을 강화해야 한다.

 - 생각의 내용을 보지 말고 마음의 본성을 보아야 한다.

 - 마음상태를 제대로 보고 있으면 움직이려고 할 때마다 저절로 보인다. 초점을 마음에 맞추면 아무 문제가 없다. 다시 보듯이 알아차리고 알아차린 마음을 또 알아차려 나간다.

 - 한 마음을 알아차리면 그 속에 감추어진 여러 마음(anussaya)도 알아차려야 한다.

 - 마음 상태는 느낌을 통해서 쉽게 관찰된다. 가슴의 느낌 상태를 잘 보라. 극심하게 괴로울 때는 그 마음부터 보라.

 - 살아 있는 모든 것은 업에 의해 존재한다. 그 업의 바탕은 마음이다. 모두 마음의 명령에 따른다. 그 마음에서 무상을 볼 때 무명은 사라진다.

 - 대상을 볼 때는 보는 마음에 초점을 두어야 한다.

 - 무상·고·무아를 알게 되는 마음의 느낌을 보라.

 - 내 마음을 마음대로 움직일 수 있는 힘이 있을 때 일상생활에서 관찰이 된다.

 - 일어나는 마음은 숨기지 말고 적나라하게 진솔하게 보아야 한다. 현재 마음상태가 사라지면 미세한 마음의 느낌이 있다. 없애려 하지 말고 냉정하게 느낌 속에서 마음을 읽을 수 있어야 한다.

 - 무엇인가 감각기관에 와 닿는다. 좋아함과 싫어함이 일어난 바로 거기에 망상이 있다. 그러나 마음을 챙기면 똑같은 경우에

도 미혹 대신 지혜가 일어난다. 따라서 마음챙김만 함께 한다면 시끄럽고 감각을 교란시키는 번잡한 곳이라도 겁낼 필요가 없다.

- 의심이나 걱정을 없애기 위해서는 그 마음 상태의 진행과정을 꿰뚫어 보아야 한다.

- 사물의 있는 그대로의 모습을 알게 될 때 사랑과 미움의 실체를 알게 된다. 모든 것이 불완전한 것임을 알게 되면 마음을 비운다는 것의 참뜻을 알게 된다.

- 아직도 마음이 자유롭지 못하다면, 마음이 모든 것을 분명히 볼 수 있게 되고 그 자체의 조건적 상황에서 풀려 나올 수 있을 때까지 순간순간 직면하는 모든 상황의 원인과 결과를 관찰해 보아야 한다.

- 지혜가 있는 마음은 어떤 느낌을 받을 때, 이에 집착하거나 나의 것으로 동일시하지 않는다.

- 사물이나 현상이 어떤 식으로 되었으면 하는 바람이 생기면 마음은 동요되기 시작한다. 그러나 억제하지 말고 안달하지 말라. 단지 호흡을 주시하면서 그대로 놓아두라. 계속 그렇게 하라.

- 마음의 주체(意)가 대상(法)을 만나면 의식(意識)이 일어난다. 이 때 무의식이 원인이 되는 과정을 지켜보면 인과의 흐름을 안다. 그 단절 고리를 지켜보라.

- 다시 마음이 집착하게 되더라도 새로운 상황 하나하나를 살펴 나가되, 절대로 관찰을 멈추지 말고 그대로 계속하여 핵심을 꿰뚫으라. 그렇게 되면 집착이 발붙일 곳을 찾지 못할 것이다.

- 마음을 믿지 마라. 그 대신 마음 자체를 만드는 조건을 똑바로 보라. 그 조건들을 있는 그대로 받아들이도록 하라. 그 조건들

은 있는 그대로일 뿐 그 이하도 이상도 아니다.

- 마음의 심상(心像)은 마음 안에서 일어난다. 모든 마음의 심상들은 욕망에서 비롯된다. 그리고 이성에 대한 욕망보다 더 강렬한 욕망은 없다.

- 마음이 고통스러운 것을 잡고 놓지 못하는 것은 마치 독사에 물린 것과도 같다. 마찬가지로 마음이 욕망에 끌려 즐거운 것을 붙잡고 있는 것도 독사의 꼬리를 붙잡고 있는 것과 다를 바가 없다.

- 괴로움은 바로 여기, 우리 마음 속에 있다. 그러나 또한 이 마음 속에서 없어진다.

- 언짢은 말을 듣고 그 말을 친한 이에게 옮기려 한다. 말을 듣는 순간 동요되는 마음을 보면 마음이 다른 마음을 불러일으키는 조건성을 볼 수 있다. 그때 각성이 일어난다. 그 마음도 본다.

- 지금 책을 읽고 있는 마음상태도 읽어야 한다.

법의 관찰(法隨觀)
다섯 가지 장애에 대한 관찰
(1) 탐욕 : 수행 중 탐욕이 일어나면 즉각 '탐욕' '탐욕' 하면서 알아차린다. 물론 이때 관찰이 숙달되어 예리해진 경우는 명칭을 붙이지 않아도 된다. 탐욕은 무상한 것을 영원한 것으로, 괴로운 것을 즐거움으로, 자아가 없는 것을 자아라고, 부정한 것을 아름답다고 잘못 생각할 때 일어난다. 탐욕이 사라질 때는 모든 현상에서 무상·고·무아·부정함을 보기 때문이다.

탐욕을 제거하기 위해서는 ①부정관을 배우고 ②부정관에 전념하여 닦고 ③감각의 문을 단속하고 ④음식에 적당함을 알고 ⑤훌륭한 도반을 만나고 ⑥적절한 대화를 나누는 것이다. 선정의 요소 중 삼매를 계발하면 욕망이 제어된다.

(2) 성냄 : 수행 중 성냄이 일어나면 '성냄', '성냄' 하고 알아차리고 싫어함이 일어나면 '싫어함', '싫어함' 하고 알아차리고 무서움이 일어나면 '무서움' 하고 알아차린다. 관찰이 잘 될 때는 그 낌새를 미리 알 수 있다.

성냄을 제거하기 위해서는 ①자비관을 배우고 ②자비관에 전념하고 ③무명인 자기가 업의 주인이고 상속자가 나임을 알고 ④업이 있으나 그 실체는 없음을 안다 ⑤훌륭한 도반을 만나고 ⑥적절한 대화를 가져야 한다. 선정의 요소 중 희열(pīti)을 계발하면 도움이 된다.

(3) 나태와 졸음 : 수행 중 나태와 졸음이 오면 그 느낌을 관찰해보고 제거되지 않으면 수행대상을 힘차게 관찰한다. '일어남', '사라짐', '앉음', '닿음'을 마음 속으로 고함을 지르면서, 아니면 '닿음'을 빠르게 옮겨가면서 관찰한다. 엉덩이, 정강이, 발등, 손, 눈, 입, 등 몸에 옷이 닿아있는 것을 포함해서 한 번에 두 개씩 닿는 부분을 관찰해도 된다. 망상이 올 때도 이 방법이 유효하다. 그래도 안 되면 대상을 바꾼다. 좌선시에는 몸, 감각, 마음 관찰에서 표적을 바꾸거나 아니면 경행으로 바꾸어서 빠르게 걸으면서 관찰해도 된다.

나태와 졸음을 제거하기 위해서는 ①음식량을 줄일 것 ②자세 바꿈 ③광명상 ④옥외에 머묾 ⑤훌륭한 도반 ⑥적절한 대화이다. 선정의 5요소 중 일으키는 생각(vitakka)을 계발한다.

⑷ 동요와 회한 : 수행 중 동요와 회한이 있으면 즉각 '동요', '동요' 혹은 '회한', '회한' 하면서 알아차린다. 호흡 관찰의 4번째 단계를 숙달하면 도움이 된다.

동요와 회한이 있으면 ①경전을 많이 읽고 ②경전을 숙고하고 ③계율을 준수하고 ④선지식을 친견하고 ⑤훌륭한 도반 ⑥적절한 대화를 가진다. 선정의 요소 중에는 행복감(sukha)을 계발한다.

⑸ 의심 : 수행 중 의심이 일어나면 즉각 '의심', '의심' 하면서 알아차린다. 그래도 없어지지 않으면 그 원인을 관찰한다. 수다원과를 증득하기 전에는 항상 잠재된 의심이 있다.

의심을 제거하기 위해서는 ①불법승에 믿음을 갖고 ②경전을 많이 배우고, 탐구하고 ③계율을 숙지하고 ④훌륭한 도반을 만나고 ⑤적절한 대화를 가진다. 선정의 요소 중 지속적인 생각(vicāra)을 계발한다.

다섯 가지 쌓임(五取蘊)에 대한 관찰

오온관찰은 가장 중요한 관찰 중 하나이다.

⑴ 물질(色)은 4대 요소이다. 이것이 눈에서는 모양(色), 귀에서는 소리(聲), 코에서는 냄새(香), 혀에서는 맛(味), 몸에서는 촉(觸)으로 나타난다. 여기 각각에 수·상·행·식이 나타난다(4성제 중 집제와 멸제 참조)

물질을 우선 표적 관찰의 설명처럼 12가지로 나누어 관찰해 본다. 배의움직임, 경행시 발가락이나 다리의 동작, 호흡 관찰시 코끝이나 몸 전체에서 나타날 수 있다(Ⅴ부 2장 위빠싸나 지혜

16단계 중 1단계 참조).

(2) 느낌(受)은 즐거운 느낌(樂), 괴로운 느낌(苦), 즐겁지도 괴롭지도 않은 느낌(非苦非樂) 셋이다. 이것을 지·수·화·풍 12가지에 하나하나 나열해 가면서 관찰해 본다. 예를 들면 단단한 느낌은 즐거움인가 괴로움인가, 부드러운 느낌은 즐거운 느낌인가, 괴로운 느낌인가, 즐겁지도 괴롭지도 않은 느낌인가…. 호흡 관찰의 4단계나 6근·6경·6식에서도 마찬가지다. 호흡이 길 때는 어떤 느낌이고 짧을 때는 어떤 느낌인가. 소리를 들을 때는 어떤 느낌인가….

(3) 인식(想)의 작용은 세 가지이다. ①어떤 특징을 아는 것(푸르다, 붉다, 크다, 작다) ②과거 기억, 추억이나 과거 관념으로 현재 개념이나 이미지를 인식하는 것 ③느낌을 바로 인식하는 것과 인식의 실체가 있다고 착각하는 것 등이다. 이것 역시 지·수·화·풍의 12가지, 경행, 호흡 관찰의 4단계, 6근·6경·6식에서 앞의 방법대로 관찰해 본다.

(4) 행(行)은 반응, 기질, 성격 등이 포함된다. 갈애, 화냄, 짜증 등도 포함된다. 이는 감각의 괴로움, 즐거움을 바로 인식(想)하면서 반응(行)이 따른다. 과거 업(業)이 많이 작용한다.

아비담마에는 50가지 종류의 행(行)을 분류해 놓았다.

(5) 식(識)은 대상을 단지 처음 의식만 하는 식과 정신적 마음 상태(마음 관찰의 16가지)로 나누어진다. 단지 의식하는 식은 알아차리기만 하는 것이고 판단 분별, 욕망, 성냄, 어리석음이 들어가면 정신적 마음 상태이다.

또 의식하고 나서 붉다, 파랗다, 크다, 작다고 아는 마음은 인식(想)에 들어간다. 북방유식에서는 상(想)이 무의식인 아뢰야식까지 포함한다. 눈, 귀, 코, 혀, 몸에서 처음 의식하는 것은 5식, 이것을 다시 개념화해서 알 때는 의식인 6식이고 이러한 모든 알음알이는 무의식에 저장되는데 이 역할을 아뢰야식인 8식이 한다. 이 8식은 또한 몸을 유지하고 우주까지도 현현한다.

이 8식 작용을 '나'로 보는 것이 말라식인 7식이다. 부처님의 초전법륜에서 콘단냐가 5온에서 무아에 대한 설법을 들으면서 아라한이 되고 반야심경에서 오온개공도(五蘊皆空度)되면 모든 고(苦)가 사라지고 12연기의 무명(無明)까지 다해진다.

이 식(識)의 관찰도 앞의 방법대로 4대, 호흡, 경행, 6근 6경 6식에서 표적 관찰해 보고 그 다음엔 자연스런 관찰로 해본다. 숙달되면 오온 각각의 생멸 사이에서 12연기를 관찰해 본다. 예를 들면 지·수·화·풍의 경우는 무명, 갈애, 업, 자양분 위주로, 수·상·행·식의 경우는 수에서는 접촉이, 의식에서는 정신물질(nama-rūpa)이 자양분을 대신한다.

오온 각각의 생멸 사이에서 바왕가를 포착하고 그 다음으로 이어지는 현재의식과의 순환관계에서 있는 그대로의 생멸 상태를 포착해 본다(Ⅴ부 2장 위빠싸나 16단계 중 2단계 참조)

여섯 가지 안팎의 감각기관에 대한 관찰

안의 감각기관인 6근(眼·耳·鼻·舌·身·意)과 안팎의 바깥 대상인 6경(色·聲·香·味·觸·法)에서 관찰하는 수행이다. 6근과 6경 이 두 가지에 의존해서 일어나는 열 가지 결박의 번뇌(족쇄)를 알아차리는 것이다.

열 가지 번뇌는 ①오온이 '나'라는 사견(邪見), ②관념, 의식에 대한 집착 ③의심 ④성냄 ⑤감각적 욕망 ⑥색계에 대한 집착 ⑦ 무색계에 대한 집착 ⑧불안정 ⑨자만 ⑩무명이다. 『청정도론』에서는 불안정 대신에 질투와 인색함이 추가된다.

수다원과에서 ①②③이 사다함과에서 ④⑤가 약화되어 아나함과에서 ④⑤가 소멸되고 나머지 ⑥~⑩은 아라한과에서 소멸된다.

눈에 아름다운 대상이 나타났을 때 갈망이 일어나면 욕망의 결박번뇌가, 싫은 대상이 나타나면 성냄이, 내가 가졌다 하면 자만이, 이 모양은 오래 간다고 하면 사견이, 이 모양의 실체가 무언가라고 의심하면 의심이, 다른 사람들은 얻지 못할 것이라 하면 질투… 등의 결박의 번뇌(족쇄)들이 일어난다.

6근·6경에서 하나하나 표적 관찰하면서 어느 번뇌가 강하게 일어나는지 알아차려 본다. Ⅴ부 2장의 위빠싸나 지혜 16단계를 거치면서 몇 가지 결박의 번뇌가 소멸되었는지 점검해 보고 반성해 본다. 일상 생활 중 경계에 부딪히면서 10가지 결박의 번뇌 중 몇 가지가 제거되었고 잠재된 것은 어떤 것인가를 알아차리는 것이 중요하다. 이것이 12연기의 구체적 수행법 중 하나이며 가장 확실한 불법수행의 검증법이다.

7각지의 관찰(Ⅳ부 2. 37조도품, 7각지 참조)

(1) 염각지 : 삿띠 즉 알아차림은 알아차림에 의해 계발된다. 알아차림이 없으면 알아차림하면서 다시 시작해야 한다. 초보자는 무조건 알아차림을 놓쳐서는 안 된다. 수행이 진보된 자는 삿

띠와 반야의 기능을 이용한다. 빨리어로는 삿띠(sati, 알아챔, 주시)가 있는지, 어떻게 일어나고 어떻게 계발하여 완성하는지를 반야의 동사형 빠자나띠(pajānāti)로 아는 것이다. 삿띠와 반야를 동시에 이용할 때는 삿띠는 주로 주시의 기능이고 반야는 앎의 기능이 강하다. 삿띠의 대상은 사념처이고 여기에서 무상·고·무아·인과·공 등을 반야로 아는 것이다.

예를 들면 배의 움직임 안에서 팽창감, 뜨거움, 단단함 중 하나를 선택해서 변화를 주시하면서 이를 뒤에서 바라보면서 삼법인, 인과 등을 알아차린다. 이것이 반야의 기능이다. 이것이 숙달되면 망상이 끼어들지 못한다.

(2) 법의 선택 : 유익하거나 해로운 것, 닦아야 할 것과 닦지 말아야 할 것, 향상되는 것과 퇴보되는 것, 흑백으로 상반되는 것 등을 현명하게 선택하는 것이다. 몸과 물질(오온)을 구분하고 삼법인, 인과, 공(空)을 관찰하면서 무엇이든 분명히 알아차려 나가야 한다. 5근(信·念·力·定·慧)을 균형시키는 요령을 터득해야 한다.

(3) 정진각지 : 시작하는 노력, 극복하는 노력, 추가적인 노력으로 알아차림을 때와 장소에 구분없이 놓치지 말아야 한다. 게으른 자는 법을 얻을 수 없다. 추가적인 노력으로 알아차림을 끈질기게 놓지 않고 노력하면 나중에는 저절로 알아차림이 이어진다. 부처님께서는 머리에 불끄는 것은 잠시 놓더라도 번뇌의 불은 더 빨리 끄라고 했다. 눈으로나 귀로…. 마음으로 즐거움을 찾느니 차라리 벌겋게 달은 쇠꼬챙이로 지지라고 했다. 찰나도 알아챔을 놓치지 않으면 저절로 수행은 진보한다.

(4) 희각지 : 염각지, 법의 선택, 정진각지가 균형을 이루면 관찰은 순일하게 이어져 몸과 마음에 희열이 일어난다. 희각에 다섯 종류가 있다(Ⅴ부 2장 16단계중 3단계 참조).

이때도 집착하지 않고 희각의 현상을 약간 거리를 두고 그 변화를 자세히 알아차린다. 마음에 기뻐하는 생각, 유지하려는 욕망이 있는지 살핀 후 희각 상태를 알아차린다.

(5) 경안각지 : 희각지가 있는 그대로 정확하게 관찰되면 피로가 사라지고 몸과 마음이 가볍고 편안해 진다. 이때는 음식을 조심하고 적절한 노력으로 관찰을 놓지지 않도록 노력한다.

(6) 정(定)각지 : 염각지가 추가적인 노력으로 망상없이 빈틈없이 이어질때 삼매는 저절로 따라온다. 선정의 요소(겨냥, 유지, 희열, 행복감, 일념, 평등심)들 중 몇 가지가 나타나고 사라지는가에 따라 선정이 깊어진다. 삼매에 드는 방법을 숙달해서 언제든지 삼매에 들도록 한다(Ⅱ부 1장 참조).

(7) 평등각지 : 정각지에서 삼매가 깊어지면서 사선정에 자유로우면 오욕 팔풍(득실, 뒤에서 비난과 칭찬, 앞에서 험담과 찬탄, 고락)에 깨닫지 않는 평등심이 저절로 유지된다. 5가지 장애와 열 가지 결박의 번뇌 중 어느 것이 잠재되어 있는지도 살펴가면서 평등심을 알아차린다. 평등심에서 불고불락(不苦不樂)의 감정의 변화를 가슴에서 알아차려야 한다.

아라한이 되기 전까지는 잠재된 아만이나 욕망이 있다. 18계(6근·6경·6식)에서 생멸되는 감정과 의식 사이와 잠재의식인 바왕가의 생멸 흐름을 순환하면서 관찰할 수 있으면 탁월한 수행자라 할 수 있다. 여기서 더 나아가 12연기를 관찰할 수 있으면 위

140

빠싸나 수행을 혼자서 할 수 있다. 추가적인 노력으로 무심한 알아차림을 놓치지 않는 것이 중요하다.

사성제(四聖諦)

상적유경에서 부처님께서 말씀하셨듯이 모든 불법수행은 사성제 안에 축약된다고 볼 수 있다. 불법은 고(苦)를 극복하기 위해 수행한다. 특히 세속적 행복이나 부귀영화가 고통인줄 알아야 한다. 조건지워진 오온은 모두 고통이다. 사성제 관찰에서 고의 일어나는 원인(集諦)을 60가지로 구체적으로 나누어 설명되어 있다. 6근·6경·6식의 18계에서 촉(觸), 느낌(受), 인식(想), 반응(思), 갈애(愛), 일으킨 생각(尋), 궁리(伺) 등이 일어나는 것을 모두 합하면 60개가 된다. 여기에서 지·수·화·풍의 12가지, 감각의 세 종류, 마음의 상태 등을 세분화하면 100여 개가 넘는다. 이곳이 열반이 아니지만 이곳을 떠나서는 열반이 있는 것이 아니다.

그러므로 언제 어디서 열반에 들지 모른다. 고통이 일어나는 곳, 즉 무상·고·무아를 관찰할 수 있는 대상이 너무 많다. 표적 관찰로 기본적인 60개의 관찰대상에서 갈애가 일어나는 첫 순간을 포착하는 것이 정확하게 숙달되면 수행은 저절로 진보된다. 고(苦)를 극복하기 위하여 마음을 잠시도 방일하지 않고 빈틈없이 알아차려 나가야 한다. 일어나는 갈애 고통이 있는 곳 바로 여기가 열반을 실현하는 곳이다.

표적 관찰이 숙달되면 자연스러운 관찰 속에서 저절로 무상, 고, 무아를 포착해서 관찰한다. 법의 관찰이 지루하면 몸, 감각, 마음 관찰로 번갈아 가면서 관찰하면 지루하지 않고 처음도 중간도 끝도 좋은 수행을 해 나갈 수 있다.

사념처 중 하나하나를 정확히 겨냥해서 추가적인 노력으로 빈틈없이 노력할 때 나쁜 생각은 미리 예방되고 올바른 말, 행동이 이어질 때 일상 속에서도 고요한 마음과 평등심은 저절로 따른다. 지금 활동하고 있는 가정, 직장 사회가 바로 영원한 자유와 평화를 실현할 수 있는 최적의 시간과 장소가 되는 것이다.

사념처 모두 12연기와 연관되어 있는 것을 지금까지 살펴보았다. 12연기를 관하는 두 가지 방법을 제시하겠다. 선정에서 오는 니밋따의 빛 속에서 관찰하든가 아니면 관찰이 예리해지면 생멸하는 신·수·심·법 의 사이에서 전광석화처럼 관찰한다. 우선 60가지 표적 관찰이 자연스럽게 되면 자신에서 뚜렷한 것을 포착하여 그 생멸 사이를 반복 순환하면서 12연기를 관찰해 본다. 특히 갈애에서 감각적 욕망, 근본 존재에 대한 갈애, 비존재에 대한 갈애를 무명·행·식과 관련해서 표적 관찰해본다. 이것이 부처님의 화두이고 생사해탈법이다. 생멸 사이에서 무명, 행, 식… 한 번에 하나씩 나열하면서 관해 본다.

전생에 공덕이 수승하든가 용맹스럽게 정진하는 수행자는 이 단계에서 결박의 번뇌가 다해버린 열반을 7일 안에 실현할 수 있고, 보통사람도 열심히 수행하면 7년 안에 아라한의 열반을 실현한다고 했다. 그렇지 못하면 V부 2장의 16단계대로 꾸준히 수행해야 한다. 태산이 높다 해도 계속 오르면 발아래 놓인다. 중단없는 노력 앞에 불가능은 없다. 성공하기 위하여 수행하기보다는 관찰하지 않으면 욕망과 어리석음의 고해에 빠지므로 인간으로 당연히 가야 할 길은 깨어있는 8정도의 길이다.

다음의 쌍윳따니까야 6권 235의 연소의 법문을 듣고 18계에서 고통을 보고 열반을 실현하길 바란다.

"수행승들이여, 연소의 교법에 대한 법문을 가르치겠다. 잘 들어라. 수행승들이여, 그 연소의 교법에 대한 법문이란 어떠한 것인가?

수행승들이여, 연소하고 작열하고 불꽃 튀는 뜨거운 쇠젓가락으로 시각기관을 차라리 지질지언정 시각에 의해 인식되는 형상의 특징과 속성에 사로잡히지 말라.

수행승들이여, 그대의 의식이 특징의 유혹에 사로잡히거나 속성의 유혹에 사로잡혀, 그 순간에 죽는다면 지옥으로 떨어지거나 축생으로 태어나는 두 가지 운명 가운데 하나를 얻을 가능성이 있다.

수행승들이여, 나는 그 위험을 보고 이와 같이 말한다. 연소하고 작열하고 불꽃 튀는 뜨거운 쇠막대로 청각기관을 차라리 지질지언정 청각에 의해 인식되는 소리의 특징과 속성에 사로잡히지 말라.

수행승들이여, 그대의 의식이 특징의 유혹에 사로잡히거나 속성의 유혹에 사로잡혀, 그 순간에 죽는다면 지옥으로 떨어지거나 축생으로 태어나는 두 가지 운명 가운데 하나를 얻을 가능성이 있다.

수행승들이여, 나는 그 위험을 보고 이와 같이 말한다. 연소하고 작열하고 불꽃 튀는 날카로운 집게발로 후각기관을 차라리 지질지언정 후각에 의해 인식되는 냄새의 특징과 속성에 사로잡히지 말라.

수행승들이여, 그대의 의식이 특징의 유혹에 사로잡히거나 속성의 유혹에 사로잡혀, 그 순간에 죽는다면 지옥으로 떨어지거나 축생으로 태어나는 두 가지 운명 가운데 하나를 얻을 가능성이 있다.

수행승들이여, 나는 그 위험을 보고 이와 같이 말한다. 연소하고 작열하고 불꽃 튀는 뜨거운 면도칼로 미각기관을 차라리 지질지언정 미각에 의해 인식되는 맛의 특징과 속성에 사로잡히지 말라.

수행승들이여, 그대의 의식이 특징의 유혹에 사로잡히거나 속성의 유혹에 사로잡혀, 그 순간에 죽는다면 지옥으로 떨어지거나 축생으로 태어나는 두 가지 운명 가운데 하나를 얻을 가능성이 있다.

수행들이여, 나는 그 위험을 보고 이와 같이 말한다. 연소하고 작열하고 불꽃 튀는 날카로운 칼로 촉각기관을 차라리 지질지언정 촉각에 의해 인식되는 감촉의 특징과 속성에 사로잡히지 말라. 수행승들이여, 그대의 의식이 특징의 유혹에 사로잡히거나 속성에 유혹에 사로 사로잡혀, 그 순간에 죽는다면 지옥으로 떨어지거나 축생으로 태어나는 두 가지 운명 가운데 하나를 얻을 가능성이 있다.

수행승들이여, 나는 그 위험을 보고 이와 같이 말한다. 수행승들이여, 비록 잠자는 것은 생명의 불임이라고 나는 말하고, 생명의 불결실이라고 나는 말하고, 생명의 몽매함이라고 나는 말하지만, 수행승들이여, 차라리 잠을 자는 것이 낫다. 생각에 사로잡혀 예를 들어 화합승을 파괴할 정도로 그처럼 생각 속에서 살려하지 말라. 수행승들이여, 나는 생명의 과오와 위험을 보고 이와 같이 말한다.

수행승들이여, 그것에 대하여 잘 배운 고귀한 제자는 다음과 같이 반성한다. '연소하고 작열하고 불꽃 튀는 뜨거운 쇠젓가락으로 시각기관을 차라리 지져버리는 것을 그만두고 아 참으로 나는 이와 같이 생각해야 하리라. 시각은 무상하다, 시각접촉을 조건으로 생겨나는 즐겁거나 괴롭거나, 즐겁지도 괴롭지도 않은 느낌도 역시 무상하다.'

'연소하고 작열하고 불꽃 튀는 뜨거운 쇠막대로 청각기관을 차라리 지져버리는 것을 그만두고 아 참으로 나는 이와 같이 생각해야 하리라. 청각은 무상하다, 소리도 무상하다. 청각의식도 무상하다, 청각접촉도 무상하다, 청각접촉을 조건으로 생겨나는 즐겁거나 괴롭거나, 즐겁지도 괴롭지도 않은 느낌도 역시 무상하다.'

'연소하고 작열하고 불꽃 튀는 날카로운 집게발로 후각기관을 차라리 지져버리는 것을 그만두고 아 참으로 나는 이와 같이 생각하리라. 후각은 무상하다, 냄새도 무상하다. 후각의식도 무상하다, 후각접촉도 무상하다, 후각접촉을 조건으로 생겨나는 즐겁거나 괴롭거나, 즐겁지도 괴롭지도 않은 느낌도 역시 무상하다.'

'연소하고 작열하고 불꽃 튀는 뜨거운 면도칼로 미각기관을 차라리 지져버리는 것을 그만두고 아 참으로 나는 이와 같이 생각해야 하리라, 미각은 무상하다, 맛도 무상하다. 미각의식도 무상하다, 미각접촉도 무상하다, 미각접촉을 조건으로 생겨나는 즐겁거나 괴롭거나, 즐겁지도 괴롭지도 않은 느낌도 역시 무상하다.'

'연소하고 작열하고 불꽃 튀는 날카로운 칼로 촉각기관을 차라리 지져버리는 것을 그만두고 아 참으로 나는 이와 같이 생각해야 하리라. 촉각은 무상하다. 감촉도 무상하다. 촉각의식도 무상하다. 촉각접촉도 무상하다. 촉각접촉을 조건으로 생겨나는 즐겁거나 괴롭거나, 즐겁지도 괴롭지도 않은 느낌도 역시 무상하다.'

'잠자는 것을 그만두고 아, 참으로 나는 이와 같이 생각해야 하리라. 마음(意)은 무상하다. 마음의 대상인 법도 무상하다. 의식도 무상하다. 마음(意)접촉도 무상하다. 마음(意)접촉을 조건으로 생겨나는 즐겁거나 괴롭거나, 즐겁지도 괴롭지도 않은 느낌도 역시 무상

하다.'

수행승들이여, 이와 같이 보고 잘 배운 고귀한 제자는 시각에서
도 싫어하여 떠나고 형상에서도 싫어하여 떠나고 시각의식에서도
싫어하여 떠나고 시각접촉에서도 싫어하여 떠나고 시각접촉을 조건
으로 생겨나는 즐겁거나 괴롭거나, 즐겁지도 괴롭지도 않은 느낌에
서도 싫어하여 떠나며, 청각에서도 싫어하여 떠나고 소리에서도 싫
어하여 떠나고 청각의식에서도 싫어하여 떠나고 청각접촉에서도 싫
어하여 떠나고, 청각접촉을 조건으로 생겨나는 즐겁거나 괴롭거나,
즐겁지도 괴롭지도 않은 느낌에서도 싫어하여 떠나며, 후각에서도
싫어하여 떠나고 냄새에서도 싫어하여 떠나고 후각의식에서도 싫어
하여 떠나고 후각접촉에서도 싫어하여 떠나고, 후각접촉을 조건으
로 생겨나는 즐겁거나 괴롭거나, 즐겁지도 괴롭지도 않은 느낌에서
도 싫어하여 떠나며, 미각에서도 싫어하여 떠나고 맛에서도 싫어하
여 떠나고 미각의식에서도 싫어하여 떠나고 미각접촉에서도 싫어하
여 떠나고, 미각접촉을 조건으로 생겨나는 즐겁거나 괴롭거나, 즐겁
지도 괴롭지도 않은 느낌에서도 싫어하여 떠나며, 촉각에서도 싫어
하여 떠나고 감촉에서도 싫어하여 떠나고 촉각의식에서도 싫어하여
떠나고 촉각접촉에서도 싫어하여 떠나고, 촉각접촉을 조건으로 생
겨나는 즐겁거나 괴롭거나, 즐겁지도 괴롭지도 않은 느낌에서도 싫
어하여 떠나며, 마음(意)에서도 싫어하여 떠나고 법(法)에서도 싫어
하여 떠나고 정신의식에서도 싫어하여 떠나고 마음(意) 접촉에서도
싫어하여 떠나고, 마음(意) 접촉을 조건으로 생겨나는 즐겁거나 괴
롭거나, 즐겁지도 괴롭지도 않은 느낌에서도 싫어하여 떠나며, 싫어
하여 떠나서 사라지고 사라져서 해탈한다. 해탈하면, '나는 해탈했
다'는 지혜가 생겨나서 이와 같이 '태어남은 부서지고 청정한 삶은
이루어졌다. 해야 할 일을 다 마치고 더 이상 윤회하지 않는다'라고
그는 분명히 한다.'

수행승들이여, 이것이 연소의 법문이라는 가르침이다."

이렇게만 수행한다면 아라한이 못 될 사람은 하나도 없을 것이다.

언제나 계행을 갖추고

지혜를 지니고 삼매에 잘 들어 정진하면

건너기 어려운 거센 물결을 건너네.

감각적 쾌락의 상념을 버리고

물질의 얽매임을 뛰어넘어

생성의 즐거움이 사라진 사람은

위없는 깨달음을 얻어 일체의 고통을 뛰어넘네.

그러한 이는 하늘 사람도 숭배하네.

1. 수행의 목적 및 수행자의 자세, 수행의 결과

목적

자신의 탐·진·치 삼독을 제거하고 일체 중생의 해탈을 위하여
계·정·혜 삼학을 닦아서 마하반야(智慧)로 생사 없는 견성해탈을
이루는 것이다.

수행자의 자세

법구경에선 "남의 집에서 탁발하는 것만으로 비구라 할 수 없
다. 세상의 선과 악을 모두 버리고 청정히 생활하며 5온의 자연
적 현상을 대상으로 고요히 좌선 정진하는 사람이 진정한 비구
(수행자)이다."라고 했다.

 - 수행자라는 말은 비구(Bhikkhu)·요기(Yogi)와 같은 뜻으로
세 가지 노력(①처음 시작하는 노력 ②장애 극복을 위한 추가적
인 노력 ③목표에 도달할 때까지 계속 지속시키는 노력 : 正精
進)으로 마음챙김(mindfulness)하고 있어야 한다.

 - 몸과 마음에 내재한 고(苦)에 두려움을 느끼고 있어야 한다.

 - 계·정·혜 삼학을 닦아가고 있는 자. 즉 청정(淸淨)한 행으로
마음챙김과 분명한 앎(clear comprehension)을 빈틈없이 챙겨
나가야 한다.

－ 위빠싸나 수행법에 대한 존경심을 가져야 한다. 모든 부처님들이 이 수행법으로 깨달았고 석가모니 부처님과 그의 제자들, 그리고 미래 모든 부처님과 그의 제자들이 이 수행법으로 깨달음을 이룬다.

－ 참으로 수행의 필요성을 느끼는가? 수행에 대한 확신은 있는가? 참으로 목숨 바쳐 간절하게 법을 구하려 하는가. 자신의 노력이 진전을 보이는가. 게으름과 해태한 마음으로 시간만 낭비하고 있지는 않은가. 수행법과 스승을 믿는가. 한 마디로 부처님의 유훈인 불방일(마음챙김)을 실천하는 자가 진정한 수행자다.

수행으로 얻는 일곱 가지 이득

(1) 마음을 정화하고 청정하게 하여 번뇌를 제거한다.

(2) 슬픔과 비탄을 극복한다.

(3) 걱정과 불안을 극복하여 안심입명을 얻는다.

(4) 육체적으로 일어나는 모든 고통을 제거한다.

(5) 모든 정신적 고통을 극복한다.

(6) 내생에 좋은 곳에서의 환생이 보장된다.

(7) 깨달음을 얻고 열반을 성취한다.

즉 탐·진·치와 이로부터 오는 고통을 극복하여 견성해탈한다(누진통). 그 외 ①초능력·신통력 ②죽은 자가 업에 따라 태어날 곳을 아는 천안통 ③가깝고 멀리 있는 소리를 들을 수 있는 천이통 ④타인의 마음을 읽을 수 있는 타심통 ⑤과거 생을 알 수 있는 숙명통 ⑥먼 거리를 자유롭게 왕래할 수 있는 신족통 등을 얻을 수도 있다. 그러나 이것은 말변지사라 중요한 것이 아니므로 여기에 현혹되어서는 안 된다.

수행자란

"태양의 후예이신 위대한 선인께 세속에서 멀리 떠나는 일과 평안의 경지에 대해서 묻겠습니다. 수행자는 어떻게 보아야만 세상의 어떤 것에도 집착하지 않고 평안에 들 수 있습니까?"

스승께서 대답하셨다.

"내가 있다고 생각하는 의식의 근본을 모두 뿌리뽑고 안에 도사리고 있는 온갖 애착까지도 소멸시키도록 항상 명심하여 닦아라. 될 수 있는 한 안팎으로 이치를 알아두라. 그러나 그렇다고 해서 교만한 마음을 내서는 안 된다. 진리에 도달한 사람은 그것이 평안이라고는 말하지 않는다. 이로 말미암아 나는 뛰어나다든가 나는 뒤떨어졌다든가 혹은 나는 대등하다고 생각해서는 안된다. 여러 가지 질문을 받더라도 자기가 잘났다고 생각하지 말아라. 수행자는 마음이 평안해야 한다. 밖에서 고요함을 찾지도 말아라. 안으로 평안하게 된 사람은 고집할 것이 없다. 하물며 어찌 버릴 것이 있으랴. 바닷물 속에서는 파도가 일지 않고 잔잔하듯이 고요히 멎어 움직이지 말아라. 수행자는 무슨 일에도 욕심을 내서는 안 된다."

"눈을 뜨신 분께서는 몸소 체험하신 법, 위험과 재난의 극복에 대해서 말씀해 주십시오. 바라건대, 바른 길을 일러 주십시오. 계율의 규정이나 마음을 안정시키는 법을 말씀해 주십시오."

"눈에 보이는 것에 탐내지 말아라. 저속한 이야기에서 귀를 멀리 하라. 맛에 탐착하지 말아라. 세상에 있는 어떤 것이라도 내

것이라고 집착하지 말아라. 고통을 겪을 때라도 수행자는 결코 비탄에 빠져서는 안 된다. 생존을 탐내서도 안 된다. 무서운 것을 만났을 때라도 두려워 떨어서는 안 된다. 음식이나 옷을 얻더라도 묵히거나 쌓아두어서는 안 된다. 또 그런 것을 얻을 수 없다 해서 걱정해서도 안 된다.

마음을 안정시켜라. 당황해서는 안 된다. 후회하지 말아라. 게으르지 말아라. 그리고 수행자는 한가하고 고요한 앉을 자리와 누울 곳에서 살아야 한다.

잠을 많이 자서는 안 된다. 부지런하고 깨어있어야 한다. 게으름과 거짓과 오락과 이성간의 교제와 겉치레를 버려라. 내 제자들은 아타르바 베다의 주문이나 해몽·관상·점을 쳐서는 안 된다. 수행자는 비난을 받더라도 두려워 말고, 칭찬을 받더라도 우쭐거리지 말아라. 탐욕과 인색과 성냄과 욕설을 멀리 해야 한다. 수행자는 장사해서는 안 된다.

결코 남을 비방해서는 안 된다. 그리고 세상 사람들과 가까이 교제해서도 안 된다. 이익을 위해 사람들을 만나지 말아라. 또 수행자는 거만해서는 안 된다. 자기의 이익을 위해 책략적인 언사를 써서도 안 된다. 오만 불손하거나 불화를 가져올 말을 해서는 안 된다. 그리고 생활에 대해서나 지혜에 대해서 혹은 계율이나 도덕에 대해서 자기가 남보다 뛰어나다고 생각해서는 안 된다.

출가 수행자는 말 많은 세속인들한테서 욕을 먹거나 불쾌한 말을 많이 듣더라도 거친 말로 대꾸해서는 안 된다. 선한 사람들은 적대적인 대답을 하지 않는다. 수행자는 이 이치를 알아 잘 분별하고 늘 조심해서 배우라. 모든 번뇌의 소멸된 상태가 평안임을 알아라. 그러므로 여래의 가르침에 게으르지 말고 항상 따라 배우라."

- 경집에서 -

수행자는 강물을 거슬러 올라간다

"비구들이여! 예를 들어, 어떤 사람이 강의 흐름을 즐기고 놀며 떠내려가려고 할 때 눈이 예리한 사람이 언덕에 서 있다가 그런 그를 발견하고 다음과 같이 말할 것이다.

'여보게! 자네가 강의 흐름을 즐기고 놀며 떠내려가려고 하지만 이 강의 하류에는 파도와 소용돌이가 치며, 악어가 있고 악귀가 사는 호수가 있네. 그러면 자네는 그 호수에 도착해서 죽거나 그렇지 않으면 죽도록 심한 고통을 받을 것이네.'

그때 비구들이여! 그 사람은 그런 외침을 듣고 손발을 움직여 흐름을 건너려고 노력할 것이다.

비구들이여! 나는 다음과 같은 뜻을 가르치기 위해서 그러한 비유를 설한 것이다. 즉, 강의 흐름이란 욕심을 말한다. 즐기고 놀려고 한다는 것은 지각(想)이 이루어지는 내적인 여섯 가지의 장(場)34)을 말한다. 하류에 있는 호수란 욕망이 치열하게 일어나는 세계에 묶인 다섯 가지 속박35)을 말한다. 파도친다는 것은 성냄과 번뇌를 말한다. 악어와 악귀가 살고 있다는 것은 애욕을 말한다. 흐름을 건너려 하려는 것은 미혹한 세계를 떠나는 것을 말

---

34) 6근·6경·6식
35) ①욕심 ②성냄 ③오온에서 我가 있다는 유신견 ④계금취견(형식에 얽매임) ⑤ 의심 등의 오하분결(五下分結)

한다. 손과 발로 노력한다는 것은 노력과 정진을 말한다. 언덕에 서 있는 눈이 예리한 사람은 여래 세존, 아라한을 말한다."

미래에 평화를 바란다면 괴로움과 함께 갖가지 욕망을 버려야 한다. 바른 지혜를 가지고 마음이 속박에서 떠난 사람은 가는 곳마다 해탈에 이른다. 그는 진리를 잘 아는 사람, 깨끗한 수행을 실천하는 사람, 미혹한 세계의 종말을 아는 사람, 깨달음의 언덕에 도달한 사람이라 불린다.

- 이티붓티카경 -

수행의 목적

밀린다 왕이 나가세나에게 물었다.

"스님은 과거의 괴로움을 버리기 위해 노력하십니까?"

"그렇지 않습니다."

"그렇다면 미래의 괴로움을 버리기 위해 노력하십니까?"

"그렇지 않습니다."

"그렇다면 현재의 괴로움을 끊기 위해 노력하십니까?"

"그것도 아닙니다."

"만일 스님들이 과거의 괴로움이나 미래의 괴로움이나 또 현재의 괴로움을 버리기 위해 노력하는 것이 아니라면 무엇 때문에 그처럼 애를 쓰십니까?"

"우리들은 '이 괴로움은 사라지고 저 괴로움은 생기지 말아주기를' 바라는 소원 때문에 노력합니다."

"그렇다면 미래의 괴로움이 있습니까?"

"존재하지 않습니다."

"스님들은 지금 있지도 않은 괴로움을 버리기 위해 노력한다고 하니 지나치게 현명합니다."

"대왕은 일찍이 적이나 원수와 대항하여 맞선 일이 있습니까?"

"아닙니다. 그런 일은 모두 미리 준비하여 두었습니다."

"대왕은 그때를 당해서 비로소 말 타는 기병과 활 쏘는 병사들을 훈련시켰습니까?"

"아닙니다. 그들은 모두 미리 익혀 두게 하였습니다."

"어떤 목적 때문에 그렇게 하였습니까?"

"미래의 위험을 막기 위해서였습니다."

"미래의 위험이 지금 존재합니까?"

"존재하지 않습니다."

"대왕은 지금 존재하지 않는 미래의 위험에 대비하기 위해 그런 일을 하였습니다. 지나치게 현명하십니다."

"또 한 가지 비유를 들어 주십시오."

"대왕은 어떻게 생각하십니까? 목이 마를 때 물이 마시고 싶다고 하여 비로소 우물을 파고 저수지를 만듭니까?"

"그렇지 않습니다. 그런 일은 모두 미리 준비하여 둡니다."

"어떤 목적 때문에 그렇게 하였습니까?"

"장차 목마름에 대비하기 위해서입니다."

"그렇다면 미래의 목마름은 지금 존재합니까?"

"지금 존재하지 않습니다."

"대왕은 지금 존재하지 않는 미래의 목마름에 대비한다니 지나치게 현명합니다."

"다시 한 번 비유를 들어 주십시오."

"대왕은 어떻게 생각하십니까? 배가 고팠을 때 비로소 무엇인가 먹고 싶어 밭을 갈고 씨를 뿌립니까?"

"그렇지 않습니다. 그런 일은 미리부터 준비합니다."

"무엇 때문에 미리 준비합니까?"

"미래의 배고픔을 막기 위해 준비하는 것입니다."

"그렇다면 미래의 배고픔은 지금 존재합니까?"

"그렇지 않습니다."

"대왕은 지금 존재하지도 않는 미래의 배고픔을 위해 씨를 뿌린다니 지나치게 현명하십니다."

"스님, 잘 알았습니다."

2. 37조도품(Bodhipakkhiyadhamma)

37조도품은 깨달음에 이르는 서른 일곱 가지 요소들이다. 그림에서 보는 바와 같이 단계적으로 점차적으로 향상된다기보다는 상호 보완적이다. 처음 4념처 위빠싸나 수행이 8정도 수행이고 마지막 8정도 수행이 4념처 수행이다. 4념처와 8정도 수행 모두 중도(中道)이기 때문이다. 37조도품을 줄이면 5근(5력)이나 계(戒)·정(定)·혜(慧)로 축약된다. 공덕이 수승하든가 용맹스럽게 정진하면 일초직입여래지(一超直入如來地)할 것이고, 꾸준히 수행해 나가면 처음부터 계·정·혜 삼학의 싹이 터서 점차 계발되어 알아차림(sati)의 극치, 즉 지혜의 완성인 마하반야바라밀에 이르게 되고 그때 5온(五蘊)이 공(空)하여 일체고액(一切苦厄)이 된 사성제(四聖諦)가 달성된다. 이것이 깨달음에 이르는 37조도품의 핵심 내용이며 부처님의 가르침을 요약한 것이다. 다음에서 경전을 중심으로 각각의 요소들을 살펴보겠다.

37조도품(三七助道品, Bodhipakkhiyadhamma) 도표

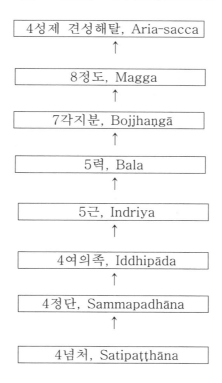

| 4성제 견성해탈, Aria-sacca |
| ↑ |
| 8정도, Magga |
| ↑ |
| 7각지분, Bojjhaṇgā |
| ↑ |
| 5력, Bala |
| ↑ |
| 5근, Indriya |
| ↑ |
| 4여의족, Iddhipāda |
| ↑ |
| 4정단, Sammapadhāna |
| ↑ |
| 4념처, Satipaṭṭhāna |

(Kāyānupassanā)　(Vedanānupassanā)　(Cittānupassanā)　(Dhammānupassanā)
　몸의 14대상(身)　감정의 9대상(受)　마음의 16대상(心)　법의 5대상(法)

37조도품은 번뇌 조복의 지름길

나는 이와 같이 들었다. 부처님께서 코살라의 기원정사에 계실 때였다. …부처님께서 여러 비구들을 위해 기쁘고 유익한 가르침을 설하셨다. 이때 앉아 있던 비구가 이렇게 생각했다. '어떻게 알고 어떻게 보아야 빨리 번뇌를 없앨 수 있을까.' 이때 부처님께서는 그 비구의 속마음을 아시고 비구들에게 말씀하셨다.

만일 이 가운데 누군가 속마음으로 어떻게 알고 어떻게 보아야 빨리 번뇌를 없앨 수 있을까 한다면 나는 이미 말한 바 있다. 모든 요소를 잘 관찰하라고. 이른바 생각이 일어나는 네 곳(四念處), 네 가지 부지런함(四正勤, 四正斷), 네 가지 충분함(四如意足), 5근(五根), 5력(五力), 깨달음의 7요소(七覺支分), 여덟 가지 성스러운 길(八正道) 등이다. 나는 벌써 이와 같은 법으로 모든 요소를 관찰하라고 설했다.[1]

지금도 역시 그렇다. 그대들이여, 행동을 열심히 하지 않고 즐겁게 열심히 하지 않고 생각을 열심히 하지 않고 믿음을 열심히 하지 않고 자만하고 게으르다면 번뇌를 없애는 힘이 증진하지 않는다. 그대들이여, 내가 말한 모든 요소를 관찰하는 법은 꾸준한 의지와 꾸준한 즐거움과 꾸준한 생각과 꾸준한 믿음들이 모든 번뇌를 빨리 없앤다."

- 잡아함경 57 -

---

1) 장부경 중 열반경에서도 3개월 후에 열반에 드실 것을 제자들에게 선언하신 후 가르침의 요약으로 37조도품의 실천을 당부하셨다(I 부 4장 참조).

사념처(四念處)

자세한 것은 Ⅰ부, Ⅲ부, Ⅴ부 참조.

현재 순간에 간절함(ātāpī, earnestness), 마음챙김(sati, mindfulness), 분명한 앎(sampajañña, clear comprehension)의 세 요소가 있어야 한다. 이것의 계속적인 노력으로 선정과 지혜가 이루어진다. 정확한 수련은,

① 몸과 마음에 대한 사견(邪見)에서 벗어나고

② 집착에서 벗어나고

③ 번뇌망상을 제거하고

④ 욕망을 완전히 제거하고

⑤ 올바른 지혜, 즉 길(道)을 얻게 되고

⑥ 사성제를 이해하게 되고

⑦ 열반, 견성해탈로 나아가게 한다.

사정단(四正斷, 네 가지 노력)

이것은 네 가지 노력으로 8정도의 올바른 노력(正精進)과 같은 내용이다.

① 악하고 착하지 않은 것을 예방하는 노력

② 일어난 악하고 착하지 못한 것을 극복하는 노력

③ 선하고 착한 것을 계발하는 노력

④ 선하고 착한 것을 유지시키는 노력이다.

③의 노력이 일어나면 ①과 ②의 노력은 저절로 따라오고, 4정단으로 계·정·혜가 일어난다.

[감각적 쾌락을 소멸시키는 사정단]

이와 같이 나는 들었다. 한때 세존께서 사왓띠의 제따와나에 있는 아나타삔디까 승원에 계셨다.

그때 세존께서 '수행승들이여'라고 수행승들을 부르셨다. 수행승들은 '세존이시여'라고 세존께 대답했다. 세존께서는 이와 같이 말씀하셨다.

"수행승들이여, 다섯 가지 감각적 쾌락이 있다. 어떠한 것이 다섯 가지인가? 기분 좋고 사랑스럽고 마음에 들고 아름답고 감각적 쾌락을 유발하고 흥분을 야기시키는 시각에 의해 인식되는 형상과, 기분 좋고 사랑스럽고 마음에 들고 아름답고 감각적 쾌락을 유발하고 흥분을 야기시키는 청각에 의해 인식되는 소리와, 기분 좋고 사랑스럽고 마음에 들고 아름답고 감각적 쾌락을 유발하고 흥분을 야기시키는 후각에 의해 인식되는 냄새와, 기분 좋고 사랑스럽고 마음에 들고 아름답고 감각적 쾌락을 유발하고 흥분을 야기시키는 미각에 의해 인식되는 맛과, 기분 좋고 사랑스럽고 마음에 들고 아름답고 감각적 쾌락을 유발하고 흥분을 야기시키는 촉각에 의해 인식되는 감촉이 있다.

수행승들이여, 이러한 것이 다섯 가지 감각적 쾌락이다. 수행승들이여, 이러한 다섯 가지 감각적 쾌락을 잘 알고 완전히 알고 완전히 소멸하고 버리기 위해 네 가지 올바른 노력을 닦아야 한다. 수행승들이여, 네 가지 올바른 노력이란 어떠한 것인가?

수행승들이여, 이 세상에 수행승은 아직 생겨나지 않은 악하고 불건전한 상태가 생겨나지 않도록 의욕을 일으켜 정진하고 정근하고 마음을 책려하여 노력한다.

이미 생겨난 악하고 불건전한 상태는 버리도록 의욕을 일으켜 정진하고 정근하고 마음을 책려하여 노력한다.
아직 생겨나지 않은 선하고 건전한 상태는 생겨나도록 의욕을 일으켜 정진하고 정근하고 마음을 책려하여 노력한다.

이미 생겨난 선하고 건전한 상태는 유지하여 잊어버리지 않고 증가시키고 확대시키고 계발시키고 충만하도록 의욕을 일으켜 정진하고 정근하고 마음을 책려하여 노력한다.

수행승들이여, 이러한 다섯 가지 감각적 쾌락을 잘 알고 완전히 알고 완전히 소멸하고 버리기 위해 네 가지 올바른 노력을 닦아야 한다."

- 쌍윳따니까야 <상응부> 8권 50 -

사여의족(四如意足)

사여의족에는 ①고(苦)를 종식시키기 위하여 수행하려는 간절심(chanda, 意慾定), ②고(苦)를 종식 시키려는 노력(viriya, 精進定), ③고(苦)를 종식시키기 위한 선정 삼매를 이루려는 마음(citta, 心定), ④고(苦)를 종식시키는 지혜(vimamasa, 智慧定)가 있다.

4여의족은 일승도이다

이와 같이 나는 들었다.

어느 때 부처님께서는 코삼비주 고시타 동산에 계셨고 아난 존자도 거기 있었다. 이때 어떤 바라문은 아난 존자에게 나아가 서로 인사하고 위로한 뒤에 한쪽에 앉아 아난 존자에게 물었다.

"무엇 때문에 사문 고타마 밑에서 범행을 닦습니까?"

아난 존자는 바라문에게 말하였다.

"끊기 위해서다."

"존자는 무엇을 끊으려 합니까?"

"갈애(愛)를 끊으려 한다."

"아난 존자여, 무엇을 의지해 갈애를 끊을 수 있습니까."

"바라문이여, 의욕(欲)을 의지해 갈애를 끊는다."

"아난 존자여, 그러면 끝이 없는 것이 아닙니까?"

"바라문이여, 끝이 없는 것이 아니다. 이와 같이 끝이 있고 끝이 없는 것이 아니다."

"아난 존자여, 어떤 것이 끝이 있고 끝이 없는 것이 아닙니까?"

"바라문이여, 이제 그대에게 물으리니 마음대로 대답하라."

"바라문이여, 그대 생각은 어떠하냐. 그대는 지금 의욕이 있어서 이 정사에 온 것이 아닌가?"

"그렇습니다, 아난 존자여."

"그렇다면 바라문이여, 이미 이 정사에 왔으니 그 의욕은 쉬지 않는가?"

"그렇습니다. 아난 존자여, 저는 노력하고 준비하고 계획해서

164

이 정사에 왔습니다."

"이미 이 정사에 왔으면 그 노력과 준비와 계획은 쉬지 않았는가?"

"그렇습니다."

아난 존자가 바라문에게 말하였다.

"그와 같이 바라문이여, 여래·응공·정등정각께서 알고 보시는 것은 네 가지 여의족을 말씀하시어, 일승의 도로써 중생을 깨끗하게 하고 괴로움과 번민을 없애고 근심과 슬픔을 끊는 데 있다. 무엇이 넷인가.

욕정(欲定)을 닦아 결합을 성취하는 여의족과 정진정(精進定), 심정(心定)·지혜정(智慧定)을 닦아 결합을 끊어 성취하는 여의족이다. 그래서 성스러운 제자는 욕정을 닦아 결합을 끊고 여의족을 성취하고 떠남에 의하여, 욕심 없음에 의하여, 생사를 뛰어넘어지면 그 의욕도 또한 쉰다. 정진정·심정·지혜정(智慧定)을 닦아 결합을 끊고 여의족을 성취하고 떠남에 의해, 평정으로 향하여 갈애가 다하게 되고 갈애가 이미 다하면 사유가 곧 쉰다. 바라문이여, 생각에 어떠한가. 이것이 끝이 아닌가."

바라문이 말하였다.

"아난 존자여, 그것이 곧 끝이요, 끝이 아님이 아닙니다."

그때에 바라문은 아난 존자의 말을 듣고, 기뻐하면서 자리에서 일어나 떠나갔다.

- 잡아함경 21권 -

5근(五根)

5근에는 ①신근(信根, Saddhā-Indrya) ②염근(念根, Sati-Ind

rya) ③정진근(精進根, Viriya-Indrya) ④정근(定根, Samadā
hi-Indrya) ⑤혜근(慧根, Paññā-Indrya)이 있다.

① 신근은 확고부동한 신심이다. 이 상태에서 마음은 강하게
되어 결코 지루하거나 피로함을 느끼지 않는다. 믿음은 삼보(佛
法僧), 사념처, 인과, 12연기, 사성제에 대한 확고부동한 자각(念
慧)이다.

② 염근은 마음챙김을 나타낸다. 한글 대장경에서는 기억으
로 번역되어 있으나 기억보다는 마음챙김이나 마음챙김, 주시가
실수행에 훨씬 가까운 뜻이다. 연속되는 마음챙김엔 기억이 내
포된다.

③ 정진근은 수행에서 번뇌를 제거하는 용맹스런 노력이다.
수행에서 게으름과 해태함을 물리친다. 신근이 강하면 정진근도
강하다. 정진근에는 네 가지 노력(正精進)이 있다.

④ 정근은 사념처 수행에서 염각과 정진각이 균형이 되어 현
재에 일어나는 현상에 밀착되어 지속되는 상태이다. 여기에는 사
선정이 있다.

⑤ 혜근은 정근과 항상 같이 일어난다. 깊은 정근에서 깊은 지
혜가 나온다. 혜근은 어리석음을 쳐부순다. 정견(正見)이 확립되
어 사성제를 실현하고 견성해탈을 실현한다.

5근은 특히 수행 상에서 매우 중요하므로 좀 더 구체적으로
설명하겠다.

5근(五根)을 계발하기 위한 아홉 가지 방법
① 바른 자세를 가질 것 : 몸과 마음의 현상을 통하여 삼법인

166

을 깨닫고 생사해탈의 지혜를 얻어 일체 중생을 제도하겠다는 대원력을 가질 것.

② 마음챙김법 수련으로 삼세제불이 열반을 성취했다는 사실을 반조하고 법에 대한 존경심을 가지고 정성을 다하여 간절하고 진지하게 최선을 다하여 관념(paññatty)이 아닌 지금, 여기의 실제현상(paramattha)을 관찰한다. 진보가 없으면 노력을 하지 않았다는 증거이다.

③ 몸과 마음에서 일어나는 현상은 무엇이든 놓치지 말고 빈틈없이 24시간 계속 관찰하라. 삿띠(마음챙김, sati)라는 말은 보통상태의 마음 챙김이 아니고 계속적이고, 지속적이고 끊임없는 상태이다. 이렇게 될 때 깊은 삼매에 들어가서 깨달음(智慧)을 성취한다.

④ 적절한 환경을 만들어라. 기후·음식·거주처 등이 중요하다. 그러나 가장 중요한 것은 마음챙김의 유지이다. 어떠한 나쁜 환경이나 고통도 친구가 되도록 전심전력으로 마음챙김하라. 고통이 심할 때도 마음챙김력이 강해지면 그의 자신과 몸의 상태를 잊어버리고 관찰하는 마음과 고통만 남게 된다. 이때 고통을 자신과 일치시키지 않게 되고 더 이상 고통으로써 존재하지 않고 수행의 도반이 된다. 그러므로 어떠한 상태도 열반으로 가는 길이 될 수 있다.

⑤ 삼매를 얻는 데 어떤 방법이 유용했는지, 자기한테 효과 있었던 기법을 기억했다가 이용하라.

⑥ 7각지를 계발하라.(7각지편 참조)

⑦ 몸과 목숨에 대한 두려움을 떨쳐버려라. 법을 위하여 목숨

을 바쳐라.(爲法忘軀) 이 수행을 하다가 죽은 자는 없다. 몸이나 건강에 집착하여 관찰이 중단되면 삼매가 일어나지 않고, 삼매가 없으면 깊은 지혜가 오지 않는다. 최선을 다하여 용맹스럽게 쉬지 말고 빈틈없이 온종일 수련하라.

⑧ 정신적·육체적 고통이 있을 때 더 한층 노력하라. 고통이 깊은 삼매와 열반으로 인도한다.

⑨ 목표를 향해 가다가 중도에 포기하지 말아라. 탐·진·치를 제거한 구경열반에 이를 때까지 마음챙김을 중단하지 말아라. 영원한 해탈을 위하여 현재의 유혹을 희생시키고 간절한 염원을 가지고 정진에 정진을 거듭하라. 인생은 짧고, 깨달음은 영원하다.

그리고 5근의 균형적인 계발이 중요하다.

– 신심이 지혜보다 강하면 경솔하여 무슨 이론이나 쉽게 믿는다.

– 분석적 지해(知解, 이론)가 신심보다 강하면 지나치게 수행상의 경험을 분석하게 되어 직관적 지혜발전에 장애가 된다.

– 노력이 삼매보다 강하면 불안정하고 혼란되기 쉽다.

– 삼매가 노력보다 강하면 혼침, 무기에 빠지므로 표적 관찰이나 경행으로 치료해야 한다.

이러한 모든 것을 알아차림인 마음챙김으로 조절한다. 보다 중요한 것은 마음챙김과 노력(정진력)이다. 경행은 노력의 요소가 강하고 좌선은 선정의 요소가 강하다. 균형을 잘 이루는 것이 수행의 요체이다.

이것은 네 마리의 말이 수레를 끌고 달리는 것에 비유된다. 네 마리의 말은 신심·지혜·선정·노력이다. 그리고 마부는 알아차림인 마음챙김이다. 알아차림으로 네 마리의 말을 서로서로 조절하여 균형을 이루면서 달릴 때 목적지까지 힘차게 순일하게 나아간다. 이것이 수행의 비결이다.

5근은 해탈로 가는 길

이와 같이 나는 들었다.

어느 때 부처님께서는 슈라바스티 국 제따와나(숲), 외로운 이 돕는 동산에 계시면서 여러 비구들에게 말씀하셨다.

"오근(五根)으로 참다이 관찰하는 사람은 모든 번뇌를 일으키지 않고 마음이 욕심을 떠나 해탈을 얻는다. 이것을 아라한이라 한다. 그는 모든 번뇌가 이미 다 하고 할 일을 이미 마치고 온갖 무거운 짐을 떠나 자기 이익을 얻고 모든 결박을 끊고 바른 지혜로 잘 해탈한다."

부처님께서 이 경을 말씀하시자 여러 비구들은 부처님 말씀을 듣고 기뻐하며 받들어 행하였다.

- 잡아함경 26권 아라한경 -

5근으로 아뇩다라삼먁삼보리 이룸

이와 같이 나는 들었다.

어느 때 부처님께서는 슈라바스티국 제따와나, 외로운 이 돕는 동산에 계시면서 여러 비구들에게 말씀하셨다.

"비구들이여, 만일 내가 이 믿음의 감각기관, 믿음의 감각기관의 집기, 믿음의 감각기관의 멸함, 믿음의 감각기관의 멸함에 이르는 길을 참다이 알지 못하였다면 내가 모든 하늘·악마·범천·사문·바라문들 가운데서 뛰어나 마음이 뒤바뀜을 떠나지 못하였을 것이요, 또한 아뇩다라삼먁삼보리를 이루지 못하였을 것이다. 믿음의 감각기관에서와 같이 정진의 감각기관·정념(마음챙김)의 감각기관, 선정의 감각기관, 바른 지혜의 감각기관에 있어서도 또한 그렇다.

비구들이여, 나는 이 믿음의 감각기관을 바른 지혜로 참다이 관찰하고 믿음의 감각기관의 집기, 믿음의 감각기관을 멸함, 믿음의 감각 기관의 멸함에 이르는 길을 바른 지혜로 참다이 관찰하였으므로, 모든 하늘·악마·범천·사문·바라문들 가운데서 뛰어났고 마음이 뒤바뀜을 떠나 아뇩다라삼먁삼보리를 이루었다. 믿음의 감각기관에서와 같이 정진의 감각기관, 마음챙김의 감각기관, 선정의 감각기관, 지혜의 감각기관에 있어서도 또한 그렇다."

부처님께서 이렇게 말씀하시자 , 여러 비구들은 부처님 말씀을 듣고 기뻐하며 받들어 행하였다.

- 잡아함경 26 -

5력(五力)

5력은 5근과 같은 역할을 하지만 힘이 강하다.

① 신력(信力, saddhā bala) : 수행에 대한 믿음과 이 수행으로 열반을 성취할 수 있다는 확신을 갖게 된다.

② 마음챙김의 힘(念力, sati-bala) : 마음챙김이 과거·미래가 아닌 일어나고 있는 현 당처에 밀착되어 있어서 망상이 들어올 틈을 주지 않는다.

③ 정진력(精進力, viriya bala) : 정진의 힘을 얻은 마음은 더

욱 더 예리하게 되어 번뇌를 물리친다. 마음은 방황하지 않고 5장애가 일어나지 않게 된다.

④선정의 힘(定力, samādhi bala) : 마음의 집중력이 강하여 몸과 마음의 현 당처를 성성적적(惺惺寂寂)하게 보게 된다.

⑤지혜의 힘(慧力, paññā bala) : 지혜가 날카롭게 되어 자아(自我)에 대한 사견(邪見)에서 벗어나 올바른 견해(正見)를 갖게 된다.

[존재의 해탈을 위한 5력]

이와 같이 나는 들었다. 한때 세존께서는 사왓띠의 제따와나에 있는 아나타삔디까 승원에 계셨다.

그때 세존께서 '수행승들이여'라고 수행승들을 부르셨다. 수행승들은 '세존이시여'라고 세존께 대답했다. 세존께서는 이와 같이 말씀하셨다.

"수행승들이여, 세 가지 존재가 있다. 어떠한 것이 세 가지인가? 나는 감각적 쾌락의 존재, 형상의 존재, 무형상의 존재가 있다. 수행승들이여, 이러한 것이 세 가지 존재이다. 수행승들이여, 이러한 세 가지 존재를 잘 알고 완전히 알고 완전히 소멸하고 버리기 위해 다섯 가지 힘을 닦아야 한다. 수행승들이여, 다섯 가지 힘이란 어떠한 것인가?

수행승들이여, 이 세상에 수행승은 멀리 떠남에 의존하고 사라짐에 의존하고 소멸함에 의존하고 보내버림으로 열반으로 회향하는 믿음의 힘을 닦고, 멀리 떠남에 의존하고 사라짐에 의존하고 소멸함에 의존하고 보내버림으로 열반으로 회향하는 정진의 힘을 닦고, 멀리 떠남에 의존하고 사라짐에 의존하고 소멸함에 의존하고 보내버림으로 열반으로 회향하는 마음챙김의 힘을 닦고, 멀리 떠남에 의존하고 사라짐에 의존하고 소멸함에 의존하고 보내버림으로 열반으로 회향하는 집중의 힘을 닦고, 멀리 떠남에 의존하고 사라짐에 의존하고 소멸함에 의존하고 보내버림으로 열반으로 회향하는 지혜의 힘을 닦는다.

수행승들이여, 이와 같이 세 가지 존재를 잘 알고 완전히 알고 완전히 소멸하고 버리기 위해 다섯 가지 힘을 닦아야 한다."

- 쌍윳따니까야 10권 38 -

[괴로움을 소멸시키는 5력]

이와 같이 나는 들었다. 한때 세존께서 사왓띠의 제따와나에 있는 아나타삔디까 승원에 계셨다.

그때 세존께서 '수행승들이여'라고 수행승들을 부르셨다. 수행승들은 '세존이시여'라고 세존께 대답했다. 세존께서는 이와 같이 말씀하셨다.

"수행승들이여, 세 가지 괴로움이 있다. 어떠한 것이 세 가지인가? 나는 고통의 괴로움, 형성의 괴로움, 변화의 괴로움이 있다. 수행승들이여, 이러한 것이 세 가지 괴로움이다. 수행승들이여, 이러한 세 가지 괴로움을 잘 알고 완전히 알고 완전히 소멸하고 버리기 위해 다섯 가지 힘을 닦아야한다. 수행승들이여, 다섯 가지 힘이란 어떠한 것인가?

수행승들이여, 이 세상에 수행승은 멀리 떠남에 의존하고 사라짐에 의존하고 소멸함에 의존하고 보내버림으로 열반으로 회향하는 믿음의 힘을 닦고, 멀리 떠남에 의존하고 사라짐에 의존하고 소멸함에 의존하고 보내버림으로 열반으로 회향하는 정진의 힘을 닦고, 멀리 떠남에 의존하고 사라짐에 의존하고 소멸함에 의존하고 보내버림으로 열반으로 회향하는 새김의 힘을 닦고, 멀리 떠남에 의존하고 사라짐에 의존하고 소멸함에 의존하고 보내버림으로 열반으로 회향하는 집중의 힘을 닦고, 멀리 떠남에 의존하고 사라짐에 의존하고 소멸함에 의존하고 보내버림으로 열반으로 회향하는 지혜의 힘을 닦는다.

수행승들이여, 이와 같이 세 가지 괴로움을 잘 알고 완전히 알고 완전히 소멸하고 버리기 위해 다섯 가지 힘을 닦아야 한다."

[황무지]

이와 같이 나는 들었다. 한때 세존께서 사왓띠의 제따와나에 있는 아나타삔디까 승원에 계셨다.

그때 세존께서 '수행승들이여'라고 수행승들을 부르셨다. 수행승들은 '세존이시여'라고 세존께 대답했다. 세존께서는 이와 같이 말씀하셨다.

"수행승들이여, 세 가지 황무지가 있다. 어떠한 것이 세 가지인가? 탐욕의 황무지, 성냄의 황무지, 어리석음의 황무지가 있다. 수행승들이여, 이러한 것이 세 가지 황무지이다. 수행승들이여, 이러한 세 가지 황무지를 잘 알고 완전히 알고 완전히 소멸하고 버리기 위해 다섯 가지 힘을 닦아야 한다. 수행승들이여, 다섯 가지 힘이란 어떠한 것인가?

수행승들이여, 이 세상에 수행승은 멀리 떠남에 의존하고 사라

짐에 의존하고 소멸함에 의존하고 보내버림으로 열반으로 회향
하는 믿음의 힘을 닦고, 멀리 떠남에 의존하고 사라짐에 의존하
고 소멸함에 의존하고 보내버림으로 열반으로 회향하는 정진의
힘을 닦고, 멀리 떠남에 의존하고 사라짐에 의존하고 소멸함에
의존하고… 소멸하고 버리기 위해 다섯 가지 힘을 닦아야 한다.
- 쌍윳따니까야 10권 39/40 -

7각지(七覺支)

① 염각지(念覺支, sati-sambojjhaṅga) : 몸(身)·느낌(受)·마
음(心)·법(法)의 네 곳에서 일어나 현 당처에 집중하여 실제의 모
습을 깨닫는 것을 말한다.

② 법의 선택지(擇法支, dhamma vicaya sambojjhaṅga) : 몸
과 마음을 관찰하여 삼법인(三法印)과 연기를 깨닫는다.

③ 정진각지(精進覺支, viriya-sambojjhaṅga) : 법을 위하여
몸을 바친다(爲法忘軀)는 말이 있다. 영웅적인 불퇴전(不退轉)의
용맹스런 정진력을 발휘하여 기필코 영원한 자유인 견성해탈을
성취하게 되는 것이다.

④ 희각지(喜覺支 pīti-sambojjhaṅga) : 수행이 점차적으로
진보됨에 따라 세상의 어떤 기쁨과도 비교될 수 없는 법열(法悅)
이 일어난다. 여기에 집착하면 환희마(歡喜魔)가 된다.

⑤ 경안각지(輕安覺支, passadhi sambojjhaṅga) : 몸과 마음
에서 긴장·불안·초조가 사라지고 몸이 가벼워지고 마음은 더욱
더 맑아지고 적적해진다.

⑥ 정각지(定覺支, samādhi sambojjhaṅga) : 마음챙김이 현

당처에 밀착되어 지속됨으로써 일어나는 일념의 상태이다. 이때는 일체의 망념없이 순수한 일념이 된 평온한 상태이다.

⑦ 평등각지(平等覺支, 捨, upekkhā-saṁbojjhaṅga) : 순경계, 역경계, 오욕(五欲) 팔풍(八風)에 휘말리지 않고 초연하게 세상의 슬픔과 괴로움에 휘말리지 않은 평정한 상태이다.

7각지 계발을 위한 실례-배의 관찰 경우

아랫배의 일어남, 사라짐을 지속적으로 관찰한다.

- 일어나고 사라짐이 빨라지면서 순일해지고 예리하게 된다.
- 삿띠가 현상을 파고 들고 이를 반야로 알아챔.
- 더욱 집중하여 전심전력, 일념으로 알아차려 나간다.
- 어떠한 현상도 놓치지 않고 정확하고 밀밀하게 관찰한다.
- 염각(念覺, mindfulness)이 예리하고 섬세해진다.
- 마음과 몸에서 인과, 연기, 삼법인(무상·고·무아)을 본다(法의 選擇이 일어남).
- 계속 노력하여 미세한 현상도 놓치지 않는다. 네 가지 노력(精進覺)으로 빈틈없이 알아차림으로써 더욱더 향상된다.
- 번뇌가 들어올 틈을 주지 않고 계속 밀밀성성(密密惺惺)하게 관찰한다.
- 마음이 청정해지고 고요해지면서 희각(喜覺)이 일어난다.(환희가 몸에 충만하고, 몸이 공중에 뜨는 것 같고 눈감으면 뜨고 싶지 않고, 고통도 없고… 등)
- 더욱 관찰해 나가면 경쾌안각(輕快安覺)이 일어난다. 이때 마음은 평화롭고 고요하다. 불안의 초조가 없어지고 신심이 경쾌

하고 관찰은 더욱 예리해지고 맑아진다.

 - 더한층 지속적으로 노력하면 정각(定覺)이 일어난다. 번뇌·망상이 차단되고 겨냥의 힘(aiming power)이 강해진다. 수행시간이 금방금방 지나간다. 외부의 방해없이 성성적적(惺惺寂寂)한 일념이 지속된다.

 - 5근(五根)의 균형이 이루어지며 지혜가 나고 평등각(平等覺)이 이루어진다. 모든 현상, 슬픔과 기쁨, 역경계, 순경계, 오욕, 팔풍에 흔들리지 않고 초연한 마음을 유지한다. 백 퍼센트 완전한 평등각은 해탈자만이 누린다고 한다. 부처님께서는 말씀하셨다.
"마음챙김의 지속적인 반복에 의해서 7각지 분은 완성된다."
물방울이 바위를 뚫듯이 중단하지 말고 계속 노력할 따름이다.

7각지를 돕는 요인

(1) 염각지(念覺支)

① 분명한 앎(Sampajañña, clear comprehension)을 가진 마음챙김이어야 한다.

② 혼란한 마음을 가진 사람과 사귀지 말아야 한다.

③ 마음챙김을 훌륭하게 수행하고 있는 사람과 도반이 되어야 한다.

④ 무엇을 하든 일체처(一切處)·일체시(一切時)에 마음챙김되어 있어야 한다.

(2) 법의 선택지(擇法支)

① 부처님의 가르침, 5온 18계(6근, 6경, 6식)·12연기·사성제

등에 관해서 이해해야 한다.

② 몸과 마음을 정결하게 해야 한다.

③ 5근(五根)을 균형있게 계발해야 한다.

④ 어리석은 사람과 사귀지 말아야 한다.

⑤ 현명한 사람과 도반이 되어야 한다.

⑥ 법에 대해 질문하고 이해한 것을 되새겨서 간직한다.

⑦ 무엇을 하든 일체처·일체시에 지혜를 향상하기 위한 마음의 준비가 되어 있어야 한다.

(3) 정진각지(精進覺支)

① 게을러서 수행을 하지 않으면 삼악도와 같은 비참한 곳에 태어나는 것을 상기해 보아라.

② 수행으로써 얻어지는 영원한 해탈과 같은 결과를 반조해 보아라. "이 길은 삼세제불·벽지불·위대한 성자 등이 걸어가는 길이다. 게으른 사람은 결코 갈 수 없다."

③ 공양에 대한 시주의 은혜와 책임 의식을 가져야 한다.

④ 부처님의 위대함을 항상 반조하고 기억할 것.

⑤ 부처님의 위대한 유산에 대해서 반조할 것. "불법이라고 불리우는 위대한 유산은 나에 의해서 성취되는 것이지 결코 게으르고 방일한 사람에 의해 접근될 수 없는 것이다."

⑥ 밝은 빛으로 옮기든가, 자세를 바꾸든가, 공기를 환기시키든가 등의 방법에 의해 혼침과 무기를 극복하여라.(졸음 극복편 참조)

⑦ 부처님의 성스런 법맥을 잇는다고 명심하라. 그리고 많은

사람들의 존경을 받고 있는 것을 상기하라.

⑧ 부처님의 위대한 제자들, 사리풋타·목갈라나·마하 까싸빠 등의 깨달음을 자신의 마음에 비추고 자신도 그렇게 할 수 있다고 확신한다.

⑨ 게으름 피우고 산만한 사람을 멀리 한다.

⑩ 용맹스럽게 정진하는 수행인을 도반으로 한다.

⑪ 올바른 정진을 항상 반조해야 한다.

⑫ 무엇을 하든 일체처·일체시에 정진각이 있어야 한다.

(4) 희각지(喜覺支)

① 불·법·승 삼보의 성스러움을 반조한다.

② 계를 철저히 호지한다.

③ 자비관을 한다.

④ 천상의 선업을 반조한다.

⑤ 번뇌가 없는 청정심을 반조한다.

⑥ 산만하고 게으른 사람을 멀리한다.

⑦ 마음이 청정한 사람을 사귄다.

⑧ 마음에 용기를 주는 경우를 생각한다.

⑨ 무엇을 하든 일체처·일체시에 희각이 있도록 하라.

(5) 경쾌안각지(輕快安覺支)

① 알맞은 음식을 절제해 가면서 취한다.

② 수행에 알맞은 기후에서 거주한다.

③ 수행에 알맞은 자세를 취한다.

④ 양극단을 피한 중도를 취한다.

⑤ 불안정한 사람을 멀리 한다.

⑥ 안정된 사람을 사귄다.

⑦ 무엇을 하든 일체처·일체시에 경쾌안각이 유지되도록 노력한다.

(6) 정각지(定覺支)

① 몸과 마음을 정결하게 한다.

② 선정을 일으키는 방법에 숙달한다.

③ 5근을 균형시킨다.

④ 가끔씩 마음을 재점검하며 분발시킨다.

⑤ 무기력한 마음을 신심과 무상의 절박함으로 독려한다.

⑥ 부처님의 공덕 등을 상기함으로써 스스로를 경책한다.

⑦ 모든 경계에서 올바르게 평등심을 가지고 수행해 나간다.

⑧ 집중되어 있지 않은 사람은 멀리 한다.

⑨ 선정력과 해탈을 반조해 본다.

⑩ 무엇을 하든 일체처·일체시에 선정을 유지한다.

(7) 평등각지(平等覺支)

① 일체 중생들에게 평등심을 가진다.

② 일체 무정물에 대해서 평등심을 가진다.

③ 이기적인 사람이나 편견을 가진 사람을 멀리한다.

④ 초연하고 평등심을 가진 사람을 사귄다.

⑤ 무엇을 하든 일체처·일체시에 평등심을 유지한다.

7각지와 5자애의 대치관계를 도표화 하면 다음과 같다.

7각지
각(念覺)
법의 선택(擇法)
정진각(精進覺)
희각(喜覺)
경쾌안각(輕快安覺)
정각(定覺)
평등각(平等覺)

5장애
감각적 욕망
회의(의심)
해태와 혼침(무기)
악의(성냄)
불안정(들뜸)

※ 7각지는 동시에 작용하면서 이와 같은 특징이 있다.

경전에 나타난 7각지 계발
사리풋타의 사자후

"부처님이시여, 과거·현재·미래에 스스로 완전히 정각(正覺)을 이루신 모든 부처님들은 마음을 오염시키고 지혜를 병들게 하는 5장애를 극복하시고 그분들의 마음가운데 확고부동한 사념처를 건립하시고 7각지를 정확하게 계발하시어 누구도 이르지 못한 최상의 깨달음을 얻으셨습니다."

- 장부경 열반경 -

부처님께서 가섭에게 강조하심

까샤파(가섭)여, 여기 일곱 가지 깨달음의 요인은 내가 잘 설명한 것이며 또한 내가 계발하고 자주 수행하였던 것이다. 그리고 그것은 완전한 지혜가 나게 하고 사성제의 진리와 열반을 성취하게 하는 것이다.

그 일곱은 무엇들인가?

까샤파여, 마음챙김(법의 선택·정 진각·회각·경쾌안각·정 각·평등각)은 깨달음의 요인으로 내가 계발하고 자주 수행하였던 것이다. 그리고 그것은 완전한 지혜를 나게 하고 사성제의 진리와 열반을 성취하게 하는 것이다.

까샤파여, 법의 선택은 깨달음의 요인으로….

- 깨달음 요인경 -

[강]

이와 같이 나는 들었다. 한때 세존께서 사왓띠의 제따와나에 있는 아나타삔디까 승원에 계셨다.

그때 세존께서 '수행승들이여'라고 수행승들을 부르셨다. 수행승들은 '세존이시여'라고 세존께 대답했다. 세존께서는 이와 같이 말씀하셨다.

"수행승들이여, 예를 들어 갠지스 강은 동쪽으로 향하고 동쪽으로 기울고 동쪽으로 임하는데 많은 사람들이 호미와 바구니를 가지고 와서 '우리는 이 갠지스 강을 서쪽으로 향하고 서쪽으로 기울고 서쪽으로 임하게 하겠다.'라고 한다면, 그것을 어떻게 생각하느냐? 그 많은 사람들이 갠지스 강을 서쪽으로 향하고 서쪽으로 기울고 서쪽으로 임하게 할 수 있는가?"

"세존이시여, 그렇지 않습니다."

"그것은 무슨 까닭인가?"

"세존이시여, 갠지스 강은 동쪽으로 향하고 동쪽으로 기울고 동쪽으로 임하는데, 단지 많은 사람을 피곤하게 곤혹하게 할 뿐, 서쪽으로 향하고 서쪽으로 기울고 서쪽으로 임하게 하는 것은 매우 어렵습니다."

"수행승들이여, 이와 같이 수행승이 일곱 가지 깨달음 고리를 닦고 일곱 가지 깨달음 고리를 익히면 그에게 왕이나 왕의 신하나 친지나 친척이 재물을 가지고 와서 이와 같이 '이 사람아 어찌 이런 가사가 그대를 괴롭힌단 말인가? 왜 삭발하고 발우를 들고 돌아다니는가? 오라. 세속의 생활로 돌아가서 재물을 즐기고 공덕을 쌓자.'라고 유혹한다고 하자. 수행승들이여, 수행승이 일곱 가지 깨달음 고리를 닦고 일곱 가지 깨달음 고리를 익히면 그가 배움을 버리고 세속으로 돌아간다는 것은 있을 수 없다. 그것은 무슨 까닭인가? 수행승들이여, 만약 마음이 오랜 세월 멀리 떠남으로 향하고 멀리 떠남으로 기울고 멀리 떠남으로 임하면 실로 세속으로 돌아간다는 것은 있을 수 없다….

- 쌍윳따니까야 9권 110 -

[자만]

이와 같이 나는 들었다. 한때 세존께서 사왓띠의 제따와나에 있는 아나타삔디까 승원에 계셨다.

그때 세존께서 '수행승들이여'라고 수행승들을 부르셨다. 수행승들은 '세존이시여'라고 세존께 대답했다. 세존께서는 이와 같이 말씀하셨다.

182

"수행승들이여, 세 가지 자만이 있다. 어떠한 것이 세 가지인 가? 나는 우월하다는 자만, 나는 동등하다는 자만, 나는 저열하 다는 자만이 있다. 수행승들이여, 이러한 것이 세 가지 자만이다. 수행승들이여, 이러한 세 가지 자만을 잘 알고 충분히 알고 완전 히 소멸하고 버리기 위해 일곱 가지 깨달음 고리를 닦아야 한다. 수행승들이여, 일곱 가지 깨달음 고리란 어떠한 것인가?

수행승들이여, 이 세상에 수행승들은 멀리 떠남에 의존하고 사 라짐에 의존하고 소멸함에 의존하고 보내버림으로 열반으로 회 향하는 마음챙김의 깨달음 고리를 닦고, 멀리 떠남에 의존하고 사라짐에 의존하고 소멸함에 의존하고 보내버림으로 열반으로 회향하는 법의 선택의 깨달음 고리를 닦고…,

수행승들이여, 이와 같이 세 가지 자만을 잘 알고 충분히 알고 완전히 소멸하고 버리기 위해 일곱 가지 깨달음 고리를 닦아야 한다."

[번뇌]

이와 같이 나는 들었다. 한때 세존께서 사왓띠의 제따와나에 있는 아나타삔디까 승원에 계셨다.

그때 세존께서 '수행승들이여'라고 수행승들을 부르셨다. 수행 승들은 '세존이시여'라고 세존께 대답했다. 세존께서는 이와 같이 말씀하셨다.

"수행승들이여, 세 가지 번뇌가 있다. 어떠한 것이 세 가지인 가? 감각적 쾌락의 번뇌, 존재의 번뇌, 무지의 번뇌가 있다. 수행 승들이여, 이러한 것이 세 가지 번뇌이다. 수행승들이여, 이러한 세 가지 번뇌를 잘 알고 충분히 알고 완전히 소멸하고 버리기 위해 일곱 가지 깨달음 고리를 닦아야 한다. 수행승들이여, 일곱 가지 깨달음 고리란 어떠한 것인가?

수행승들이여, 이 세상에 수행승은 멀리 떠남에 의존하고 사라짐에 의존하고 소멸함에 의존하고 보내버림으로 열반으로 회향하는 마음챙김의 깨달음 고리를 닦고, 멀리 떠남에 의존하고 사라짐에 의존하고 소멸함에 의존하고 보내버림으로 열반으로 회향하는 법의 선택의 깨달음 고리를 닦고…,

- 쌍윳따니까야 9권 113 -

8정도(八正道)

8정도는 너무나 유명한 것이다. I부의 초전법륜, 부처님께서 마지막 제자인 수밧티에게 하는 설법, III부의 대념처경 등 여러 부분에 나타나 있고 실수행 부분에서도 나타나 있다. 실수행 부분에서 자세히 설명되어 있으므로 여기에서는 경전상의 다른 부분에 있는 몇 구절을 소개한다.

[까끄라기]

이와 같이 나는 들었다. 한때 세존께서 사왓띠의 제따와나에 있는 아나타삔디까 승원에 계셨다. 그때 세존께서 '수행승들이여'라고 수행승들을 부르셨다. 수행승들은 '세존이시여'라고 세존께 대답했다. 세존께서는 이와 같이 말씀하셨다.

"수행승들이여, 여덟 가지의 성스러운 길을 설하고 분별해 보이겠다. 잘 듣고 숙고하라. 내가 말할 것이다.

"세존이시여, 알겠습니다."

그들 수행승들이 세존께 대답하자, 세존께서는 이와 같이 말씀하셨다.

"수행승들이여, 예를 들어 벼의 까끄라기나 보리의 까끄라기가 잘못 세워지면 손이나 발에 닿아 손이나 발을 자르고 피를 흘리게 할 것인가? 결코 그렇지 않다. 그것은 무슨 까닭인가? 수행승들이여, 까끄라기가 잘못 세워졌기 때문이다. 수행승들이여, 이와 마찬가지로 수행승이 견해를 잘못 세우고 도를 잘못 닦으면 무명을 뚫고 지혜를 일으켜서 열반을 실현시킬 것인가? 결코 그럴 수 없다. 그것은 무슨 까닭인가? 견해가 잘못 세워졌기 때문이다.

수행승들이여, 예를 들어 벼의 까끄라기나 보리의 까끄라기가 올바로 날이 서서 손이나 발에 닿으면 손이나 발을 자르고 피를 흘리게 할 것인가? 그럴 것이다. 그것은 무슨 까닭인가? 수행승들이여, 까끄라기가 올바로 날이 섰기 때문이다. 수행승들이여, 이와 마찬가지로 수행승이 견해를 올바로 세우고 도를 올바로 닦으면 무명을 뚫고 지혜를 일으켜서 열반을 실현시킬 것인가? 그럴 것이다. 그것은 무슨 까닭인가? 견해가 올바로 세워졌기 때문이다.

수행승들이여, 어떻게 수행승이 견해를 올바로 세우고 도를 올바로 닦으면 무명을 뚫고 지혜를 일으켜서 열반을 실현시킬 것인가? 수행승들이여, 이 세상에 수행승이 멀리 떠남에 의존하고 사라짐에 의존하고 소멸함에 의존하고 보내버림으로 열반으로 회향하는 올바른 견해를 닦고, 멀리 떠남에 의존하고 사라짐에 의존하고 소멸함에 의존하고 ˙보내버림으로 열반으로 회향하는 올바른 사유를 닦고, 멀리 떠남에 의존하고 사라짐에 의존하고 소멸함에 의존하고 보내버림으로 열반으로 회향하는 올바른 언어를 닦고, 멀리 떠남에 의존하고 사라짐에 의존하고 소멸함에 의존하고 보내버림으로 열반으로 회향하는 올바른 행위를 닦고, 멀리 떠남에 의존하고 사라짐에 의존하고 소멸함에 의존하고 보내버림으로 열반으로 회향하는 올바른 생활을 닦고, 멀리 떠남에 의존하고 사라짐에 의존하고 소멸함에 의존하고 보내버림으로 열반으로 회향하는 올바른 정진을 닦고, 멀리 떠남에 의존하고 사라짐에 의존하고 소멸함에 의존하고 보내버림으로 열반으로 회향하는 올바른 마음챙김을 닦고, 멀리 떠남에 의존하고 사라짐에 의존하고 소멸함에 의존하고 보내버림으로 열반으로 회향하는 올바른 집중을 닦는다. 수행승들이여, 이와 같이 수행승이 견해를 올바로 방향지우고 도를 올바로 닦으면 무명을 뚫고 지혜를 일으켜서 열반을 실현시킨다."

[난디야]

이와 같이 나는 들었다. 한때 세존께서 사왓띠의 제따와나에 있는 아나타삔디까 승원에 계셨다.

이때에 유행자 난디야가 세존께서 계신 곳을 찾았다. 가까이 다가와서 세존께 인사를 드리고 안부를 나눈 뒤에 한쪽으로 물러앉았다.

한쪽으로 물러앉은 유행자 난디야는 세존께 이와 같이 말했다.

"세존이신 고따마여, 얼마나 많은 법을 닦고 익히면 열반을 목표로 하고 열반을 구경으로 하고 열반을 실현합니까?"

"난디야여, 여덟 가지의 법을 닦고 익히면, 열반을 목표로 하고 열반을 구경으로 하고 열반을 실현한다. 그 여덟 가지란 어떠한 것인가? 그것은 곧 올바른 견해, 올바른 사유, 올바른 언어, 올바른 행위, 올바른 생활, 올바른 정진, 올바른 마음챙김, 올바른 집중이다. 난디야여, 이러한 여덟 가지의 법을 닦고 익히면 열반을 목표로 하고 열반을 구경으로 하고 열반을 실현한다."

이처럼 말씀하시자 유행자 난디야는 세존께 이와 같이 말했다.

"세존이신 고따마여, 훌륭하십니다. 세존이신 고따마여, 훌륭하십니다. 마치 넘어진 것을 일으켜 세우듯이 가려진 것을 열어 보이듯이 어리석은 자에게 길을 가리켜주듯이 눈 있는 자는 형상을 보라고 어둠 속에 등불을 가져오듯이 세존께서는 이와 같이 여러 가지 방법으로 진리를 밝혀 주셨습니다. 세존이신 고따마여, 그러므로 이제 세존께 귀의합니다. 또한 그 가르침에 귀의합니다. 또한 그 수행승의 참 모임에 귀의합니다. 세존이신 고따마께서는 저를 재가의 신자로 받아주십시오. 오늘부터 목숨바쳐 귀의합니다.

[지냄]

이와 같이 나는 들었다. 한때 세존께서 사왓띠의 제따와나에 있는 아나타삔디까 승원에 계셨다. 그때 세존께서 '수행승들이여'라고 수행승들을 부르셨다. 수행승들은 '세존이시여'라고 세존께 대답했다. 세존께서는 이와 같이 말씀하셨다.

"수행승들이여, 나는 보름 동안 홀로 지내며 명상하고자 한다. 한 사람이 발우에 음식을 가져다 주는 것을 제외하고는 아무도 이곳에 접근해서는 안 된다."

"세존이시여, 그렇게 하겠습니다."

그들 수행승들은 세존께 대답하고 한 사람이 발우에 음식을 가져다 드리는 것을 제외하고는 아무도 그 곳에 접근하지 않았다.

그 후 세존께서는 보름이 경과하여 홀로 머물며 명상하는 것에서 일어나 수행승들에게 알렸다.

"수행승들이여, 어떤 상태를 통해 처음 완전한 깨달음을 얻었던 그러한 상태를 부분적으로 체험했다.

그래서 잘못된 견해를 조건으로 체험되는 것과 잘못된 견해의 그침을 조건으로 체험되는 것에 대해 알게 되었고 올바른 견해를 조건으로 체험되는 것과 올바른 견해의 그침을 조건으로 체험되는 것에 대해서도 알게 되었다.

잘못된 사유를 조건으로 체험되는 것과 잘못된 사유의 그침을 조건으로 체험되는 것에 대해 알게 되었고 올바른 사유를 조건으로 체험되는 것과 올바른 사유의 그침을 조건으로 체험되는 것에 대해서도 알게 되었다.

잘못된 언어를 조건으로 체험되는 것과 잘못된 언어의 그침을 조건으로 체험되는 것에 대해 알게 되었고 올바른 언어를 조건으로 체험되는 것과 올바른 언어의 그침을 조건으로 체험되는 것에 대해서도 알게 되었다. 잘못된 행위를 조건으로 체험되는 것과 잘못된 행위의 그침을 조건으로 체험되는 것에 대해 알게 되었고 올바른 행위를 조건으로 체험되는 것과 올바른 행위의 그침을 조건으로 체험되는 것에 대해서도 알게 되었다.

잘못된 생활을 조건으로 체험되는 것과 잘못된 생활의 그침을 조건으로 체험되는 것에 대해 알게 되었고 올바른 생활을 조건으로 체험되는 것과 올바른 생활의 그침을 조건으로 체험되는 것에 대해서도 알게 되었다.

잘못된 정진을 조건으로 체험되는 것과 잘못된 정진의 그침을 조건으로 체험되는 것에 대해 알게 되었고 올바른 정진을 조건으로 체험되는 것과 올바른 정진의 그침을 조건으로 체험되는 것에 대해서도 알게 되었다.

잘못된 마음챙김을 조건으로 체험되는 것과 잘못된 마음챙김의 그침을 조건으로 체험되는 것에 대해 알게 되었고 올바른 마음챙김을 조건으로 체험되는 것과 올바른 마음챙김의 그침을 조건으로 체험되는 것에 대해서도 알게 되었다.

잘못된 집중을 조건으로 체험되는 것과 잘못된 집중의 그침을 조건으로 체험되는 것에 대해 알게 되었고 올바른 집중을 조건으로 체험되는 것과 올바른 집중의 그침을 조건으로 체험되는 것에 대해서도 알게 되었다.

나는 욕망을 조건으로 체험되는 것과 욕망의 그침을 조건으로 체험되는 것에 대해 알게 되었다. 나는 사려를 조건으로 체험되는 것과 사려의 그침을 조건으로 체험되는 것에 대해 알게 되었다. 나는 지각을 조건으로 체험되는 것과 지각의 그침을 조건으로 체험되는 것에 대해 알게 되었다.

욕망이 그치지 않고 사려가 그치지 않고 지각이 그치지 않으면 그것을 조건으로 체험되는 것이 있다. 욕망은 그쳤으나 사려가 그치지 않고 지각이 그치지 않으면 그것을 조건으로 체험되는 것이 있다. 욕망이 그치고 사려가 그쳤으나 지각이 그치지 않으면 그것을 조건으로 체험되는 것이 있다. 욕망이 그치고 사려가 그치고 지각이 그치면 그것을 조건으로 체험되는 것이 있다.

성취하지 못한 것을 성취하기 위해 노력이 있고 그 경지를 체득하면 그것을 조건으로 체험되는 것이 있다.”

[도피안]

이와 같이 나는 들었다. 한때 세존께서 사왓띠의 제따와나에 있는 아나타삔디까 승원에 계셨다.

그때 세존께서 ‘수행승들이여’라고 수행승들을 부르셨다. 수행승들은 ‘세존이시여’라고 세존께 대답했다. 세존께서는 이와 같이 말씀하셨다.

“수행승들이여, 여덟 가지의 법을 닦고 익히면 이 언덕에서 저 언덕으로 이끌어진다. 여덟 가지란 어떠한 것인가? 그것은 곧 올바른 견해, 올바른 사유, 올바른 언어, 올바른 행위, 올바른 생활, 올바른 정진, 올바른 새김, 올바른 집중이다. 수행승들이여, 수행승들이여, 이러한 여덟 가지의 법을 닦고 익히면 이 언덕에서 저 언덕으로 이끌어진다.”

세존께서는 이와 같이 말씀하셨다. 이처럼 말씀하시고 올바른 길로 잘 가신 님께서는 스승으로서 이와 같이 시로써 말씀하셨다.

“저 언덕에 도달한 사람들
그 사람들 가운데 매우 적다.

190

그러니 다른 사람들은
이 언덕에서 매우 분주하네.

진실로 바르게 설해진 가르침을
법답게 따른다면
그 사람들은 피안에 도달하리
뛰어넘기 힘든 죽음의 왕국을 건너

집에서 집 없는 곳으로 가서
환락이 없이 홀로 명상하면서
어두운 법을 버리고
슬기로운 자 밝은 법을 닦네.

감각적 쾌락에는 아무 것도 두지 않는
그 곳에서 기쁨을 구한다면
슬기로운 자 마음의 번뇌에서
자신을 청정하게 하리라.

깨달음의 고리 가운데
마음을 올바로 잘 닦으면
집착을 버리고 집착없이 기뻐한다면
번뇌가 소멸한 님들
이 세상에서 완전히 열반에 드네.

- 쌍윳따니까야 9권 34 -

불법수행의 핵심은 8정도이다. 8정도 중 실제 수행에 필요한 부분을 구체적으로 살펴보겠다.

3. 올바른 견해(正見)

8정도 중 정견은 제일 첫 번째로 온다. 부처님 당시에는 부처님 말씀에 의해 언하(言下)에 대오(大悟)하는 수행자가 많았다. 정견이 이심전심(以心傳心)으로 하얀 천에 물감을 그대로 물들이듯이 깨달음이 전이되는 경우를 많이 볼 수 있다. 부처님 말씀을 들으면서 자신의 몸과 마음을 자연스럽게 표적 관찰하여 바로 그 자리에서 무상·고·무아를 보아 해탈해 버린다.

정견에는 두 가지가 있다고 본다. 즉, 완전히 구경각(究竟覺)을 얻은 정견(通覺, 本覺)이 있고 체험적으로 완전히 깨닫기 전에 부처님의 말씀을 반야로 이해하여 사념처를 실천하여 약간의 깨달음을 얻은 정견(隨覺, 始覺)도 있다.

5근(五根), 5력(五力) 중의 신심은 후자쪽에 포함된다고 볼 수 있다. 위빠싸나 수행을 실천하는 사람은 우선 불법에 대한 올바른 견해를 확고하게 세우고 여기에서 오는 확신으로 수행을 시작하면 간절하고 용맹스러운 정진력(正精進)이 쉽게 일어난다. 실제로 이 정진의 힘으로 체험하면서 정견을 확인해 나갈 때 수행법, 불·법·승 그리고 수행의 결과에 대한 확신이 체험으로 증명되는 것이다.

이러한 확신이 잠재의식 속에 쌓여감에 따라 번뇌를 키우는 숨은 동기인 집착·분별심을 근원적으로 다스려 나간다. 따라서 더 한층 분발심이 일어나게 되고 마음챙김(正念)은 더욱더 예리하게 관찰 대상에 파고들어 번뇌망상이 들어설 자리를 허용하지 않게 되어 확고부동한 선정(正定)이 자리잡는다. 이러한 수행의 체험으로 확인된 정견(正見)이 서게 되고 그리하여 올바른 생각(正思), 올바른 말(正語), 올바른 행(正業), 올바른 직업(正命) 등이 서로 상호보완하면서 8정도를 향상시켜 열반을 실현하게 되는 것이다.

그러면 경전상에서 말하는 정견은 무엇인가? 경전에 나타난 정견은 주로 삼법인·중도·사제에 그 초점을 두고 있다. 다음에서 경전상의 정견을 살펴보기로 하겠다.

고(苦)[2]

"비구들이여! 올바른 견해란 고(苦)에 관해서 확실히 알고, 고

---

2) 고(苦)는 빨리어로 dukkha이다. duh(나쁜·어려운)와 kha(수레의 바퀴살)의 합성어로 Sukha, 즉 Su(좋은)와 kha(수레의 바퀴살)의 합성어인 즐거움, 행복의 반대 개념이다. '고'에는 ①일반적인 생·로·병·사·우·비·고·뇌 …등의 괴로움(苦苦性) ②변화, 즉 무상에 의한 괴로움(壞苦性) ③조건지워진 5온에의 집착에 의한 괴로움(行苦性)이 있다. 근본무명 그 자체가 조건지워져 있고 괴로움이다. 모르는 것이 있는 한, 불안정·들뜸(Uddhaccakukucca, restlessness)은 존재한다. 즉 삼법인의 철견에 의한 실상을 파악하지 못하는 한 근본적인 고인 불안정은 무명과 공존한다. '불안정'과 근본무명은 아라한과에서 제거된다. 그 전에 느끼는 즐거움에 의하여 근본적인 불안함을 잊는 것은 마치 상처난 딱지를 가려워서 긁는 것과 같다. 우선 시원하지만 안으로는 더 곪는다. ①의 '고고성'이나 ②의 '괴고성'은 쉽게 느껴진다. 이것에 가리워서 근본적인 고를 못 느끼는 것은 낮에 태양이 있으면 별빛을 볼 수 없는 것과 같다고 본다. 별이 없는 것은 아니다. 무명이 있는 한, 윤회가 있는 한 그 자체 내에 고는 항상 내재되어 있다. 마음챙김(正念)을 놓치는 순간 고는 증장한다. 줄기찬 마음챙김의 수련으로 고를 극복하는 수밖에 없다. 무명 역시 대상과 조건지워져 계속 생멸한다.

의 원인… 고의 멸…, 고의 멸에 이르는 길에 관해서 확실히 아는 것, 이를 일러 올바른 견해(正見)라 한다."

- 대념처경 -

"나는 오직 이것만을 가르친다.
괴로움(苦), 그리고 괴로움의 소멸을!"

- 증부경 22 -

괴로움은 반드시 어떤 것이 일어날 때에만 일어난다.
괴로움은 반드시 어떤 것이 소멸할 때에만 소멸한다.

- 상응부경 12, 15 -

무상한 것은 고(苦)이다

한때 부처님께서 사왓띠 교외에 있는 제타 숲 정사에서 있을 때 아난다가 부처님 앞으로 나와 말하였다.

"부처님이시여, 바라건대 저를 위해서 간략한 가르침을 내려 주십시오. 저는 그 가르침을 받들면서 당분간 홀로 조용한 곳에서 수행에 전념하고 싶습니다."

"아난다여, 그렇다면 그대는 어떻게 생각하느냐, 존재하는 것은 항상(恒常)인가 무상(無常)인가?"

"부처님이시여, 그것은 무상입니다."

"그러면 아난다야, 무상인 것은 고(苦)인가 낙(樂)인가?"

"부처님이시여, 그것은 고입니다."

"그러면 이 무상하여 고인 것을, 바로 내 것이며 내 몸이라고 할 수 있겠느냐?"

"부처님이시여, 그것은 내 몸이라 할 수 없습니다."

"아난다여, 그런고로 일체를 싫어하며 떠나라고 말하는 것이다. 일체를 싫어하며 떠나면 자유롭게 될 수가 있다."

부처님께서는 이같이 가르친 후 아난다를 내보내셨다.

- 상응부경 22, 15 -

무상(無常)

"비구들이여, 어떤 사람이 무상한 눈(그 외 다른 감각기관도 마찬가지)을 무상하다고 볼 때, 그는 바른 견해(正見)를 갖춘 것이다."

- 상응부경 155 -

"비구들이여, 모든 형성된 것들은 무상하다. 비구들이여, 모든 형성된 것들은 견고하지 않다. 비구들이여, 모든 형성된 것은 참된 안락을 주지 못한다. 그러니 비구들이여, 일체의 형성된 것들에 대해 몹시 싫증을 내어 그들로부터 완전히 벗어나야 한다.

- 증지부경 7, 62 -

무상의 눈물

한때 부처님께서 사왓띠 교외에 있는 제타 숲 정사에 있을 때 비구들에게 갑자기 이와 같이 말씀하셨다.

"비구들이여, 그대들은 이것을 어떻게 생각하는가? 4대양의 물을, 그대들이 길고 긴 전생 속에서 사랑하는 사람과 이별하면서 흘린 눈물과 비교하면 어느 쪽이 많겠는가?"

"부처님이시여, 저는 부처님께서 평소에 설하신 가르침에 의해 제가 길고 긴 전생 속에서 사랑하는 사람과 이별하면서 흘린 눈물의 양이 4대양의 물보다 비할 바 없이 많다고 이해하고 있습니다."

"그렇다, 비구들이여. 그렇다, 비구들이여. 그대들은 내가 설한 가르침을 그처럼 이해하였는가. 비구들이여, 우리들은 길고 긴 전생 속에서 수없이 많은 부모의 죽음을 겪었다. 그때마다 흘린 눈물의 양이 얼마나 되는지 알지 못한다. 또, 우리는 그 생애 속에서 셀 수도 없는 자식의 죽음을 겪었을 것이다. 그때 우리가 사랑하는 사람과 이별하면서 슬퍼하며 흘린 눈물은 생각컨대 4대양의 물과는 비교가 되지 않는다."

- 상응부경 15, 3 -

무아(無我)

"올바른 견해를 지닌 사람이 어떤 현상(法)을 자아로 본다는 것은 있을 수 없는 일이다."

- 중부경 115경 -

"비구들이여, 그대들의 것이 아닌 것을 버려라. 그것을 놓는 것이 그대들에게 이익과 행복을 가져다 줄 것이다. 그러면 그대들의 것이 아닌 것이란 무엇인가? 색·수·상·행·식 이것들이 그대들의 것이 아니므로 이것들을 그대들은 버려야 한다.

그것들을 놓는 것이 그대들에게 이익과 행복을 가져다 줄 것이다."3)

- 상응부경 22, 33 -

---

3) 잡아함경 1권 24, 30, 31 등에서는 "5온을 '나'도 아니며 '나'와 다르지도 않으며, 둘의 합한 것도 아니다"라고 했다. 없다는 단견(斷見)이나 있다는 상견(常見)을 떠나서 볼 줄 알아야 한다. 그것이 중도(中道)이다.

"계행이 청정한 비구가 다섯 집착더미(五蘊)의 무상함을, 괴로움임을 아픔임을, 종기임을, 화살임을, 병임을, 고뇌임을, 남(他)임을, 궤멸임을, 공(空)임을, 무아(無我)임을 올바로 관찰하면 수다원·사다함·아나함·아라한과를 증득할 수 있다."

- 상응부경 22, 122 -

"못 배운 범부는 차라리 사대(四大)로 이루어진 이 육신을 자아로 대할지언정 마음을 자아로 대해서는 안 된다. 왜 그런가? 육신은 한 해, 두 해… 아니 백 년도 지속할 수 있는 데 비해 우리가 '마음'이니 '생각'이니 '의식'이니 하고 부르는 이것은 밤낮없이 다르게 나타나서는 변하여 사라지기 때문이다."

- 상응부경 13, 61 -

"의식(識)은 자아가 없다. 의식 발생의 원인과 조건들 역시 마찬가지로 자아가 없다. 하물며 자아가 없는 것을 통해 생겨난 의식이 어떻게 자아일 수 있겠는가?"

- 상응부경 35, 141 -

"비구들이여, 만일 비구가 다음의 여섯 가지 이로움을 헤아릴 줄 알면 모든 사물에서 무아의 법을 남김없이 통찰하기에 충분하다. 무엇이 여섯인가?

모든 세계로부터 초연해 진다.

'나'란 견해가 나에게서 부서져 나가게 된다.

'내 것'이란 견해가 나에게서 부서져 나가게 된다.

특출한 지혜를 골고루 갖추게 된다.

(모든 법의) 원인들을 잘 분별하게 된다.

그리고 원인에 의해 일어나는 현상들을 잘 보게 된다."이다.

- 증지부경 6, 104 -

한때 부처님께서 갠지스 강 부근의 도시 야요쟈에서 강물을 바라보면서 비구들에게 설명한 적이 있었다.

"비구들이여, 이 갠지스 강물이 흘러가는 모습을 보아라. 여기에 소용돌이가 일어나고 있다. 그러나 잘 살펴보면 소용돌이 그 자체는 어디에도 없다. 혹은 소용돌이의 본질이라는 것도 어디에도 없다. 소용돌이는 끊임없이 변화하는 물의 형상에 지나지 않는다. 그리고 인간 존재도 역시 마찬가지이다."[4]

인간의 육체는 소용돌이와 같다.

그 감각은 물거품과 같다.

그 표상은 아지랑이와 같다.

그 의지는 파초와 같다.

그 의식은 환영과 같다.

- 상응부경 22, 95 -

중도가 정견이다

"부처님이시여, 정견(正見)이라고 하시는데 정견이란 어떤 것입니까?"

---

4) 금강경에서도 "수보리여, 여래는 모든 법에는 뭇 삶이 없으며 영혼이 없으며 개아가 없다"고 말했다.

"가전연아, 이 세간은 다분히 유(有)와 무(無)의 둘에 의지되어 있다. 가전연아, 바른 지혜로 여실히 세간의 집(集)을 관하는 자에게는 이 세간에 없음(無)이 없다. 가전연아, 바른 지혜로 열심히 세간의 멸(滅)을 관하는 자에게는 이 세간의 있음(有)이 없다.

가전연아, 이 세간은 다분히 방편에 집착하여 헤아리며 사로잡힌다. 성제자(聖弟子)는 이 마음의 의지처에 집착하게 헤아리며, 나와 나의 것이라고 사로잡히지 않고 머물지 않으며, 괴로움이 생하면 생한다고 보고 괴로움이 멸하면 멸한다고 보아 미혹하지 않고 의심하지 않으며 다른 것에 연(緣)하는 바 없이 여기에서 지혜가 생한다.

가전연아, 이와 같음이 정견이다.5)

- 상응부경 가전연경 -

정견(正見)과 사견(邪見)

부처님께서 기원정사(祇園精舍)에 계실 때 이와 같이 비구들에게 말씀하셨다.

"이 세상에 세 가지 그릇된 견해를 가진 외도(外道)가 있는데, 슬기로운 사람들은 그것들을 밝게 가려내어 추종하지 말아야 한다. 만약, 그러한 견해를 따른다면 이 세상의 모든 일은 부정하게 될 것이다. 그러면 세 가지 그릇된 견해란 어떤 것인가. 첫째, 어떤 사문이나 바라문은 '사람이 이 세상에 경험하는 것은 괴롭든

---

5) 남방불교에서는 현상의 무상·고·무아를 보아 아공법유(我空法有)를 강조한 반면, 공사상을 중심으로 한 북방불교에서는 단견과 상견을 떠난 중도를 중시하고 삼법인도 아공법공(我空法空)의 입장에서 무상·무아·열반으로 본다. 잡아함경 10권에 "모든 행은 무상하고, 모든 법은 무아요, 열반은 적정하다"라고 되어 있고 증일아함경 18권에는 여기에 "일체는 괴로움이다"라는 것을 더하여 사법인(四法印)으로 한다.

즐겁든 모두 전생의 업에 의한 것이다'라고 말한다.

둘째, 또 어떤 사람들은 '모든 것은 자재천(自在天)6)의 뜻에 의한 것이다'라고 한다. 셋째, 혹은 '인(因)도 없고 연(緣)도 없다'라고 말한다.

나는 언제나 무엇이나 전생의 업에 의한다고 주장하는 사람들을 찾아가 그 의견이 틀림없다고 생각하느냐고 물었었다. 그들은 그렇다고 대답했다. 그래서 나는 '그러면 사람을 죽이거나 도둑질하거나 음행하고 거짓말하고 탐욕과 성냄과 삿된 소견을 갖는 것도 모두 전생에 지은 업에 불과할 것이다. 만약 그렇다면, 이 일을 해서는 안 된다거나 이 일은 해야겠다는 의지도 노력도 소용없게 될 것이다. 따라서 어떤 자제력도 없이 마음내키는 대로 함부로 행동하는 사람을 정당한 사문, 혹은 바라문이라고 하지 않겠는가'라고 비판했었다.

또 모든 것은 자재천의 뜻에 의한 것이라고 주장하는 사람들을 찾아가 '만약 당신들의 주장대로라면 살생하는 것도 자재천의 뜻이고, 도둑질이나 음행이나 그릇된 소견을 갖는 것도 자재천의 뜻에 의한 것일 게다. 그렇다면 이 일을 해서는 안 된다거나 이 일은 해야겠다는 의지도 노력도 소용없게 될 것이다. 따라서 어떤 자제력도 필요없이 마음 내키는 대로 함부로 행동하는 사람을 정당한 사문, 혹은 바라문이라고 하지 않겠는가'라고 비판했었다.

그리고 인도 없고 연도 없다고 주장하는 사람들을 찾아가 '당

---

6) 색계(色界)의 정상(頂上)에 있는 천신의 이름.

신들의 주장대로라면 살생하는 것에도 인과 연이 없고 그릇된 소견을 갖는 것에도 인과 연이 없을 것이다. 이처럼 모든 것에 인연이 없다고 한다면, 이 일을 해서는 안 된다거나 이 일을 해야겠다는 의지도 노력도 소용없게 될 것이다. 따라서 어떤 자제력도 필요 없이 마음내키는 대로 함부로 행동하는 사람을 정당한 사문, 혹은 바라문이라 하지 않겠는가'라고 비판했었다.

비구들이여, 이것이 그와 같은 의견을 가지고 주장하는 사문이나 바라문들에 대한 나의 비판이다. 만약 그들이 주장하는 대로 행동한다면 이 세상의 모든 일은 부정되고 마침내 커다란 혼란을 가져오게 될 것이다. 슬기로운 사람은 이와 같이 그릇된 의견을 잘 가려내어 버림받지 않도록 해야 할 것이다."

부처님께서는 이치로써 차근차근 설명하여 그들로 하여금 그릇된 소견을 버리고 바른 길로 돌아오게 하셨다.

사리풋타는 비구들에게 말했다.

"어떤 것이 부처님 제자의 바른 견해이며, 진리를 대해 절대적인 신념을 가지고 통달할 수 있는 길이겠습니까. 불제자는 먼저 어떤 것이 불선법(不善法)인지 불선법의 근본이 무엇인지를 알아야 하고, 어떤 것이 선법(善法)인지 선법의 근본이 무엇인지를 알아야 합니다. 이것이 부처님 제자의 바른 견해로 그 보는 바가 올바르고 절대적인 신념으로 진리에 통달할 수 있는 길입니다.

불선법이란 산목숨을 죽이는 일, 주지 않는 것을 가지는 일, 사음(邪淫), 거짓말, 악담, 이간질, 꾸미는 말, 탐욕, 성냄, 그릇된 소견 등을 가리킵니다. 이러한 불선법의 근본은 또한 탐욕과 성냄과 어리석음에 있습니다.

선법이란 산목숨을 죽이지 않고, 주지 않는 것을 가지지 않으며, 사음을 하지 않고, 거짓말과 악담과 이간질과 꾸미는 말을 하지 않으며, 탐욕과 성냄과 어리석음을 없애버린 것을 말하며, 이러한 선법의 근본은 탐하지 않고 성내지 않으며 어리석지 않음에 있습니다.

부처님 제자들이 이와 같은 불선법과 그 근본을 알고 또 선법과 그 근본을 알면, 그는 탐욕과 성냄의 번뇌를 없애어 '나'를 내세우려는 아만심이 없어지게 될 것입니다. 이것이 부처님 제자의 바른 견해로 절대적인 신념을 가지고 올바른 진리를 통달하게 되는 길입니다."

비구들은 사리풋타의 말을 듣고 모두 기뻐하였다.

- 중아함, 三度經 -

삼법인 관찰로 아라한이 된 미녀

자나빠달깔야니는 부처님의 양어머니이자 이모, 고따미(Gotami)의 딸로서 용모가 아주 아름다웠기 때문에 루빠난다(용모가 아름다운)라고 불리었다. 그녀는 부처님의 이복동생인 난다와 결혼하기로 되어 있었다.

어느 때 그녀는 혼자 이렇게 생각했다.

'나의 큰 오빠인 싯다르타 태자는 세상에 남아 있었으면 전륜성왕이 되었을텐데도 세상을 버리고 수행자가 되어 이제는 부처님을 이루시었다. 또 싯다르타 오빠의 아들 라훌라와 나의 남편인 난다 왕자 역시 비구가 되어 이 세상을 버렸다. 그뿐만이 아니라, 나의 어머니도 비구니가 되어 이제는 나 홀로 여기 남아

있구나.'

　그녀는 이렇게 생각한 끝에 자기도 수도원으로 들어가 비구니가 되었다. 그녀가 이같이 비구니가 된 것은 해탈에 대한 신심이 있어서가 아니라 고독감을 이기지 못하여 다른 사람들의 흉내를 낸 데 불과했다. 무상하며 고(苦)로 가득 차 있고, 거기에 나라고 하는 주재자가 없다고 설법하신다는 이야기를 들었다. 그러자 그녀는 그것을 부처님께서 자기 같은 미인을 보지 못하신 탓이라 여기며, 자기를 보게 되면 부처님께서 그렇게 말씀하시지 않고 그와 반대되는 설법을 하실 것이라고 생각했다. 그녀는 이 같은 생각으로 부처님을 멀리 했다.

　하지만 그렇다고 해도 다른 비구들이 하도 부처님에 대해 존경과 찬탄을 했기 때문에 그녀의 궁금증은 커져만 갔다. 그래서 부처님의 법문이 있는 날, 자기도 다른 비구들을 따라서 뒤에 서서 법문만 살짝 듣고 오리라 마음먹게 되었다. 마침내 그날이 되어 그녀는 부처님께 갔다. 부처님께서는 다른 비구들 속에 루빠난다가 있는 것을 멀리서 보시고 스스로 이렇게 생각하시었다.

　'가시는 가시로써 빼어야 하는 법이다. 루빠난다는 자기 용모가 아름다운 것에 집착하여 자만심이 대단하니 여래는 루빠난다보다 더 아름다운 여인을 보여 그 교만과 애착을 끊으리라.'

　부처님께서는 즉시 신통력으로 열여섯 살쯤 되는 아주 환상적인 미인이 부처님께 부채질을 해드리고 있는 영상을 만드시어 이를 다만 부처님과 루빠난다만 볼 수 있게 하시었다. 루빠난다가 대중의 뒤편에서 부처님을 멀리 바라보니 부처님 옆에서 아주 아름다운 여인이 부처님께 부채질을 해드리고 있었다.

그 여인을 보고 루빠난다는 스스로 저 여인이 맑은 호숫가에 노니는 백조와 같다면 자기의 아름다움은 차라리 보기 흉한 늙은 까마귀에 지나지 않는다고 생각했다. 루빠난다는 여인이 아주 아름다운 데 마음이 끌려 친해지고 싶은 마음이 들었다.

그런저런 생각을 하다가 루빠난다는 다시 그 여인을 쳐다보았다. 그런데 그 여인은 이제 스무 살쯤 되는 여자로 성숙해져 있는 것이었다. 그리고 계속하여 그녀를 관찰해 보니 점점 나이가 들어 마침내는 머리털이 하얗게 변해 버렸다. 이같이 매우 아름다웠던 그 여인은 중년이 되고 늙은이가 되어 결국은 몸도 제대로 가누지 못하는 병든 모습으로 변해 버리는 것이었다.

이같이 매우 아름다웠던 그 여인은 중년이 되고 늙은이가 되어 결국은 몸도 제대로 가누지 못하는 병든 모습으로 변해 버리는 것이었다. 루빠난다는 늙은 모습이 나타나면서 한때의 젊고 아름다운 모습이 사라져 버리는 뼈저린 장면을 목격하고 나서, 이 몸이라는 것은 계속 변화하면서 늙고 병들고 시들어 죽어가는 것이라는 진실을 깨달았다. 그래서 루빠난다의 마음은 각성되어 자기의 용모가 아름답다는 데 대한 애착과 자만심이 많이 줄어들게 되었다. 이러는 동안 자기 대변 위에서 뒹굴더니 마침내 죽어 버렸다. 그리고 얼마 뒤에는 몸이 부패되어 아홉 구멍으로부터 썩은 고름이 흐르며, 구더기와 벌레들이 기어다니기 시작했고, 까마귀와 독수리 떼가 살점을 뜯어 먹으려고 달려드는 것이었다.

이 같은 현상을 똑똑하게 지켜 본 루빠난다는 중얼거렸다.

'저 젊은 여인은 내가 지켜보는 가운데 나이가 들고 늙더니 몸

을 가누지 못하고 드디어는 죽고 말았다. 이와 같이 내 몸도 역시 늙어가 마침내 병들어 죽게 될 것이다.'

그녀는 이 같은 생각으로 5온(五蘊)의 진실한 성품을 잘 관조하여 다스리기 시작했다. 루빠난다의 마음이 여기까지 이르고 있을 때 부처님께서는 존재의 세 가지 특성, 즉 제행무상·일체개고·제법무아를 설법하시었다. 이에 루빠난다는 즉시 수다원과를 성취하였다.

그리고 부처님께서는 다음 게송을 읊으시었다.

이 몸은 고기와 피로 덮여 있고
뼈로 쌓아올린 하나의 성곽
그 안에 교만과 비방, 늙음과 죽음이
함께 머무르고 있구나.

부처님의 이 설법 끝에 루빠난다는 아라한과를 성취했다.

- 법구경 150 -

4. 올바른 마음챙김(주시)법

삿띠(sati, 마음챙김 · 알아차림 · 주시)의 어원
삿띠의 의미에 다음과 같이 여러 가지가 있으며 때로는 반야와 분명한 앎과 관찰을 포함한다.

① 아누삿띠(anussati, to recollect or call to mind : 회상, 간

직하고 있는 것)

- silanussati : 준수해야 할 계율을 간직하고 있는 것
- cagadnussati : 자비심을 간직하는 것
- buddhanussati : 여래의 공덕을 생각하고 있는 것
- dhammanussati : 법(Dhamma)의 공덕을 생각하고 있는 것
- sanghanussati : 승가의 공덕을 생각하고 있는 것
- pubbenivasanussattanana : 자신의 전생을 회상할 수 있는
지혜

② 빠띠삿띠(patissati, to remember, keep in mind, 기억, 명심)
자신을 알고 기억하는 것, 혹은 대상을 보고 기억하는 마음챙김

③ 삿띠(sati, mindfulness, applying in mind, 마음챙김·마음
챙김) 기억한 것이나 현재 순간에 밀착된 마음챙김·호흡·일체동
작·행위 등에 주시하여 삼법인과 연기를 체험하는 것

④ 사라나따(saranata, to remind, 상기)

이전에 한 말이나 본 것, 들은 것 등을 상기하는 것, 그 결과
인과를 알게 되는 것, 혹은 비구의 의무를 상기하고 있는 것 등

⑤ 다라나따(dharanata, to bear in mind, 명심)

가르침·법·계율·삼장(경·율·론)을 가슴 속에 간직하는 것

⑥ 아삐라빠나따(apilapanata, pressed close, 밀착)

물 위에 뜬 것이 아니고, 물 속으로 잠기듯이 대상에 밀착되어
파고드는 것

⑦ 아삼무싼따(asammusanta, not forgetul)

잊지 않는 것 게으르지 않고 방일하지 않는 것, 즉 불방일을
말한다.

붓다고샤의 반야 해설

유명한 붓다고샤 장로(Buddhagosha Thera)는 『청정도론』에서 다음과 같이 설명했다.

"반야(paññā)는 네 가지 특성을 갖고 있다. 즉 ①순수직관 ②번뇌를 제거하는 것 ③계발, 발전시키는 것 ④깨달음, 실현의 네 가지 기능을 갖고 있다. 이 네 가지는 동시 한순간에 작용한다. 마치 램프가 심지를 태우면서 어둠을 쫓아 버리고, 빛을 발하고, 계속해서 기름을 다 사용해 버리는 것과 같다."

"마음챙김(mindfulness)은 그 특성이 뜨거나 떠내려가지 않는 것이며 기능으로서 잊지 않고 방일하지 않는 것이며 몸·감각·마음·법에 정면으로 직시(直視)하여 확고부동한 알아차림을 유지하는 것이다. 여섯 감각문의 문지기로서 굳건하게 마음 챙김하는 것으로 간주할 수 있다." 이때 지혜는 저절로 수반된다.

"오, 비구여! 성스러운 수행자는 마음챙김해야 하고 마음이 집중된 비구는 최상의 지혜를 가지고 있다…."

마음챙김(sati)은 5근(五根)·5력(五力)·7각지분(七覺支分)·8정도(正念) 등에 모두 포함되어 있다. 마치 모든 음식에 소금이 들어 있는 것과 같다.[7](반야와 삿띠를 연관시켜 설명해 보았다)

우빤디따 선사의 마음챙김 해설

(1) 삿띠(sati)는 알아차림(awearness), 마음챙김(mindfulness)

---

7) 부처님께서 유언으로 강조하신 무엇보다도 가장 중요한 불방일(不放逸, appamāda)이라는 것도 마음챙김(mindfulness) 없이 머물지 않는 것을 뜻한다. 그러므로 불방일이란 것은 언제나 사념처에서 기민하고 사념처에서 마음챙김을 잊지 않고 그 당처에 마음 집중되어 관찰하고 있는 것을 뜻한다.

을 뜻한다. 빠타나(paṭṭhāna)는 굳건하게(closely, firmly) 자리잡고 있음을 뜻하고 특히 빠(pa)는 초강력, 특별히(extraordinary, thoroughtly, strongly, forcefully)의 의미를 갖고 있다.

(2) 삿띠빳타나의 특징 및 기능

① 대상에 파고들고(penetrate), 가라앉는 것(sinking into)의 특성이 있다. 예를 들면, 돌이 물 속에 잠기는 것을 보듯이 대상을 통찰하는 것이다. 망상이 일어나는 것은 빠타나(paṭṭhāna)에 대한 이해 부족이다. 빠(pa)가 강하면 망상·혼침은 제거된다.

② 올바른 겨냥(aiming power)이다. 올바른 겨냥이라 함은 이유·원인(how, why, what?)을 따지지 말고 즉각 대상을 포착해야 하는 것을 말한다. 지적인 사람은 원인을 분석하려고 한다. 이것은 집중력을 약하게 한다. 예를 들면, 올림픽 게임에서 100미터 주자가 총소리를 듣자마자 총알처럼 뛰어나가듯이 한 대상이 일어나면 즉각 그 대상을 알아차려야 한다.

③ 부분적이 아니고 전체(처음·중간·끝)를 모두 알아차려야 한다. 예를 들면, 배가 일어날 때 처음·중간·끝 모두를 알아차린다. 혹은 카펫이 마룻바닥을 모두 덮어버리듯이 일어나는 현상 모두를 처음부터 끝까지 알아차려야 한다. 혹은 물이 흐르듯이 빈틈없이 연속적으로 모든 현상들을 알아차려 나가야 한다. 관찰 수행의 실례를 보면 여섯 가지 감각기관(6根) 중 어디에 일어나든 무슨 현상이든 이유·원인을 생각하지 말고, 기민하게 즉각 알아차려야 한다.

- 그리고 그 대상의 특성을 처음부터 끝까지 맑고 예리하게, 정

확하게, 밀밀하게, 철저하게, 미세한 부분까지 알아차려야 한다.

- 차츰차츰 집중력(定)이 강해진다.

- 그러는 중 혼침·망상이 오면 세 가지 노력(시작하는 노력, 장애극복을 위한 추가적인 노력, 계속적인 노력) 중 두 번째의 추가적인 노력을 배가한다.

- 이때 관찰력이 더욱 예리해진다.

- 특히 한 대상에서 다른 대상으로 빈틈없이 알아차려 나가야 한다.

- 그러면 마음챙김이 관찰대상에 파고들고, 밀착될 것이다.

- 이때 선정이 강해진다.

- 모든 정신적 힘이 모아지고 강대해진다.

- 어떠한 현상도 놓치지 않고 첫 순간에 즉시 알아차리게 된다.

- 대상이 더욱 명확하고 뚜렷하게 포착되어 관찰이 순일하게 된다.

- 그리고 세 가지 특성(三法印)과 인과(因果)를 분명하게 철견(徹見)한다.

- 그리하여 자연스럽게 도과(道果)에 들어 열반을 성취한다.

　(도과는 Ⅱ부 2장 참조)

샨티데바의 마음챙김(관찰) 수칙 열두 가지
- 씨크싸사뭇짜야(Sikṣa-samuccaya) -

(1) 부처님의 교훈을 어기지 않고 마음챙김 수행법에 대한 지극한 존경심을 가져야 한다.

⑵ 활동을 하지 않을 때는 계속 몸을 움직이지 않는 고요한 상태에서 마음 집중해야 한다.

⑶ 행동이 필요할 때는 즉각 움직이지 말고 우선 움직이지 않은 채 고요하게 마음 챙긴다. 왜냐하면, 동작하기 전에 보다 강한 마음챙김이 필요하기 때문이다. 자신의 의도를 알아차리고 움직임에 전심전력으로 주의깊게 마음챙김해야 한다.

⑷ 잔치(축제)나 위험한 경계 등에 처했을 때라도 몸을 관찰하며 마음챙김해야 한다.

⑸ 행(行)·주(住)·좌(坐)·와(臥)에서 사념처(身·受·心·法)에 마음챙김을 굳건히 해야 한다.

⑹ 자세가 흐트러지지 않도록 자세에 빈틈없이 기민하게 마음챙김해야 한다.

⑺ 대화 가운데에도 지나친 즐거움·오만·흥분·편견 등으로 지나친 몸짓이나 보기 흉한 꼴을 보여서는 안 된다.

⑻ 마음챙김하여 듣는 사람이 이해할 수 있도록 말하며 너무 크게 소리내어 얘기하지 말아야 한다. 그렇지 않으면 무례함의 우를 범할 것이다.

⑼ 만약 교양 없는 사람을 만나는 역경계에 처할 때는 자신의 생각이 상대방의 마음에 잘 이해되고 수용되도록 마음을 가다듬는다.

⑽ 마음은 발정기에 있는 코끼리와 같이 대상을 찾아 이리저리 날뛰고 있다. 이 마음을 항상 내적인 고요함(寂靜)의 말뚝에 꽉 매어 두어야 한다.

⑾ 매순간 자신의 마음 상태를 관찰해야 한다.

⑿ 군중이 많이 움집한 가운데에서도 다른 행동을 포기하는 한이 있어도 집요한 마음챙김을 놓치지 않기 위하여 위의 설명을 기억하고 실천해야 한다.

어떻게 자신을 제어하고 보호하는가?
미천한 행을 멀리함이다.
어떻게 미천한 행을 멀리하는가?
공허하게 생을 낭비하지 않음이다.
어떻게 그렇게 할 수 있는가?
중단없는 마음 챙김이다.
이렇게 함으로써 간절한 열정에 의한
예리한 통찰력을 얻는다.
마음에 내재한 고요함(寂靜, samatha)의
위대함을 이해할 때 간절한 열정이 일어난다….
붓다는 상응부경전에 말했다 … 마음이 집중된 자는
사실을 여법(如法)하게 철견(徹見)한다.

마음 챙김법의 실제[8]
- 좌선하기 전에 경행부터 하라.

---

8) 여기에 설명된 실제 수행은 필자가 남방의 우빤디따, 모곡, 파욱, 쉐우민, 아짠 아삽하 선사로부터 지도받고 법문들은 것임. 동남아 선사들의 법문이나 가르침은 경전과 주석서, 실수행의 내용도 부처님 말씀과 직.간접적으로 연결되므로 그대로 믿고 수행으로 확인하길 바란다. 여기의 기본수행을 터득한 후에는 Ⅲ부 1장의 대념처경을 중심으로 수행해 나가길 바란다. 특히 법의 관찰이 중요하다.

- 몸과 마음에 일어나는 어떠한 현상도 이유나 원인을 생각하지 말고 일어남과 동시에 즉각 알아차려야 한다.

- 어떠한 대상이라도 즉각 알아차리겠다는 강한 암시를 수행을 시작하기 전에 주어라.

- 일단 알아차린 현상의 특성을 처음부터 끝까지 관찰해야 한다.

- 한 대상에만 집착할 필요는 없다. 6근 문두에 일어나는 어떠한 대상도 가장 강하게 느끼는 대상에 마음 집중하여 쉬지 말고 계속 밀밀면면하게 관찰해 나가라. 한 대상에서 망상이 오래 가면 다른 대상으로 바꾸어 관찰하라(예, 경행↔좌선)

- 일곱 가지 수행의 이득에 대한 이해로 신심과 간절한 마음이 일어난다. 간절심으로 세 가지 노력을 북돋우고 예리한 관찰력과 강한 삼매로 혼침·번뇌·게으름을 제거하면 지혜를 가져온다.

- 한번 정확한 알아차림(正念)에 8정도의 나머지 요소가 모두 들어있어 삼법인·인과·연기가 저절로 체득되어 열반으로 향한다.

- 관찰대상의 당처에 정확하게 겨냥하여 적절한 노력으로 균형있게 마음챙김해야 한다.

- 좌선시에는 주된 주제 예를 들면, 아랫배의 움직임(혹은 사념처 중 다른 주제)을 놓치지 않아야 한다. 다른 부분에 대상이 나타나면 즉각 관찰하고 다시 주된 주제로 돌아온다. 마치 거미가 거미줄 가운데 머물다가 무언가 걸리면 금방 잡아채고 다시 중앙으로 오듯이.

- 모든 행위에 앞서 그 '의도(intention)'를 알아차려라. 그리고 마음챙겨 주의깊게 행동하라.

- 관찰대상에는 자연스럽고 적절한 겨냥으로 마음챙김해야 한

다. 너무 지나치면 표적을 넘어서서 급해지고 약하고 게으르면 미치지 못하여 불안하다. 마치 거문고줄을 고르듯이 해야 한다. (뜰 앞의 대나무 그림자는 뜰 위의 먼지를 쓸지 못하고, 맑은 달빛은 흔적없이 고요한 호수 속으로 파고든다.)

- 수행이란 외줄을 타는 것과 같다. 빨리 갈 수도 뛰어갈 수도 없다. 충분한 집중력과 주의력으로 정확하게 천천히 나아가야 한다.

- 5근(五根·信·正念·精進·定·慧)을 균형시켜야 한다. 바른 믿음으로 올바르게 겨냥하여 올바른 노력으로 올바른 마음챙김, 올바른 앎으로 계속 쉬지 않고 관찰할 때 올바른 이해가 온다. 5근이 균형될 때는 언제라도 깨달음의 순간이 올 수 있다.

- 수행 중 괴로움이나 장애에 부딪쳤을 때는 추가적인 노력으로 몇 번이고 반복해서 극복해야 한다. 빈틈없이 한 순간도 놓치지 말고 알아차려라.

- 움직일 때는 천천히 행동하면 많은 것을 알아차릴 수 있다. 마치 선풍기가 천천히 돌아갈 때 그 움직임을 알 수 있듯이.

- 하나의 관찰대상에서 다음의 관찰대상 사이에 틈이 있으면 방일(放逸)이고 틈이 없으면 불방일(不放逸)이다. 틈이 없으면 선정이 생겨나고 선정이 있는 곳에 지혜가 있다.

- 정확하게 관찰대상을 알아차리지 못하면 마음을 제어할 수 없게 되고 감각적인 욕망이 일어나고 혼란하게 된다. 이 상태도 즉각 알아차려라.

- 사소한 것도 놓치지 말고 어떠한 대상도 모두 알아차려라.

- 피상·건성·대충의 마음챙김은 마음을 혼란하게 한다.

- 주의력 있게, 정확하게, 예리하게, 철저하게 처음부터 끝까지 관찰하라.(惺惺寂寂, 密密綿綿, 明明歷歷)

- 마음챙김이 잘 될 때는 이것만 유지하라. 더 이상 아무것도 필요없다. 어떠한 경계도 마음챙김으로 평정하라.

- 성성적적한 마음 챙김은 간절한 열정에서 나온다. 간절한 열정은 고요한 집중력의 무한한 가능성을 이해할 때 일어난다. 이 집중력은 깊은 지혜를 가져온다. 주시와 지혜가 깊어지면 4념처의 몸의 관찰에서 감각, 마음, 법의 관찰로 저절로 나아가 삼법인과 연기를 깊이 있게 보는 만큼 더 크게 깨닫게 된다.

- 알아차림은 모든 대상에서 무상·고·무아·인과·공(空)을 보아나가는 것이다. 우선 모든 대상에서 무상부터 본다. 관찰이 깊어지면 원인은 저절로 알게 된다.

- 대상을 항상 면전에 두고 보듯이 마치 야구(축구, 농구, 배드민턴) 선수가 공을 주시하고 있는 것처럼 대상을 놓쳐서는 안 된다.

- 한 순간에 하나씩 포착하여 관찰한다. 여러 개가 나타났을 때는 그 중에 강한 것만 관찰하면 나머지는 스쳐가면서 알게 된다. 톱날의 비유를 항상 명심하라. 톱질할 때의 목수의 주시는 톱날과 나무가 닿아있는 부분에 고정되어 있지만 스쳐가면서 톱의 움직임, 나무가 잘린 정도… 등을 알게 된다.

- 대상의 일어남과 알아차림이 동시에 있어야 한다.

- 일어나는 현상에 즉각 돌진해야 한다. 주저함, 생각함, 반성함, 분석함, 상상함, 숙고함, 의심함, 환상함 등이 없이 알아차림에는 헤매는 마음이나, 이런저런 생각이 일어날 틈을 주어서는

214

안 된다.

- 대상을 조작하거나 조정하지 말고 무엇을 기대하거나 향상하는 것조차 바라지 말고 무심하게 있는 그대로 알아차려야 한다.

- 삿띠는 대상의 현장에서 주시하고 이것을 뒤에서 바라보고 있는 삼빠쟈나 혹은 반야를 이용할 줄 알아야 한다. 이것은 수레의 두 바퀴와 같다. 새의 양 날개와 같다.

- 마음이 피곤하고 지루하면 수행 중 장애가 발생한 것이다. 그 원인을 즉각 알아차려야 한다. 대개 바라고 걱정하는 것이 마음대로 안 되어서 그렇다. 이것부터 관찰해야 한다.

- 어떠한 상태든, 어떤 대상이든 수용해서 있는 그대로 적나라하게 관찰해야 한다. 수행은 무언가 하나를 어떻게 되도록 하거나 얻기 위해서 수행하는 것이 아니라 몸과 마음의 본성을 알기 위해서 하는 것이다.

- 의식으로 알아차리는 것이 아니라 반응 없이 객관적으로 바라보는 '무반응적 앎'을 분명히 체득해야 한다.

- 수행이 깊어지면 선정에서 나오는 반야의 빛으로 알아차리면 이전에 볼 수 없었던 많은 현상들이 보인다. 이때는 오온과 12연기 중심으로 본다(대념처경 해설편 참조).

- 수행 중 처음이나 나중이나 타인과 비교하지 말고 자신의 길을 갈 줄 알아야 한다. 자신의 수행에 전념하는 사람은 남의 마음을 볼 틈이 없다.

- 서두르지 말고, 정확하게 알아챔을 놓치지 말고 끈질기게 노력하면 육체적, 정신적 갈등, 불안, 스트레스, 나태 등을 극복한다. 모두가 조건따라 일어나고 사라질 뿐이다.

- 처음에는 주된 대상(배, 호흡, 마음)과 보조대상을 구분해야 한다. 초보자에게는 몸이나 호흡이 처음 관찰하기에 좋다.

- 수행이 깊어갈수록 초점의 대상은 좁힐수록 좋다. 선정이 깊어지면 지극히 미세한 현상들이 포착된다. 이때는 가장 미세한 것 하나를 포착해서 그 안에 들어가고, 그 안에서 가장 뚜렷한 것 하나를 포착해서 또 들어가고를 반복해 보라.

- 수행이 잘 안 되면 처음부터 다시 시작해야 한다. 특히 5근(信, 念, 力, 定, 慧)의 균형이 중요하다. 5근 중 삿띠(sati, 念, 마음챙김, 주시)는 많을수록 좋다. 삿띠는 삿띠에 의해 일어나고 삿띠에 의해 계속된다.

- 자동차 바퀴가 땅에서 떨어지지 않고 목적지에 도달하듯이 삿띠는 언제나 현재에 머물면서 완전한 현재인 영원한 평화에 도달하게 된다.

- 고통이 오거나 병이 났을 때도 없애려 하거나 나으려고 알아차리는 것이 아니다. 병과 더불어 일어난 모든 현상을 알아차리면 병을 통해 몸과 마음의 본성을 알게 된다. 본성을 알면 병에서 영원히 해탈한다. 이때는 아픔보다는 못견디는 마음을 먼저 보고 그 아픔이 어떻게 변하는지 통찰해야 한다.

- 몸이 아플 때는 몸만 아파야지 마음까지 아플 필요는 없다. 몸이 아플 때 아픈 것을 알아차리지 못하면 아픈 것과 나를 동일시하므로 마음까지 아프게 된다. 반응 없이 바라보라.

- 올바르게 수행하는 만큼 진보된다. 무언가 되게 하지 말고 할 줄 알아야 한다.

- 대상과 알아차림이 물 흐르듯이 이어져야 한다.

216

- 감각의 강한 것과 약한 것을 볼 수 있을 때 강한 것부터 본다. 때로는 약한 것을 보는 것이 도움이 될 때가 있다.

- 배, 호흡, 몸 등의 대상이 사라졌을 때 아는 마음 안에 미세한 감각의 흐름, 그 사이를 보라. 그 사이 무상·고·무아·인과·공(空)을 볼 수 있어야 한다.

경전에 나타난 경책

"마음챙김은 죽음을 벗어나는 길, 마음챙김이 되어 있지 않음은 죽음의 길, 바르게 마음챙김이 된 사람은 죽지 않는다. 마음챙김이 되어 있지 않은 사람은 죽은 사람과 같다. 게으르고 노력없이 백 년을 사는 것보다는 단 하루라도 마음챙김 수행법(사념처)을 용맹스럽게 수행하는 것이 낫다."

- 법구경 -

"어떠한 괴로움이든 무명으로 인하여 생긴다고 함이 하나의 관찰이다. 무명을 남김없이 없애 버린다면 괴로움은 생기지 않는다 함이 둘째 관찰이다. 이와 같이 두 가지를 바르게 관찰하여 게으르지 않고 정진하는 수행자에게는 두 가지 과보 중 하나를 기대할 수 있다. 즉 현세에서 지혜를 증득하든가(아라한) 또는 번뇌가 남아있는 이 윤회의 생존에 다시 돌아오지 않던가(아나함, 불환과) 하는 일이다."

- 숫따니빠따 -

"사리풋타[9]는 20년 동안 항상 위빠싸나를 수습하되 행·주·

좌·와에 정념으로 관찰하여 생각에 어지러움이 없었다."

- 염불 삼매경 -

많은 군중이 운집한 가운데 아름다운 여왕이 나타났다. 그리고 그 여왕은 노래하는 무희들의 축복을 받으며 둘러싸여 있다. 여기 죽지 않고 영생을 누리면서, 고통을 멀리 하고 행복하게 살기를 원하는 한 사내가 있다. 이것을 성취하기 위한 방법으로 사람들은 그에게 말했다.

"친구여! 여기 기름이 가득한 항아리가 하나 있다. 이 항아리를 군중 속을 헤치고 저 아름다운 여왕에게 갖다 바쳐라. 그대의 뒤에는 칼을 든 병사들이 따를 것이다. 만약 한 방울이라도10) 흘린다면 그 병사는 그대 목을 즉각 날려 버릴 것이다. 자! 비구여! 어떻게 생각하는가? 이 사내가 주의력 없이 주변을 살피지 않고 그 기름항아리를 옮길 수 있을 것인가?"

"주의력이 없이는 불가능합니다. 여래시여!"

"기름이 가득 찬 항아리는 몸에 대한 마음챙김과 같다. 그러므로 비구여! 우리들은 몸에 대한 마음챙김을 이와 같이 해야 한다. 몸에 대한 마음챙김을 꾸준히 반복해서 계발하여 일구월심으로 향상되면, 마음속에 확고하게 자리잡게 되고 증장하여

---

9) 사리풋타는 부처님을 만난 후 14일 만에 아라한이 된다. 그 후 위빠싸나로 보임한다.

10) 한 방울 물은 번뇌이다.

한 생각이 일어나면 생(生)이요,

한 생각이 사라지면 사(死)이다.

한 생각에 의해 지옥과 극락이 갈라지고, 중생과 부처로 나누어진다.

완전하게 된다."

- 상응부경 47, 20 -

"사람이 마음을 바로 쓸 줄 알면 신들도 기뻐할 것이다. 마음을 조복받아 부드럽고 순하게 가지라. 마음가는 대로 따라가서는 안 된다. 마음이 하늘도 만들고 사람도 만들며 귀신이나 축생 혹은 지옥도 만든다. 그러니 마음에 따르지 말고 마음의 주인이 되어라."

- 잡아함경 -

"일체법은 있는 것은 아니나, 저 분별견(分別見)처럼 없는 것 아니니 모든 법의 성품은 이러하다. 만일 이 법을 능히 보면 일체의 허물을 떠나리니 이를 이름해 바른 관찰(正觀)이라 한다."

- 능가경 -

"바르고 참된 지혜로 관조(觀照)하면 찰나에 잘못된 사고들이 사라진다."

- 육조단경 -

"마음을 관하는 한 가지 법이 모든 법을 포섭하니 간단하고도 요긴함이라 한다."
"삼계의 업보는 오직 마음에서 생긴 것이니 마음을 깨달으면 삼계 안에 있으되 삼계를 벗어난다."

- 달마관심론 -

"비구들이여! 머리나 옷에 불이 붙었을 때 모든 방법을 다해 재빨리 불을 꺼야 하듯이, 타오르는 덧없음의 불을 꺼 없애기 위해서는 깨달음을 생각해야 한다."11)

"물질의 덧없음을 다스리기 위해 깨달음을 생각하고 느낌, 인식, 형성, 의식의 덧없음을 다스리기 위해 깨달음을 생각해야 한다."12)

- 잡아함경 182 -

빈틈없이 정진하여 아라한을 성취한 사미

빤디따는 사왓띠에 사는 큰 재산가의 어린 아들이었다. 그는 일곱 살이라는 어린 나이에 출가하여 사미가 되었다. 그는 사미가 된 지 여드레째 되던 날 사리풋타 존자를 따라 탁발을 나가다가 어떤 농부가 자기 논에 물을 끌어대는 것을 보고 존자에게 이렇게 여쭈었다.

"존자님, 인식 기능이 없는 물은 누구든지 원하는 곳으로 끌어댈 수가 있습니까?"

"그렇다. 그것은 누구나 자기가 원하는 곳으로 끌어댈 수 있다."

존자와 사미는 탁발을 계속하여 가던 도중 이번에는 대나무로 화살을 만드는 사람이 대를 불에 가까이 대어 구부러진 화살을

---

11) 업장이 박약하다 하여 수행의 진전이 없다고 한탄하지 말고 머리에 불끄듯이 한 번이라도 해보라. 마음의 불은 올바른 믿음, 올바른 마음챙김, 올바른 노력에 의해 꺼진다.
12) 수행의 향상을 위해서는 세속의 욕망을 포기하고 깨달음을 위해서는 죽음을 생각하라. - 밀라레빠 -

바르게 펴는 것을 보게 되었다. 그 다음에는 목수가 톱으로 나무를 잘라서 수레바퀴 따위의, 사람에게 유용한 물건을 만드는 것도 보았다. 그때 사미 빤디따는 혼자 생각했다.

'인식 기능이 없는 물이지만 농부가 그것을 끌어대면 곡식을 자라게 하고, 구부러진 대나무 역시 인식 기능이 없지만 불에 가까이 대면 바르게 펴지고, 나무도 인식 기능이 없는 것은 마찬가진데 마침내 사용할 수 있는 물건이 된다. 그렇다면 나는 인식 기능을 가진 사람으로서, 어찌 마음 하나를 다스려 내적으로 일어나고 사라지는 마음의 현상을 놓치지 않고 관찰하는 위빠싸나와 사마타를 수행하지 못한단 말인가?'

이렇게 자책을 한 그는 그 자리에서 바로 사리풋타 존자의 허락을 받아 수도원으로 되돌아왔다. 그리고는 자기 방문을 잠그고 앉아서 자기의 몸과 마음에서 일어나는 모든 현상에 마음을 집중시키는 수행에 몰두했다. 이때 삭까 천왕과 그 밖의 천신들이 사미의 수행을 돕기 위해서 수도원의 안과 밖을 아주 조용하도록 지켜 주었다. 이같이 빤디따 사미는 점심 시간 전에 이미 아나함과를 성취하였다.

바로 이때쯤 사리풋타 존자는 사미의 점심을 가지고 돌아와서 그의 방문 밖에 서 있었다. 그런데 부처님께서는 신통력으로써 지금 사미가 아나함과를 성취하였다는 것과 여기서 쉬지 않고 계속 정진해 나가면 곧 아라한과까지 성취하여 수행을 완성할 수 있다는 것을 아시었다. 그래서 부처님께서는 사리풋타 존자가 사미의 방에 들어가는 것을 막기 위해 그 곳에 가시어 짐짓 존자에게 여러 가지 질문을 하심으로써 시간을 지체시키었다. 두 분

사이에 이런 대화가 진행되는 동안 빤디따 사미는 아라한과를 성취하였다. 그래서 빤디따는 실로 수행을 시작한 지 여드레 만에 아라한이 되었던 것이다.

부처님께서는 이와 관련하여 수도원에 머무는 비구들에게 이렇게 말씀하시었다.

"누구나 진지하게 담마(위빠싸나)를 수행하면 삭까 천왕을 비롯한 많은 신들이 그를 도와주고 보호한다. 여래 또한 사리뿟타 존자와 대화를 나눔으로써 그가 빤디따의 방에 들어가지 못하게 하여 그의 수행이 계속되도록 도와 그로 하여금 아라한이 되게 하지 않았느냐? 빤디따는 농부가 자기 논에 물을 대는 것, 화살 다루는 사람이 구부러진 화살을 바로잡는 것, 그리고 목수가 수레바퀴 따위를 만드는 것을 무심히 보지 않고 경책으로 삼아 자기 마음을 잘 다스리는 담마(법)를 열심히 수행하여 마침내 아라한이 되었다."

그리고 부처님께서는 다음 게송을 읊으시었다.

농부는 물길을 내어 물을 대고
화살깃 대는 사람은 굽은 화살을 바르게 펴며
목수는 나무를 다루어 수레바퀴를 만들고
지혜로운 사람은 자기 마음을 다스린다.

- 법구경 80 -

대강백의 깨달음

나이 많은 뽑틸라 존자는 과거 일곱 부처님 시절부터 비구들

222

에게 경을 강의하는 강사였다. 그는 스스로 학식이 높으며 법을 잘 설할 수 있다는 점에 대해 자만심이 대단했다. 어느 날 부처님께서는 뽑틸라를 보시고 이렇게 생각하시었다.

'이 비구는 아직까지 자신을 밝혀 생사 윤회를 벗어나겠다는 생각을 일으키지 못하고 있구나. 그러니 여래는 그의 마음을 흔들어 일깨워 주리라.'

이렇게 생각하신 부처님께서는 그때 그를 보실 적마다 "뚜짜(머리가 텅 빈) 뽑틸라야, 이리 오너라. 뚜짜 뽑틸라야, 인사하여라. 뚜짜 뽑틸라야, 앉아라. 뚜짜 뽑틸라야, 저리 가거라."라고 말씀하시었고, 그가 가면 "뚜짜 뽑틸라가 갔다."라고 하시었다.

뽑틸라는 부처님께서 말끝마다 뚜짜 뽑틸라라고 자기를 부르시자 혼자 생각했다.

'나는 삼장을 통달했고, 경의 철학적인 해석도 능하며, 또 설법도 잘하여 오백 비구와 열여덟 무리의 비구들에게 삼장을 가르치고 있다. 그런데도 부처님께서 나를 가리켜 머릿속이 텅 빈 뽑틸라라고 부르시는 것은 의심의 여지없이 내가 좌선 수행으로 마음을 고요히 다스려 선정삼매를 얻지 못하였기 때문일 것이다.'

그는 마침내 숲속으로 들어가 좌선에 매진하기로 결심했다. 그래서 그는 그날 저녁 때 가사와 발우를 챙겨 두었다가 먼동이 트자 학인 비구들이 각자 자기 방에서 경을 외고 있는 시간에 남몰래 길을 떠났다.

길을 떠난 뽑틸라는 사왓띠에서 20요자나쯤(1요자나 19~20킬로미터) 떨어진 숲속에 있는 조용한 수도원에 도착했다. 그곳에는 약 30명의 아라한 비구들이 있었다. 그는 수도원의 원장 비구를 만나 인사를 드리고 자기의 수행을 지도해 달라고 청했다. 그러자 그 원장 비구는 깜짝 놀라며 이렇게 말했다.

"존자시여, 그게 무슨 말씀이십니까? 존자께서는 세상이 다 아는 대강사 비구가 아닙니까? 오히려 저희가 존자님으로부터 배워야 할 것입니다."

그러나 뽑틸라 비구는 이렇게 거듭 간청했다.

"아닙니다. 그런 말씀 마시고 저의 수행의 의지처가 되어 주십시오."

사실 이 수도원에 머물고 있는 비구들은 모두 아라한과를 성취한 최고의 성자들이었기 때문에 누구든지 뽑틸라의 수행 지도를 해줄 수 있었다. 그렇지만 수도원에서 가장 법납이 높은 존자는 마음 속으로 이렇게 생각했다.

'이 비구는 학식이 있는 사람이기 때문에 자만심도 높다. 나는 먼저 그의 자존심부터 꺾어 놓으리라.'

그래서 자기가 직접 그를 지도해 주지 않고 손아래 존자에게 내려 보냈다. 그러자 뽑틸라의 수행 지도를 부탁받은 그 존자는 다시 손아래 존자에게 그를 보냈고, 그런 식으로 그를 계속 손아래 비구에게 보내게 되어, 그는 결국 수도원에서 가장 나이 어린, 이제 겨우 일곱 살밖에 되지 않은 사미에게 보내어지게 되었다.

이때 뽑틸라의 스승이 된 사미는 오후 반나절 동안 실과 바늘로 무엇인지 짜고 있었는데, 뽑틸라 존자를 보고도 본체만체 자기 일만 계속하는 것이었다. 그래서 기고만장하던 뽑틸라의 자존심은 여지없이 짓밟히고 말았다.

뽑틸라는 여러 아라한들을 거치면서 겸손한 태도를 몸에 익히

224

게 되었기 때문에 자존심을 내던지고 사미에게 공손히 합장 공경을 표한 다음 이렇게 애원했다.

"스승이시여, 저의 의지처가 되어 주십시오."

그러자 사미는 말했다.

"존자님, 그게 무슨 말씀이십니까? 존자님께서는 나이도 많으시고 아는 것도 많으신 분인데, 어떻게 제가 존자님의 의지처가 될 수 있겠습니까? 마땅히 제가 존자님으로부터 담마를 배워야 할 것입니다."

"스승이시여, 제발 사양하지 마시고 저의 의지처가 되어 주십시오."

"존자님, 정 그러시다면 존자께서는 저의 모든 훈계와 경책을 달게 받으시겠습니까? 그러시다면 제가 스님의 의지처가 되어 드리겠습니다."

"제발 그렇게만 해주십시오. 저는 스승께서 저보고 불 속에 뛰어들라 하셔도 말씀대로 따르겠습니다."

뽑틸라 비구가 이렇게 말하자 사미는 거기서 멀지 않은 연못을 가리키며 말했다.

"그러시다면 존자님, 가사를 입으신 채로 저 연못에 들어가십시오."

사미는 뽑틸라가 아주 고급스러운 가사를 입고 있는 것을 보고, 그의 마음을 시험해 보기 위해 그렇게 말한 것이었다. 그런데 이미 굳은 결심을 하고 있었던 뽑틸라는 사미의 말이 끝나자마자 연못 속으로 풍덩 들어갔다. 사미는 뽑틸라 존자가 물 속에서 나와 가사 자락에 물이 줄줄 흐르는 것을 보고 존자를 가까이 오라고 불렀다. 뿝틸라는 그 말을 듣자마자 쏜살같이 스승에게 달려왔다. 그때 사미는 이렇게 가르치는 것이었다.

"존자님, 만약 여기에 여섯 개의 구멍이 있는 거미집이 있다고 하십시다. 그리고 그 거미집에 도마뱀 한 마리가 기어들어갔습니다. 그때 도마뱀을 잡으려면 어떻게 하면 되겠습니까. 그럴려면 여섯 구멍 중 다섯 개는 다 막고 한 구멍만 남겨 둔 다음 그 구멍을 잘 관찰하며 기다려야 할 것입니다. 존자님, 좌선 수행도 이와 같습니다. 존자님은 이제부터 여섯 가지 감각 기관, 즉 눈·귀·코·혀·몸·마음을 다루는 데 있어서 나머지 다섯 개의 감각기관을 다 막아버리고 오직 마음의 문 하나만을 열어놓고 거기에 관찰력을 집중시키도록 하십시오. 끈기 있고, 열성적으로 이같이 수행하시면 반드시 좋은 결과가 있을 것입니다."

뿝틸라는 이미 많은 경을 배워 아는 것이 많은 사람이었으므로 사미의 가르침을 즉시 이해했다. 그것은 마치 잘 준비된 호롱에 불을 붙이는 것과도 같은 것이었다. 그는 "스승이시여, 그것으로 이미 충분합니다."라고 말하고, 곧장 한적한 곳에 가 앉아서 자신의 마음을 자기 몸과 마음에서 일어나고 사라지는 모든 현상에 집중시켰다.

뿝틸라가 그같이 위빠싸나 수행을 하는 동안 부처님께서 20요자나나 떨어진 곳에서부터 뿝틸라를 관찰하시고 이렇게 생각하시었다.

'뿝틸라 비구가 내적 현상관찰을 통해 자신의 성품을 깨달아 가고 있구나. 그는 이제 곧 위대한 지혜를 갖춘 마하존자가 되리라.'

226

부처님께서는 그에게 광명을 놓으시며 그 앞에 앉아 계시는 듯이 모습을 나투시어 다음 게송을 읊으시었다.

진정 지혜는 좌선 수행에서 일어나는 것
좌선 수행이 없으면 지혜는 사라진다.
이같이 지혜를 얻고 잃음에 두 길이 있음을
바르게 아는 수행자는
열심히 좌선 수행하여 지혜를 증진시켜야 한다.

부처님의 이 설법 끝에 뿝틸라는 아라한과(아라핫따 팔라)를 성취하였다.

- 법구경 282 -

5. 올바른 노력

수행의 실제

- 쉬운 방법은 잘못된 수행법이다(Easy way is wrong way). 쉬운 방법 찾으러 이곳저곳 이 선생, 저 선생 찾아 헤매지 말라.
- 불굴의 노력만이 견성해탈하기 위한 유일한 것이다. 추가적인 노력으로 최소한 관찰만은 놓치지 말아야 한다.
- 아는 것이 부족해 실패하는 경우는 별로 없다. 문제는 노력이다.
- 마음챙김과 분명한 앎이 충분히 강하지 않으면 번뇌와의 싸

움에서 이기지 못한다는 것을 명심하라. 계속된 노력에 의하여 정·혜가 강화된다.

- 마음챙김 수행에서 무언가 성취하길 바란다면 수행에 좀더 많은 노력을 하라. 반신반의해서는 결코 성공하지 못한다. 뿌리 깊이 박힌 망상습기를 제거하려면 전심전력하라.

- 알아차릴 수 있는 마음은 항상 있다. 문제는 수행자 자신이 그것을 이용하지 않는 것이다. 결코 비관하지 말고 낙관하고, 그대 자신에게 항상 기회를 주어라. 그러면 모든 상황에서 만족하고 혼란하지 않을 것이다.

- 마음챙김은 시간과 공간을 초월해 있다. 일체처·일체시에 관찰을 놓치지 말라. 언제 견성해탈할지 모른다.

- 마음챙김 수행은 시험해 보는 것이 아니고 용맹스럽게 분투 노력해서 진리를 실현하는 것이다. 마음이 해이해지면 부처님의 용맹정진한 불요불굴의 모습을 상기해 보라(예 : 1부 1장).

부처님도 장부이고 우리도 장부다. 부처님께서는 먼저 길을 아시고 갔을 따름이다. 우리도 쉬지 않고 따라가기만 하면 도달하리라.

- 충분한 노력을 하면 누구나 탐·진·치를 제거한 구경각을 성취할 수 있다. 부처님께서는 보통 사람의 경우는 쉬지 않고 빈틈없이 마음챙김이 이어갈 경우 7일이면 완전히 깨치게 된다고 했다. 공덕이 있는 사람은 몇 시간 내에도 가능하리라. 법구경에는 발을 들었다가 내려놓는 순간에도 깨달음은 가능하다 했다.

- 성공하는 사람은 결코 실패하지 않는 사람이 아니고 실패할 때마다 다시 노력을 재기하여 결국은 목적을 이룬 사람이다. 진

보가 없다고 한탄할 필요는 없다. 다시 알아차리면 그만이다.

- 관찰은 가야 할 자유의 길이요, 관찰 없음은 욕망과 어리석음의 길이다.

- 알아차림의 노력은 균형을 맞추는 것이다. 겉으로는 공격적이지만 실제로는 공격적인 것이 아니고 다만 적극적인 것이다. 대상을 끌고 가는 것이 아니고 대상을 뒤따라가면서 알아차리기만 하면 된다.

- 호흡, 감각, 마음상태도 만드는 것이 아니고 일어나고 사라지는 현상을 뒤에서 지켜보기만 하면 된다. 정확하게 포착하는 힘과 계속 지켜보면서 아는 마음이 잘 균형되어야 한다.

- 노력을 할 때도 성취욕이나 집착해서는 안 된다. 할 것이라고는 이것밖에 없다는 것을 깨닫고 억지로 아니면 마지못해서 하는 것이 아니라 가야 할 길을 가야 하듯이 단지 알아차릴 뿐이다.

- 수행은 노동이 아니다. 꼭 이루겠다는 강박관념을 가지면 노동이 된다. 노동도 알아차림이 수반되면 수행이 된다.

- 알아차림은 잘못된 습관, 잠재된 욕망, 아만을 근절시켜 나가는 것이다. 무상의 본성을 보고 각성이 일어나야 한다.

- 모든 삶은 과정이다. 과정과 목적지는 하나이다. 그것은 알아차림뿐이다. 매 순간이 영원이다.

- 경전에는 죽기 직전에 알아차려 아라한이 된 경우가 많다. 그러기 위해서는 평상시에 알아차림을 놓치지 않는 끈질긴 노력이 필요하다.

- 무엇이든 하고 싶은 대로 하면 얻게 된다. 인내심을 가지고

반응없이 바라만 보라. 참고 있는 것 보다 그 마음을 보는 게 더 중요하다.

- 수행이 안 된다고 생각할 때는 이미 수행이 되고 있는 것이다. 알아차림을 놓치는 순간을 알면 그것을 알아차리면서 시작하면 된다. 잘 되려고 하는 것도 욕심이다. 그 욕심을 알아차리면 수행이다.

- 휴식을 취할 때도 몸만 휴식을 취해야지 마음까지 휴식을 취해서는 안 된다. 그 상태를 알아차려야 한다.

- 수행자가 궁극의 깨달음에 도달한다는 것은, 외적 한계에 굴복하는 게 아니라 내적 담마로부터 떨어지지 않음을 의미한다.

- 계행을 지킬 필요가 없는 것은 죽은 시체뿐이다. 모든 계율은 마음관찰로부터 시작되어야 한다. 마음의 제어는 말의 제어, 행위의 제어의 근본이다.

- 세속인의 마음은 문어의 촉수와도 같아 가능한 한 자신이 관여하고 싶은 모든 것들에 다가가려는 경향이 있다.

- 담마가 있는 곳에는 평화와 행복이 있다. 마음이 담마이고, 담마가 마음이다. 담마에 의지하는 사람은 모든 것에 자족하므로 자신이 처해 있는 어떤 환경 속에서든 평화와 자유를 누릴 수 있다.

- 무한한 평화와 자유인 담마는 본래부터 인간의 내부에 존재해 왔다.

- 윤회의 고리는 광막한 감옥과 같다. 그것은 죄수들을 탐욕에 빠뜨려 자신이 자유가 박탈된 죄수라는 사실로부터 눈이 멀게끔 만든다.

230

- 완전한 자기 희생과 용기 없이는 궁극의 깨달음에 이를 수 없다.

- 고(苦)의 격노한 폭풍을 잠재울 수 있는 것은 마음챙김과 지혜뿐이다. 죽음 앞에서 몸이 해체되는 순간은 고(苦)의 위협적인 힘이 절정에 달하는 순간이다. 이에 반격할 수 있는 건 오직 충분히 연마된 마음챙김과 지혜뿐이다.

- 죽음이 두려워 수행의 고삐를 늦추어서는 안 된다. 목숨을 건 노력 없이는 담마의 경이로움을 깨달을 수 없다.

- 만약 쾌락에 탐닉한다면, 생지옥 이외에는 아무것도 성취할 수 없다는 걸 아는 번뇌가 수행자를 비웃을 것이다.

- 수행의 장애들이 가로막고 있는 곳은 어디든 뚫고 나가야 한다. 죽음이 닥친다 해도 결연한 노력으로 맞서라. 전사는 절대로 죽음의 공포 따위에 사기가 저하되어서는 안 된다.

경전에 나타난 경책어

"지자(智者)는 지혜로써 마음을 단련하여 모든 번뇌를 제거하니 마치 광철을 불에 불려 백 번을 단련하면 정금(精金)이 되는 것과 같이 수행자가 밤낮으로 마음을 힘써 단련하여 쉬지 않으면 곧 과증(果證)13)을 얻는다."

- 출요경 -

다짐하기를 "가죽에 힘줄, 뼈만 남아라! 이 몸에 살과 피도

---

13) 과증은 4과(수다원·사다함·아나함·아라한)를 말함. 과증은 쉬지 않는 노력에서 온다.

말라 붙어라! 장부의 집념, 장부의 용맹심, 장부의 정진으로 이뤄야 될 것을 이루지 못하고서 어찌 남겨둘 힘이 있으랴.”

- 중부경 70 -

백 세 동안 해태한 방일한 정진이 1일 중의 용맹정진만 못하다.

- 법집요령경 -

“진심으로 정진하여 도를 구하여 쉬지 않으면 반드시 과(果)를 거두리니 무슨 원을 이루지 못하랴.”

- 무량수경 -

“성불(成佛)은 오직 정진(精進)에서만 온다.”

- 보살 본행경 -

“육바라밀 중 처음 셋(보시·지계·인욕)은 계학으로 섭(攝)하고 정려(靜慮)는 정학(定學)으로 섭하고 반야는 혜학(慧學)으로 섭하나 오직 정진만이 일체를 두루 섭한다.”

- 유가사지론 -

“저 완성된 삶을 향해 정진하는 사람, 그는 영원히 깨어있는이다.”

- 법구경 24 -

“나무치여, 이것들은 너의 병력(욕망·애착·혐오·수면·권태·공포·의혹)이다. 검은 악마의 공격군이다. 용감한 사람이 아니면 그를 이겨낼 수가 없다. 용자는 이겨서 즐거움을 얻는다. 이 세상의 생은 달갑지 않다. 나는 패해서 사는 것보다는 싸워서 죽는 편이 오히려 낫겠다."14)

- 숫따니빠따 -

"깨달음을 얻으려는 사람은 무거운 짐을 지고 진흙땅에 빠진 소가 좌우 돌아볼 것 없이 힘을 써서 진흙땅을 빠져나와 숨을 토해내는 것처럼 해야 한다."

- 사십이장경 -

"90일 중에 앉지 않고 눕지도 않으며 설사 힘줄이 끊기며 뼈가 드러나더라도 삼매를 이루지 못하면 결코 쉬지 말라."

- 반주 삼매경 -

"비구들이여! 머리와 옷에 불이 붙었을 때 모든 방법을 다해 재빨리 불을 꺼야 하듯이, 타오른 덧없음의 불을 꺼 없애기 위해서는 이미 생긴 악한 법을 끊어야 한다. 부지런히 정진하고 마음을 다스려야 한다. 물질의 덧없음을 다스리기 위해 이미 생긴 악한 법을 끊어야 한다. 느낌, 인식, 형성, 의식의 덧없음을 다스리기 위해 이미 생긴 악을 없애고 부지런히 정진하여 마음을 다스려야 한다."15)

- 잡아함경 178 -

---

14) 부처님께서 깨닫기 전 고행 중에 있을 때 마라의 유혹을 받고 대결심과 대용맹심으로 '마'를 퇴치하는 장면이다.(1부 1장 참조)

15) 머리에 불끄듯이 정진하면 아무리 하근기라도 성불한다. 알면서도 실행하기란 참으로 어렵다. 대결정심을 한 후 계속 시도하는 수밖에 없다.

"그 시기가 임박해서야 비로소 기울이는 노력은 사실은 마땅히 할 일을 하지 않는 거나 다름이 없다. 미리부터 기울인 노력이어야 할 일을 다한 것이다."

- 밀린다 왕문경 -

"참선을 가지고 장난삼지 말아라. 세월이란 잠깐 사이에 지나가는 것. 지극한 이치, 심오한 도는 고물이 다 된 진나라 도락판(만리장성을 쌓던 기계).

아섭구나, 장부의 마음이여! 착수했다가 도로 해이해지니 인생백년 얼마나 된다던가. 어지럽게 죽어갈 날 기다리지 말아라."

- 박산 -

도업(道業)을 성취하려면

"도를 닦는 사람은 한 사람이 만 사람을 상대로 싸우는 것과 같다. 갑옷을 입고 문을 나섰다가 의지가 약해서 겁을 내는 수도 있고, 혹은 반쯤 가다 물러나는 수도 있으며, 맞붙어 싸우다가 죽기도 하고 이기고 돌아오기도 한다. 사문이 배울 때에는 마땅히 그 마음을 굳게 가져 용맹스럽게 정진하고 모든 악마를 쳐부수어야만 도의 열매를 거두게 될 것이다.16) 쇠 그릇을 만들 때 못 쓸 쇠붙이는 버리고 좋은 쇠붙이로 만들어야 그 그릇이 깨끗하고 튼튼한 것처럼, 도를 배우는 사람도 마음의 때를 씻은 뒤에라야 그 행동이 청정해질 것이다.

사람이 악도에서 벗어났더라도 다시 사람으로 태어나기 어렵

---

16) 악마와 만 사람은 번뇌이다.

고, 사람 중에서도 남자가 되기가 어려우며, 남자가 되었을지라도 여섯 감관(六根)을 온전히 갖추기 어렵고, 여섯 감관을 갖추었을지라도 큰 나라에 태어나기 어렵다. 큰 나라에 태어났을지라도 부처님의 세상을 만나기가 어려우며, 부처님 세상을 만났을지라도 수행자를 만나기 어렵고, 수행자를 만났다 하더라도 신심(信心)을 내기 어렵다. 신심을 냈을지라도 보리심(菩提心)을 내기 어렵고, 보리심을 냈을지라도 닦음도 없고(無修) 증함도 없는 경지(無證)에 이르기는 참으로 어렵다.

내 제자들이 내게서 멀리 떠나 있더라도 내가 가르친 계율을 항상 생각하면 반드시 도를 성취할 수 있을 것이지만, 내 곁에서 항상 나를 보고 있더라도 내 계율에 따르지 않으면 끝내 도를 얻지 못할 것이다."

- 사십이장경 -

젖은 나무는 타지 않는다

문수보살이 근수(勤首)보살에게 물었다.

"부처님의 가르침은 한결 같은데 이 가르침을 듣는 중생들은 어째서 한결같이 번뇌를 끊을 수 없습니까?"

근수 보살이 대답했다.

"중생들 가운데에는 빨리 해탈하는 사람도 있지만 해탈하지 못하는 사람도 있습니다. 만약 어리석음을 없애어 해탈하려고 한다면 굳은 결심으로 용맹정진해야 합니다. 나무가 젖어 있으면 약한 불은 꺼지고 말듯이 가르침을 들었어도 게으른 자는 그와 같습니다. 불을 지필 때에 태우다 말다 하면 마침내 꺼지고 말 듯이 게으른 자도 그와 같습니다. 눈을 감고서는 달빛을 보려고 해도 볼 수 없듯이 게으른 자가 법을 구하는 것도 그와 같습니다."
- 화엄경, 보살문명품 -

듣는 것만으로는 이룰 수 없다.

문수보살이 법수(法首)보살에게 물었다.

"중생들 가운데 어느 부처님의 가르침을 듣는 것만으로는 번뇌를 끊지 못하는 이가 있습니다. 법을 들으면서도 탐하고 성내고 어리석은 것은 무슨 까닭입니까?"

법수보살이 대답했다.

"듣는 것만으로는 부처님의 가르침을 알 수 없습니다. 이것이 구도(求道)의 진실한 모습입니다. 맛있는 음식을 보고 먹지 않고 굶어 죽는 사람이 있듯이 듣기만 하는 사람들도 그와 같습니다. 백 가지 약을 잘 알고 있는 의사도 병에 걸려 낫지 못하듯이 듣기만 하는 사람들도 그와 같습니다. 가난한 사람이 밤낮없이 남의 돈을 세어도 자기는 반푼도 차지할 수 없듯이 듣기만 하는 사람들도 그렇습니다. 장님이 그림을 그려 남들에게는 보일지라도 자기 자신은 볼 수 없듯이 듣기만 하는 사람들도 그와 같습니다."
- 화엄경, 보살문명품 -

낙숫물이 돌을 뚫는다

"부지런히 정진한다면 어려운 일이 없을 것이다. 그러므로 너희들은 부지런히 정진해야 한다. 이를테면, 낙숫물이 떨어져 돌을 뚫는 것과 같다. 수행인의 마음이 게을러 정진을 쉬게 되면,

그것은 마치 나무를 비비어 불씨를 얻으려 할 때 나무가 뜨거워지기도 전에 그만두는 것과 같다. 그는 아무리 불씨를 얻고자 해도 얻지 못할 것이다. 이것을 가리켜 정진(精進)이라 한다.

선지식을 찾으려면 항상 잊지 않고 생각하는 일밖에 없다. 잊지 않고 생각하면 모든 번뇌의 도둑들이 들어올 수 없기 때문이다. 그러므로 너희들은 항상 생각을 모아 마음에 두라. 만약 바른 생각을 잃어버리면 모든 공덕을 잃어버릴 것이며, 생각하는 힘이 날뛰면 여러 가지 궤변으로 논쟁하며 마음이 어지러워진다. 비록 집을 나왔다 할지라도 아직 해탈하지 못한 비구는 무익한 논쟁을 하지 말고 어지러운 마음을 쉬어야 한다. 열반의 즐거움을 얻으려면 논쟁의 번거로움을 없애야 하기 때문이다. 이것을 가리켜 논쟁치 않음이라 한다."

– 유교경 –

여래는 길잡이

"한결같은 마음으로 방일함을 원수와 도둑을 멀리하듯 하여라. 여래의 가르침은 모두 지극한 것이니 너희들은 부지런히 그렇게 행해야 한다. 산속이나 늪가나 나무 밑에서, 혹은 고요한 방에 한가히 있을 때에, 들은 법을 생각해서 잊거나 잃어버리지 말고 스스로 힘써 부지런히 수행하라.

아무것도 해놓은 일 없이 헛되이 죽으면 뒷날 반드시 후회함이 클 것이다. 나는 의사와 같아 병을 알고 약을 말하는 것이니, 먹고 안 먹는 것은 의사의 허물이 아니다. 나는 길잡이와 같아 좋은 길로 사람을 인도하는 것이니, 듣고서 가지 않더라도 그것은 길잡이의 허물이 아니다."

- 유교경 -

게으르지 말고 노력하라

한때 부처님께서 사왓띠 교외에 있는 제따와나 정사에 있을 때 비구들을 모아 놓고 이런 문답을 하였다.

"비구들이여, 예를 들어 여기 궁술의 달인(達人) 네 명이 모여 있다고 하자. 그곳에 한 사나이가 찾아와서 그들을 향해 호언하였다. '당신들 네 사람이 동서남북 사방을 향하여 활을 당기면 나는 그 화살들이 땅에 떨어지기 전에 모두 잡아 보이겠다.'

비구들이여, 나는 아무래도 그런 일은 불가능하다고 생각하지만 혹시라도 가능하다면 그 사람은 정말로 빠른 사람이라고 말하지 않을 수 없다."

"부처님이시여, 참으로 굉장히 빠른 것입니다. 만약 궁술의 달인 한 사람이 한 방향으로 쏜 화살을 땅에 떨어지기 전에 멋지게 잡아내기만 해도 그 사람은 이미 대단히 빠른 사람입니다. 그런데 지금 그 남자는 궁술의 달인 네 사람이 사방으로 쏜 화살을 모두 다 땅에 떨어지기 전에 잡아낸다고 하니 그 빠름은 정말 놀라운 것입니다."

"비구들이여, 그러나 그 사람보다 빠른 것이 있다. 해와 달이 움직이는 속도는 특히 빠르다. 또 해와 달이 움직이는 속도보다 더욱더 빠른 것이 있다. 인간의 수명이 변해가는 속도는 그것보다도 훨씬 빠르다.

비구들이여, 그러므로 그대들은 이와 같이 배워야 한다. '사람의 생명이 변해가는 모습은 해와 달이 변해가는 속도보다 빠르다. 그렇다면 나는 지금 방일하지 않고 노력해야 한다."

- 상응부경 20, 6 -

6. 번뇌(생사심 : 生死心)를 다스리는 법

수행의 실제(배의 관찰 중심)

- 수행자(yogi)는 번뇌를 없애는 것이 아니라 번뇌가 일어난 즉시 즉각 알아차려야 한다. 번뇌의 의도를 아는 동시에 번뇌는 사라진다. 마치 빛이 있으면 어둠이 사라지듯이.

- 아랫배의 일어나고 사라짐(혹은 다른 수행주제)에 전심전력(全心全力)을 다하여 관찰하면 번뇌는 사라진다. 알아차림을 놓칠 때 번뇌가 들어온다. 모든 현상의 첫 순간에 관찰하지 못하면 번뇌가 일어난다.

- 현재 순간을 놓치지 말라. 그 곳이 현상의 본성이다. 무엇을 기대하면 미래이고, 판단하면 과거이다. 이 모두가 상념이다. 현재를 백 퍼센트 철견하면 견성이다.

- 혼침·망상·괴로움 등의 장애가 나타났을 때는 늙고, 병들고 죽는다는 사실에 대한 두려움과 무상심을 가지고 재발심해야 한다. 삶은 불확실하고 죽음은 확실하다.

- 번뇌는 모든 괴로움과 생사의 원인이다. 번뇌로 인하여 잘못된 견해가 일어나고 감각적 쾌락에 집착하여 생사윤회의 업을 일으킨다. 첫 번째 일어난 생각에서 두 번째로 넘어가기 전에 관

찰해야 한다.

- 부처님께서는 번뇌를 제거하는 데 두 가지 방법이 있다고 했다. 즉 원인을 없애는 방법과 결과를 없애는 방법이다. 이 중 번뇌의 시작인 근본을 끊는 방법이 더 낫다. 불방일(不放逸), 즉 빈틈없는 마음챙김이 번뇌를 제거하는 유일한 길이다. 개에게 돌을 던지면 개는 돌을 쫓아가지만 사자에게 돌을 던지면 사자는 사람을 문다. 근원을 바로 끊음은 부처님께서 인가하신 바요, 잎 따고 가지 찾음은 내 할 일이 아니로다.

- 수행은 번뇌라는 적과 맞붙어 싸우는 전쟁과 같다. 어떠한 번뇌라도 정면으로 대결해서 극복해야 한다.

- 많은 생각이 지혜 수련에 커다란 장애가 된다. 특히 지적인 사람은 원인을 탐구하는 데 시간을 보내어 선정력을 약하게 만든다. 무조건 알아차려라.

- 삿띠빳타나(satipaṭṭhāna)에서 빠(pa : 초강력, 특별히 강한 용맹스러운, 전심전력의 뜻이 있다)가 부족하면 망상이 일어난다. 매일의 수행에 진보가 없을 때, 지루해져 퇴굴심이 일어난다. 집요하고 끈질긴 강인한 노력으로 퇴굴심을 극복해야 한다.

- 수행시 슬럼프에 빠지면 대결정심(great determination)으로 자신을 질책하고 일상 생활 중 모든 몸과 마음의 움직임과 현상을 놓치지 않고 관찰함으로써 전화위복된다. 도가 현전하길 바라거든 순경계, 역경계를 두지 말라(欲得現前, 莫存順逆).

- 몸과 마음의 본성을 정확하게 보고 이해하면 번뇌는 일어나지 않는다(특히 법의 관찰에서 오온이 관찰될 때). 법성에 맡기면 도에 합하여 소요하여 번뇌가 끊긴다.(任性合道 逍遙絶惱).

- 부처님께서는 "마음이 안에도 머물지 않고, 밖에도 머물지 않고 일어나는 욕망을 정확한 마음챙김(알아차림, sati)으로 제거하면 고(苦)를 멸(滅)한다."라고 했다.

한 생각이 일어나면 이것으로 그 내용에 뛰어 들어가서 이야기를 만들지 말고 즉각 알아차려라. 이것이 일어나면 저것이 일어나고, 이것이 사라지면 저것이 사라진다.

- 망상을 관찰하지 못하면 희망이 없다. 관찰해도 망상이 있다면 힘차고 정확하게 관찰하지 않은 것이다. 이 노력은 필수적이다.

- 이론이나 생각에 집착하지 말라. 결론을 만들지 말라. 지혜는 깊은 삼매에서 온다. 논리적, 철학적 이론으로는 얕은 삼매만 온다. 근본으로 돌아가면 뜻을 얻고 비춤을 따르면 종취를 잃는다(歸根得旨 隨照失宗).

집착하면 법도를 잃음이라, 반드시 삿된 길로 들어간다(執之失度 必入邪路)

- 삼매에 대한 집착이나 걱정이 혼란을 가져 올 수 있다. 호기심이나 수행상의 기대가 수행의 진보를 방해한다. 만약 그런 생각이 일어나면 즉각 알아차려라.

참됨을 구하려 하지 말고 오직 망녕된 견해만 쉴지니라(不用求眞 唯須息見).

- 미지의 세계가 드러날듯 말듯 할 때의 의심처럼 수행에서도 어떻게 일어나고 어떻게 사라지는가의 인과관계를 약간 의심을 넣어 의관(疑觀)해 보는 것도 도움이 된다.

- 하나의 대상이 지루하고 수행의 열정이 식어가면 다른 대상으로 옮겨라. 특히 표적 관찰을 효과적으로 이용해야 한다.

- 강하고 분명한 알아차림과 망상 속도보다 빠르고 기민한 알아차림은 번뇌를 허용하지 않는다.

- 지금 현재에 일어나고 있는 대상과 관찰, 그리고 관찰 이외에 어느 것에도 망상이 일어나게 해서는 안 된다. 일어나는 첫 순간을 알면 된다.

- 번뇌의 낌새를 알아차려라. 호흡, 감정, 마음상태, 머리 부분, 가슴 부분 등에서 수행자의 상태에 따라 그 낌새를 알 수 있다.

- 일단 알아차린 대상은 처음부터 끝까지 면밀하게 알아차린다. 주변의 사소한 것까지 스쳐가면서 알아차리면 효과적이다.

- 알아차림이 어디서 끝나고 어디에서 시작되는가를 바라보면서 끊어지는 순간이 없어야 한다. 나무를 비벼서 불을 내듯이….

- 대상의 초점을 정확하게 포착해야 한다. 번뇌의 의도, 일어나는 첫 순간, 몸과 감각, 마음의 첫 순간, 중간과정, 사라짐과 그 사이…. 그리고 뒤에서 바라보는 반야의 앎도 함께 있으면 번뇌는 설 곳이 없다.

- 알아차리는 순간 어느 곳에 힘이 주어지고 얼마만큼 어떻게 느껴지는가를 자세하게 관찰하라.

- 어떤 번뇌가 일어나더라도 거부하거나 싫어하지 말고 즉각 알아차려야 한다. 그래도 번뇌가 사라지지 않으면 그 원인을 보고 주관과 객관, 그 사이에서 일어나는 감각(受), 인식(想), 반응(行)을 해체해서 살펴보라. 그러면 번뇌의 실체가 없음을 알게 된다.

- 마음이 말하는 마음을 정확히 보면 망상은 사라진다. 망상은 마음이 쉴새없이 속삭이는 것이다.

242

- 삿띠를 놓친 순간 삿띠를 바로 더 강하게 두라.

- 처음에는 알아차림과 대상이 객관적으로 거리를 두고 알게 된다. 수행이 깊어지면 식(識)과 삿띠가 구분되는 것을 반야로 알 수 있다.

- 마음 관찰이 되면 피곤해도 몸이 피곤하지 마음은 피곤하지 않다는 것을 알게 된다.

- 알아차림을 놓치는 순간 번뇌는 일어난다.

- 번뇌가 생겨나기는 쉬워도 번뇌를 없애기는 매우 어렵다. 그보다 더 해로운 것은 번뇌에 미혹되어 즐거워하는 것이다.

- 드러나지 않는 고통이 어디에서 비롯되었는지 깨달았는가? 그것은 별로 해롭지 않다고 하찮게 여기는 번뇌와 욕망에서 기인한다.

- 결과에 대해 너무 성급한 기대를 가져서는 안 된다. 신심과 확신을 지닌 수행자는 참고 견뎌내겠다는 결심을 다져야 한다.

- 부지런할 때도 수행을 이어가고 게으를 때도 수행을 중단하지 말라. 자신의 마음이 어느 시간 어느 공간을 향하고 있는지 항상 알아차리고 있어야 한다.

- 뜨거움이 일어나면 차가움은 사라지고, 차가움이 있으면 더이상 뜨거움은 없다. 뜨거움과 차가움은 같은 곳에 존재하기 때문이다. 이와 마찬가지로 깨달음과 미혹 또한 같은 곳에 존재한다.

- 번뇌는 고양이와 같다. 먹이를 주는 한 고양이는 주인 곁을 떠나지 않는다.

- 붓다는 지금 이 순간에 살라고 이르셨다. 나쁜 행위를 삼가고서도 그에 관한 생각을 놓아버리고 선행을 하고서도 그에 관

한 생각을 놓아버려라.

- 수행이 잘 될 때도 있고 그렇지 못할 때도 있을 것이다. 걱정하지 말고 계속 꾸준히 하라. 의혹이 일어나면 마음 속에서 일어나는 모든 다른 것들과 마찬가지로 그 생각 역시 무상(無常)한 것임을 깨달아라.

- 수행자가 지켜야 할 의무는 마음챙김과 평상심 그리고 지족(知足)이다.

- 수행자에게 지루함은 문제가 되지 않는다. 마음을 자세히 들여다보고 있으면 잠시도 가만 있지 않음을 알 수 있다. 따라서 언제나 해야 할 일이 있는 셈이다.

- 수행 중 몸과 마음이 사라지면 가슴의 느낌을 보라. 그것마저 사라지면 아는 마음 속의 미세한 감각이나 의식의 흐름을 보라. 현상이 남아 있는 한 끝까지 내관해야 한다.

- 아직 갖고 있지 않은 지혜나 깨달음에 대해 생각만 해서는 아무 것도 이룰 수 없다. 지금 현재 일어나고 사라지는 현상만 있는 그대로 관찰하라.

- 수행은 무언가를 성취하는 것이 아니다. 오직 있는 그대로 알아차리는 것이다. 특히 표적 관찰과 자연 관찰을 조화롭게 하면 번뇌가 발붙일 곳이 없다.

부처님께서 가르친 번뇌(生死心) 제거를 위한 다섯 가지 방법

이와 같이 나는 들었다. 한때 부처님께서 사왓띠에 계실 때 비구들에게 다음과 같이 말씀하셨다.

"보다 높은 의식이나 깨달음을 얻고자 하는 비구는 다섯 가지 번뇌 제거법을 가끔씩 생각해 보아야 한다.

무엇이 다섯이냐?

(1) 수행하는 주제를 벗어나서 욕망·성냄·어리석음과 관련된 불건전한 생각이 비구의 내부에서 일어날 때, 이러한 번뇌를 제거하기 위하여 건전한 생각과 관련된 다른 주제에 마음을 집중해야 한다. 그러면 삿되고 불건전한 생각은 제거되어 사라진다. 번뇌의 제거로 말미암아 마음은 확고부동하게 본래의 수행 주제 안에 집중되어 통일된다.

마치 숙련된 목수가 널빤지에서 튀어나온 거친 나무못을 다듬어진 나무못으로 제거하듯이 비구는 번뇌의 대상을 제거하기 위하여 건전한 생각과 관련된 다른 주제를 생각하여야 한다. 이렇게 하면 번뇌 망상은 사라지고 마음은 확고부동하게 본래의 수행주제에 집중되어 통일된다.

(2) 위와 같이 노력해도 번뇌망상이 계속된다면, 비구는 삿된 번뇌망상으로 초래되는 그 악업의 결과를 숙고해 보아야 한다. 즉 이러한 나의 생각은 참으로 비난받을 만하고 불행한 결과를 초래한다. 그러므로 이와 같은 삿된 번뇌는 제거되어 소멸되어야 한다. 이렇게 번뇌를 제거함으로써 마음은 확고부동하게 자신의 본래 주제에 집중되어 통일된다.

마치 세련되게 정장한 신사나 숙녀가 자신의 목 주위에 뱀이나 개 혹은 사람의 시체가 닿을 때 기겁을 하여 도망치는 것처럼, 번뇌의 대상을 제거하기 위하여 다른 주제에 집중해도 번뇌가 사라지지 않는 비구는 삿된 번뇌로 말미암아 초래되는 비참한 결과를 숙고하여 번뇌를 제거함으로써 마음은 확고부동하게 자신의 본래 주제에 집중되어 통일된다.

(3) 만약 번뇌 망상의 불행한 결과를 숙고해도 번뇌가 사라지지 않는다면 비구는 번뇌의 대상에 대하여 관심이나 생각이 기울어지지 않도록 최선을 다하여 노력해야 한다. 그러면 삿된 번뇌 망상은 제거되어 소멸되고 마음은 확고부동하게 자신의 본래 주제에 집중되어 통일된다.

마치 눈이 예리한 사람이 그의 시야에 들어온 대상을 보지 않기 위하여 그의 눈을 돌리거나 감아버리듯이, 번뇌로 인한 불행한 결과에 대해 숙고해도 계속 번뇌가 일어나는 비구는 번뇌대상에 주의나 관심을 기울이지 않도록 전심전력해야 한다. 그러면 번뇌 망상은 사라지고 마음은 본래의 주제에 집중되어 통일된다.

(4) 만약 위와 같이 노력해도 번뇌가 계속된다면, 비구는 번뇌의 원인을 제거하도록 성찰해야 한다. 그러면 삿된 번뇌 망상은 사라지고 마음은 확고부동하게 본래의 수행주제에 집중되어 통일된다.

마치 빨리 걸어야 할 이유가 없는 것을 안 사람은 천천히 걷고, 천천히 걸어야 할 이유가 없는 것을 안 사람은 그 자리에 서 있고, 서 있을 이유가 없는 것을 안 사람은 자리에 앉고, 자리에 앉아 있을 이유가 없는 것을 안 사람은 바닥에 누워 불편한 자세를 제거하여 편한 자세를 취하듯이, 생각을 번뇌대상에 기울이지 않으려고 노력해도 계속 번뇌가 일어나는 비구는 번뇌의 원인 (조건)을 제거하는 것에 숙고해야 한다. 그러면 번뇌 망상은 사라지고 마음은 자신의 본래 주제에 확고부동하게 집중되어 통일된다.

(5) 만약 번뇌의 원인제거에 몰두해도 계속 번뇌가 일어난다면 이를 악물고 혀를 입천장에 붙이고 좋은 생각(마음챙김)에 의하여 나쁜 생각을 가라앉혀 극복해 버려야 한다. 그러면 탐욕·성냄·어리석음과 관련된 삿된 번뇌 망상은 사라지고 마음은 확고부동하게 본래의 수행 주제에 집중되어 통일된다.

마치 힘이 장사인 역사가 힘이 약한 사람의 머리와 팔, 다리를 비틀어 잡고, 꼼짝 못하게 하여 제압하듯이, 번뇌의 원인을 제거하려고 해도 번뇌가 계속되는 비구는 이를 악물고 혀를 입천장에 붙이고 좋은 생각에 의하여 나쁜 생각을 정복하여 가라앉혀 극복해야 한다. 그러면 마음은 확고부동하게 본래의 수행주제에 집중되어 통일된다.

위와 같이 말한 다섯 가지 방법에 의하여 번뇌를 조복하여 제거한 비구를 생각이 자재로운 비구라 부른다. 그가 원하는 생각은 생각할 수 있고, 그가 원하지 않는 생각은 생각하지 않는다. 그 비구는 욕망을 제거해 버렸고, 번뇌에서 벗어나 올바르게 자신을 다스려 고(苦)의 멸(滅)을 이루었다.

이와 같이 부처님께서 설법하시자 그곳에 모인 비구들은 모두 환희에 넘쳐 그 말씀을 받들어 행하였다.

- 중부경 20 -

원수의 그 어떤 원한보다도 마음의 그 어떤 저주보다도 잘못된 내 마음이 내게 주는 재난이 그보다 더 크다.

- 법구경 42 -

그의 정복에 다시 패배란 없는 것, 이 세상의 번뇌를 정복하지 못한 자 누구도 부처님을 따를 수 없다.

- 법구경 -

만약 쉬지 않고 정근(精勤)하여 생각을 한 곳으로 모으고 계속 이어간다면 오래지 아니하여 번뇌를 쉬고 무상보리를 얻는다.

- 대집월장경 -

무릇 마음이란 한 곳으로만 지으면 이루지 못할 것이 없다.

- 유교경 -

지극한 도는 어렵지 않음이요(至道無難)
오직 간택함을 꺼릴 뿐이니(有嫌揀擇)
미워하고 사랑만 않으면(但莫憎愛)
통연히 명백하리라(洞然明白)[17]

- 신심명 -

여자에 대한 남자의 애욕(이성에 대한 욕망)은 그것이 아무리 작더라도 꺼지지 않는 한 그는 윤회에 매달린다. 송아지가 어미 젖에 매달리듯이.[18]

- 법구경 -

---

17) 간택심, 증애심이 번뇌이다.
18) 애욕의 번뇌의 불은 애욕이 일어난 곳에 마음챙김하면 사라진다. 번뇌는 뿌리가 없기 때문이다(妄想無種). 어떠한 번뇌도 마음챙김으로 퇴치된다. "헛것인 줄 알았으면 곧 떠나라. 헛것을 떠나면 곧 해탈이다."

248

이 세상 모든 중생들이 음란한 마음만 없다면 생의 고통에서 바로 해탈할 수 있을 것이다. 너희가 수도하는 것은 번뇌를 없애려는 것인데, 음란한 마음을 끊지 않고서는 절대로 번뇌에서 벗어날 수 없다.

- 능엄경 -

태어난 것은 죽음을 피할 길이 없다. 늙으면 죽음이 온다. 실로 생이 있는 자의 운명은 이런 것이다.

보라, 친척들이 애타는 마음으로 지켜보지만, 사람은 하나씩 도살장으로 끌려가는 소처럼 사라져 간다. 그러나 슬기로운 이는 세상의 참 모습을 알고 슬퍼하지 않는다. 자신의 즐거움을 구하는 사람은 슬픔과 욕심과 걱정을 버리라. 자기 번뇌의 화살을 뽑아라. 번뇌의 화살을 뽑아버리고 거리낌없이 마음의 평안을 얻는다면, 모든 걱정을 초월하여 근심 없는 자, 평안에 돌아간 자가 될 것이다.19)

- 숫따니빠따 -

독사가 방안에서 자고 있는데

낮에는 부지런히 착한 법을 닦아 익히고, 밤중에는 경전을 읽어라. 잠만 잠으로써 나날을 아무 소득없이 헛되이 보내서는 안 된다. 항상 덧없는 불길이 온 세상을 불사르고 있음을 생각하여 빨리 자신을 구제할 것이며 부디 깨어 있으라.

---

19) 생·로·병·사의 원인은 탐·진·치 번뇌이다. 번뇌의 제거는 마음챙김으로 가능하다. 지혜와 번뇌는 양존할 수 없다. 웃으면서 울 수는 없지 않는가.

모든 번뇌의 도둑이 항상 틈을 엿보고 원수처럼 침범하는데 어찌 잠자기만을 일삼아 경계하지 않을 것인가.

번뇌가 네 마음속에 잠자고 있는 것은 마치 검은 독사가 네 방에서 자고 있는 것과 같다. 그러므로 계율을 가지는 갈퀴로써 빨리 물리쳐 없애버려야 한다. 독사가 나간 뒤에라야 마음 놓고 편히 잠들 수 있다. 독사가 나가지 않았는데 잠자고 있다면 그는 어리석기 짝이 없는 사람이다.

- 유교경 -

번뇌, 즉 보리

유마힐이 문수사리에게 물었다.

"어떤 것이 여래의 종자가 됩니까?"

"일체 번뇌가 여래의 종자가 되니 비유하면 큰 바다에 들어가지 아니하면 능히 무가(無價)의 보주를 얻지 못하는 것과 같습니다. 이렇게 번뇌인 큰 바다에 들어가지 아니하면 능히 일체의 지혜보배를 얻지 못합니다."[20]

- 유마경 -

번뇌의 뿌리는 다르나 갖가지 법이 있는 것은 아니니 오직 하나인 대승(大乘), 청량한 8정도(八正道)가 있을 뿐!

- 능가경 -

---

20) 오탁악세가 여래의 종자다(대승불교의 특징). 연꽃은 맑은 물이 아닌 흙탕물에서 핀다. 미(迷)하면 번뇌이고 깨치면 보리열반이다. 일어나는 번뇌를 두려워하지 말고 관찰하지 못함을 스스로 경책해야 한다. 스스로….

아난아! 네가 지금 알고 보고(知見) 하는데, 안다는 생각(知)을 내면 무명의 근본이요, 알고 보고 하는데 본다는 소견(見)이 없으면 곧 번뇌 없고 참된 열반이니, 이 가운데 어찌 다른 물건을 용납하겠느냐.

- 능엄경 -

일체의 모든 법은 오직 제 마음이 분별하여 본 것임을 깨달아 알지 못하기 때문에 분별심이 일어나나, 마음임을 깨달으면 곧 분별심이 없어진다. 지혜로써 안팎의 모든 법을 관찰하면 앎(能知)과 알 바(所知)가 모두 다 적멸하다.21)

- 능가경 -

생사의 독부터 뽑아라

부처님께서 사왓띠의 기원정사에 계실 때였다. 말룽카 존자(尊者)는 홀로 조용한 곳에 앉아 이렇게 생각했다.

'세계는 영원한가 무상한가? 무한한 것인가 유한한 것인가? 목숨이 곧 몸인가 목숨과 몸은 다른가? 여래는 마침이 있는가 없는가? 아니면 마침이 있지도 않고 없지도 않는가? 부처님께서는 이러한 말씀은 전혀 하시지 않는다. 그러나 나는 그러한 태도가 못마땅하고 이제는 더 참을 수가 없다. 부처님께서 나를 위해 세계는 영원하다고 말씀한다면 수행을 계속 하겠지만, 영원하지 않다면 부처님을 비난한 뒤에 떠나야겠다.'

말룽카는 해가 질 무렵 자리에서 일어나 부처님께로 갔다. 아

---

21) 생멸멸이(生滅滅已)가 적멸(寂滅)이다.

까 혼자서 속으로 생각한 일들을 말씀드리고 이렇게 덧붙였다.

"부처님께선 저의 이러한 생각에 대해서도 한결같이 진실한 것인지 허망한 것인지 기탄없이 바로 말씀해 주십시오."

부처님께서 물으셨다.

"말룽카, 내가 이전에 너를 위해 세상은 영원하다고 말했기 때문에 너는 나를 따라 수행을 하고 있었느냐?"

"아닙니다."

"그 밖의 의문에 대해서도, 내가 이전에 너를 위해 이것은 진실하고 다른 것은 다 허망하다고 말했기 때문에 나를 따라 도를 배웠느냐?"

"아닙니다."

"말룽카, 너는 참 어리석구나. 그런 문제에 대해서는 내가 일찍이 너에게 말한 일이 없고 너도 또한 내게 말한 일이 없는데, 너는 어째서 부질없는 생각으로 나를 비방하려고 하느냐?"

말룽카는 부처님의 꾸지람을 듣고 머리를 떨어뜨린 채 말이 없었으나 속으로는 의문이 가시지 않았다.

부처님께서 비구들을 향해 말씀하셨다.

"어떤 어리석은 사람이 '만약 부처님께서 나를 위해 세계는 영원하다고 말하지 않는다면 나는 그를 따라 도를 배우지 않겠다'라고 생각한다면, 그는 그 문제를 풀지도 못한 채 도중에서 목숨을 마치고 말 것이다. 이를테면, 어떤 사람이 독 묻은 화살을 맞아 견디기 어려운 고통을 받을 때 그 친족들은 곧 의사를 부르려고 했다.

그런데 그는 '아직 이 화살을 뽑아서는 안 되오. 나는 먼저 화살을 쏜 사람이 누구인지를 알아야겠소. 성은 무엇이고 이름은 무엇이며 어떤 신분인지를 알아야겠소. 그리고 그 활이 뽕나무로 되었는지 물푸레나무로 되었는지, 화살은 보통 나무로 되었는지 대나무로 되었는지를 알아야겠소. 또 화살깃이 매털로 되었는지 독수리털로 되었는지 아니면 닭털로 되었는지 먼저 알아야겠소' 라고 이와 같이 말한다면 그는 그것을 알기도 전에 온 몸에 독이 번져 죽고 말 것이다.22)

세계가 영원하다거나 무상하다는 이 소견 때문에 나를 따라 수행한다면 그것은 옳지 않다. 세계가 영원하다거나 무상하다고 말하는 사람에게도 생로병사와 근심 걱정은 있다.

또 나는 세상이 무한하다거나 유한하다고 단정적으로 말하지는 않는다. 왜냐하면 그것은 이치와 법에 맞지 않으며, 수행이 아니므로 지혜와 깨달음으로 나아가는 길이 아니고, 열반의 길도 아니기 때문이다.

그러면 내가 한결같이 말하는 법은 무엇인가. 그것은 곧 괴로움과 괴로움의 원인과 괴로움의 소멸과 괴로움을 소멸하는 길이다. 어째서 내가 이것을 한결같이 말하는가 하면, 이치에 맞고 법에 맞으며 수행인 동시에 지혜와 깨달음의 길이며 열반의 길이기 때문이다. 너희들은 마땅히 이렇게 알고 배워야 한다.”

부처님께서 이렇게 말씀하시니 말룽카를 비롯하여 여러 비구들이 기뻐하면서 받들어 행했다.

- 중아함경, 전유경 -

---

22) 독화살이 번뇌이다. 체험이 뒷받침 안 된 논쟁에 대한 집착도 번뇌이다. 쌍윳따니까야 2권 중 이와 같은 질문에 대해 부처님께서는 12연기로 답하셨다.

7. 수마를 극복하는 법

수행의 실제

- 아침에 일어나는 즉시 시계를 보지 말고 경행부터 하라. 그렇지 않으면 수면을 즐길 것이다. 졸음이 오면 보다 빠르게 걸어라. 용맹스러운 노력 앞에 무엇이 두렵겠는가.

- 게을러지면 졸음이 온다. 잠이 오면 원기왕성하게 관찰하라.

- 졸음이 오는 순간 즉각 알아차린다. 알아차리는 즉시 졸음의 느낌이 시원함으로 바뀐다. 이것 역시 알아차려라.

- 심하게 졸음이 오면 그 느낌을 계속 관찰한다. 그래도 가지 않으면 속으로 큰 소리로 관찰대상의 이름을 부른다(예 : 일어남, 사라짐, 졸음, 앉음, 닿음…등)

- 관찰대상을 분명하게 놓치지 않는 한 졸음에는 안 떨어진다.

- 졸음이 올 때는 힘차고 빠르게 관찰대상을 바꾸어 나가라.

- 혼침이 오면 세 가지 노력 중 특히 추가적인 노력으로 영웅적인 용맹심을 발휘해야 한다. 부처님과 정각자 아라한에게는 번뇌와 졸음이 없는데 왜 나에겐 있는가? 스스로 경책도 해본다.

부처님께서 말씀하신 졸음의 극복

① 오! 목련 존자여! 어떤 생각을 하다가 혼침이 그대에게 덮치면, 그 생각에 더 이상 주의를 팔지 말아야 하며, 그 생각에 자주 머물지 말아야 한다. 그렇게 하면 혼침이 사라질 수 있다.

② 그래도 혼침이 사라지지 않으면 그가 이미 듣고 배운 바법(法)을 마음속에 떠올려 생각하고 되새기라. 그렇게 하면 혼침

이 사라질 수 있다.

③ 그래도 혼침이 사라지지 않으면 그대가 이미 듣고 배운 법을 모두 세세하게 암송하라. 그리고 지난 날 힘차게 정진했던 경험을 상기하라. 그렇게 하면 혼침이 사라질 수 있다.

④ 그래도 혼침이 사라지지 않으면 귓불을 잡아당기고, 손바닥으로 팔다리를 문지른다. 그렇게 하면 혼침이 사라질 수 있다.

⑤ 그래도 혼침이 사라지지 않으면 자리에서 일어나 세수하고 사방을 둘러보고 하늘의 별을 쳐다본다. 그렇게 하면 혼침이 사라질 수 있다.

⑥ 그래도 혼침이 사라지지 않으면 빛에 대한 내면적 인식을 확립하고 낮에 그러했듯이 밤에도, 밤에도 그러했듯이 낮에도 또한 맑고 트인 마음으로 밝음에 가득 찬 의식을 계발한다. 그렇게 하면 혼침이 사라질 수 있다.

⑦ 그래도 혼침이 사라지지 않으면 마음챙김하여 경행한다. 그렇게 하면 혼침이 사라질 수 있다.

⑧ 그래도 혼침이 사라지지 않으면 마음챙김한 채 사자모양새로 두 발을 포개어 오른쪽이 바닥으로 가도록 조심스럽게 눕는다. 일어난 즉시, "다시는 드러눕거나 기대는 즐거움에, 잠자는 즐거움에 빠지지 않으리라"고 결심하고 마음챙겨 나간다.

- 증지부 58경 -

일어나 앉아라. 잠을 자서 너희들에게 무슨 이익이 있겠는가. 화살에 맞아 고통받는 이에게 잠이 웬말인가. 일어나 앉아라. 평안을 얻기 위해 일념으로 배우라. 그대들이 게을러서 그 힘에 굴복한 것을 죽음의 왕이 알고 그대들을 헤매지 못하도록 하라.

- 숫따니빠따 -

아나율의 수마 조복

부처님께서 기원정사에서 많은 대중을 위해 법을 설교하고 계실 때였다. 그 자리에는 아니룻다(아나율)도 있었는데 그는 설법 도중 꾸벅꾸벅 졸고 있었다. 부처님께서 설법이 끝난 뒤 아니룻다를 따로 불러 말씀하셨다.

"아니룻다, 너는 어째서 집을 나와 도를 배우느냐?"

"생로병사와 근심 걱정의 괴로움이 싫어 그것을 버리려고 집을 나왔습니다."

"그런데 너는 설법을 하고 있는 자리에서 졸고 있으니 어떻게 된 일이냐?"

아니룻다는 곧 자기 허물을 뉘우치고 꿇어앉아 부처님께 말씀 드렸다.

"이제부터는 이 몸이 부서지는 한이 있더라도 다시는 부처님 앞에서 졸지 않겠습니다."

이때부터 아니룻다는 밤에도 자지 않고 뜬 눈으로 계속 정진하다가 마침내 눈병이 나고 말았다. 부처님께서는 그를 타이르셨다.

"아니룻다, 너무 애쓰면 조바심과 어울리고 너무 게으르면 번뇌와 어울리게 된다. 너는 그 중간을 취하도록 하여라."

그러나 아니룻다는 전에 부처님 앞에서 다시는 졸지 않겠다고 맹세한 일을 상기하면서 타이름을 들으려고 하지 않았다. 아니룻다의 눈병이 날로 심해진 것을 보시고 부처님께서는 의사 지바카에게 아니룻다를 치료해 주도록 당부하셨다. 아니룻다의 증세를 살펴본 지바카가 부처님께 말씀드렸다.

"아니룻다 님이 잠을 좀 자면서 눈을 쉰다면 치료할 수 있겠습니다만, 통 눈을 붙이려고 하지 않으니 큰일입니다."

부처님께서는 다시 아니룻다를 불러 말씀하셨다.

"아니룻다, 너는 잠을 좀 자거라. 중생의 육신은 먹지 않으면 죽는 법이다. 눈은 잠으로 먹이를 삼는 것이다. 귀는 소리로 먹이를 삼고, 코는 냄새로, 혀는 맛으로, 몸은 감촉으로, 생각은 현상으로 먹이를 삼는다. 그리고 여래는 열반으로 먹이를 삼는다."

아니룻다는 부처님께 여쭈었다.

"그러면 열반은 무엇으로 먹이를 삼습니까?"

"열반은 게으르지 않는 것으로 먹이를 삼는다."

아니룻다는 끝내 고집을 버리려고 하지 않았다.

"부처님께서는 눈은 잠으로 먹이를 삼는다고 말씀하시지만 저는 차마 잘 수 없습니다."

아니룻다의 눈은 마침내 앞을 볼 수 없게 되고 말았다. 그러나 애써 정진한 끝에 마음의 눈이 열리게 되었다. 육안을 잃어버린 아니룻다의 일상생활은 말할 수 없이 불편하였다.

어느 날 해진 옷을 깁기 위해 바늘귀를 꿰려 하였으나 꿸 수가 없었다. 그는 혼잣말로 "세상에서 복을 지으려는 사람이 나를 위해 바늘귀를 좀 꿰어 주었으면 좋겠네."라고 하였다.

이때 누군가 그의 손에서 바늘과 실을 받아 해진 옷을 기워주었다. 그 사람이 부처님인 것을 알고 아니룻나는 깜짝 놀랐다.

"아니 부처님께서는 그 위에 또 무슨 복을 지으실 일이 있으십니까?"

"아니룻다, 이 세상에서 복을 지으려는 사람 중에 나보다 더한 사람은 없을 것이다. 왜냐하면, 나는 여섯 가지 법에 만족할 줄 모르기 때문이다. 여섯 가지 법이란, 보시와 교훈과 인욕과 설법과 중생제도와 더없는 바른 도를 구함이다."

아니룻다가 말씀드렸다.

"여래의 몸은 진실한 법의 몸이신데 다시 더 무슨 법을 구하려 하십니까? 여래께서는 이미 생사의 바다를 건너셨는데 더 지어야 할 복이 어디 있습니까?"

"그렇다, 아니룻다. 네 말과 같다. 중생들이 악의 근본인 몸과 말과 생각의 행을 참으로 안다면 결코 삼악도(三惡道)에 떨어지지 않을 것이다. 그러나 중생들은 그것을 모르기 때문에 나쁜 길에 떨어진다. 나는 그들을 위해 복을 지어야 한다. 이 세상의 모든 힘 중에서도 복의 힘이 가장 으뜸이니, 그 복의 힘으로 불도를 성취한다. 그러므로 아니룻다, 너도 이 여섯 가지 법을 얻도록 하여라. 비구들은 이와 같이 공부해야 한다."

- 증일아함경, 역품 -

8. 경행으로 얻는 다섯 가지 이득

경행의 효과

부처님 자신도 경행(walking meditation)을 권장하고 경행으로부터 오는 이득을 다섯 가지로 설명했다.

첫째, 경행은 건강과 강한 지구력, 힘을 가져다 줌으로써 먼 여행을 떠날 때 유익하다. 부처님 당시에는 차량이나 운반 수단이 없었으므로 탁발하면서 먼 길을 걸어서 가야 했다. 강인한 지구력을 갖는 것이 필요했다.

둘째, 마음챙김 수련을 위한 정진력을 성장시킨다. 경행은 마음챙김하기 위하여 좌선시 행하는 두 배의 노력이 필요하기 때문이다. 즉 경행시에는 순간순간 변화하는 대상에 빈틈없이 마음챙김을 확고하게 하기 위해서는 두 배의 노력이 필요하다.

셋째, 좌선에만 치우치게 되면 병의 원인이 될 수 있다. 경행은 근육을 이완시켜 주어 혈액순환을 도와준다. 그러므로 좌선과 경행에 균형을 이루면 건강에도 좋고 마음챙김의 성장에도 대단한 도움을 얻을 수 있다.

넷째, 음식 소화에 좋다. 소화불량이 되면 병이 되어 마음챙김 수행에 대단한 장애를 가져온다. 특히 아침에 일어나는 즉시 경행을 하면 졸음을 쉽게 물리치고 좌선 시에 효과적으로 마음챙김을 계발하게 한다.

다섯째, 경행시 발걸음을 들어올리고, 앞으로 내밀고 내려놓은 매순간을 놓치지 않고 마음챙김한다면, 선정력(집중력)을 배가시킨다. 선정과 함께 마음챙김된 채로 발을 들어올리려는 의도, 들어올림, 앞으로 내밀려는 의도, 앞으로 내밈, 내려놓으려는 의도, 내려놓음 등으로 알아차림이 흩어지지 않고 계속 이어진다면 선정이 상당히 계발된다. 매 걸음마다 집중력이 증가한다. 이렇게 증가된 집중력은 좌선시에 결정적으로 중요한 역할을 한다. 직접 체험해보면 안다. 또한 경행시에 강한 알아차림과 선정이 갖추어진다면, 법(Dhamma)의 깊은 면을 투시할 수 있고 경행 중에 깨달음을 얻을 수도 있다.

마하시 사야도는 좌선하기 전에 경행을 하지 않는 수행자를 자동차의 충전되지 않은 밧데리에 비유한다. 자동차를 자주 사용하지 않는다면, 밧데리는 약해질 것이다. 자동차를 계속 사용할 때 밧데리는 재충전된다.

경행을 게을리한 수행자도 좌선시에 강한 삼매와 확고부동한 마음챙김을 유지하기가 어렵다. 좌선 전과 좌선 중간에 경행을 부지런히 계발한 수행자는 엔진을 가동하기가 쉬운 자동차처럼 수행의 균형을 이룰 수 있다. 경행시의 강한 집중력은 좌선으로 연속되고 좌선 수행의 진보를 위해 강한 초석이 된다.

이 법문은 불교 경전을 근거로 해서 우빤디따 사야도의 법문을 중심으로 설명했다. 매순간 정확하게 마음챙김하여 몸과 마음이 어떻게 상호 연관되어 있고, 그 특성은 어떠한 것인가를 분명한 앎으로 알아차려 궁극의 열반을 실현하길 바란다.

경행으로 깨달은 실례
마하나가 장로의 경행대 위에서 깨침

타랑가라에 주석하고 있는 담마린나 장로는 누진통을 이룬 위대한 장로 중의 한 분이다.

하루는 낮에 좌선을 하다가 문득 스승인 마하나가 장로의 생각이 떠올랐다. '우리 스승은 완전한 정각을 이루었을까?' 그리고 천안으로 살펴보니 스승은 아직 범인의 경지에 머물고 있어서 자신이 가서 도와주지 않으면 범부로 생을 마감할 형편이었다.

그는 신통력을 써서 허공을 날아 스승이 계시는 곳에 사뿐히 내려앉았다.

스승께 절을 올리고 한쪽에 앉았다.

"담마린나여, 어떤 일로 갑자기 오셨소?"

"스님께 여쭈어 볼 것이 있어서 왔습니다!"

"물으시오, 벗이여, 알고 있는 것은 모두 답해 주겠소"

모든 질문에 마하나가 장로는 거침없이 대답했다.

"스님의 지혜가 참으로 예리하시군요, 언제 이런 경지에 도달했습니까?"

"60년 전이라오."

"신통력을 쓰실 수 있습니까? 스님."

"그야 어렵지 않소"

"그럼 코끼리를 만들어 보십시오, 스님."

마하나가 장로는 전신이 새하얀 코끼리를 만들었다.

"그럼 그 코끼리가 두 귀를 쭈뼛하게 세우고 꼬리를 뻗치고 코를 입에 넣어 무서운 나팔소리를 내면서 곧바로 스님에게 쫓아오도록 해보십시오"

장로는 그렇게 했다. 돌진해 오는 코끼리의 무서운 형상을 보자 그는 벌떡 일어나 도망치려 했다. 그러자 이미 번뇌를 소멸시킨 제자가 손을 뻗어 가사자락을 붙잡고 말했다.

"스님, 번뇌가 다한 사람에게도 겁이 남아 있습니까?"

그러자 스승은 자신이 아직도 범부라는 것을 깨달았다. 그는 담마린나의 발 앞에 무릎을 꿇고 말했다.

"벗, 담마린나여, 나를 도와주오"

"스님, 도와드리지요. 그러기 위해서 온 걸요. 염려마십시오."

그리고는 그에게 명상 주제를 설해주었다.

스승은 그 명상 주제를 받고서는 경행대에 올라서자, 세 발짝 만에 아라한과에 도달했다.[23]

아난다 존자의 경행 수행

부처님께서 대열반에 든 후 약 4개월쯤에 첫 결집회의가 열렸다. 이것은 부처님의 모든 가르침을 분류하고, 조사하고, 확인하고 암송하기 위하여 모인 승가회의를 뜻한다. 그 당시에 오백 명의 승려가 이 작업을 위해서 선발되었다. 그들 중 사백 구십구 명은 아라한(깨달음을 완전히 이룬 정각자)이었던 반면 아난다만은 수다원(입류과)에 머물고 있었다.

다른 아라한들과 같은 수준인 아라한으로서 그 결집에 참여하기 위하여 그 결집 전날부터 그 다음 결집의 날 먼동이 터올 때까지 전력을 다해서 수행을 했다. 그날이 8월의 네 번째 하현이었다. 그는 몸에 대한 마음챙김 관찰(Kāya-gatā-sati)을 계속했다. 그것은 몸의 현상에 마음챙김하여 통찰하는 것(Kāya-nupassanā-satipaṭṭhāna)으로 알려진 것이다.

아난다는 밤새도록 경행수행을 계속했다. 그것은 '오른발, 왼

---

23) 이 내용이 시사하는 바는 많다. 독자들이 각자 음미해주기 바란다. 명상 주제에 대해 구체적인 설명이 없으나 경행이 아닌가 한다.(대념처경 참조) 필자가 인도에 부처님께서 머무셨던 기원정사에 갔을 때도 부처님께서 경행하셨던 경행대를 본 적이 있다. 마음의 정·혜와 노력이 균형을 이루어 완전히 집중되었을 때는 몇 발자국 만에도 '일초직입 여래지'한다는 것을 알 수 있다. 그리고 경행수련에 숙달되면 생활과 선이 둘이 아닌 활동선이 된다.

262

발' 혹은 '걸음, 걸음'으로 알아차리는 것과 같은 방법이었을 것이다. 그리하여 아난다는 그 다음날 새벽까지 매번 걸음마다 마음과 몸의 현상에 대해 전념을 다하여 관찰하는 데 몰두했다. 그러나 그는 아라한과를 못 얻었다.

그때 아난다는 생각했다. '나는 최선을 다해왔다. 부처님께서 한때 〈아난다여, 너는 충분한 선근(공덕)을 갖고 있다. 마음챙김 수련을 쉬지 말고 계속해 나가라. 너는 언젠가 아라한과를 틀림없이 얻을 것이다.(1부의 마지막 나날들 참조)〉라고 말씀하셨다. 나는 수행에서 자신의 최선을 다해온 사람들의 하나에 꼽힐 만큼 나의 최선을 다해왔다. 나의 실패의 이유가 무엇이란 말인가?'

그때 그는 생각났다.

'아! 나는 밤새도록 경행 수련에만 너무나 과도하게 몰두했구나. 정진(노력)은 너무 지나치게 과도했고 선정(집중)은 약했다. 그것이 불안정(uddhacca)의 원인이었다. 노력의 수준을 선정과 균형시키기 위해서 경행을 멈추고 누워서 계속 관찰하는 것이 필요하다.' 따라서 아난다는 그의 방에 들어가서 자리에 앉아서 관찰하면서 누우려고 했다. 눕는 순간에 '누움, 누움'으로 관찰하는 바로 그때에 아난다는 아라한과를 얻었다.

이와 같이 짧은 순간에도 열반의 실현은 가능하다. 선정과 지혜가 충분히 계발되었을 때는 언제, 어디서 깨달음을 얻을지 모른다. 이렇게 아라한과를 실현하는 방법이 주석서에서는 특별한 경우로 기록되어져 있다. 왜냐하면, 이 방법은 행(行)·주(住)·좌(坐)·와(臥)의 네 가지 기본적인 자세에서 벗어나 있기 때문이다. 그 순간 아난다는 엄격히 서 있는 자세에 있었다고 할 수 없다.

왜냐하면, 그의 발은 바닥에서 떨어져 있었기 때문이다.

그리고 그의 몸은 베개에 막 닿으려는 자세에 있었기 때문에 앉은 자세도 아니고 그의 머리는 베개에 닿지 않고 몸도 아직 반듯하게 눕지 않았기 때문에 누운 자세도 아니다. 아난다는 수다원과에 있었으므로 나머지 3단계 즉 두 번째 도과(道果)인 일래과(一來果 : 사다함), 세 번째 도과(道果)인 불환과(不還果 : 아나함), 네 번째 도과인 최종적인 아라한을 통과해야만 했다. 짧은 순간에 이러한 성위과를 단숨에 이루었다.

그러므로 휴식이나 빈틈없이 매순간 집중하여 관찰수련을 실행할 필요성이 있다. 언제 돈오돈수할지 모르기 때문이다.

9. 수행을 진보시키는 다섯 가지 방법

첫째, 수행자는 환자처럼 행동해야 한다. 모든 행동, 일거수, 일투족을 천천히 마치 요통으로 고통받고 있는 환자처럼 움직여야 한다(외부와 단절된 결제 수련시).

지금까지 우리는 조급하고 들뜬 마음으로 살아왔다. 그러나 지금부터는 몸과 마음에 알아차림을 집중시키기 위하여 진지하게 노력해야 한다. 처음 시작단계에서는 몸과 마음의 진행은 빠른 속도로 움직이고 있는 반면, 마음챙김과 지혜는 이러한 진행의 속도에 미치지 못한다. 마음챙김과 지혜가 이러한 진행들을 따라잡기 위해서는 천천히 행동하는 것이 필수불가결한 것이다.

건강한 사람일지라도 환자처럼 행동해야 한다. 만약 멀리서 어떤 대상을 바라볼 때, 그 대상은 희미하게 아른거린다. 또한 대상을 밀착해서 관찰하지 않으면, 거칠어 보이고(미세하지 못함) 모호하다. 만약 관찰의 범위가 넓다면 분명하고 섬세하게 관찰 못할지도 모른다. 그러므로 천천히 행동하면 쉽고 효과적으로 관찰대상을 포착한다. 그러면 마음챙김·노력·삼매가 쉽게 일어나서 대상의 본성을 쉽게 볼 것이다. 목욕할 때나 식사, 모든 생활에 천천히 행동하는 것이 바람직하다.

둘째, 눈먼 장님처럼 행동해야 한다. 마음이 통제되어 있지 않은 사람은 항상 지나가는 사람과 물건들을 두리번거려서 마음은 불안정하여 고요하지 못하다. 이때 욕망과 성냄이 들어온다.

반면, 장님은 눈을 내리깔고 침착하게 앉음으로써 고요한 태도로 행동한다. 그는 사람과 물건을 보기 위하여 다른 방향으로 얼굴을 돌리지 않는다. 왜냐하면, 장님이라 볼 수 없기 때문이다. 심지어 어떤 사람이 그에게 다가와서 말을 하려고 해도 결코 돌아보지 않는다. 이와 같은 침착한 태도는 본받을 만하다. 수행자도 관찰을 하고 있는 동안은 이와 같이 침착하게 행동해야 한다.

수행자는 어느 곳도 보아서는 안 된다. 그의 마음은 관찰대상에만 완전히 전념해야 한다. 심지어 이상한 것이 주위에서 일어나더라도 그러한 것들을 주의깊게 보아서는 안 된다. 단지 '봄, 봄' 하면서 알아차림을 하고 다시 배의 '일어나고 사라짐(혹은 다른 수행의 주제)'으로 돌아와야 한다. 수행자는 장님으로 오인받을 만큼 전심전력으로 정진해야 한다.

셋째, 귀먹은 사람처럼 행동해야 한다. 보통사람은 소리를 듣는 순간 소리가 난 곳으로 고개를 돌려서 그쪽을 본다. 혹은 그에게 말을 한 사람을 향하여 대답하려고 방향을 돌린다. 그는 침착한 태도로 행동하지 않는다. 반면 귀먹은 사람은 어떠한 소리나 말에도 주의를 기울이지 않고 침착하게 행동한다. 왜냐하면, 결코 들을 수 없기 때문이다. 이와 마찬가지로 수행자도 중요하지 않은 말에는 주의를 기울이지 말아야 하고 어떠한 얘기나 말에도 신중하게 들으려 해서는 안 된다.

만약 경우에 따라 말이나 소리를 듣는다면 즉시 '들음, 들음' 하면서 알아차리고 다시 배의 움직임인 '일어남, 사라짐(혹은 다른 수행주제)'으로 돌아온다.

넷째, 벙어리처럼 행동해야 한다.

지적인 사람이나 이론에 밝은 사람은 이미 알고 있는 것을 말하고 싶어 한다. 그러나 수행 중에는 벙어리처럼 가장하여 지적인 표현을 삼가야 한다. 논쟁에 끼어들지 말고 말을 억제해야 한다. 수행상담을 할 때 수행자가 스승의 지시에 끼어들어 경전상의 말을 인용하는 경우가 있다. 이론과 실제는 반드시 일치하지 않는다. 이것은 마치 이런 비유와 같다. 다른 사람의 결혼식을 잘 진행시킨 사람이 그가 결혼식을 치를 때는 혼단 상에 잘못 올라가서 신부의 자리에 서 있는 것과 같다. 수행자가 수행을 배우고 있을 때는 배우기만 해야 한다. 지식을 자랑할 필요는 없다. 고양이가 발톱이 필요할 때까지는 감추듯이 수행자는 아는 것도 말하지 말아야 한다.

다섯째, 순경계·역경계에서 시체처럼 무심해야 한다.

땅에 누워 있는 시체는 닿아 있을 때도 감각이 없다. 수행자는 시체처럼 행동하며 인내를 가지고 모든 역경을 참아야 한다.

수행은 어떤 면에서는 모험이다. 성공하면 궁극을 본다. 부처의 길이 가혹하고 잔인하다고 생각할지도 모른다. 절대 그렇지 않다. 보다 나은 궁극의 행복을 성취하기 위해서는 희생을 감수해야 한다.

이것과 관련해서 밀린다왕문경에는 나가세나 존자가 수탉에 비유를 해서 다음과 같이 왕에게 가르치고 있다.

"보이는 대상에는 마치 눈 먼 장님처럼
들을 때는 마치 귀머거리처럼
이야기에서는 마치 벙어리처럼
건강한 사람도 마치 환자처럼 행동하고
사건이 일어날 때도 시체처럼 행동해야 합니다."

"또한 대왕이시여, 수탉의 경우는 흙덩이나 작대기 등으로 구타를 당해도 자신의 영역을 결코 포기하지 않습니다. 수행자도 수행자 자신의 영역을 포기해서는 안 됩니다. 그 영역은 다름아닌 사념처입니다."[24]

※ 올바른 선정은 1권 P.203 참조

---

24) 누가 말했던가 "근원으로 돌아오기 위하여 헤아릴 수 없는 많은 발걸음을 옮겼다. 처음부터 귀머거리나 장님이었더라면 좋았을 것을 참된 집에 살게 되면 그 무엇도 꺼릴 것이 없다. 강은 잔잔히 흐르고, 꽃은 붉게 피어 있다."

10. 올바른 삶(正語·正業·正命) : 생활이 수행이다

수행의 실제

- 마음챙김은 붓다의 생활법이다(Mindfulness meditation is Buddha's way of life).

- 일상생활이 수행이다(Life is practice). 하나의 동작, 하나의 마음 현상이라도 알아차리지 못하면 수행자의 생명을 잃어버리는 것이다.

- 일상생활에서 마음챙김(관찰)을 할 수 없으면 수행의 발전을 기대하지 말라.

- 한 순간의 상황에서 다른 상황으로 바뀔 때 빈틈없이 마음을 챙겨라. 역경계에서 닦은 공부는 더욱더 견실하다.

- 지속적이고, 중단없이 관찰하면 매일매일 새로워지고 발전한다.

- 이야기, 잡담하는 것은 통찰지혜에 커다란 장애가 된다. 5분간 잡담은 하루종일의 수행을 망친다. 부처님께서는 "사람이 태어날 때에는 그 입안에 도끼를 가지고 나온다. 어리석은 자는 욕설을 함으로써 그 도끼로 자신을 찍고 만다."고 하셨다.

- 수행과 관련 없는 책 읽는 것, 기억하는 것, 과거 생각은 수행에 방해가 된다. 꼭 필요한 것만 하되 마음챙김을 놓치면 안 된다.

- 고통이 수행자의 친구이다. 피하지 말라. 고통의 본성을 알면 해탈이다. "고통의 관찰은 열반으로 인도하고 참지 못함은 지옥으로 인도한다."

- 경행 중에 심한 고통이 있으면 잠시 중단한 채로 서서 그 고

268

통의 가장 아픈 곳의 변화를 주시하라.

- 생활 속에서 마음을 어지럽히고 혼란스럽게 하고, 방해하는 어떠한 것(화냄·걱정·불안·기쁨…)도 수용해서 관찰하라.

"누가 말했는가, 어떠한 적(enemy)도 즐길 수 있다고."

"아이들은 어른의 안식처이고 아내는 가장 으뜸가는 친구이다."

아내(혹은 남편)와 같이 자재(自在)하여 수행할 때 그러하다.

- 망상, 감정적인 것이 일어나면, 다소 빨리, 힘차고 정확하게 마음챙김하여 관찰하면 망상은 사라지고 삼매는 깊어진다.

- 화나고 불안하고 괴로울 때 이때야말로 수행을 점검할 수 있는 좋은 기회이다. 일체 경계에서 자유로우면 해탈이다.

- 재욕무욕(在慾無慾) 즉, 욕심 속에서 욕심이 없어야 한다. 연꽃이 흙탕물에서 피어나듯이 욕망은 알아차림을 놓칠 때 일어나고 알아차리면 지혜가 일어난다.

법구경에도 "우리 진정 행복하게 살아가자. 증오 속에서도 증오없이 미워해야 할 사람 속에서도 미움을 버리고 우리 자유롭게 살아가자"라고 했다.

5장애도 마음 집중하여 관찰하면 열반으로 가는 디딤돌이 된다.

- 가끔씩 용서관과 자비관을 행한다. "만일 내가 다른 사람에게 몸으로, 입으로, 생각으로 잘못을 행했다면, 내가 평화롭고 행복하게 살 수 있도록 용서받기를 원합니다. 나는 또한 누군가가 나에게 몸으로, 입으로, 생각으로 잘못을 행했다면 그들이 평화롭고 행복하게 살 수 있도록 용서합니다.

나 자신이 탐·진·치에서 벗어나 영원한 자유와 평화를 실현하기를 기원합니다. 나 자신과 마찬가지로 일체 중생이 탐·진·치에서 벗어나 영원한 자유와 평화를 실현하기를 기원합니다."

– 아무리 미운 사람도 언젠가 한 번은 윤회 중에 나의 어머니였다.

– 고통이 우리에게 지혜를 가져다 준다. 행복은 우리를 눈멀게 한다. 편안함과 행복은 주의를 앗아가지만 고통이 있을 때는 이를 주시하게 되기 때문이다.

– 다른 사람을 판단하는 것은 자신의 자만심만 키울 뿐이다.

– 만일 사람들이 그대를 나쁘게 말하거든 오로지 자신을 들여다 보라. 그들이 틀렸다면 그들을 무시해 버려라. 만약 그들이 맞다면 그들에게 배워라. 어느 쪽이든 화를 낼 필요는 없지 않은가!

– 세상을 거울이라고 생각하라. 세상 모든 것들은 단지 자기 마음의 반영일 뿐이다. 그것을 깨달으면 언제랄 것도 없이 항상 모든 시간이 향상의 기회이고, 모든 경험이 진리를 드러내고 깨달음을 가져다 준다. 다른 사람들과 원만히 지내기 위해서는 자만심과 자존심을 버리고, 순간적인 쾌락에 탐닉하는 짓을 그만두어야 한다.

– 오욕과 득실, 명예와 불명예, 행복과 불행, 칭찬과 비난 등이 팔정도의 길로 승화되면 진리의 길로 나아갈 수 있다. 세속적인 법이 존재하는 곳엔 진리의 길도 존재한다.

– 불 옆에 서 있지 않으면 화상을 입지 않을 것이며 수신자가 없는 편지는 되돌아가게 마련이다. 자질구레한 알음알이 시비에 휘말리지 않고 유유자적 세상을 살아가는 수행자는 평정에 든다.

– 정작 중요한 것은 삶에 대해 어떻게 느끼는가가 아니라 삶 그 자체를 어떤 식으로든 바꾸려 들지 않는 자세이다. 사물이나

현상을 있는 그대로 바라보며 놔두어야만 한다.

-우리가 어떤 대상을 놓고 스스로에게 '그것 원래 그런 거야'라고 꾸준히 되뇌일 수만 있다면, 그 대상에 대해 더 이상 집착할 필요가 없게 된다. 그때 비로소 '놓아버림'을 통한 자유에 이를 수 있다.

- 우리는 집착에 대해 변명이 너무 많다.

- 우리는 일반적으로 칭찬받기를 원하고 비난받기를 싫어한다. 그러나 청정한 지혜를 통해 보게 되면 칭찬도 비난도 모두 다 실체가 없는 것들일 따름이다.

- 제발 정신 차리도록 하라! 자신의 세계를 만들어 내는 사람은 바로 자신일 뿐이다.

- 지금의 상태를, 그렇게 되기를 바라는 어떤 상태와 비교할 때 고통이 일어난다. 만물은 본디 있는 그대로 존재하기 때문이다. 오직 비교만이 우리에게 고통을 일으킨다.

- 한 사람을 명확하게 알게 된다는 것은 세상 모든 사람들까지 알게 된다는 것을 의미한다.

- 행복감이 일어날 때 우리는 그것을 안다. 불만이 일어날 때도 우리는 그것을 안다. 행복과 불만을 나의 것으로 동일시하지 않는 것이 바로 '있는 그대로' 받아들이는 것이다.

- 행여라도 자신이 다른 사람보다 낫다고, 못하다고, 같다고 생각한다면 고통만 당하게 될 뿐이다.

- 공양 시에도 음식 맛에 집착하지 않도록 항상 씹는 동작과 느낌, 동작의 움직임을 관찰하라. 맛에 탐착하면 마음수련이 되지 않는다.

- 활동하거나 걸어다닐 때도 관찰을 놓치지 말아야 한다. 특히 동작을 하기 전에 마음챙김을 먼저 하여 그 의도부터 관찰하라. 그러면 자신의 무의식 속에 있는 악습이나 고정관념을 쉽게 찾아내서 개선할 수 있다.

- 삼계(三界)는 모두 무상·고·무아의 윤회현상이다. 정도의 차이가 있을 뿐이다.

- 날로 심해가는 고통의 세계로부터 벗어나는 것은 돈을 내고 영화를 구경하는 것처럼 쉬운 일이 아니다. 그 길은 쾌락과 열정의 흐름에 역행하는 것으로 목숨을 건 전심전력의 헌신이 필요하다.

- 자신의 결점을 찾아 내면을 들여다보라. 자신을 계발하거나 개선하지 않는 한, 남의 장점이나 단점을 발견하는 따위의 일은 아무 쓸모가 없다.

- 계율 수행의 마지막 단계에 이르는 유일한 길은 마음을 청정하게 하는 것이다. 그것이 지금 여기에서 알아차리는 것이다.

- 남을 흉보지 말라. 타인이 잘못 행동하더라도 그대가 고통스러워할 필요는 없다. 그들에게 무엇이 옳은지를 지적해 주었는데도 그 법도에 따라 행하지 않는다면 그쯤에서 그대로 놔두라. 남의 업은 남에게 맡기라. 집착하지 말고 남의 수행을 건너다 보지 말라.

- 누군가에게 빼앗기지 않는다 해도 세월이 그것을 빼앗아 간다.

- 올바른 방향을 잡아 오직 수행에만 매진하라. 결과는 그대의 업에 맡겨 두라. 그러면 한 생이 걸리든, 백 생이 걸리든 아니면 천 생이 걸리든 수행은 순조로울 것이다.

- 좋은 것이 일어날 때는 좋은 상태 그대로 내버려두라. 좋지 않은 것도 좋지 않은 그 본래의 성질 그대로 내버려두라. 우리가 더 이상 아무것도 원하지 않게 될 때 평화가 굳건히 자리잡게 된다.

- 번뇌와 마음은 미묘하게 얽혀 있어서 마음을 번뇌로부터 분리시키는 것은 쉽지 않다. 마음챙김을 놓치는 순간, 번뇌는 마음을 다시 휘젓고 다닌다. 마음챙김의 방어선을 항상 지켜 내야 한다.

- 깨달음을 '원함'과 번뇌를 '원하지 않음'은 둘 다 모두 갈애이다. 이것들은 동일한 것의 양극단일 뿐이다. 그러나 우리는 이 욕망들이 존재하는 바로 그 자리에서 담마(法)를 깨달을 수 있다. 이것들은 단지 마음의 움직임으로 찰나지간에 나타났다 사라지는 현상들일 따름이다.

- 진리의 눈으로 보면 오직 '절대 공(空)'만이 존재한다. 여기에는 더 이상 나와 너, 우리도 그들도, 또 다른 그 누구도 존재하지 않는다.

- 법 안에서 산다는 것은 지금 있는 바로 이 자리에서 아무 부족함을 느끼지 않음을 의미한다.

경전에 나타난 경책어

홍련지옥에 떨어진 자의 수명은 짐차에 실은 깨알의 수만큼 된다고 지자들은 헤아렸다. 그 햇수는 오조 년(五兆年)과 오천만 년이다. 지옥의 고통이 아무리 오래 계속된다 할지라도 그 동안은 지옥에 머물러야 한다. 그렇기 때문에 인간은 청정하고 어질고 착한 미덕을 위해 항상 바른 말과 바른 마음을 지켜야 한다.

- 숫따니빠따 -

금이 소나기처럼 쏟아진다 하더라도 사람의 욕망은 채울 수 없으리라. 욕망에는 짧은 쾌락과 많은 고통이 있음을 현자는 안다. 천상의 쾌락에도 즐거움은 없다. 완전히 깨달은 수행자만이 갈애의 소멸을 기뻐한다.

어리석은 사람은 괴로워한다.

제 몸도 자기 것이 아닌데

어찌 자식과 재산이 제 것일까.

- 법구경 -

　재물과 쾌락만을 쫓는 사람은 칼날에 묻은 꿀을 핥아 먹는 어린아이와 같다. 꿀맛은 달지만 혀를 베이는 위험이 따른다.

- 사십이장경 -

세속의 일에 정신이 흩어져서 명상하지 못하고, 쾌락을 따르는 자는 명상에 깊이 잠긴 수행자를 부러워한다.

- 법구경 -

고타마 붓다의 제자는 언제나 깨어있다. 그들의 마음은 밤낮으로 마음챙김 속에서 기뻐한다.

- 법구경 -

자기를 괴롭히지 않고 남을 해치지 않는 말만을 하여라. 이것이야말로 참으로 잘 설해진 말씀이다.

- 숫따니빠따 -

남의 허물은 쉽게 눈에 띄지만 자기의 허물은 눈에 보이지 않는 것. 남의 허물은 겨처럼 까불어 버리고 자기의 허물은 감추려든다. 마치 도박꾼이 불리한 패를 감추듯이.

- 법구경 -

좌선(坐禪)이라 함은 밖으로는 일체 선악 경계(남의 시비, 선악, 공과)에 마음과 생각이 일어나지 않음이 좌(坐)며, 안으로는 자성을 보아 움직이지 않는 것이 선(禪)이다. 밖으로 상(相, 모양)을 떠남이 선이며, 안으로 어지럽지 않음이 정(定)이다.

- 육조단경 -

상하·좌우·중앙에서 그대가 알고 있는 무엇이건 그것을 세상의 집착이라고 알고, 이것저것 생존에 대한 집착을 가져서는 안 된다.

- 숫따니빠따 -

사실 어떤 사람들은 비방하는 말에 반발하나, 그처럼 옹졸한 사람을 우리는 칭찬하지 않는다. 논쟁의 집착이 이곳저곳에서 일어나 그들을 속박하므로 방심하게 된다.

남들이 입에 침이 마르도록 칭찬하거나 욕을 하더라도 수영장에 서있는 기둥처럼 태연하고, 애욕을 떠나 모든 감각기관을 잘 가라앉힌 사람, 현자들은 그를 성인으로 안다.

- 숫따니빠따 -

사람은 신앙의 힘으로 세상의 거센 흐름을 건너고 정진으로 바다를 건너며 근면으로써 고통을 극복할 수 있고, 지혜로써 완전히 청정해진다.

- 숫따니빠따 -

수보리여! 깨달음으로 가는 사람은 매사에 집착 없는 보시를 실천한다. 귀로 듣고 코로 냄새 맡고 혀로 맛보고 몸으로 부딪치고 머리로 사고하는 것에도 얽매이지 않는다.

- 금강경 -

자신의 내부에서 우러나오는 진리에 대한 열정이 없다면 캄캄한 어둠 속에서 도를 얻지 못한다. 참된 수도인은 세상의 허물을 탓하지 않는다.

- 육조단경 -

반야의 지혜는 철저하게 자기 자신에게 나온다. 결코 밖에서 오는 것이 아니다. 생활의지와 어긋나지 않음이 참된 성품의 자체 활용이다.

- 육조단경 -

여래에게는 원래 자기 국토라는 게 없다. 교화의 대상인 중생들이 사는 곳이 곧 불국토다.

- 유마경 -

사람들과 교류를 하거나 식사를 하거나 수면을 취하는 등의

276

행·주·좌·와에 있어서도 항상 마음을 집중하는 법을 잃지 않게 하여 법성 부동의 도리를 관찰해야 한다.

- 기신론 -

그대가 범속한 것을 싫어하고 성스러운 것을 좋아한다면 결코 생사고해를 건너지 못하리라. 번뇌는 생각함으로써 일어난다. 일체 경계에서 차별하는 마음을 일으키지 않으면 어찌 번뇌가 존재하리오. 그러면 도(道)는 저절로 현전하리라.

- 임제 -

보살은 큰 자비심을 길러 모든 이웃을 구제하겠다는 원을 세우고 이렇게 다짐한다.

내가 그들의 덕을 완성시키지 않으면 누가 완성시켜 줄 것인가.

내가 그들의 번뇌를 없애 주지 않으면 누가 없애 줄 것인가.

내가 그들을 청정하게 하지 않으면 누가 청정하게 해 줄 것인가.

- 화엄경 -

6바라밀이라 함은 6근을 밝힌다는 뜻이니, 6근이 청정하여 세상 번뇌에 물들지 않으면 번뇌를 벗어나서 저 언덕에 이르는 것이니 그러기에 6바라밀이라 한다.

- 달마관심론 -

불법과 세간법은 결코 같은 것이고 차별이 있을 수 없다. 세간법은 불법에 들어오고 불법은 세간법에 들어간다. 이와 같이 불법과 세간법은 서로 들어가면서도 어지럽지 않으며, 세간법이 불법을 깨뜨릴 수도 없다. 진실한 지혜의 세계는 파괴할 수 없기 때문이다.

- 화엄경 -

앉아 있다고 해서 그것을 좌선이라 할 수는 없다. 현실 속에 살면서도 몸과 마음이 움직이지 않는 것을 좌선이라 한다. 생각이 쉬어버린 무심한 경지에 있으면서도 온갖 행위를 할 수 있는 것을 좌선이라 한다.

- 유마경 -

다녀도 참선이요, 앉아도 참선이니(行亦禪坐亦禪) 어묵동정에 본체가 편안함이라(語默動靜體安然). 욕망 속에서 참선하는 힘이여(在欲行生禪知見力), 불 속에서 연꽃이 피니 끝내 시들지 않도다(火中生蓮終不壞).

- 증도가 -

대도는 본체가 넓어서 쉬움도 없고 어려움도 없거늘(大道體寬無易無難), 좁은 견해로 여우 같은 의심을 내어 서둘수록 더욱 더디어지도다(小見狐疑, 轉急轉遲)

일승으로 나아가고자 하거든 육진을 미워하지 말라(欲趣一乘, 勿惡六塵)

육진을 미워하지 않으면 도리어 정각과 동일함이라(六塵不惡, 還同正覺)

- 신심명 -

278

무엇이 최상의 행복인가

내 가르침을 배우는 사람은 내가 말한 바를 모두 믿고 따라야한다. 이를테면 꿀을 먹으면 속과 겉이 모두 달듯이 내 법문도 또한 그렇다.

나는 왕자의 지위를 문틈에 비치는 먼지처럼 보고, 금이나 옥 따위의 보배를 깨진 기왓장처럼 보며, 비단옷을 헌 누더기같이 보고, 삼천대천세계를 한 알의 겨자씨같이 본다. 열반을 조석으로 깨어 있는 것과 같이 보고, 평등을 하나의 참다운 경지로 보며, 교화 펴는 일은 사철 푸른 나무와 같이 본다.

- 사십이장경 -

무엇이 최상의 공덕인가

많이 듣는 것으로써 도를 사랑한다면 도는 끝내 얻기 어려울 것이다. 뜻을 지켜 도를 받들어 행할 때에야 그 도는 크게 이루어진다. 다른 사람이 도를 펴는 것을 보고 함께 기뻐한다면 그 공덕은 아주 클 것이다. 어떤 사문이 내게 물었다.

"그러면 그 공덕은 다할 때가 있습니까?"

나는 이렇게 대답해 주었다.

"한 횃불에 수천 사람이 저마다 홰를 가지고 와서 불을 붙여 간다 할지라도 그 횃불은 조금도 달라지지 않는다. 그 공덕도 또한 이와 같은 것이다. 악한 사람 백 명을 공양하는 것보다 한 명의 착한 사람을 공양하는 것이 더 낫고, 착한 사람 천 명을 공양하는 것보다 한 명의 오계(五戒) 지키는 사람을 공양하는 것이 더 낫다. 이와 같이 백억의 아라한을 공양하는 것보다 한 부처님을 공양하는 것이 더 낫고, 천 억의 부처님을 공양하는 것보다 분별없고 집착 없고 닦을 것 없고 증득할 것 없는 사람 하나를 공양하는 것이 더 낫다."

- 사십이장경 -

스무 가지 어려움

사람에게는 스무 가지 어려움이 있다. 가난하고 궁핍해서는 보시하기가 어렵고, 돈 많고 지위가 높아지고는 배우기가 어려우며, 목숨을 버려 죽기를 기약하기 어렵다. 살아서 부처님의 세상을 만나기 어렵고, 부처님의 경전을 얻어 보기 어렵다. 색심과 욕심을 참기 어렵고, 좋은 것을 보고 갖고 싶은 생각을 내지 않기 어려우며, 욕을 먹고 성내지 않기 어렵다. 권세를 가지고 뽐내지 않기 어렵고, 일을 당해 무심하기 어렵다. 널리 배워 두루 연구하기 어렵고, 아만을 버리기 어려우며, 무식한 사람을 깔보지 않기 어렵다. 마음을 평등하게 쓰기 어렵고, 남의 옳고 그름을 말하지 않기 어렵다. 선지식(善知識)을 만나기 어렵고, 자성(自性)을 보아 도를 배우기 어려우며, 형편따라 교화하여 사람을 제도하기 어렵고, 어떤 경우를 당해 움직이지 않기 어려우며, 방편을 잘 알기 어렵다.

- 사십이장경 -

칼날에 묻은 꿀(집 떠난 수행자를 위하여)

사람들이 재물과 색을 버리지 못하는 것은 마치 칼날에 묻은 꿀을 탐하는 것과 같다. 한번 입에 댈 것도 못 되는데 어린애들

280

은 그것을 핥다가 혀를 상한다. 사람이 처자식이나 집에 얽매이는 것은 감옥에 갇히는 것보다 더하다. 감옥은 풀릴 날이 있지만 처자식은 멀리 떠날 생각조차 없기 때문이다. 정과 사랑은 어떠한 재앙도 꺼리지 않는다. 호랑이 입에 들어가는 재난이 있다 하더라도 깊이깊이 빠져든다. 그러므로 이를 범부라 이르고 여기에서 뚫고 나오면 티끌을 벗어난 장부라 한다.

모든 욕망 가운데서 성욕보다 더한 것은 없다. 성욕은 크기의 한계가 없는 것이다. 다행히 그것이 하나뿐이었기 망정이지 둘만 되었더라도 도 닦을 사람은 아무도 없을 것이다. 애욕을 지닌 사람은 마치 횃불을 들고 거슬러 가는 것과 같아서 반드시 손을 태울 화를 입게 된다.

어떤 악마가 내게 마녀를 보내어 그 뜻을 꺾으려 했을 때 나는 이렇게 말했다.

"가죽 주머니에 온갖 더러운 것을 담은 자여, 너는 무엇하러 왔느냐. 물러가라, 내게는 소용이 없다!"

악마가 도리어 공경하는 마음을 일으켜 도의 뜻을 물었다. 나는 그를 위해 설명해 주었더니 그는 곧 눈을 뜨게 되었다.

- 사십이장경 -

진흙에 더럽혀지지 않는 연꽃

도 닦는 사람은 마치 나무토막이 물에 떠서 물결따라 흘러가는 것과 같다. 양쪽 기슭에도 닿지 않고, 누가 건져 가거나 소용돌이에 빠지지도 않고 썩지도 않는다면, 이 나무는 틀림없이 바다에 들어갈 것이다. 도를 배우는 사람도 이와 같아서, 정욕에 빠지거나 온갖 그릇된 일에 흔들리지 않고 정진에만 힘쓴다면 그는 반드시 도를 이룰 것이다. 너희들 스스로의 생각을 믿지 말라. 너희들 생각은 믿을 수 없는 것이다. 여인과 만나지 말라. 여인을 만나면 화가 생기게 마련이다. 아라한이 된 뒤에라야 너희들 뜻을 믿을 수 있을 것이다.

여인을 마주 보지 말고 함께 이야기도 하지 말라. 만일 함께 이야기할 때는 똑바른 마음으로 '나는 출가사문이다. 흐린 세상에 태어났으니 연꽃이 진흙에 더럽혀지지 않는 것과 같아야 한다'라고 생각하라. 나이 많은 여인은 어머니로 생각하고 손위가 되는 이는 누님으로, 나이 적은 이는 누이동생으로, 어린이는 딸과 같이 생각하여 제도하려는 마음을 내면 부정한 생각이 일어나지 않을 것이다.

도 닦는 사람은 마른 풀을 가진 것과 같아서 불에 가까이 가지 말아야 한다. 수행인이 욕망의 대상을 보거든 마땅히 멀리해야 한다. 어떤 사람이 음란한 생각이 그치지 않음을 걱정한 끝에 자기의 생식기를 끊으려 했다. 나는 그에게 다음과 같이 타이른 적이 있다.

"생식기를 끊는 것은 생각을 끊는 것만 못하다. 음란한 생각을 쉬지 않고서 생식기를 끊은들 무슨 소용이 있겠느냐."

사람들은 애욕으로 인해 걱정이 생기고 걱정으로 인해 두려움이 생긴다. 애욕에서 떠나버리면 무엇을 걱정하고 무엇을 두려워할 것인가.

- 사십이장경 -

282

인과는 피할 수 없다

난다는 사왓띠의 부호인 아나타삔디까의 소를 키우는 목동이었다. 그는 비록 남의 집 소를 쳐주는 목동이긴 했지만, 실은 자기 재산도 상당한 사람이었다. 난다는 가끔씩 기회 있을 때마다 아나타삔디까의 집에 들러, 그곳을 방문하신 부처님의 가르침을 듣곤 했다. 그러다가 신심이 난 그는 어느 때 부처님을 자기 집으로 초청했는데, 부처님께서는 아직 때가 되지 않았다고 하시면서 그의 청을 거절하시었다.

그로부터 얼마의 세월이 흐른 뒤, 부처님께서는 이제 난다가 바르게 불법을 받아들일 때가 되었다고 판단하시어 난다의 집을 스스로 방문하시었다. 난다는 너무나 기뻐 부처님을 반갑게 맞이한 뒤 이레 동안 우유를 비롯하여 목장에서 나는 갖가지 음식으로 부처님을 극진히 공양했다. 그러자 난다는 곧 수다원과를 성취하였다. 그런 다음 부처님께서는 난다의 집을 떠나시었는데, 난다는 부처님의 발우를 받아들고 부처님을 먼 곳까지 배웅해 드린 다음 자기 집으로 향했다.

난다는 집으로 돌아오던 중에, 전생에 난다와 원한 관계를 맺고 태어난 사냥꾼이 쏜 화살을 맞고 죽었다. 그러자 부처님을 뒤따라가며 시중을 들던 비구들이 부처님께 여쭈었다.

"부처님이시여, 재가신자 난다는 부처님을 잘 공양했습니다. 그리고 부처님을 존경하여 먼 길까지 따라 나와 부처님을 배웅했습니다. 그런데 그는 화살에 맞아 죽고 말았습니다. 부처님이시여, 만약 부처님께서 그를 찾아가지 않으셨다면 그는 죽지 않았을 것이 아닙니까?"

부처님께서는 대답하시었다.

"비구들이여, 여래가 난다를 찾아가든 찾아가지 않든, 또는 그가 동서남북의 어느 곳에 있든, 그는 자기에게 다가오는 죽음을 피할 수가 없었다. 그리고 비구들이여, 너희들은 그의 죽음을 슬퍼하기보다는 그가 행여 타락된 마음에서 벗어나지 못하였을까를 염려하도록 하여라. 도적이나 원수에 의해 죽는 것보다는 타락되고 집착된 마음과 삿된 견해를 가진 채 죽는 것이 더 큰 재앙이기 때문이다."

그리고 부처님께서는 다음 게송을 읊으시었다.

원한과 같은 마음이라 할지라도
그것은 단지 그 대상에게만 피해를 줄 뿐.
그러나 타락되고 집착된 헛된 마음은
자기 자신에게 크나큰 피해를 준다.

- 법구경 42 -

하루의 마음챙김은 부도덕한 백 년의 삶보다 낫다

어느 때 서른 명의 비구들이 부처님으로부터 수행에 관한 법문을 듣고 수행 주제를 받아 사왓띠의 제따와나 수도원으로부터 약 120요자나 떨어진 곳에 있는 아주 큰 마을로 정진하기 위해 떠났다. 이때 그곳에는 약 오백 명쯤 되는 도적들이 깊은 숲속에 초막을 치고 그곳을 본거지로 삼아 갖은 악행을 저지르고 있었다. 이 도둑들은 신들에게 제사를 지낸다면서 사람의 고기와 피를 함부로 희생시키고 있었는데, 어느 때 도적들이 마을의 수도원으로 내려와서 비구 한 사람을 자기들의 보호신에게 올릴 제사 희생용으로 바치라고 강요하는 일이 있었다.

그러자 나이가 많은 비구로부터 젊은 비구에 이르기까지 많은 비구들이 서로들 자원하여 자기가 가겠다고 나섰다. 이때 비구들 속에는 사리풋타 존자의 추천으로 이곳에 온 상낏짜라는 나이 어린 사미가 있었다. 이 사미는 겨우 일곱 살이었지만 수행 경지에 있어서는 이미 아라한이었다. 상낏짜는 여러 비구들에게 자기 스승인 사리풋타 존자께서 이미 이런 일이 일어날 것을 아시고 자기를 이곳에 파견하신 만큼 자기가 잡혀가야 한다고 극구 주장했다. 그래서 결국은 상낏짜가 도둑들에게 잡혀가게끔 되었다. 수도원에 남은 비구들은 어린 사미를 도적들에게 보내고 나서 마음이 불편하기 이를 데 없었다.

도적들은 사미를 잡아다 놓고 제사 준비를 하느라고 매우 바쁘게 움직였다, 이때 사미는 좌선을 하고 앉아서 마음을 고정시켜 선정에 들어 있었다. 이때 강도들이 사미에게 다가왔으며, 두목이 날카로운 칼을 높이 쳐들어 어린 사미의 목을 힘껏 내리쳤다.

그렇지만 사미의 목은 조금도 다치지 않았다, 오히려 두목의 칼날이 뭉그러졌을 뿐이었다. 이에 두목은 칼날을 바르게 편 다음 다시 상낏짜의 목을 내리 쳤다. 그러나 이번에도 그는 조금도 다치지 않았고, 그 대신 칼의 손잡이 부분이 구부러져 버리는 것이었다.

이처럼 불가사의한 결과가 나오자 도적의 두목은 구부러진 칼을 내던지고 사미 상낏짜의 발 앞에 무릎을 끓고 엎드려 용서를 빌었다. 그리고 오백 명의 도적들도 처음에는 매우 흥미롭게 구경하다가 나중에는 큰 공포에 휩싸이고 말았다. 그래서 그들도 엎드려 사미에게 용서를 구했으며, 자기들도 비구가 되어 수행할 수 있도록 허락해 달라고 졸랐다. 사미는 그들의 요구를 들어주 겠다고 약속했다.

어린 사미는 그렇게 도적들을 모두 조복시킨 다음 그들 오백 명을 비구로 만들어 마을로 돌아왔다. 그래서 수도원에 남아 있던 비구들은 걱정을 잊게 되었고, 그가 무사히 돌아온 것을 기뻐 했다. 상낏짜는 오백 명의 비구들을 이끌고 스승인 사리풋타 존 자를 찾아 뵙고 인사를 드리려고 여행을 떠났다. 그리고 마침내 제따와나 수도원에 도착하자 그는 스승께 인사를 올린 다음 부 처님을 친견했다. 부처님께서는 그로부터 경과를 전해 들으시고 나서 이렇게 말씀하시었다.

"비구들이여, 너희들이 강도짓을 하거나 남의 것을 훔치는 등 여러 가지 나쁜 행위를 하면서 백 년을 산다 해도 그런 인생은 아무 가치가 없다. 비구들이여, 악행을 범하면서 백 년을 사는 것 보다는 단 하루라도 계행을 청정하게 지키면서 덕을 쌓으며 마 음 닦는 수행을 하며 사는 것이 훨씬 수승하리라."

그리고 부처님께서는 다음 게송을 읊으시었다.

감각기관을 잘 다스리지 못하고
부도덕하게 백년을 사는 것보다
단 하루라도 계행을 지키며
마음을 고요히 닦는 것이 훨씬 낫다.

부처님의 이 말 끝에 오백 명의 비구들은 모두 아라한을 얻었다.

- 법구경 110 -

11. 기타의 장

음식의 절제

"비구는 어떻게 식사를 절제하는가? 비구는 지혜롭게 생각한 다음 음식을 취한다. 즉, 즐기거나 자만하거나 몸을 윤택하게 만들거나 또는 몸을 가꾸기 위해서가 아니라 오로지 이 몸을 유지, 지탱하기 위해서 성스러운 생활을 뒷받침하기 위해서 음식을 취할 뿐이다. 그럼으로써 묵은 고통을 피하고 새로운 고통이 일어나지 못하게 하리라. 비난 받을 일 없고 안락한 가운데 장수를 누리게 되리라."

- 상응부경 35, 120 -

꼬살라 국왕의 식사 조절법

어느 날 꼬살라 국왕 빠세나디는 아침밥을 지나치게 많이 먹고 부처님을 뵙기 위해 제따와나 수도원에 갔다. 전해오는 이야기로는 왕은 대단한 대식가여서 매끼마다 혼자서 쌀 두 되 반으로 밥을 지어 엄청난 양의 고기 반찬과 함께 먹었다고 한다. 그런 대식가인 그는 수도원에 와서 부처님의 설법을 듣는 도중에 식곤증에 시달려 큰 몸집을 앞뒤로 흔들며 조는 일이 많았는데,

그날도 예외가 아니었다.

부처님께서는 왕이 졸음에 시달리며 몸을 흔들고 있는 모습을 보시고 국왕에게 권하시기를, 앞으로는 매끼니 때마다 양을 한 홉씩 줄여 밥을 짓고, 식사 끝에도 마지막 밥 한 숟갈을 남기는 습관을 들여 식사 양을 줄여 보라고 하시었다. 그 뒤부터 왕은 부처님의 충고를 열심히 실천하여 조금씩 양을 줄였고, 별반 배고픔을 느끼지 않고도 음식 양을 조절할 수 있었다. 그래서 몸이 줄어 가벼워짐을 느끼게 되자, 건강도 전보다 훨씬 좋아지게 되었다.

왕은 매우 기뻐서 부처님을 찾아뵙고 자기는 요즘 들어서 식사 양을 줄여 건강이 좋아졌으며, 이제는 졸음에 시달리지 않는다고 말씀드렸다. 그러자 부처님께서는 말씀하시었다.

"대왕이여, 건강은 실로 으뜸가는 소유이며 만족함을 아는 것은 가장 큰 재산이오. 또, 가까이에 믿을 만한 친구가 있다는 것은 친척과 다름없으니 보배라고 할 만하고, 열반이야말로 최상의 행복인 것이오."

그리고 부처님께서는 다음 게송을 읊으시었다.

건강은 으뜸가는 축복
만족은 으뜸가는 재산
참된 친구는 으뜸가는 친지
열반은 으뜸가는 행복이다.

- 법구경 204 -

대화

"진지한 삶에 관한 이야기, 마음을 여는 데에 적합한 이야기, 갈애에서 헤어나도록, 그치도록, 고요에, 한층 높은 지혜에, 깨달음에, 열반에 도움되는 이야기를, 검박한 생활에 관한 이야기를, 만족함(知足), 홀로 머묾, 경책의 이야기, 계율, 선정, 해탈에 관한 이야기는 기꺼이 받아들이고 응하리라."라고 비구는 이렇게 해야 할 말을 분명히 알고 있는 것이다.

- 증부경 122 -

성내는 언어 습관을 잘 다스리라.
언어 행위를 잘 보호하라.
악한 말하기를 포기하고
착한 말하기를 계발하라.

- 법구경 -

도반의 중요성

언젠가 붓다는 사카(釋迦) 족의 사가라 마을에 머물고 있었다. 그때 아난다가 세존께 여쭈었다.

"부처님이시여, 곰곰이 생각해 보니 좋은 친구를 사귀고 좋은 벗들과 함께 있다는 것은 이 거룩한 도의 절반은 이미 성취한 것이나 다름없다는 생각이 듭니다. 이와 같은 생각은 어떠한지요?"

"아난다여, 그렇지 않다. 그런 생각은 옳지 않다. 아난다여, 우리들이 좋은 친구를 갖고 참다운 벗들과 함께 있다는 것은 이 거룩한 도의 절반이 아니라 진실로 그 전부를 이룬 것이다.

아난다여, 선한 벗을 사귀고 선한 친구들과 함께 있는 비구들은 거룩한 8정도를 배우고 닦아서 마침내 성취하리라는 것을 기약할 수 있다. 그러기에 이 거룩한 도의 전부라고 하는 것이다.

아난다여, 이렇게 생각해 보면 알 수 있으리라. 사람들은 나(부처)를 참다운 벗으로 사귐으로써 늙어야 할 몸이면서 늙음에서 자유로워질 수가 있다. 병들어야 하는 몸이면서도 병에서 자유로워질 수가 있다. 또 죽을 수밖에 없는 인간이면서 죽음에서 자유로워질 수 있다.

아난다여, 이 말을 생각하면 참다운 벗을 사귀며 좋은 친구와 함께 있다는 것이 이 도의 전부를 이룬다는 의미를 알게 될 것이다."

- 상응부경 42, 2 -

도반

나쁜 벗과 어울리는 데에도 다음과 같은 허물이 있다. 남을 속일 꾀를 내고 으슥한 곳을 좋아하며, 남의 여자를 유혹하고 남의 물건을 훔치며 재물을 독차지하려 하고 남의 허물 드러내기를 좋아하는 것이다. 그러므로 나쁜 벗과 어울리지 말아야 한다.

게으름에도 다음과 같은 허물이 있다. 부자면 부자라고 해서, 가난하면 가난하다고 해서 일하기 싫어한다. 추울 때는 춥다고 해서, 더울 때는 덥다고 해서 일하기 싫어한다. 시간이 이르면 이르다고 해서, 시간이 늦으면 늦었다고 해서 일하기 싫어하는 것이다. 그러므로 부디 게으르지 말아야 한다.

그 대신 가까이해야 할 벗이 있다. 그는 너에게 많은 이익을 주고 많은 사람들을 보살펴 준다. 잘못을 말리고 사랑하고 가엾이 여기며, 남을 이롭게 하고 사업을 같이 하는 벗이다. 그러므로 그런 이는 친해야 한다.

- 6방예경 -

계율을 스승으로

차라리 이 몸을 훨훨 타오르는 불구덩이에 던질지언정 과거·미래·현재의 부처님께서 제정한 금계(禁戒)를 어기고 여인들과 부정한 짓을 하지 않겠습니다.

- 열반경 -

이 세상에서 선도 악도 다 버리고 음욕을 끊어 순결을 지니고 신중하게 처세하는 사람을 진정한 수도자라 할 것이다.

- 법구경 -

내 제자들이 내게서 멀리 떠나 있더라도 내가 가르친 계율을 항상 생각하면 반드시 깨달음을 성취할 수 있을 것이다. 그러나 내 곁에서 항상 나를 보고 있더라도 내 계율에 따르지 않는다면 끝내 깨달음을 이루지 못할 것이다.

- 사십이장경 -

계율은 스승이다

부처님께서 바라나시의 녹야원(鹿野苑)에서 처음으로 법륜(法輪)을 굴려 콘단냐(憍陳如) 등 다섯 수행자를 교화하시고, 최후의 설법으로 수밧다를 제도하시니 건질 만한 사람은 모두 건지신 것이다.

사라수 아래서 열반에 드시려고 할 때였다. 사방이 고요해 아무 소리도 없는 한밤중 부처님께서는 제자들을 위해 진리의 요긴한 점을 대강 말씀하셨다.

"여러 비구들이여, 내가 열반에 든 뒤에는 계율 존중하기를 어둠 속에서 빛을 만난 듯이, 가난한 사람이 보물을 얻은 듯이 해야 한다. 계율은 너희들의 큰 스승이요, 내가 세상에 더 살아 있더라도 이것과 다름이 없을 것이다. 청정한 계율을 지닌 사람은 물건을 사고 팔거나 무역을 하지 말고, 집이나 논밭을 마련하지 말며 하인을 부리거나 짐승을 기르지 말라. 재물 멀리 하기를 불구덩이를 피하듯 하고, 초목을 베거나 땅을 개간하지 말라. 약을 만들거나 사람의 길흉을 점치는 일, 하늘의 별로 점치는 일, 수(數)를 놓아 맞추는 일들을 하지 말라.

몸을 바르게 갖고 일정한 때를 정해 먹으며, 깨끗하게 계를 지키며 살아라. 세상의 나쁜 일에 참여하지 말며 주술(呪術)을 부리거나 선약(仙藥)을 만들지 말아라.

권세 있는 사람과 사귀어 서민들을 업신여기지 말고, 자기 마음을 단정히 하여 바른 생각으로 남을 구제하라.

또 자기 허물을 숨기거나 이상한 행동으로 남들을 혹하게 하지 말며, 음식·의복·침구·의약 등 네 가지 공양의 분량을 알고 만족하게 여기며, 받은 공양거리는 쌓아두지 말아라.

이상은 계율을 가지는 태도를 대강 말한 것인데 계는 바르고 순한 해탈의 근본이므로, 쁘라띠목샤(別解脫)라고 부르는 것이다. 이 계(戒)를 의지하면 모든 선정(禪定)과 괴로움을 없애는 지혜를 낼 수 있을 것이다. 그러므로 비구들은 반드시 청정한 계를 가져 어긋나지 않게 하여라. 만일 사람이 청정한 계를 가지면 좋은 법을 얻을 수 있지만, 청정한 계가 없으면 온갖 좋은 공덕이 생길 수 없다. 계는 가장 안온한 공덕이 머무는 곳임을 알아라."

- 유교경 -

네 가지 근본 계율
① 음행하지 말라

부처님께서 사왓띠의 기원정사(祇園精舍)에 계실 때였다. 수많은 대중이 모인 자리에서 아난다는 옷깃을 여미어 합장하고 부처님께 말씀드렸다.

"자비하신 부처님, 저는 이미 성불(成佛)하는 법문을 이해하여 수행하는 일에 의심이 없습니다. 언젠가 부처님께서 말씀하시기를, 자기는 제도되지 못했더라도 남을 먼저 제도하려는 것은 보살의 발심이고, 자기가 깨닫고 남을 깨닫게 하는 것은 여래가 세상에 순응하는 것이라고 하셨습니다. 저는 비록 제도되지 못했으나 미래의 중생을 제도하려 합니다.

부처님께서 열반에 드신 뒤 말세에는 사특한 무리들이 나타나 그릇된 주장이 갠지스 강의 모래처럼 많을 것입니다. 그런 때에 부처님의 가르침을 배우는 사람들은 그 마음을 어떻게 가다듬어야 온갖 장애를 물리치고 보리심에서 물러나지 않을 수 있겠습니까?"

부처님께서는 아난다의 물음을 칭찬하시고 말씀하셨다.

"그렇다, 아난다. 네 물음과 같이 말세 중생을 제도하는 방법은 그 마음을 올바르게 가다듬게 하는 일이다. 그래서 수행하는 데에 세 가지 정해진 도리가 있다. 마음을 거두는 계율, 계로 말미암아 생기는 선정, 선정으로 말미암아 드러나는 지혜, 이것이 번뇌를 없애는 세 가지 공부다.

이 세상 모든 중생들이 음란한 마음만 없다면 생사에서 바로 해탈할 수 있을 것이다. 너희가 수행하는 것은 번뇌를 없애려는 것인데, 만약 음란한 마음을 끊지 않는다면 절대로 번뇌에서 벗어날 수 없다. 설사 근기(根機)가 뛰어나 선정이나 지혜가 생겼다 할지라도, 음행을 끊지 않으면 반드시 마군의 길에 떨어지고 말 것이다. 내가 열반에 든 뒤 말세에는 그러한 마군의 무리들이 성행하여 음행을 탐하면서도 선지식 노릇을 하여, 어리석은 중생들을 애욕과 삿된 소견의 구렁에 빠뜨릴 것이다.

네가 세상 사람들에게 삼매를 닦게 하려거든 먼저 음욕부터 끊게 하여라. 이것이 모든 여래의 첫째 결정인 청정한 가르침이다. 그러므로 음욕을 끊지 않고 수도한다는 것은 모래를 쪄서 밥을 지으려는 것과 같다. 모래를 가지고는 백 천겁을 찐다 할지라도 밥이 될 수 없는 것처럼, 음행하는 몸으로 불과(佛果)를 얻으려 하면 아무리 미묘하게 깨닫는다 하여도 그것은 모두 음욕의 근본에 지나지 않는다. 근본이 음욕이므로 삼악도에 떨어져 헤어날 수 없을 것인데 열반의 길을 어떻게 닦아 얻는단 말인가. 음란한 뿌리를 몸과 마음에서 말끔히 뽑아버리고 뽑아버렸다는 생각조차 없어야 비로소 부처되는 길에 오를 수 있을 것이다. 이와 같이 하는 말은 여래의 말이고, 그렇지 않은 말은 마군의 말이다."

② 살생하지 말라.

"아난다, 또 이 세상 중생들이 산 목숨을 죽이지 않으면 생사에서 해탈할 수 있을 것이다. 너희가 수행하는 것은 번뇌를 없애려는 것인데, 죽일 마음을 끊지 않는다면 번뇌에서 어떻게 벗어날 수 있겠느냐.

설사 근기가 뛰어나 선정이나 지혜가 생겼다 할지라도 죽일 마음을 끊지 않으면 반드시 귀신의 길에 떨어지고 말 것이다. 내가 열반에 든 뒤 말세에는 귀신의 무리들이 성행하여 고기를 먹고도 지혜를 얻을 수 있다고 할 것이다."[25]

네가 세상 사람들에게 삼매를 닦게 하려거든 산목숨 죽일 생각을 끊게 하여라. 이것이 모든 여래의 둘째 결정인 청정한 가르침이다. 그러므로 산목숨 죽이는 버릇을 끊지 않고 수도한다는 것은 제 귀를 막고 큰 소리를 치면서 남들이 듣지 않기를 바라는 것과 같다. 그것은 숨길수록 드러나는 법이다. 청정한 비구나 보살은 걸어다닐 때에 산 풀도 밟지 않으려고 조심하는데 하물며 손으로 뽑겠는가. 대자 대비를 행한다면서 어떻게 중생의 피와 살을 먹을 것인가.

③ 훔치지 말라

"아난다, 이 세상 중생들이 훔칠 마음이 없으면 생사에서 해탈할 수 있을 것이다. 너희가 수행하는 것은 번뇌를 없애려는 것인데, 훔치는 마음을 끊지 않는다면 절대로 번뇌에서 벗어날 수 없다. 설사 근기가 뛰어나 선정이나 지혜가 생겼다 할지라도 훔칠

---

25) 육식에 대해서는 남방·북방의 견해가 틀리다. 남방에서는 탁발에 의존해야하므로 신도가 주는대로 받게되어 있다.

마음을 끊지 않으면 반드시 그릇된 길에 떨어지고 말 것이다.

내가 열반에 든 뒤 말세에는 요사스런 무리들이 성행하여 간사와 협잡으로 선지식 노릇을 할 것이다. 그래서 어리석은 사람들을 현혹케 하고, 가는 곳마다 남의 집 살림을 망하게 할 것이다. 내가 비구들에게 걸식하게 하고 제 손으로 익혀 먹지 못하도록 한 것도 온갖 탐욕을 버리고 보리(菩提)를 이루게 하려는 뜻에서다. 또 지금 살아있는 동안 삼계에 묶어가는 나그네로서 해탈의 길에만 전념할 수 있도록 하기 위해서인 것이다.

그런데 어떤 도둑들은 내 법복을 입고 여래를 팔아 온갖 못된 짓을 하면서도 그것이 바른 법이라고 한다. 출가하여 계율을 지키는 비구를 도리어 소승(小乘)이라 비방하고 한량없는 중생들을 의혹케 하니, 이 어찌 무간지옥(無間地獄)에 떨어질 죄업이 아니겠는가.

네가 세상 사람들에게 삼매를 닦게 하려거든 남의 물건 훔치는 일을 끊게 하여라. 이것이 모든 여래의 셋째 결정인 청정한 가르침이다. 그러므로 훔치는 짓을 끊지 않고 수도한다는 것은 새는 항아리에 물을 부으면서 가득 차기를 바라는 것과 같다. 비구는 가욋물건을 모아 두지 않고, 빌어온 밥을 남겨 배고픈 중생에게 베풀며, 대중이 모인 곳에 합장하고 예배하며, 누가 때리거나 욕하더라도 칭찬하는 것과 같이 여겨야 한다. 몸과 마음을 모두 버리고 뼈와 살을 중생들과 함께 하며, 여래가 방편으로 한 말을 제 마음대로 해석하여 초심자를 그르치지 않으면 그는 진실한 삼매를 얻을 것이다. 이와 같이 하는 말은 여래의 말이고 그렇지 않은 말은 마군의 말이다."

296

④ 거짓말하지 말라

"아난다, 이 세상 중생들에게 죽이고 훔치고 음행하는 일이 없어 세 가지 행동이 원만하다 할지라도 큰 거짓말을 하면 삼매가 청정하지 못하고 애욕과 삿된 소견에 떨어져 여래의 종자를 잃어버리게 될 것이다. 큰 거짓말이란 알지 못하면서 알았다 하고, 깨닫지 못했으면서 깨달았다고 하는 것이다. 자기가 도인인 척하면서 '나는 이미 아라한과(果)를 증득하고 보살의 자리에 올랐다'라고 하여 타인의 예배와 공양을 바란다면, 이런 사람은 부처의 종자가 소멸되고 선근이 아주 없어져 버린다. 다시 지혜가 생길 수 없으며 삼악도에 떨어져 헤어날 수 없을 것이다.

내가 열반에 든 뒤 말세에 보살이나 아라한을 여러 가지 인물로 화현(化現)시켜 중생을 제도케 할지라도 '나는 보살이다' '나는 아라한이다' 하여 후학(後學)들에게 여래의 비밀을 누설치 못하게 한다. 그런데 어떻게 중생을 속이는 큰 거짓말을 한단 말인가.

네가 세상 사람들에게 삼매를 닦게 하려거든 거짓말을 끊게 하라. 이것이 모든 여래의 넷째 결정인 청정한 가르침이다. 거짓말을 끊지 않고 수도한다는 것은 똥으로 전단향을 만들려는 것과 같다. 아무리 애쓸지라도 향기를 얻을 수 없을 것이다.

나는 비구들에게 바른 마음이 도량(道場)이라고 했다. 평소에도 거짓말을 해서는 안 될 터인데 어떻게 자칭 도인(道人)이라고 거짓말을 한단 말인가. 빌어먹는 거지가 공연히 '나는 왕이다'라고 하다가 붙들려 처벌되는 것과 같다. 하물며 법왕(法王)을 어떻게 사칭할 것인가. 곧지 못한 원인은 굽은 결과를 가져오게 마련이다. 비구의 마음이 활줄과 같이 곧으면 온갖 일에 진실하여 삼매에 들어도 장애가 없을 것이니, 그는 보살의 으뜸가는 깨달음을 성취할 것이다. 이와 같이 하는 말은 여래의 말이고 그렇지 않은 말은 마군의 말이다.

아난다, 네가 마음 가다듬는 방법을 묻기에 나는 이와 같은 계율을 말하였다. 보살의 길을 가려는 사람은 누구든지 먼저 이 네가지 계율을 서릿발처럼 지녀야 한다. 그러면 저절로 번뇌의 가지와 잎이 나지 못해 마음으로 짓는 세 가지 업과 말로 짓는 네가지 업이 일어날 인연이 없을 것이다. 이 네 가지 계율을 잃지 않으면 마음은 어떠한 환경에도 매이지 않아 마군의 장난은 생기지 않을 것이다."

- 능엄경 6 -

기생의 유혹을 물리치고 아라한이 되다

사왓띠의 큰 부호 하나가 명이 다하여 죽어서 다시 사왓띠에 사는 부유한 집의 아들로 태어났다. 그는 인물이 아주 좋았고, 그 때문에 바다처럼 아름답다는 뜻인 '순다라 사뭇다'라고 불리워졌다. 그는 나이가 들면서 더욱 준수한 청년으로 자라났다.

어느 날 그는 아침 식사를 끝내고 나와 있다가 많은 사람들이 향기로운 꽃과 초와 향을 들고 부처님께서 계시는 제따와나 수도원으로 가는 것을 보고 그들에게 물었다.

"어디를 가십니까?"

"부처님의 설법을 들으러 가오."

"그렇다면 저도 함께 가렵니다."

그래서 그는 사람들을 따라 수도원에 가서 한쪽 구석에 앉아 있었다. 이때 부처님께서는 그의 마음을 아시고 계행을 지키는 서부터 시작하여 단계적으로 수행의 모든 과정을 설법하시었다. 그러자 설법을 열심히 듣고 있던 순다라 사뭇다는 이렇게 생각했다.

'가정을 가지고 생활하면서 성스러운 수행을 겸한다는 것은 불가능한 일이다. 그것은 마치 전복 껍질이 광택이 나기를 기다리는 것이나 같다.'

그래서 설법이 끝나고 모든 사람이 다 돌아간 다음 그는 부처님께 나아가 자기를 출가시켜 달라고 청하였다. 그러자 부처님께서는 "여래는 부모에게 허락을 받지 않은 사람을 출가자로 받아들이지 않는다."라고 대답하시었다. 그래서 순다라는 집으로 돌아가 부모의 허락을 받아내기 위해 갖은 노력을 다하여 간신히 부모의 승낙을 얻었다. 그런 다음 그는 비구가 되어 수행자로서의 길을 가게 되었다. 그러다가 그는 고향에서 수행하는 것보다 다른 곳에 가서 수행하는 게 낫다고 생각하여 라자가하로 떠났다.

이즈음 매년 돌아오는 사왓띠의 축제날이 돌아왔다. 이날 순다라 사뭇다 비구의 부모는 축제를 구경하러 나갔다가 자기 아들 또래의 청년들이 좋은 옷을 입고 축제 행렬 속에서 즐기는 것을 보고 자식을 놓쳐버린 슬픔에 눈물을 흘렸다.

"오늘같이 좋은 날 아들이 있었으면 참 좋았을텐데!"

바로 이때 아주 예쁜 기생 하나가 다가와 순다라 비구의 어머니가 눈물을 흘리는 것을 보고 물었다.

"아주머니, 왜 우세요?"

"내 아들 생각이 나서 울고 있다오."

"아들이 어디 있는데요?"

"내 아들은 세상을 버리고 비구가 되었다오."

"그렇다면 제가 아드님을 다시 세상으로 돌아오게 해드릴까요?"

순다라 비구의 어머니는 반색을 했다.

"그렇게만 해준다면 좋지. 그렇지만 그애는 세상으로 돌아올 마음이 없다오. 그애는 사왓띠를 떠나 라자가하에 머물고 있지만."

"그래요? 만약 제가 아드님을 다시 집으로 돌아오게 해드린다면 제게 어떻게 보답해 주시겠어요?"

"무엇이든지! 우린 아가씨를 며느리로 삼고 집안 재산을 마음대로 하도록 해드리겠소."

"좋습니다. 그러면 제게 필요한 경비나 조금 주십시오."

이렇게 하여 순다라 사뭇다 비구의 부모는 그녀에게 얼마간의 돈을 주었고, 그녀는 많은 여자들을 거느리고 라자가하로 떠났다.

라자가하에 간 기생은 순다라 사뭇다가 탁발 다니는 길을 알아내어 그가 자주 다니는 길에 좋은 집 하나를 빌리고 거기에 머물렀다. 그러면서 순다라 사뭇다 비구가 탁발을 나오면 맛있는 음식을 준비했다가 공양을 올렸다. 이같이 여러 날이 지나갔다. 그러던 어느 날 기생은 순다라 비구에게 친절하게 굴면서 "tm님, 여기 앉으셔서 잡수시지요."라며 비구의 발우를 받아들었다. 그리고는 발우에 맛있는 음식을 담아주며 심부름을 잘 해주었다. 그런 다음 그녀는 순다라 비구에게 말했다.

"스님, 이곳은 스님께서 탁발 나오시기에 아주 즐겁고 적당한 곳이에요. 제 말뜻을 아시겠어요?"

그 기생은 이렇게 비구를 유혹하여 친절히 군 다음 비구를 그녀의 집 베란다에 앉게 하여 음식을 주면서 차츰 접근해 왔다.

얼마 뒤에 그녀는 동네 아이들에게 과자와 돈을 주어 아이들의 환심을 산 뒤 이렇게 시켰다.

"얘들아, 이리 오너라. 이담에 스님께서 우리 집에 탁발 오시거든 너희는 그분 뒤를 따라오너라. 그런 다음 너희끼리 발로 흙을 끼얹고 물건을 집어던지면서 놀아라. 그러면 내가 너희들에게 소리를 치며 멈추라고 하겠다. 그래도 너희는 멈추지 말고 그대로 놀아야 한다. 알았지?"

그 다음날 순다라 비구가 그녀의 집에 탁발을 나왔다. 이때 아이들은 그녀가 시킨 대로 했다. 그러자 그녀는 아이들을 야단쳤고, 아이들은 멈추지 않았다. 그러자 그녀는 짐짓 말했다.

"스님, 저 아이들은 제 집에 들어와 먼지를 일으키며 놀면서 제가 아무리 야단을 쳐도 들은 척도 하지 않는군요. 여기는 먼지가 나니 안으로 들어오시어 공양을 드시지요."

그래서 마침내 순다라 비구는 그녀의 안방에 들어가게 되었다. 이런 날이 며칠 지나고 나서 그녀는 아이들에게 또 부탁했다.

"얘들아, 이제 스님께서 공양을 드시는 동안 너희는 방안에 들어와서 그렇게 해야 한다."

아이들은 그녀가 시키는 대로 했다. 그러자 그녀는 순다라 비구에게 말하는 것이었다.

"스님, 여기는 시끄러워서 도저히 안 되겠습니다. 이래 가지고서야 공양을 드실 수가 있겠습니까? 위층에 조그만 방이 하나 있으니 그리로 가시지요"

  이렇게 말한 다음 그녀는 비구를 집의 맨 위층인 7층까지 데리고 가더니 방문을 잠귀버렸다. 이때까지 순다라 비구는 탁발받는 집을 정하여 탁발하는 방법과, 그날의 인연에 따라 아무 집에서나 탁발하는 방법을 겸하여 탁발을 다니고 있었다. 그랬지만 그 집의 음식이 워낙 맛있고, 또 그녀가 하도 곰살갑게 구는 바람에 거절하지 못하고 결국은 그 집 7층까지 올라가고 만 것이었다. 그녀는 순다라 비구가 편안하게 앉을 수 있도록 자리를 만들어 드리면서 앉기를 권했다.

여자가 남자의 마음을 끄는 마흔아홉 가지 방법
  그녀는 거기서 여자가 남자를 유혹하는 갖가지 방법을 다 동원했다. 예를 들면 이러하다.

  하품을 하고, 몸을 구부렸다 폈다 하고, 어깨를 벌리며 가슴을 펴는 체하고, 수줍고 겸연쩍어 하고, 오른손 손톱을 왼손 바닥이나 발에 문지르고, 오른발을 들어서 왼발 위에 얹고, 막대기나 손가락으로 바닥을 긁으며, 상대방을 앉으라고 했다가 일어서라고 하고 상대방을 놀려대거나 상대방으로 하여금 자기를 놀려대게 하고, 상대방에게 키스하거나 상대방으로 하여금 자기에게 키스하게 하고, 음식을 먹거나, 상대방에게 음식을 먹게 하고, 상대방에게 무얼 주거나 달라고 하고, 상대방이 하는 대로 흉내내고, 상대방이 소리를 높여서 이야기하면 낮은 소리로 이야기하고, 여러 사람들에 대해서 이야기하고, 자기의 사생활을 이야기하며, 춤을 추고, 노래하고, 악기를 연주하고, 울고, 팔을 벌려 자기 몸을 앞

302

으로 내밀고, 치장을 고치고, 혼자 웃음치며 상대방을 쳐다보고, 겨드랑이를 내보이고, 배꼽을 내보이고, 눈을 가리고, 눈썹을 움직이고, 입술을 손가락으로 긁어 보이고, 혓바닥을 내밀어 보이고, 허리에 두른 옷을 벗어 보이고, 그것을 다시 둘러 보이고, 머리에 쓴 수건을 벗어 보이고, 그걸 다시 써 보이는 등등이었다.

이 기생은 이 같은 여러 가지 방법을 다 써가며 순다라 비구를 유혹하며 다음과 같이 노래를 읊었다.

락카로 염색한 신발을 끄는 기생의 발이여!
한창 젊은 그대는 나의 것
또한 나도 젊었으며, 나는 그대의 것이어요.
우리가 나이 들어 지팡이를 의지할 그때
출가해도 늦지 않아요.

이때 순다라 비구는 마음속으로 이렇게 생각했다.
'아, 나는 참으로 큰 허물을 짓고 있구나! 나는 지금 내가 무엇을 하고 있는지 모르고 있었다!'

순다라 비구가 이렇게 후회하고 있을 때, 부처님께서는 그곳으로부터 무려 45요자나나 떨어진 제따와나 수도원에 계시었지만 거기서 무슨 일이 일어나고 있는지 잘 아시고 가만히 미소를 지으시었다. 그러자 부처님을 모시고 있던 아난다 존자가 여쭈었다.

"부처님이시여, 무슨 일이 있기에 미소를 지으십니까?"

"아난다여, 저 라자가하의 어느 집 7층 큰 전각에서 기생 하나와 순다라 사뭇다 비구간에 큰 전쟁이 벌어지고 있구나."

"부처님이시여, 그 전쟁에서 누가 이기게 되겠습니까?"

"아난다여, 순다라 사뭇다 비구가 승리하고 여인은 패배할 것이다."

이렇게 말씀하신 부처님께서는 곧 당신의 모습을 순다라 사뭇다 비구에게 나투시어 이렇게 말씀하시었다.

"비구여, 갈망과 욕망으로부터 벗어나거라!"

그리고 부처님께서는 다음 게송을 읊으시었다.

세상의 감각적인 쾌락을 포기하고
집을 떠나 비구가 되어
존재의 욕망을 완전히 파괴해 버린 사람
나는 그를 브라흐마나(아라한)라 부른다.

부처님께서 이 게송을 다 읊으시자 순다라 사뭇다 비구는 아라한과를 성취하는 한편 신통력까지 갖추게 되어 허공으로 몸을 솟구쳐 7층 전각의 우산모양 위로 날아올랐다. 그는 곧 부처님께서 계시는 제따와나 수도원으로 와서 부처님께 인사를 올리고 부처님의 위대한 가피력을 찬탄했다.

어느 날 비구들은 법당에 모여 이런 이야기를 나누었다.

"형제들이여, 혀의 맛에 끌려 순다라 사뭇다 비구가 자기를 제어하지 못하고 있을 때 부처님께서는 그를 구해 주시었다."

이때 부처님께서는 그 대화를 들으시고 이렇게 말씀하시었다.

"비구들이여, 그의 혀가 맛에 끌려 곤경에 처한 것을 여래가 구해준 것은 이번이 처음은 아니다. 그의 전생에도 그런 적이 있었다."

- 법구경 415 -

12. 샨티데바의 깨어있는 삶을 위한 수칙

- 수행(戒·定·慧)을 하고자 하는 사람은 자신의 마음을 주의 깊
게 다스려야 한다. 변덕스러운 마음을 길들이지 못한다면 수행을
할 수 없다.

- 발정이 난 야생 코끼리도 아비지옥이나 다른 아수라세계에
서 억제되어 있지 않은 마음만큼 해롭지는 않다.

- 그러나 다루기 어려운 코끼리 같은 마음도 마음챙김(mindf
ulness)으로 길들여지면 모든 악업의 위험은 끝나고 모든 선업이
이루어진다.

- 정각자(正覺者)이신 부처님께서는 모든 위험과 두려움, 무량
한 고통도 오직 마음으로부터 온다고 선언하셨다.

- 물고기나 다른 축생들을 어떻게 하면 죽음으로부터 구할 수
있을까? 만약 살생이나 다른 악행을 하지 않겠다는 마음을 품는
다면 완전한 덕행(계행)을 이룰 수 있으리라.

- 얼마나 많은 악당들을 내가 죽일 수 있을까? 그 숫자는 허공
처럼 끝없이 많다. 그러나 성내는 한 생각을 다스리면 모든 적은
사라진다.

- 가시로부터 발을 보호하기 위하여 이 지구 전체를 덮을 만큼
필요한 가죽을 어디에서 구할 수 있을까. 그러나 한 켤레의 가죽

신발이면 충분하다.

　- 이러한 방법으로도 외적인 경계(환경)로부터 자유로워질 수 없다. 만약, 우리들 자신들의 내적인 마음을 길들이면 그때는 어떠한 수단과 방법도 필요하지 않다.

　- 고통을 극복하고 행복을 성취하길 바라는 수행자가 모든 법의 본질인 마음을 계발하지 않는다면 모든 노력이 수포로 돌아간다.

　- 그러므로 수행자의 마음은 확고하고 잘 제어되어야 한다. 만약 이러한 마음챙김인 관찰을 게을리한다면 마음을 어디에다 이용할 것인가.

　- 부상자가 흥분에 날뛰는 군중 속에서도 자신의 상처를 보호하듯이 수행자는 민감한 부상자처럼 악인의 무리 가운데에서도 항상 자신의 마음을 챙겨야 한다.

　- 병으로 몸이 아픈 사람은 어떠한 일도 할 수 없듯이 마음챙김(주시)과 분명한 앎이 약한 사람은 어떠한 활동도 제대로 할 수 없다.

　- 분명한 알아차림이 없는 마음은 마치 밑빠진 독과 같다. 그러한 마음은 배우고 생각하고 명상한 기억을 간직하지 못한다.

　- 학식 있고, 신심과 정진력을 가진 사람이 경솔한 마음으로 인하여 많은 악업을 지을 수도 있다. 마음챙김이 경솔하고 부주의한 마음에 의해 빼앗긴다면 비록 많은 선업을 쌓았더라도 언젠가는 불행한 운명을 맞이하게 된다.

　- 만약, 마음챙김이 마음의 문에서 지키고 있다면 분명한 앎이 저절로 오게 되어 결코 떠나지 않는다.

- 몸을 움직일 때는 움직이는 동작에 마음챙김해야 한다. 행동을 하기 전에는 '의도'를 알아차린 후에 착수해서 그 행위가 끝날 때까지는 어떠한 다른 생각도 하지 않고 현전일념(現前一念)으로 지속해야 한다.

- 말을 할 때나 움직이려고 할 때도 우선 마음에 그 의도를 생각하고 정성스럽고 주의 깊게 행해야 한다.

- 마음의 유혹이나 불쾌함에 의해 흔들린다는 것을 알아차릴 때는 마치 나무토막처럼 되어 말하거나 행동하지 말아야 한다. 그리고 침묵하여 고요함을 유지해야 한다.

- 이와 마찬가지로 마음이 오만에 차고, 조롱당하거나, 자만하거나, 진실하지 못하거나 남을 비난하거나 남을 모함하려 하거나 시비에 말려들려고 할 때도 나무토막처럼 되어라.

- 내 마음은 부(富)·명예·명성을 탐하고 있다고 알아차리고 나무토막처럼 행동하여라.

- 만약, 마음이 헛된 욕망으로 오염되어 있다는 것을 알아차린다면 영웅적인 노력을 발휘하여 제거해야 한다. 이 노력은 항상 유지되어야 한다.

- 나 자신의 몸을 관찰함으로써 법(法)을 공부하리라. 문자의 공부만으로 무엇에 이용할 수 있단 말인가? 아픈 환자가 약 처방문만 읽어서는 치료할 수 없지 않은가?

- 우선 모든 여건과 자신의 능력을 조사한 후에 어떠한 일을 할 수도 있고 착수하지 않을 수도 있다. 왜냐하면, 시작한 것을 중도에 포기하면 하지 않는 것만 못하기 때문이다.

- 욕망의 화살이 당신을 향해 올 때 마치 능란한 적과 목숨을

건 칼싸움을 할 때와 같이 즉각 알아차려라. 만약, 이러한 싸움에서 칼을 떨어뜨렸다면 겁에 질려 재빨리 칼을 다시 잡을 것이다. 마찬가지로 마음챙김의 칼을 떨어뜨렸다면 비참한 고(苦)의 세계를 생각하면서 즉각 마음을 챙겨야 한다.

- 기름이 가득 찬 항아리를 운반할 때 한 방울이라도 흘려버린다면 목을 베려고 칼을 든 병사들이 따르고 있다. 죽음이 두려워 그 기름을 엎지르려 하지 않으려고 모든 주의를 기울인다. 관찰할 때도 이와 같이 마음챙김해야 한다.

- 부처님의 마지막 유언인 '마음챙김'을 명심하고 경계에 휘말리지 말고 언제나 마음챙겨 기민하게 대처해야 한다.

- 그리하여 부처님의 마지막 유언인 마음챙김을 기억하고 현자(賢者)를 따르고 모든 게으름과 번뇌를 물리쳐라. 모든 장애를 극복하고 마음챙김하여 악도에서 벗어나서 끊임없이 바른 길에 머물게 하라.

- 아직도 번뇌의 속박에서 벗어나지 못한 사람은 모든 수단과 방법을 다하여 번뇌를 격퇴시키도록 최선을 다하라. 결코 물러나지 말고 끝까지 싸워서 정복하라(爲法忘軀).

- 부처님께서 가르치신 대로 계·정·혜의 수행을 닦아나가라. 의사의 약처방을 무시한다면 어떻게 병을 고칠 수 있겠는가?

- 샨티데바(Santideva) 장로의
보리행경(菩提行經 : Bodhicāryāvatāra)에서 -

우리들은 만나기 어려운 불법(佛法)을

다행히 금생에 만났으므로 완전한 해탈에

이르기까지 계(戒)·정(定)·혜(慧)를 닦는 것이

최상의 방법이다. 계행이 완벽한 자는

현세에서나 미래세에서 반드시 행복을 성취한다.

그렇지만 이 계행은 세간적인 계행이라서

다시 타락의 길로 들어서는 것을 완전히 막지는 못한다.

그 결과 우리들은 보다 초세속적인 세계로 나아가는

계행을 계발해야 한다. 이것이야말로 도(道)와

과(果)를 이루는 계행이다.

1장 마하시 사야도의 위빠싸나 수행법

1. 마하시 사야도(선사) 약력

마하시 사야도는 1904년 미얀마 북부의 수웨보(Shwebo) 시에서 7마일 정도 떨어진 경치가 수려한 세익쿤에서 태어났다. 그의 양친은 농부였다. 여섯 살에 세익쿤에서 핀마나 사원의 원장인 우 아디짜 스님의 지도하에 승가 교육을 받기 시작했다. 6년 뒤에 같은 스승 밑에서 신 소바나(Shin Sobhana)라는 이름으로 사미계를 받았다.

그는 경전 공부에 놀라울 만큼 진전을 가져왔고 대단히 영리한 사미로 인정받았다. 우 아디짜가 그 사원을 떠났을 때 그는 사야도 우 파마 밑에서 공부했다. 열아홉 살이 되었을 때 세속으로 돌아갈 것인지 아니면 승려생활을 계속하여 장래를 불법 포교에 바칠 것인지 운명의 결정을 해야 할 시기가 왔다. 신소바나는 주저없이 마음의 결정을 내려 승려의 생활을 택했다. 엄숙한 절차에 따라 1923년 11월 26일 수메도 사야도 아신 님말라를 계사로 모시고 비구계를 받았다.

비구가 된 후 4년 만에 정부가 주최하는 팔리 경전시험의 초급·중급·고급단계 모두를 합격했다. 그 후 신소바나는 경전공부를 보다 깊게 연구하기 위하여 유명한 학승들이 많이 있는 만달래이 시로 갔다. 그러나 1년 남짓 그곳에 머물렀을 때 그와 같은 마을 출신인 타웅과 잉가폐 사원의 택가웅 주지스님으로부터 그 지역으로 와서 포교하는 것을 도와달라는 부름을 받았다.

이곳에 와서 학생들에게 불교를 가르치고 있는 중에도 그는 계속해서 그 자신의 공부를 해 나갔다. 특히 대념처경(Maha-satipaṭṭhāna Sutta)을 철저히 연구했다. 그는 직접 체험으로 증득하고 싶었다. 위빠싸나 수행인 사념처법(satipaṭṭhāna : 마음챙김법)에 깊은 관심을 갖게 되어 유명한 선지식인 밍군 제타반 사야도가 위빠싸나를 가르치고 있는 타톤으로 오게 되었다. 밍군 제타반 사야도의 지도하에 그는 4개월간 전심전력으로 수행했다. 마치 나무를 비벼서 불을 지피듯이, 그는 쉬지 않고 정진했다. 이 기간 중 그는 잠을 완전히 자지 않고 선정과 마음챙김으로 쉬지 않고 용맹정진했다.

7각지가 균형되면 수면을 취하지 않아도 피곤하지 않다고 했다. 그 결과 1938년 세익쿤을 방문했을 때 그의 첫 제자 세 사람에게 위빠싸나 수행을 정확하게 가르칠 수 있었다. 택가웅 사야도가 이 세상을 떠남으로 인하여 타톤에서 타웅와잉가례로 돌아와야 했다. 거기에서 그는 그 사원을 맡고 법을 펴기 시작했다. 1941년 6월에는 정부에서 주최하는 담마(法) 스승 자격시험에 합격했다.

일본이 미얀마를 침공하기 전에 마하시 사야도는 타웅와잉가례를 떠나서 그의 고향 세익쿤으로 돌아와야 했다. 이것은 마하

시 사야도가 전쟁의 혼란과 참화에서 벗어나서 삿띠빳타나 위빠
싸나 수행에 전념할 수 있고 신도들에게 법을 펼 수 있는 절호의
기회였다. 그의 제자들이 사야도를 설득하여 위빠싸나에 관한 저
술을 하도록 했다. 위빠싸나의 실천적 수행법과 이론적인 체계에
대한 기념비적인 저술작업을 한 것이 바로 이 시기였다.

오래지 않아서 마하시 사야도의 명성은 수웨보사강 지역에 널
리 알려지기 시작했다. 이 무렵 한 신심 깊은 불교신도, 우칭이라
는 분은 그가 존경하고 의지할 만한 선지식을 찾아 전국 방방곡
곡을 헤매고 있었다. 이때 그는 마하시 사야도로부터 위빠싸나에
관한 설법을 경청하고 그의 고귀한 행동과 덕망을 지켜본 후, 이
분이야말로 그가 찾고 있던 가장 이상적인 선사라고 즉석에서
판단했다.

그 무렵 1947년 11월 13일, 랭군에서 우칭을 초대회장으로 하
여 경전을 공부하고 법(Dhamma)을 실천할 목적으로 붓다사사
나누가(Buddhasāsanānuggaha)협회가 설립되었다. 우칭은 수도
원의 건립을 위해 협회에 5에이커가 넘는 토지를 기증했다. 1978
년 현재 토지 면적은 19.6에이커에 달하고 그 위에 방대한 건물
과 법당들이 자리잡고 있다. 우칭은 그가 한 분의 믿을 만한 선
지식을 발견했다고 협회에 통보하고 당시 미얀마 수상을 찾아가
서 마하시 사야도를 그 수도원으로 모셔 오도록 협조를 요청했
다(필자가 1990년 이곳에 머물 당시 승려들이 많이 모여서 수행
할 때는 삼천 명이나 되었다. 그리고 마하시 수도원의 말사는
400여 개나 되었다. 한 분의 훌륭한 선지식의 영향이 이렇게 크
게 미치는 데 감탄했다).

2차 대전이 끝난 후 사야도는 그의 거처를 세익쿤과 타응와잉 가레 사이를 왕래하면서 지냈다. 그러는 동안 1948년 1월 4일에 미얀마는 독립했다. 1949년 5월에 세익쿤에 머물고 있는 동안 사야도는 대념처경의 번역을 완성했다. 그해 11월에 미얀마 전수상의 초청에 따라 수웨보에서 랭군의 수도원으로 다른 두 분의 선배 사야도와 함께 내려왔다.

1949년 4월 마하시 사야도는 이십오 명의 수행자에게 위빠싸나 수행을 가르치기 시작했다. 수행자의 숫자가 점점 늘어남에 따라 효과적으로 법문을 펴기 위하여 처음 오는 수행자들에게는 기초수행의 내용을 녹음하여 이용하게 했다.

랭군의 수도원 설립 후 2~3년 안에 이와 같은 수도원(선원)이 미얀마 곳곳에 설립되기 시작해서 드디어는 이웃나라인 태국과 스리랑카·캄보디아·인도에까지 세워지게 되었다. 1972년의 통계에 따르면 미얀마와 해외에 있는 마하시 명상선원에서 수련한 수행자의 숫자는 70만 명이 넘게 되었다. 그의 놀랄 만한 공덕을 인정한 정부는 1952년에 마하시 사야도에게 앗가 마하 빤디뜨(Agga Maha Pandit, the Exatltedly wise one)라는 칭호를 부여했다.

미얀마 정부는 독립 후 얼마 되지 않아서 스리랑카·태국·캄보디아·라오스가 참가한 가운데 6차 불교경전결집을 착수했다.

1954년 5월 17일 역사적인 6차 불교경전결집이 장엄하게 시작되었다. 여기에서 마하시 사야도는 중대한 임무인 최종 편집과 질의자의 역할을 담당했다. 이 결집의 특색은 빨리어 경전뿐만 아니라 주석과 소주석에 관한 편집도 포함되었다. 6차 결집의 중

대성은 대승불교도들에게도 많은 관심을 불러일으키게 되었다.

1955년 그 결집이 진행되고 있는 동안 12명의 일본 승려와 여신도들이 테라바다 불교를 연구하기 위하여 미얀마에 도착했다. 그 일본승려들은 테라바다 불교의 사미계를 받았고 여신도들은 비구니계를 받았다. 1957년 7월, 일본 큐우슈에 있는 모지(Moji) 불교협회의 의뢰로 미얀마의 불교 종단에서는 테라바다 불교포교단을 그곳에 파견했다. 미얀마 불교종단이 파견한 사찰단의 대표자 중 한 분이 마하시 사야도였다.

1957년 같은 해에 마하시 사야도는 일부 잘못 전달되고 있는 『청정도론(Visuddhi-magga)』 주석서를 빨리어로 집필하는 임무를 맡게 된다. 1960년에 이 어려운 작업이 완수되고 그 후에 미얀마어로 번역되었다.

1955년 7월에는 스리랑카 정부의 요청으로 마하시 사야도의 선배인 사야도 우수쟈타를 대표로 해서 특별대표단이 위빠싸나 수행 발전을 목적으로 파견된다. 그 대표단은 스리랑카에 1년 이상 머물면서 12개의 영구적인 위빠싸나 수도원과 17개의 임시 위빠싸나 수도원을 건립하게 된다. 이 위빠싸나 수도원의 건립에 이어 1959년 1월에 마하시 사야도가 이끄는 대규모 포교단이 인도를 거쳐 스리랑카에 도착하게 된다. 여기에서 그의 눈부신 위빠싸나 지도가 펼쳐진다. 이를 계기로 미얀마와 스리랑카는 더욱더 우호적인 관계를 유지하게 되었다.

1954년 2월에 한 젊은 중국인 수행자가 위빠싸나 수련을 했다. 문제의 이 젊은 수행자는 인도네시아에서 온 중국계 혈통을 가진 포교사였다.

마하시의 지도하에 한 달 만에 놀랄 만한 진전을 보였다. 그후에 그는 비구가 되어 인도네시아로 귀국했다. 그의 귀국 후에 더 많은 미얀마 승려들을 인도네시아로 파견해 달라는 요청을 붓다사사나 협회에 전했다. 다른 테라바다 국가에서 온 열세 명의 승려와 함께 마하시는 이 임무를 수행하고 위빠싸나 수행에 관한 설법을 했다.

1952년 초에는 태국의 종교성 장관의 요청에 따라 마하시는 태국에 위빠싸나 수행을 발전시키기 위하여 그의 제자 우 아삽파1)와 우 인다밤사를 파견했다. 이 두 분의 사야도 덕택에 마하시의 위빠싸나 수행은 태국에 널리 보급되어 1960년에 이르러서는 10만 명이 넘는 수행자들을 배출했다.

마하시 사야도는 67권이나 되는 저술을 남겼다. 한때 마하시 사야도가 가르치는 방법이 정통이 아니라는 것에 대한 많은 비판이 있었으나 그 후 부처님의 가르침에 조금도 위배되지 않음이 밝혀졌다. 마하시 사야도가 이 방법을 선호하는 이유는 일반 수행자들이 움직임의 요소(風大)를 보다 쉽게 관찰할 수 있기 때문이다. 배 위 움직임에 집중하는 것이 필수적인 것은 아니다. 마하시 선원에 오는 수행자 중 아나빠나 삿띠(호흡 출입에 마음챙김)를 좋아하는 수행자에겐 아나빠나의 수행법을 허용한다.

마하시 사야도의 평판이 국제적으로 알려짐에 따라 해외에서 많은 방문객과 수행자들이 마하시의 개인지도 하에 깨달음을

---

1) 우 인다밤사는 입적하셨다. 아찬 아삽파, 그는 현재 태국 위벡이쫌(Vivekasom) 선원장으로 계신다. 1995년 현재 80세로 지금도 많은 태국인과 외국인들을 지도하고 계시다. 필자도 태국에서 이분으로부터 7개월간 위빠싸나 수행을 지도받았다.

얻기 위하여 모여들었다. 1952년에는 전 영국해군 소장이었던 E.H. 샤톡이 이곳에서 수련하고 영국으로 귀국한 후에 『마음챙김 체험』이라는 제목의 책을 발간했다. 프랑스계 미국인 로베르트 두보, 인도 부다가야에서 국제명상센터를 개원한 쓰리 무닌 다라, 미국의 조셉 골드스타인 등이 마하시 선원에서 수행하고 다녀갔다. 그의 밑에서 수행하고 다녀간 숫자는 매년 늘어나고 있다.

마하시 사야도의 저술 중 일부는 영역화되었다. 그 중 하나가 삿띠빳타나 위빠싸나 수행법(다음에 한역된 것임)이다. 자유와 해탈을 찾으러 오는 많은 사람에게 정통 부처님 수행법을 쉼임 없이 펴고 있는 중, 1982년 8월 14일에 그의 위대한 생애는 마감했다.

위대하신 선사였던 그에 대한 존경심은 오래도록 우리들의 가슴에 남고 위빠싸나 수행법에 대한 그의 가르침은 모든 수행자에게 계속 영감과 각성을 불러 일으킬 것이다.

2. 마하시 사야도의 마음챙김 수행법
(Satipaṭṭhāna Vipassanā)

기초수련

고통을 좋아하는 사람은 아무도 없고 누구나 행복을 찾는 것은 자명한 이치이다. 우리의 현 세계에서는 고통을 방지 내지 완화하고 행복을 찾기 위해서 모든 가능한 노력을 동원하고 있다.

그럼에도 불구하고 그들은 물질적인 수단에 의한 육체적 편안함에 대부분의 노력을 기울인다. 결국 행복은 마음의 태도에 의해서 결정된다. 오직 소수만이 정신적 계발에 실질적인 관심을 기울인다. 아직도 보다 적은 소수의 사람들만이 마음챙김 수행에 열중하고 있다.

이 점을 구체적으로 설명해 보자. 우리들은 몸을 깨끗이 하고 단장하는 평범한 습관에 관심을 기울인다. 즉, 의·식·주의 끝없는 추구, 그리고 물질적 삶의 수준을 높이기 위하여 수송과 통신 수단의 개선, 병과 우환의 치료 및 예방을 위하여 성취한 어마어마한 기술 진보 등과 같은 것들이다.

그러한 것들도 필수적이라는 것을 이해해야 한다. 이러한 모든 노력들은 주로 몸을 단장하고 몸을 보호하는 데에 기울여진다. 그러나 이러한 인간의 노력과 업적들도 늙음과 병듦, 가정의 불행과 경제적 곤란, 간단히 말해서 바라는 것과 부족함에서 오는 불만에 따른 고통을 근절하거나 완화할 수는 없다. 이러한 정신적 고통은 물질적 수단에 의해서 극복되지는 않는다. 그러한 것들은 마음의 수련과 정신적 계발에 의해서만 극복될 수 있다.

그리하여 마음을 수련하고, 안정시키고 정화하기 위한 올바른 길이 추구되어야 하는 것은 명백한 사실이다. 이러한 방법은 2,500년에 걸쳐 내려오는 부처님의 유명한 설법인 대념처경에서 찾을 수 있다. 부처님께서는 다음과 같이 선포하셨다.

중생의 정화를 위한, 슬픔과 비탄을 극복하기 위한, 고통과 괴로움을 소멸하기 위한, 열반을 실현하기 위한 유일한 길은 오직 하나뿐이다. 즉 그것은 4념처(위빠싸나 마음챙김법)이다.

기본수련 4단계

(1) 예비 단계

만약 여러분이 참으로 현 생애에서 관찰력을 계발하고 지혜를 완성하기를 바란다면, 여러분은 수련기간 동안 세속적인 생각과 행동을 포기해야 한다. 이 수련의 과정은 행동의 정화를 위한 것이다. 이것은 지혜의 적절한 계발을 향하여 나아가는 데 있어서 필수불가결한 예비단계이다. 당신은 반드시 일반 신도(혹은 사정에 따라서는 스님)를 위해 규정된 계율을 지켜야 한다. 왜냐하면, 계율은 지혜를 얻는 데 중요한 것이기 때문이다. 일반 수행자를 위하여 제정한 이러한 계율은 불교 신도들이 휴일과 수련기간 동안 준수하는 여덟 가지 계율을 포함한다. 본인 스스로 지켜야 하는 이러한 계율은 ① 살생 ② 도둑 ③ 성관계 ④ 거짓말 ⑤ 술, 환각제 등 취하게 하는 것 ⑥ 정오 후에 딱딱한 음식 먹는 것 (오후 불식) ⑦ 댄스·쇼·꽃장식·향수·장식 ⑧ 사치스러운 고급 침대 등을 금하는 것이다.[2]

추가적인 계율은 흉보지 않는 것, 농담이나 악의로 말하지 않는 것, 깨달음을 성취한 성스러운 사람[3]에 관해서 말하지 않는

---

2) 여덟 가지 계 : 누구나 마하시 수도원이나 미얀마의 위빠싸나 수도원에 가면 머무는 기간 동안 반드시 지켜야 한다.

3) 성위사과(聖位四果)에 이르른 사람들이 있다. 그들은 청정을 이룬 사람들이다.
  ① 수다원(入流果)은 범부의 세계에 머물게 하는 열 가지 결박의 번뇌 중 처음 세 가지를 제거한 성자, 즉 세 가지는 개아(個我)가 있다는 믿음(有信見), 회의(疑), 형식이나 의식에 대한 집착(戒禁取見)
  ② 사다함(一來果)은 열 가지 결박의 번뇌 중 네 번째, 다섯 번째인 감각에 대한 욕망(貪)과 성냄(瞋)의 번뇌를 대단히 약화시킨다.
  ③ 아나함(不還果)은 위에 말한 다섯 가지 결박의 번뇌를 완전히 제거하여 열반에 도달하기 전에 더 이상 감각의 세계에 태어나지 않는다.

것이다.

불교 전통에 있는 옛 선사들은 수련기간에는 각자(覺者)인 부처님에게 자신을 맡기라고 했다. 왜냐하면, 만약 수행자 마음상태가 수행 중에 유해한 것, 즉 무서운 환상을 일으키는 경우가 온다면 놀랄지도 모르기 때문이다. 또한 수행자 자신은 스승의 지시에 따르도록 하라. 왜냐하면, 스승은 수행 중에 수행자의 진보에 관해서 솔직히 얘기해 줄 수 있고 필요하다고 생각되는 지시를 할 것이다.

이 수행의 목적과 가장 큰 효과는 탐·진·치로부터의 해방이다. 그것은 모두 죄악과 고통의 뿌리이기 때문이다. 지혜 수련에 있어서 집중적인 수련과정은 그러한 자유로움으로 안내할 수 있다. 그러므로 이러한 목적을 가지고 여러분의 수련이 성공적으로 완성되도록 열심히 수련하라. 이와 같은 관찰수련은 마음챙김의 확립에 근거를 두고 있다. 이 수련은 역대 모든 제불과 아라한들에 의해서, 깨달음을 달성하기 위하여 행하여졌던 것이다. 여러분에게 이와 똑같은 종류의 수행을 할 기회를 갖게 된 데 대하여 축하를 한다. 부처님께서 가르치신 네 가지 보호하는 수행을 잠깐 관하여 수련을 하는 것이 중요하다. 이러한 단계에서 네 가지를 관하는 것이 수행자의 심리적 평온을 위해서 도움이 된다. 이러한 네 가지 관(觀)의 주제는 부처님 자신에 대한 관, 자비관, 죽음과 몸에 대한 부정관이다.

---

④ 아라한(阿羅漢果)은 성스러운 길을 통하여 나머지 다섯 가지 결박의 번뇌로부터 완전히 자유로워진 성자이다. 나머지 다섯 가지 번뇌는 색계(천상의 세계)에 대한 욕망, 무색계(완전한 정신 세계)에 대한 욕망·자만심·불안정·무명이다.

첫째는 부처님의 아홉 가지 주요 특성을 진심으로 헤아리면서 부처님께 여러분 자신을 다음과 같이 맡겨라.

참으로 부처님께서는 성스럽고, 완전한 정각자(正覺者)이시고 지혜와 행동에서 완전하시고, 복덕자이시고, 세상을 다 아시는 분이고, 사람을 가르치시는 데 견줄 바 없는 스승이시고 인류와 신들의 스승이시고 깨어있는 존귀한 분이시다.

둘째는 모든 유정 중생들에게 여러분의 자비를 받도록 관하고, 여러분의 자비심에 의하여 심신이 강화되고 여러분 자신과 일체 유정과 차별없이 하나가 되도록 아래와 같이 관하라.

증오와 질병과 슬픔으로부터 해방될지어다. 나와 더불어 나의 부모, 은사, 선생님, 친구들, 미지의 사람들, 모든 중생들이 증오와 질병과 슬픔으로부터 해방될지어다. 그들이 고통으로부터 자유로워지기를 기원합니다.

세 번째는 많은 사람들이 몸에 대해 갖고 있는 잘못된 애착을 없애는데 도움이 되도록 몸의 더러운 성질(不淨觀)을 관하도록 하라. 더러운 것, 예를 들면 밥통·창자·점액·고름·피와 같이 불순한 것들을 관하라. 몸에 대한 어리석은 애착을 제거하도록 이러한 더러운 것을 관하라.4)

네 번째로 심리적 도움을 위한 관(觀)은 끊임없이 죽음에 이르는 현상에 대한 관이다. 불교의 가르침은 삶은 불확실하고 죽음은 확실하다는 것을 강조한다. 살아있는 것은 불안하지만 죽음은

---

4) 몸의 32부분에 대한 관 : 머리털·몸의 털·손톱·발톱·이빨·가죽·살·근육·뼈·골수·신장·심장·간·막(횡경막)·지라·폐·위·창자·장간막·똥·골·담즙·담·고름·피·땀·지방·눈물·임파액·침·콧물·관절액·오줌

확실하다. 삶은 죽음을 목표로 한다. 나고 병들고, 고통받고, 늙고 결국은 죽는다. 이러한 것이 존재의 모든 과정이다.

수련을 하기 위해서, 자세를 잡아라. 다리를 교차해서 똑바로 앉아라. 다리를 결가부좌하지 않고 한쪽 다리가 다른 쪽 다리를 누르지 않은 채 땅에 평평하게 두면 더욱 편안하게 느껴질 것이다. 수행지도자에게 좀 더 자세히 설명해 달라고 부탁하라. 바닥에 앉는 것이 명상에 방해된다면 더욱 편하게 앉는 방법을 취하라.

지금부터 서술한 대로 관찰 수련을 해보자.

(2) 기본수련 Ⅰ

마음의 눈(눈이 아님)을 배에 집중하라. 그러면 배의 수축과 팽창, 사라짐과 일어남의 움직임을 감지하게 될 것이다. 만약 처음에 이러한 움직임이 분명하게 느껴지지 않으면, 일어남과 사라짐의 운동을 느끼기 위하여 배에 두 손을 얹어라. 잠시 후, 숨을 마시면 나오는 움직임과 내쉬면 들어가는 움직임이 분명해질 것이다. 그리고 일어나는 움직임에 대하여 '일어남'이라고 마음챙김(알아차림)하고 사라지는 움직임에 대해서 '사라짐'이라고 마음챙김 하라.[5] 각 움직임에 대한 마음챙김은 움직이고 있는 동안에 해야 한다. 이 수련으로부터 배 움직임의 실제적인 방식을 배우게 된다. 배의 모양에는 관심을 갖지 마라. 실제로 관찰해야 하는

---

5) 처음 수련할 때는 '일어남', '사라짐', '오른발', '왼발' 등으로 명칭을 마음속으로 붙이면서 수련한다. 숙달되어 깊어지면 붙이지 않아도 된다. 초등학생은 책을 소리 내어 읽지만 대학생은 소리없이 내용을 읽는 것과 같다. 그러나 처음 시작할 때나 바쁠 때는 명칭을 붙이는 것이 효과적이다.

것은 배의 일어나고 사라지는 움직임으로 인한 육체적 감각 (sensation)이다. 그러므로 배의 모양을 관찰하지 말고 이 수련을 계속해서 하라.

초보자에게는 주시력·선정·지혜를 계발하는 데 아주 효과적인 방법이다. 이 수련이 진전됨에 따라 움직임의 상태는 더욱더 명확해질 것이다. 여섯 가지 감각기관(6근) 중 하나에서 정신적·육체적 과정의 연속적인 일어남을 감지하는 능력은 통찰력이 충분히 계발되었을 때만이 얻어진다. 처음엔 주의력과 집중력이 아직은 약한 초보자이므로 마음을 매번 연속해서 일어나는 움직임과 사라지는 움직임에 동시에 집중하는 것은 어렵다고 생각할지도 모른다. 이러한 어려움에서 초보자는 '나는 이러한 움직임에 매번 마음을 어떻게 집중하는지를 모르겠다'라는 생각으로 기울어지기 쉽다.

그때에 이것은 배우는 과정이라고만 생각하라. 배의 일어나고 사라지는 움직임은 언제나 현재 나타나 있다. 그것들을 찾을 필요는 없다. 실제로는 연습함에 따라 초보자가 단순한 이 두 동작에 마음을 집중하는 것이 쉬워지게 된다. 배의 일어남과 사라지는 운동을 충분한 '알아차림'으로 계속 수련하라. 비록 일어나고 사라짐에 따라 마음 속에서 조용히 일어남과 사라짐에 마음챙김할지라도 결코 입으로만 일어남, 사라짐이라는 말을 되풀이해서는 안 된다. 배의 일어나고 사라지는 실제적인 과정을 명확하게 알아차려야만 한다.

배의 움직임을 보다 명확하게 하기 위하여, 의도적으로 숨을 빠르고 깊게 쉬는 것을 피하라. 왜냐하면, 이러한 방법은 수행자를 피로하게 하여 수련을 방해한다.

정상적인 호흡과정에서 일어남과 사라짐의 움직임을 일어나는 대로 완전히 알아차리도록만 하라.

(3) 기본수련 II

매번 일어나고 꺼지는 배동작의 관찰 수련에 몰두하고 있는 동안 다른 정신적 활동(사념)이, 각각의 일어남과 사라짐의 관찰 (알아차림) 사이에 일어날 수 있다. 사념이나 다른 정신 현상들 예를 들면 의도·관념·상상 등이 일어남과 사라짐의 매 관찰 사이에서 일어날 수 있다. 그러한 것들도 무시되어서는 안 된다.

만약 어떤 것을 상상했다면, 상상했던 것을 알아차려야 하고 '상상함'이라고 관찰해야 한다. 만약 다른 어떤 것을 생각했다면, '생각함'이라고 관찰해야 하고 회상했다면 '회상함'이라고, 무엇인가 하려고 한다면 '하려고 함'이라고 관찰해야 한다. 마음의 대상인 배의 일어남과 사라짐으로부터 멀어져서 마음이 방황한다면 '방황함'을 관찰해야 한다.

만약 수행자가 어떤 장소에 가는 것을 상상한다면 '가고 있음'을 관찰한다. 도착했을 때는 '도착했음'을 생각으로 어떤 사람을 만났을 때는 '만남'을 관찰한다. 그이나 그녀에게 말을 한다면 '말함'을 관찰한다. 상상으로 누군가와 논쟁을 한다면 '논쟁함'을 관찰한다. 빛이나 색깔을 상상하거나 본다면 '봄'을 관찰한다. 정신적인 환상이 나타날 때는 나타날 때마다 관찰해서 사라질 때까지 관찰한다. 사라진 후에는 배의 일어남과 사라짐의 동작을 충분히 관찰하는 기본 수련 I로 돌아온다. 느슨해짐 없이 주의깊게 계속하라. 만약 수련 중에 침을 삼키려 하면 '삼키려 함'이라고 관찰한다. 삼키는 동안에는 '삼킴'이라 하면서 관찰한다. 뱉으려 할 때는 '뱉음'이라 한다. 그리고 나서 일어남과 사라짐의 수련으로 되돌아간다. 목을 숙이려고 한다면 '숙이려고 함', 구부릴 때는 '구부림', 목을 펴려고 할 때는 '펴려고 함', 목을 바로 할 때는 '바로 함'이라고 관찰한다.

구부리고 펴는 목운동은 천천히 행해져야 한다. 이러한 동작들을 마음으로 관찰(알아차림)하고 나서는 일어남과 사라짐의 운동을 충분한 알아차림으로 계속한다.

(4) 기본수련 III

앉아 있거나 누워 있을 때는 앉거나 눕는 한 동작으로 오랫동안 계속 관찰해야 하므로 몸이나 팔, 다리에 피곤하고 뻣뻣한 강한 느낌을 경험하기 쉽다. 만약 이러한 것이 일어나면, 그러한 느낌이 일어난 몸의 부분에 알아차림을 집중해서 '피곤함' 혹은 '뻣뻣함'이라고 알아차리면서 관찰을 계속한다. 이것을 자연스럽게 하라. 즉 너무 빠르게 하지 말고 너무 느리게도 하지 말라(거문고의 줄처럼). 이러한 느낌들은 점차로 희미하게 되어 마침내는 모두 없어진다. 만약, 이러한 느낌 중의 하나가 점점 더 강해져서 육체적 피로함이나 관절의 뻣뻣함이 참기 어려울 때는 자세를 바꾸어라. 그러나 자세를 바꾸기 전에 '바꾸려 함(의도)'을 관찰하는 것을 잊지 말라. 각각의 미세한 동작도 각기 이와 같은 순서에 의해서 관찰되어야 한다.

만약 손이나 다리를 들려고 한다면 '들려고 생각함(의도함)'을 관찰한다. 손이나 다리를 들어올리는 동작에서는 '들어올림', 손이나 다리를 뻗을 때는 '뻗음', 굽힐 때는 '굽힘', 내려 놓을 때는 '내려 놓음', 손이나 다리가 닿을 때는 '닿음'이라고 관찰한다. 모든 이러한 행동을 천천히 신중하게 한다. 새로운 상태에서 평정된 후에는 즉시 배 관찰을 계속해야 한다. 만약 몸의 다른 부분에서 불편하고 거북해지는 것을 느끼면 여기에 기술된 절차에 따라서 다른 자세에서 관찰을 다시 시작하라.

만약 몸 가운데 어떤 부분에서 가려움이 느껴지면 그 부분에 마음을 집중하여 '가려움'을 관찰한다. 너무 빠르지도 느리지도 않는 균형된 태도로 관찰하라. 가려움이 분명한 알아차림으로 사라졌을 때 기본 I의 일어남과 사라짐에 대한 관찰을 계속하라. 만약 가려움이 계속되어 너무 강하여 가려운 부분을 긁으려 할 때, '긁으려 함'을 잊지 말고 알아차려라. 즉 천천히 손을 든다. 동시에 '들어 올림'을 관찰하면서, 손이 가려운 부분에 닿으면 '닿음'이라고 관찰한다. '문지름'을 완전히 알아차리면서 천천히 문지른다. 가려움이 사라지고 문지름을 그만두려고 할 때 '손을 내려놓음'을 관찰하면서 마음챙김을 한다. 손이 정상 위치에 와서 다리에 닿을 때는 '닿음'을 관찰한다. 그리고 나서 다시 배 관찰에 전념하라.

만약 고통이나 불편함이 있다면 몸에서 감각이 일어나고 있는 당처에 마음챙김을 유지하여라. 특별한 감각 즉 고통·쑤심·압박감·꿰뚫는 아픔·피곤함·현기증 같은 것이 일어나는 즉시 바로 그 당처에 마음챙김하라. 마음챙김하는 것이 힘이 들어가도 안 되고 느슨해져도 안 되는 고요하고 자연스럽게 해야 한다는 것을 명심해야 한다. 고통은 커질 수도 있고 사라질 수도 있다. 고통이 커지더라도 놀라지 말라. 확고부동하게 관찰을 계속하여라. 그렇게 계속할 때 고통은 거의 사라져 간다는 것을 언제나 느낄 것이다. 그러나 얼마의 시간이 경과된 후에 고통이 계속 증대되거나 견딜 수 없을 때는 고통을 무시하고 계속해서 일어남과 사라짐의 관찰을 해야 한다.

마음챙김이 계속 진보되어감에 따라 강한 고통의 감각을 느낄 수도 있다. 즉 칼로 도려내는 듯한 고통, 뾰족한 침 같은 것으로 찌르는 듯한 고통, 질식할 것 같은 느낌이나 날카로운 바늘로 쑤시는 듯한 불쾌감, 조그만 곤충이 몸을 기어오르는 것 같은 느낌 등이다. 가려움, 쏘는 듯함, 아주 차가운 듯한 감각 등을 경험할 수도 있다.

관찰을 중단하는 즉시 이러한 고통들도 멎어버리는 것을 알 것이다. 관찰을 다시 시작하면 마음챙김이 되는 즉시 그러한 감각을 느끼기 시작할 것이다. 이런 종류의 감각들을 심각하게 받아들일 것은 없다. 이러한 감각들이 병의 증상을 나타내는 것이 아니고 몸 안에 항상 나타나 있는 공통적인 요소들이다. 마음이 보다 더 뚜렷한 대상에 몰두할 때 이러한 것들은 감지하기가 어렵게 된다.

알아차림이 더욱더 예리해질 때 이러한 감각들을 더 많이 알게 된다. 계속해서 관찰이 진보되어감에 따라 그러한 감각들을 극복하고 그러한 감각들이 모두 사라지는 시기가 올 것이다. 확고한 신심을 가지고 관찰을 계속한다면 어떠한 방해도 받지 않을 것이다. 만약 용기를 잃어버리고, 관찰에 우유부단하게 되고 잠시 중단하게 된다면 이러한 불쾌한 감각들이 관찰을 해나감에 따라 몇 번이고 되풀이해서 다시 일어나게 될 것이다. 결정심을 가지고 계속 수련하면 이러한 불쾌한 감각들을 극복하고 다시는 관찰하는 도중에 경험하지 않을 것이다.

몸을 움직이려고 한다면 움직이려는 '의도함'을 알아차린다. 흔드는 동작을 하고 있는 동안은 '흔듦'이라고 알아차린다.6) 관찰 도중에 몸이 앞뒤로 가끔씩 흔들리는 것을 발견할 것이다. 놀라지 말라. 기뻐하지도 말고 계속 흔들기를 바라지도 말아라. 흔들리는 동작에 마음을 계속 집중하면 흔들림은 사라질 것이다.

그 동작이 사라질 때까지 흔들림을 계속 알아차리고 있어라. 계속 관찰함에도 불구하고 흔들림이 증가한다면 벽이나 기둥에 기대어라. 혹은 잠시 누워라. 그리고 난 뒤 계속 관찰하여라. 전신에 전율을 느끼거나 진동을 할 때도 이와 같이 관찰하면 된다. 관찰이 향상되어감에 따라 때때로 등 뒤나 몸 전신에 전율이나 차가운 기운이 지나가는 것을 느낄 것이다. 이것은 강한 흥미나 환희 혹은 희열 같은 느낌의 표시이다.

관찰이 좋아질 때 나타나는 자연스러운 현상이다. 마음이 관찰에 고정되어 있을 때 가장 작은 소리에도 놀랄 수 있다. 관찰이 잘 되고 있는 상태에서 감각적인 효과에 보다 더 집중적으로 느끼기 때문에 이러한 현상이 일어난다. 만약 관찰 도중에 갈증을 느끼면 이 '갈증의 느낌'을 관찰한다. 일어서려고 할 때는 '일어서

---

6) 단전호흡을 수련할 때도 이와 같은 진동이 나타난다. 진동 전 그 낌새를 통찰하면 사라짐. 단전호흡은 사마타 수행으로 기(氣)에만 집중하는 반면 위빠싸나는 기를 4대로 나누어 삼법인·연기로 관찰한다.

려 함'을 관찰한다. 그리고 나서는 일어서는 과정에서 매 동작을 관찰한다. 마음을 일어서는 데 전념해서 '일어섬'을 관찰한다. 똑바로 일어선 후 앞을 볼 때는 '바라봄'을 관찰한다. 앞으로 걸어가고자 할 때는 '걸어가려고 함'을 관찰한다. 앞으로 걸음을 걸어가고 있을 때는 '걸음' 혹은 '왼발' '오른발' 하면서 매번의 걸음 (스텝)을 관찰한다. 경행 시에는 각 스텝을 처음부터 끝까지 모든 순간 알아차리는 것이 중요하다. 산보할 때나 걷기 운동을 할 때도 이와 같은 방법을 적용하라. 매번 스텝을 두 단계로 관찰하여라. 즉 '들어올림' '내려놓음' '들어올림' '내려놓음' 이러한 걸음 걸이 방법에 충분히 숙달했을 때 3단계로 관찰하라. 즉 '들어올림' '움직임' '내려놓음' 혹은 '위로' '앞으로' '아래로' 물을 마신 곳에 도착하자마자 수도꼭지나 물 주둥이를 볼 때, '바라봄'이라고 관찰한다.[7]

걸음을 멈출 때는 '멈춤'
손을 앞으로 뻗을 때는 '뻗음, 뻗음'
컵을 잡을 때는 '잡음'
컵을 들어 올릴 때는 '들어올림, 들어올림'
손으로 컵을 물 속에 담글 때는 '담금, 담금'
손으로 컵을 입으로 가져 올 때는 '가져옴, 가져옴'
컵이 입술에 닿을 때는 '닿음'
닿을 때 찬 기운이 느껴지면 '차가움'

---

[7] 동작이 길어질 때는 명칭을 여러 번 반복하면서 관찰해도 된다.

물을 삼킬 때는 '삼킴'

컵을 돌려 놓을 때 '돌려놓음, 돌려놓음'

손을 움츠릴 때는 '움츠림, 움츠림'

손을 내려놓을 때는 '내려놓음'

손이 옆구리에 닿을 때는 '닿음'

돌아가고자 할 때는 '돌아가려고 함'

앞으로 걸을 때는 '걸음'

서려고 하는 곳에 도착한 즉시 '서려고 함'

서 있을 때는 '서 있음'이라고 관찰한다.

계속 서 있어야 한다면 계속해서 배의 일어남과 사라짐을 관찰하라. 그러나 만약 앉으려고 한다면 '앉으려고 함'을 관찰한다. 앉으려고 앞으로 갈 때는 '걸음'이라고 관찰한다. 앉을 장소에 도착하자마자 '도착함'이라고 관찰한다. 앉으려고 돌 때는 '돌고 있음', 앉고 있는 동안에는 '앉고 있음'을 관찰한다. 천천히 앉으라. 몸을 내려놓으면서 움직임에 마음챙김을 한다. 손과 다리를 원하는 위치로 움직임에 따라 매 동작을 관찰해야 한다. 그리고 나서 다시 배 운동을 관찰하여라. 누우려고 한다면 누우려고 하는 그 의도를 알아차린다. 그리고 누우면서 그 과정이 일어나는 모든 동작들을 계속 관찰해 본다.

몸을 들어올릴 때는 '들어올림' '몸을 폄' '움직이기 시작함' '닿음' '바닥에 누움' 그리고 나서 손·다리와 몸을 원하는 위치로 가져가는 매 동작시마다 관찰을 한다. 이러한 동작들을 천천히 하라. 그리고 나서 일어남과 사라짐을 계속하라. 만약 고통·피로·가

330

려움 혹은 다른 어떠한 감각이 느껴지면 이러한 감각들을 분명하게 관찰하라. 모든 감각·생각·관념·사념·회상·손·다리·팔·몸 등의 모든 동작을 관찰하라. 관찰할 특별한 대상이 없다면, 마음을 배의 일어남과 사라짐에 집중한다. 졸음이 오면 '졸림' 잠이 오면 '잠 옴'을 관찰한다. 관찰에 충분한 집중력을 얻으면 졸음과 잠을 극복할 수 있고 그 결과로 상쾌함을 느낄 수 있다. 다시 기본 대상인 배로 돌아와 관찰을 하여라. 만약, 졸리는 감각을 극복할 수 없다면 잠에 떨어질 때까지 관찰을 계속하여야 한다.

잠의 상태는 잠재의식(바왕가)의 계속성이다. 그것은 태어날 때의 처음 의식 상태와 죽는 순간의 마지막 의식 상태와 비슷하다. 이러한 의식의 상태는 매우 희미하므로 그 대상을 알아차릴 수 없다. 깨어있을 때도 잠재의식의 계속성은 보고, 듣고, 맛보고, 냄새 맡고, 몸으로 닿고 생각하는 순간들 사이에서 규칙적으로 일어난다. 이러한 바왕가의 흐름은 짧은 순간이기 때문에 항상 명확하지 않고 알아차릴 수 없다. 잠재의식의 계속성은 수면 중에도 일어나고 있다. 깨어날 때 이 사실이 명백히 드러난다. 왜냐하면, 사념들과 생각의 대상들이 분명하게 느껴지는 것은 완전하게 깨어있는 상태이기 때문이다.

관찰은 깨어나는 순간부터 시작해야 한다. 초보자일 때는 깨어나는 첫 순간부터 관찰할 수 없을지도 모른다. 그러나 관찰해야 한다는 것을 기억하는 순간부터 관찰을 시작해야 한다. 예를 들면, 만약 깨는 즉시 무엇인가를 회상한다면 그 사실을 알아차려 '회상함'이라고 하면서 관찰을 시작해야 한다. 그리고 나서 배의 일어남과 사라짐의 관찰을 계속하라. 침대에서 일어날 때, 몸의

활동의 모든 미세한 현상에도 마음챙김을 해야 한다. 손·다리·몸
의 각각 움직임은 완전한 알아차림 상태에서 행하여야 한다. 깨
어날 때 그때의 시간을 생각하는가?

만약 그렇다면 '생각함'을 관찰하라. 침대에서 나가려고 하는
가? 그렇다면 '나가려고 함'을 관찰하라. 몸을 일으키려고 한다면
'일으키려고 함'을 관찰한다. 천천히 일어나면서 '일어남'을 관찰
한다. 앉을 때는 '앉음', 약간 오래 앉아있을 때는 배의 일어남과
사라짐을 관찰한다. 세수를 하거나 목욕을 할 때도 순서대로 그
리고 모든 미세한 동작까지도 완전한 알아차림의 상태 하에서
행하도록 해야 한다. 예를 들면 쳐다봄, 바라봄, 잡음, 닿음, 차가
움을 느낌, 문지름 등을 관찰한다. 옷을 입는 동작에서도, 잠자리
를 펼 때도, 문과 창문을 열고 닫을 때도, 물건을 다룰 때도, 이러
한 모든 행동의 미세한 것까지도 순서에 따라 관찰해야 한다. 식
사 시에도 모든 미세한 행동에까지 관찰이 미치도록 해야 한다.

음식을 쳐다볼 때는 '쳐다봄, 쳐다봄'
음식을 정돈할 때는 '정돈함'
음식을 입으로 가져갈 때는 '가져감, 가져감'
목을 앞으로 구부릴 때는 '구부림'
음식이 입에 닿을 때는 '닿음'
입에 음식을 넣을 때는 '넣음'
입을 다물 때는 '다묾'
손을 움츠릴 때는 '움츠림'
손이 접시에 닿을 때는 '닿음'

목을 바로 펼 때는 '바로 펌'

씹을 때는 '씹음, 씹음….'

맛을 볼 때는 '맛을 봄'

음식을 삼킬 때는 '삼킴, 삼킴'

삼키는 동안 음식이 식도에 닿을 때는 '닿음'

식사를 다할 때까지 음식을 매번 들 때마다 이런 식으로 관찰을 계속한다. 수련을 처음 시작할 때는 많은 부분을 놓친다. 걱정 말라. 노력하는 데 주저하지 말라. 끈기있게 수련한다면 거의 놓치는 것이 없을 것이다. 수련의 높은 단계로 향상되었을 때는 여기에 언급한 것보다도 더 많은 세부적인 것들을 관찰할 수 있을 것이다.

(5) 기본수련 Ⅳ

여기까지 당신은 수련에 상당한 시간을 보내왔을 것이다. 수행의 진보가 불충분하다고 판단하여 싫증을 느낄지도 모른다. 결코 포기하지 말라. 단지 '게으름'을 알아차려라. 마음챙김과 선정 그리고 통찰에 충분한 힘을 얻기 전에는 이 수련법의 정확성과 유용성에 대해 회의를 할 것이다. 그러한 상황 하에서는 '회의'를 관찰한다. 좋은 결과를 기대하거나 바라는가? 그렇다면, 관찰의 주제를 '기대함' 혹은 '원함'으로 알아차린다. 여기까지 훈련한 이수련의 방법을 회상하려고 하느냐? 그렇다면 '회상함'을 관찰한다. 명상의 대상을 몸으로 택할 것인지 마음으로 택할 것인지를 시험할 때가 있는가? 만약 그렇다면 '시험함'을 관찰한다. 자신의 관찰에 진보 없음을 실망하는가?

만약 그렇다면 '실망함'의 감정을 관찰한다. 반대로 자신의 관찰이 진보하고 있는 것에 즐거움을 느끼면 '즐거움'의 감정을 관찰한다. 이것이 정신적 행위의 모든 개개의 현상들이 각각 일어나는 대로 관찰하는 방법이다. 만약, 알아차려야 할 생각이나 상념들이 개입되고 있지 않을 때는 배의 일어나고 사라짐의 관찰로 되돌아간다.

엄격한 수행 과정에서는 수련의 시간은 일어나는 첫 순간부터 시작하여 잠들 때까지 계속한다. 거듭 반복하지만 계속해서 기본 수련에 몰두하든가 혹은 잠을 자지 않는 저녁시간과 낮 동안에도 계속 쉬지 않고 마음챙김 수련에 몰두해야 한다. 관찰 수행이 숙달되면 수련시간이 길어져도 졸음을 느끼지 않을 것이다. 오히려 밤낮 계속할 수 있을 것이다.

요약

마음의 현상이 좋든 나쁘든, 몸의 각 움직임이 크든 작든, 몸과 마음의 감각이 즐겁든 불쾌하든 모든 현상들을 관찰해야 한다. 만약, 수련 도중에 특별하게 관찰할 것이 없다면 배의 일어남과 사라짐의 관찰에 몰두해야 한다. 걸어야 할 필요가 있을 때는 매 걸음걸이에 '걸음, 걸음' 하든가 '왼발' '오른발' 하면서 명확하게 관찰한다. 그러나 경행에만 수련할 때는 3단계로 즉 '들어올림' '앞으로' '내려놓음'의 각 단계를 관찰한다. 밤낮으로 수련에 몰두하는 수행자는 멀지 않아 지혜명상의 네 번째 단계(일어나고 사라지는 현상을 알아차리는 지혜)[8]까지 그리고 더 나아가서 통찰

지혜의 더 높은 단계를 향하여 집중을 계발시킬 수 있다.

경행수련

40분에서 90분까지 계속되는 좌선 중간에 경행수행으로 대체할 수 있다. 이 수련으로 선정과 노력의 요소를 균형시키도록 도와주고 졸음을 극복할 수 있게 해준다. 조용한 땅 위에서나 방 안에서 이 수련을 할 수 있다. 보통 때보다 훨씬 느린 속도로 주의 깊게 걸을 수 있다면 이 수련을 위해서 가장 좋은 방법이다.

최대한 완만한 속도로 걷는 것은 이상적이지만 속도를 가능하면 천천히 늦추되 단순하고 자연스러운 태도로 걸어야 한다. 이러한 경행시에는 발과 다리의 움직임에 주의를 집중해야 한다. 오른발을 땅에서 들어올릴 때 '들어올림' 앞으로 나아가면서 '움직임', 땅에 놓으면서 '내려놓음'이라고 관찰한다. 왼쪽발도 이와 마찬가지로 관찰한다.

좌선 때와 똑같은 방법으로 다른 자세에서도 모든 산만한 생각이나 감각들도 즉각 관찰되어야 한다. 경행 중에 무엇인가를 쳐다본다면, 즉시 '바라봄'이라고 알아차리고 발의 움직임으로 돌아간다. 경행하면서 주위를 보고 대상의 상세한 것을 알아차리는 것은 경행수련의 한 부분은 아니다. 만약, 부주의해서 보게 된다면 '바라봄'을 관찰하라.

경행하는 길의 끝부분에 이르려면 돌아서 반대방향으로 걸어야 한다. 길목에 다다르기 한 두 발자국 전에 이것을 알게 될 것

---

8) '통찰지혜의 단계 중 일어나고 사라지는 현상을 알아차리는 지혜' 참조(다음 절과 V부 2장에 설명되어 있음)

이다. 돌고자 할 때는 '돌고자 함'이라고 하면서 그 의도하는 마음을 관찰해야 된다. 의도하려는 마음을 처음에는 관찰하기 어렵다. 그러나 집중이 강해지면 감지할 수 있다. 돌고자 하는 마음을 관찰한 후에는 돌아서는 데 관련된 미세한 동작과 생각들을 관찰하라.

마지막 걸음을 땅에 놓고 실제로 몸을 돌리면서 '돌아섬'을 알아차리면서 반대편의 발을 들어올린다. '들어올림' '돌아섬' '내려놓음' 등으로 알아차린다. 그리고 나서 돌아선 길에서 다시 한 발짝 옮긴다. 즉 '들어올림' '앞으로' '내려놓음' 하면서 알아차린다. 종종 끝에까지 와서는 주위에 무엇인가 흥미있는 것을 쳐다보며 살펴보려는 유혹이 일어난다. 만약 이와 같은 다스려지지 않은 충동이 일어나면 '보려고 함'을 알아차려야 한다. 그리고 나서 다시 자연스럽게 발의 움직임을 관찰하는 쪽으로 돌아와야 한다.

서술한 바와 같이 '들어올림' '앞으로' '내려놓음'으로 알아차리는 3단계식으로 경행수련을 계발시키는 것이 초보자에게는 가장 좋은 방법이다. 능력에 따라서 스승은 3단계보다 적은 횟수로나 혹은 더 많은 단계로 관찰하라고 지시할 수도 있다. 때때로 너무 천천히 걷는 것은 불편하다. 특히 수행 장소를 벗어날 경우는 간단하게 '오른발' '왼발' '오른발' '왼발' 하는 것으로 충분할 것이다. 중요한 것은 얼마나 많이 혹은 얼마나 적은 단계로 관찰하는 것이 아니라 발의 움직임들을 실제로 알아차리고 있느냐 없느냐이고, 그리고 수행자의 마음이 망상에 휩쓸려 들어가느냐 그렇지 않느냐가 중요하다.

수행의 진보

얼마 동안 수련을 한 후에 자신의 관찰력이 상당히 향상되어 있음을 알 것이다. 그리고 배의 일어나고 사라지는 움직임을 관찰하는 기본적인 수련을 오래할 수 있게 된다. 이때가 되면 일어나고 사라지는 움직임 사이에 일반적으로 틈이 있음을 알게 될 것이다. 앉아서 수련할 때는 이 틈을 메우기 위하여 '일어남' '사라짐' '앉음' 하면서 관찰한다. '앉아 있음'을 관찰할 때는 몸의 상체에 마음을 집중하라. 누워 있을 때는 '일어남' '사라짐' '누워 있음'과 같이 분명한 알아차림으로 계속 수련한다. 만약 이것이 쉬우면 이와 같은 3단계 식으로 관찰을 계속하라. 만약 배가 '사라짐' 했을 때와 마찬가지로 일어남의 끝 부분에도 잠시 휴식이 있음을 알아차린다면 '일어남' '앉아 있음' '사라짐' '앉아 있음'과 같이 계속 관찰한다. 혹은 누워 있을 때는 '일어남' '누워있음' '사라짐' '누워 있음'으로 관찰한다. 만약, 이와 같이 세 차례 혹은 네 차례씩의 대상을 관찰하는 것이 더 이상 쉽지 않을 때 즉, 끝부분의 틈이 사라질 때 다시 처음 순서대로 돌아와 '일어남'과 '사라짐'만을 관찰한다.

몸의 움직임을 일정하게 관찰하고 있는 동안은 보는 것과 듣는 대상에는 관심을 가질 필요가 없다. 배 움직임의 일어남과 사라짐에 마음을 계속 집중할 수 있는 한, 보는 것과 듣는 것을 대상으로 해서 관찰하는 목적도 또한 달성된다. 그러나 의도적으로 대상을 쳐다볼 수도 있다. 그때는 동시에 두세 번 '바라봄'이라고 하면서 관찰한다. 그리고 나서는 배의 움직임을 다시 관찰한다. 수행 중 우연히 목소리를 들을 때도 있는가? 그 소리를 듣는가?

만약 그렇다면 소리를 듣는 동안은 '소리를 들음'이라고 알아차린다. 그렇게 한 후에는 다시 '일어남'과 '사라짐'으로 돌아온다. 그러나 큰 소리, 예를 들면 개짖는 소리, 떠드는 소리, 노래 부르는 것 같은 것을 듣는다면 즉시 두 번 내지 세 번 '들음'이라고 알아차린다. 만약 시각적인 것이나 청각적인 것을 일어나는 대로 알아차리지 못하고 내버려둔다면 일어나고 사라지는 현상에 강한 주시를 하지 못하고 자기도 모르게 사념의 세계로 빠져들 것이다.

그 결과 관찰은 또렷하지 못하고 흐리게 될 것이다. 마음을 오염시키는 욕망이 커지고 증대되는 것은 약화된 관찰력 때문이다. 만약 그러한 사념이 일어나면 '사념'을 두세 번 관찰한 후 다시 일어나고 사라지는 관찰을 한다. 만약 몸·다리·팔의 움직임에 관찰하는 것을 잊어버린다면, '잊어버림'을 관찰하고 다시 정상적인 배의 움직임 관찰을 시작한다. 가끔씩 호흡이 느려지고 배 움직임이 분명하게 느껴지지 못할 때도 있을 것이다.

이런 것이 일어날 때는 좌선 시에는 단지 '앉아 있음' '닿음'쪽으로 관찰한다. 만약 누워 있다면 '누워 있음' '닿음'이라고 한다. '닿음'을 관찰할 때는 마음은 몸의 동일한 지점에만 집중하는 것이 아니다. 몸의 여러 군데에 닿는 곳이 있다. 적어도 여섯 내지 일곱 군데는 관찰되어야 한다. 이러한 닿아 있는 곳들 중에는 허벅지와 무릎이 닿아 있는 곳, 손이 포개져 있는 곳, 손가락과 손가락이 닿아 있는 곳, 엄지 손가락과 엄지 손가락이 닿아 있는 곳, 눈을 감고 있는 곳, 입안의 혀 혹은 입술이 닿아 있는 곳도 포함된다.

고급단계의 수련

(1) 정신적 · 육체적 현상을 구분하는 지혜(nama-rūpa pariccheda-ñāṇa)

이상에서 서술한 바와 같이 열심히 수행한 덕택으로 알아차림과 선정이 향상되었을 때 수행자는 대상의 일어남과 이 대상을 알아차리는 것이 동시에 한 쌍으로 일어나는 것을 알게 될 것이다. 예를 들면 일어남과 이것을 알아차리는 것, 사라짐과 이것을 알아차리는 것, 앉아 있음과 이것을 알아차리는 것, 구부림과 이것을 알아차리는 것, 뻗는 동작과 이것을 알아차리는 것, 들어올리는 것과 이것을 알아차리는 것, 내려놓음과 이것을 알아차리는 것 등이다. 집중된 알아차림을 통하여 몸과 마음의 각 현상을 어떻게 구별하는가를 안다.

'일어나는 움직임이 한 과정이고, 그것을 알아차리는 것이 다른 한 과정이다.' '사라지는 움직임이 한 과정이고 사라지는 것을 알아차리는 것이 다른 한 과정이다.' 알아차리는 각각의 행위는 대상을 향하여(찾으러) 나아가는 특성을 가지고 있다는 것을 알 것이다. 그러한 인지는 마음의 대상을 향하여 나아가거나 혹은 대상을 인식하는 마음의 독특한 기능에 관련된다. 물질적(몸)인 대상이 보다 더 분명하게 보이면 보일수록 그것을 알아차리는 마음의 과정도 더욱더 맑아진다는 것을 알아야 한다. 이러한 사실이 『청정도론(Visuddhi Magga)』에 다음과 같이 서술되어 있다.

물질(몸)이 자신에게 아주 명확해지고, 뒤엉킴에서 벗어나게 되고 매우 맑아짐에 따라, 물질(몸)을 대상으로 하고 있는 비물질(마음)적인 상태도 역시 저절로 명백하게 되어진다.

수행자가 몸의 과정과 마음의 과정간의 차이를 알게 될 때, 즉 단순한 사람이 될 때, 그는 직접적인 경험으로 다음과 같이 생각한다.

일어남과 그것을 아는 것, 사라짐과 그것을 아는 것만이 존재한다. 그것 외에는 아무것도 존재하지 않는다. 남자 혹은 여자라는 말도 동일한 과정을 나타낸다. 즉 사람이나 영혼은 없다.

만약 지식인이라면, 대상으로서의 물질과정과 그것을 알아차리는 정신적 과정 간에 차이점을 직접적인 체험으로 알 것이다. 그리하여 '오직 몸과 마음만이 실제로 존재한다. 그것 외에는 남자와 여자와 같은 실제성은 없다. 관찰 도중에 대상으로서의 물질적 현상과 그것을 알아차리는 정신적 과정을 알게 된다. 관습적으로 내려오고 있는 표현 즉, '인간·사람 혹은 영혼·남자·여자 등으로 말하고 있는 것은 다름 아닌 이 두 가지 과정일 뿐이다. 그러나 이 두 가지 과정을 떠나서 별개의 사람이나 인간, 나 혹은 다른 것, 남자 혹은 여자라는 것은 없다.' 그러한 생각이 떠오르면 '생각, 생각' 하면서 알아차려야 하고 계속해서 배의 일어나고 사라지는 것을 관찰해야 한다.9)

(2) 원인(조건)을 식별하는 지혜(paccaya - pariggaha - ñāṇa)
수행이 더욱더 진보되어감에 따라 몸의 움직임에 선행해서 일어나는 의도적인 마음의 상태가 명백하게 드러난다. 수행자는 우

---

9) 이 부분은 '육체적·정신적 현상을 구분하는 지혜'를 설명한 것으로 '살펴보는 정화(purification of view)'에 속한다(더욱 상세한 것은 『청정도론』 참조).

선 그 의도성을 알아차려야 한다. 수행의 초기단계에서는 '하려고 함' '의도함'(예를 들면 팔을 구부릴 때)을 관찰하지만 마음의 상태를 명확하게 알아차릴 수는 없다. 더욱 진보된 상태에서는 마음이 구부리겠다는 의도를 가지고 있는 것을 분명하게 알아차린다. 그래서 우선 몸을 움직이려고 하는 의도가 있는 마음의 상태를 알아차린다. 그리고 나서는 특정한 몸의 움직임을 알아차린다. 처음에는 의도하는 마음을 관찰하지 못하기 때문에 몸의 움직임이 몸을 알아차리는 마음보다 빠르다고 생각한다. 진보된 단계에서는 마음이 선행된다는 것이 밝혀진다.

수행자는 구부리고, 펴고, 앉고, 서고, 가는 등의 의도를 저절로 알아차린다. 그는 또한 실제로 구부리고 펴는 등의 동작도 명확하게 알아차린다. 그리하여 몸의 과정을 알아차리는 마음이 물질적인 과정보다 빠르다는 사실을 깨닫게 된다. 몸의 진행이 의도가 선행된 후에 일어난다는 사실을 직접적으로 경험한다.

또한 '뜨거움'이나 '차가움'을 관찰하고 있는 동안 뜨겁거나 차가운 것의 강도가 증가하고 있다는 것을 직접 경험으로부터 알게 된다. 일정하게 자동적으로 움직이는 배의 일어나고 사라지는 운동을 관찰하는 데에 있어서, 수행자는 하나하나 차례대로 연속해서 관찰한다. 또한 그의 내부에서 여러 가지 현상 즉 불상·탑·몸·자연의 대상들과 같은 마음의 이미지가 일어나는 것을 알아차린다. 감각이 일어나는 특정한 지점에 집중함에 따라 몸의 내부에서 가려움·아픔·열 같은 감각이 일어나는 것도 관찰해야 한다. 감각은 좀체로 사라지지 않는다. 그리고 다른 감각이 일어난다. 그러한 모든 것들을 순서대로 관찰한다. 모든 대상들이 일어나는 대로 관찰하는 동안 알아차리고 있는 마음의 과정은 대상에 의존해 있는 것을 알게 된다. 때때로 배의 일어나고 사라지는 움직임이 너무나 희미해서 관찰할 것이 없다는 것을 발견한다. 그때에 대상없이는 알아차리는 것이 있을 수 없다는 것이 그에게 떠오른다. 일어나고 사라지는 관찰이 어려울 때는 '앉아 있음' '닿아 있음' 혹은 '누워 있음' '닿아 있음'을 관찰해야 한다. '닿아 있음'은 번갈아가면서 교대로 관찰하여야 한다. 예를 들면 '앉아 있음'을 관찰한 후에 바닥이나 자리에 닿아있는 오른쪽 발에 일어나고 있는 감각을 관찰한다.

그리고 나서 '앉아 있음'을 관찰한 후에 왼쪽 발에 일어나고 있는 감각을 관찰한다. 같은 방법으로 몸의 여러 곳에 일어나는 감각을 번갈아 가면서 관찰한다. 또한 수행자가 보고 듣는 것 등을 관찰하는 데 있어서 보는 것은 눈과의 보이는 대상의 접촉에서 일어나고, 듣는 것은 귀와 소리의 접촉에서 일어난다는 것을 분명하게 알게 된다. 더 나아가서 구부리고 펴는 등의 몸의 움직임은 구부리고 펴는 등의 의도하는 마음의 과정에 따라온다는 것을 알게 된다.

수행자가 계속 반조해가면 다음과 같은 생각이 떠오른다. '자신의 몸이 뜨거움이나 차가움의 요소 때문에 뜨거워지기도 하고 차가워지기도 한다. 몸은 음식과 영양분으로 지탱한다. 의식은 알아차릴 대상이 있기 때문에 일어난다. 보는 것은 보이는 대상을 통하여 일어나고, 듣는 것은 소리를 통하여 일어난다. 또한, 조건을 지워주는 요인으로서 눈이나 귀와 같은 감각기관이 있기 때문이다.

342

의도와 모든 경험으로부터 알아차리는 것, 즉 모든 종류의 감정(감각)은 과거 업의 결과이다. 아무도 몸과 마음을 창조하지 않았다. 일어나는 모든 것은 그 원인을 갖고 있다. 모든 대상을 일어나는 대로 관찰하고 있는 동안 이러한 생각들이 수행자에게 떠오른다. 이러한 것을 깊이 연구하기 위하여 관찰을 중지해서는 안 된다. 대상을 일어나는 대로 관찰하는 동안 이러한 생각이 너무나 빠르게 저절로 자신의 내부에서 떠오르는 것을 경험한다.

그때 수행자는 '생각, 생각' 혹은 '인식함, 인식함'을 알아차리면서 평상시대로 관찰을 계속해 나간다. 관찰되어지고 있는 육체적·정신적 과정은 동일한 성질로 이전에 일어난 과정에 의해서 조건지워진다는 것을 돌이켜 생각한 후에 수행자는 더 깊이 생각하게 된다. 즉 이전에 존재했던 몸과 마음은 그 이전에 선행되고 있었던 원인들에 의하여 조건지워지고, 이후에 존재하는 몸과 마음은 동일한 원인들로부터 결과가 이루어지며 이 두 과정을 떠나서는 독립된 '개체'나 '인간'이 있는 것이 아니고 오직 원인과 결과만이 일어나고 있다는 사실이다.

이러한 사유도 관찰되어야 하고 그리고 나서는 관찰은 정상대로 계속해 나가야 한다.[10] 이러한 사유는 강한 지적 성향을 가진 사람에게는 많이 나타나고 그렇지 않은 사람에게는 적게 나타난다. 일어나는 대로 그대로 두어라. 오로지 모든 사유들은 일어나는 즉시 바로 관찰해야 한다. 그런 것들을 관찰함으로써 사유를 최소한 적게 일어나게 한다. 그리고 지혜의 계발이 그런 과도한

---

10) 이는 '조건(원인)을 식별하는 지혜(paccaya-pariggaha-ñāṇa)'를 언급한 것으로 '회의를 극복함에 의한 정화(purification by overcoming doubt)'에 속한다.

사유에 의해 방해되지 않게 한다. 여기서는 최소한의 사유만으로 충분하다는 것을 명심해야 한다.

(3) 현상의 바른 이해에 대한 지혜(sammasana - ñāṇa)

수행을 집중적으로 계속해 나감에 따라 수행자는 가려움이나 아픔·뜨거움·둔함·뻣뻣함과 같은 거의 견딜 수 없는 감각들을 체험할지도 모른다. 만약 알아차림이 중단되면 그러한 감각은 사라진다. 알아차림을 다시 했을 때, 그러한 감각들은 다시 일어난다. 그러한 감각들은 전에 서술했듯이 몸의 자연스런 현상의 결과로 일어난다. 만약 성성(惺惺)한 집중력으로 관찰하면 그러한 감각은 차츰 사라져 없어진다. 또한 수행자는 가끔씩 여러 종류의 이미지들이 마치 눈에 보이듯이 나타난다.

예를 들면, 부처가 환한 빛을 내며 다가온다든가 혹은 하늘에서 승려들이 줄을 지어 있다든가 탑·불상·숭배하는 사람과의 만남·나무·숲·언덕·산·정원·건물을 본다든가, 자신이 부푼 시체나 해골을 마주하고 있다든가, 건물이 무너지고 몸이 분해된다든가, 몸이 부풀든가, 피(血)로 뒤덮이든가, 몸이 산산조각이 나든가 혹은 몸이 줄어들어서 뼈만 남든가, 몸 안의 창자나 주요기관들, 혹은 세포를 본다든가, 지옥이나 극락의 사람들을 본다든가 하는 등의 것이 나타난다. 이러한 현상은 강한 집중에 의해 날카로워진 이미지이며 자신이 만든 것에 불과할 따름이다.

그러한 것들은 꿈에서 만나게 되는 것과 유사하다. 이러한 것들을 좋아해서도 안 되고 즐겨서도 안 된다. 그리고 두려워할 필요도 없다. 관찰하는 과정에서 나타나는 이러한 대상들은 실상이 아니다. 단지 상념일 따름이다. 반면 그러한 것들을 보는 마음이 실제이다. 그러나 오관에 의해 영향받지 않은 순수한 정신현상으로서의 마음을 매우 명료하고 상세하게 관찰하는 것은 쉽지 않다. 그리하여 쉽게 관찰될 수 있는 감각기관과 감각인식에 관련되어 일어나는 마음현상에 주된 관찰을 하게 된다.

어떤 대상이 나타나더라도 수행자는 '봄, 봄' 하면서 그것이 사라질 때까지 관찰해야 한다. 그것이 사라지든가 산산조각나 부수어진다. 처음에는 다섯 번 내지 여섯 번 정도로 여러 번 알아차림을 해야 한다. 그러나 지혜가 계발됨에 따라 그 대상은 한두 번의 알아차림으로 사라진다. 그러나 그러한 상들을 즐기거나 좀더 자세히 보려고 한다든가 놀라면, 계속 머무는 경향이 있다.

만약 의도적으로 그러한 상을 유인하면 환희 속에서 상당 시간 계속될 것이다. 자신의 집중력이 좋을 때는 외적인 요인을 추구하든가 관심을 기울여서는 안 된다. 만약 그러한 생각이 들어오면 즉각 관찰하여 쫓아버려야 한다. 정상적인 관찰에서 특별한 경계나 감정을 경험하지 못한 사람의 경우에는 게을러질 수도 있다. 이러한 게으름도 '게으름, 게으름' 하면서 극복될 때까지 관찰해야 한다. 이 단계에서 수행자가 특별한 경계를 만나든 못 만나든 모든 관찰의 처음·중간·끝의 단계를 분명히 알아차려야 한다. 수행의 초기에는 한 대상을 관찰하는 동안에 다른 대상이 나타나면 그쪽으로 관찰을 바꾸어야 한다. 그러나 이전의 대상이 사라지는 것을 분명하게 알아차리지 못한다. 지금의 단계에서는 한 대상이 사라진 것을 인식하고 난 다음이라야 새로운 대상이 일어나는 것을 관찰할 것이다. 그리하여 관찰되어지는 대상의 처음·중간·끝의 단계를 분명히 알게 된다.

이 단계에서 더욱 수련해가면 한 대상이 갑자기 나타났다가 즉각 사라져가는 모든 동작을 예리하게 인식하게 된다. 그의 알아차림이 너무나 분명하여 다음과 같이 생각된다. 즉 '모든 것은 종말이 있고 모든 것은 사라진다. 영원한 것은 아무것도 없다. 참으로 무상하다.' 그의 사유는 빨리어 경전 주석에서 언급되어진 것과 일치한다. 즉 '모든 것은 생겨난 후에 멸해지고 무(無)로 돌아간다는 의미에서 무상하다.'

더욱더 사유하기를 '우리가 삶을 즐기고 있는 것은 무명(無明) 때문이다. 그러나 실제로는 아무것도 즐길 것이 없다. 끊임없는 일어남과 사라짐만이 있다. 이것으로 인하여 머지않아 우리는 괴로워하게 된다. 이것은 참으로 무서운 일이다. 언제라도 죽음이 올 수 있고 모든 것은 분명히 종말로 향하여 나아가고 있다. 이 보편적인 무상은 참으로 놀랍고 무서운 것이다.' 그의 생각은 주석서에 언급된 것과 일치한다.

즉, '무상한 것은 괴롭다. 무섭다는 의미에서 괴롭다. 일어나고 사라지는 압박감 때문에 괴롭다.' 또한 심한 고통을 경험하고 나서 다음과 같이 회상한다. '모든 것은 고(苦)이다. 모든 것은 아픔이다.' 이러한 생각은 경전주석서에서 다음과 같이 말하는 것과 일치한다. 즉 '고통을 가시처럼 혹은 종기나 창살처럼 아픈 것으로 간지낸다.' 더욱더 사유하기를 '이것이 고의 덩어리이고, 이 고는 피할 수 없는 것이다.'

'생(生)하고 멸(滅)하는 것, 그것은 무가치한 것이다. 아무도 그 흐름을 중지시킬 수는 없다. 그것은 우리들의 능력 밖에 있는 것이다. 그것은 자체의 자연스런 과정을 따르고 있다.' 이러한 사유는 주석서와 거의 일치한다.

'고통스러운 것은 무아(無我)이다. 실체를 갖고 있지 않다는 의미에서 무아이다. 왜냐하면, 그것을 통제할 능력을 행사하는 것이 없기 때문이다.' 수행자는 모든 이러한 사유를 관찰해야 하고 그리고 나서는 평상시처럼 관찰을 계속해 나가야 한다.

직접 경험에 의한 세 가지 특성(삼법인)을 보아왔으므로 수행자는 관찰된 대상으로부터 직접 경험한 것을 추론하여 아직 관찰하지 않은 대상들도 무상(無常)·고(苦)·무아(無我)로 이해한다.

자신이 직접 경험하지 않은 대상들에 대해서도 그는 다음과 같이 결론을 내린다.

"그러한 것들도 역시 무상·고·무아와 같은 식으로 구성되어 있다."

이것은 현재 자신의 직접 경험으로부터 유추한 것이다. 지적인 수준이 낮은 사람이나 이러한 사유에 주의를 기울이지 않는 지식이 제한된 사람에게는 이러한 이해는 분명하지 않고 단지 대상에 대한 관찰만을 계속해 나간다. 그러나 이러한 이해는 사유하는 것에 관심을 많이 가진 사람에게는 자주 일어난다. 어떤 경우에는 매 관찰시마다 이것이 일어난다. 그러나 지나치게 사유해보는 것은 지혜 계발에 방해가 된다. 이 단계에서 그런 생각이 일어나지 않더라도 그것에 관계없이 지혜는 더 높은 단계로 점점 향상된다. 그러므로 사유하는 것에 특별한 관심을 기울이지 말아야 한다. 대상에 대한 순수한 알아차림을 더욱더 기울이고 있는 동안에 만약 이러한 사유가 있다면 이것 역시 즉각 관찰해

야 한다. 그러나 이러한 것에 머물러 있어서는 안 된다.11)

(4) 일어나고 사라지는 현상의 지혜(uddyabbaya ñāṇa)

세 가지 특성을 이해하고 나서는 수행자는 더 이상 사유하지 않고 현재에 계속 일어나고 있는 육체적·정신적 대상을 계속해서 관찰해 나아가야 한다. 그리고 나서 다섯 가지 정신적 기능(五根)-신심·노력·알아차림(마음챙김)·선정·지혜-이 제대로 균형잡힐 때, 알아차림의 정신적 진행이 향상되어지는 것같이 느껴지며 빨라진다. 관찰되어지고 있는 육체적·정신적 진행도 훨씬 빠른 속도로 일어난다. 숨을 마시는 순간에 배의 일어남이 계속 빨라진다. 이에 상응해서 사라짐도 더욱 빨라진다. 빠르게 연속해서 일어나는 현상은 구부리고 펴는 과정에서도 명백하게 나타난다. 조그마한 움직임도 몸 전체에 퍼져가면서 느껴진다. 여러 번 쑤시는 듯한 감각이나 가려움이 잠시 짧게 연속해서 나타난다. 대체로 이러한 것들은 참기 힘든 감정이다. 만약 수행자가 각 현상에 명칭을 부여하면서 관찰을 하려고 한다면, 빠르게 연속적으로 일어나는 다양한 경험을 따라잡을 수는 없다.

여기에서는 일반적인 방법으로 마음챙김하여 관찰해야 한다. 이 단계에서는 빠른 속도로 연속해서 일어나는 대상을 상세하게 명칭을 붙여가면서 관찰할 필요는 없다. 이때는 전체적으로 관찰해야 한다. 만약 명칭을 붙이길 원한다면 전체적인 명칭(예 : 배 움직임이 '일어남', '사라짐'에서 빨라지면 '앎, 앎'으로 대체)으로 충분하다. 만약 세부적으로 알아차려 가려고 한다면, 곧 피곤해

---

11) 이 부분은 '현상의 바른 이해에 대한 지혜에 속한다'(V부 2장 참조)

질 것이다. 중요한 것은 일어나고 있는 것을 명확하게 알아차리고 이해하는 것이다. 이 단계에서 한두 가지 선택된 대상에 대해 관찰하는 것은 제쳐두고 마음챙김은 여섯 가지 감각문에서 일어나는 모든 대상에 기울여져야 한다. 이렇게 관찰하는 것이 예리하지 못할 때는 언제나 관찰하는 배의 대상으로 돌아가야 한다.

몸과 마음의 진행은 눈을 깜빡하는 것이나 빛이 번쩍이는 것보다 몇 배나 빠르다. 그러나 수행자가 단순하게 이러한 과정을 계속해서 관찰해 간다면 일어나는 대로 충분히 알아차릴 수 있다. 마음챙김은 매우 예리해진다. 그 결과로 마음챙김이 마치 일어나는 대상에 뛰어드는 것같이 보여진다. 대상도 마찬가지로 마음챙김에 내려앉는 것처럼 느껴진다. 각각의 대상을 명확하게 하나씩 알아차리게 된다. 그리하여 수행자는 다음과 같이 믿게 된다. '몸과 마음의 진행은 정말 대단히 빠르구나, 그것들은 기계나 엔진처럼 빠르다. 그러나 그러한 모든 현상들을 알아차리고 이해해야 한다. 아마도 더 이상 알아야 할 것이 없다. 알아야 할 것은 모두 알았다.' 그는 그렇게 믿는다. 왜냐하면, 직접경험에 의해 이전에는 꿈에도 생각하지 못한 것을 체험했기 때문이다.

또한 지혜의 결과로서 밝은 빛이 명상자에게 나타날 것이다. 그 자신 내부에 환희감이 일어나서 소름이 끼치거나 눈물을 흘리거나 전신에 전율 같은 것이 일어날 것이다. 마치 그네를 타고 있는 것처럼 그것은 그 자신 내부에 묘한 전율과 들뜸을 일으킨다. 심지어 현기증이 일어났는가를 의심한다.

그리고 나서 마음의 평온함이 오고 이와 더불어 정신적 경쾌감이 나타난다. 앉고, 서고, 가고, 눕는 것에 편안하고 고요해진다. 몸과 마음 모두가 신속하게 제 기능을 발휘하면서 경쾌해진다. 그리고 원하는 시간의 길이만큼 원하는 어떠한 대상에서도 쉽게 관찰을 할 수 있다. 그는 뻣뻣함·열·고통으로부터 자유로워진다. 지혜는 쉽게 대상을 파고든다. 마음은 건전하고 솔직하게 된다. 모든 죄악을 피하기를 원한다. 확고한 신심을 통하여 마음은 대단히 밝아진다. 때때로 알아차려야 할 대상이 없을 때, 마음은 오랫동안 평온한 상태로 있다. 이러한 생각이 그 자신 내부에서 일어난다.

'참으로 부처님께서는 전지전능하시다. 정말 몸과 마음은 무상하고, 고이며 무아이다.' 대상을 알아차리고 있는 동안 세 가지 특성을 명확하게 이해한다. 그는 다른 사람에게 수행할 것을 권유한다. 그는 무기와 나태함에서 벗어나 있다. 그의 노력은 느슨하지도 긴장되어 있지도 않다. 그에게는 지혜와 함께 평등심이 일어난다.

그래서 그는 그의 느낌과 경험을 다른 사람에게 전달하고 싶어 한다. 더 나아가서 밝은 빛과 마음챙김, 그리고 환희와 함께 나타난 지혜를 즐기는 고요한 성질에 묘한 집착이 일어난다. 그는 이러한 모든 것을 수행의 축복으로서 경험하게 된다.

수행자는 이러한 현상을 거듭 재고(再考)해서는 안 된다. 각 현상이 일어나는 대로 그것에 상응해서 관찰을 해야 한다. 즉 밝은 빛, 신심, 환희, 경쾌함, 행복감 등으로 알아차린다.[12] 광채가

---

12) 이러한 현상들은 '통찰의 열 가지 장애'이다. 수행자가 이러한 것에 집착을 일으킬 때만 장애의 특성을 갖고 자만심을 갖게 한다. 즉, 이러한 현상을 잘못 판단하여 과대 평가한 나머지, 성위과에 이르렀다고 믿게 된다. 이러한 장애는 '일어나고 사라지는 현상의 지혜'가 약한 단계에서 발생한다.

있을 때는 '광채'가 사라질 때까지 관찰해야 한다.

다른 경우에도 역시 이와 유사하게 관찰해야 한다. 빛이 나타났을 때는 처음에 알아차림을 잊고 즐기는 경향이 있다. 비록 수행자가 빛을 집중하여 알아차리더라도 그 알아차림은 환희롭고 행복한 감정과 섞여 있게 된다.

그리고 거기에 계속 머무르려고 한다. 그러나 나중에는 그러한 현상에 익숙하여지고 그러한 것들이 사라질 때까지 명확하게 관찰을 계속할 수 있게 된다. 가끔 그 빛이 너무 밝아서 단순한 알아차림으로 사라지게 하는 것이 어렵다는 것을 알 것이다. 그때는 그것에 대한 주시를 중지하고 몸에 일어나고 있는 다른 대상으로 전환해서 집중적으로 관찰한다. 수행자는 빛이 아직도 거기에 있는지 없는지를 생각할 필요는 없다. 만약 그렇게 생각한다면 그것을 보고 싶어 하는 마음이 일어날 것이다. 만약 그러한 생각이 일어난다면 바로 그 생각에 단호하게 집중하여 격퇴시켜 버려야 한다. 집중이 강할 때는 밝은 빛뿐만 아니라 다른 특이한 대상이 일어나며 그러한 것 하나하나에 관심을 기울이면 계속해서 일어난다. 만약 그러한 치우침이 일어나면 수행자는 즉각 알아차려야 한다.

경우에 따라서는 특별히 어떤 명백한 대상이 없다 하더라도 희미한 대상들이 줄을 이어가는 기차처럼 하나하나 차례대로 나타난다. 그러한 때 수행자는 단순히 '봄, 봄' 하면서 그러한 시각적인 상들을 처리해야 한다. 각 대상들은 곧 사라질 것이다. 수행자의 지혜가 약할 때 그 대상들은 더욱더 분명해질 것이다. 각각의 모든 연쇄적인 대상들이 최종적으로 사라질 때까지 관찰되어져야 한다.

빛과 같은 그러한 현상에 대한 치우침을 탐하고 집착해 있는 것이 정상적인 수행 궤도에서 벗어난 태도라는 사실을 자각해야 하며, 지혜의 도(道)와 관련해서 정확한 대처는 이러한 대상들이 사라질 때까지 집착하지 않고 마음챙김하여 알아차리는 것이다.13) 수행자가 마음챙김을 몸과 마음에 계속해서 수련해 나갈 때 그의 지혜는 현저하게 성장해 나갈 것이다. 그는 몸과 마음의 현상이 일어나고 사라지는 것을 더욱더 명확하게 보게 될 것이다. 각각의 현상이 한 지점에서 일어나고 바로 그 자리에서 사라진다는 것을 알게 될 것이다.

앞에 일어난 것과 뒤에 일어난 것이 다르다는 사실을 알 것이다. 그리하여 모든 알아차림에서 무상·고·무아의 특성을 이해할 것이다. 오랜 시간 동안 관찰한 후에 다음과 같이 확신하게 된다. 즉, '이것이야말로 얻을 수 있는 최상의 것이다. 더 이상의 것은 없다.' 그리고 나서는 그의 진보에 너무나 만족한 나머지 수행을 중단하고 마음을 느슨하게 하는 경향이 있다. 그러나 이 단계에서 쉬지 말고 훨씬 더 많은 기간에 걸쳐 몸과 마음의 현상에 대한 관찰을 계속해서 수련해 나가야 한다.14)

(5) 사라짐의 지혜(bhanga - ñāṇa)

수련이 진보됨에 따라 지혜가 더 성숙해졌을 때 대상의 일어나는 것은 더 이상 보이지 않고 사라지는 것만 관찰하게 된다.

---

13) 이것은 정도와 사도를 판단하는 지혜에 의한 정화를 언급한 것이다.
14) '일어나고 사라지는 현상의 지혜'에 대한 최종적인 단계를 언급한 것이다.

그것들은 빠르게 사라진다. 그것을 알아차리는 정신적 과정도 또한 그렇다. 예를 들면, 배의 일어남을 관찰하는 동안 그 움직임은 곧 사라진다. 그리고 그 움직임을 알아차리는 정신적 과정도 또한 같은 식으로 사라진다. 그러므로 일어남과 알아차림의 양자 모두 차례대로 즉각 사라진다는 사실이 수행자에게 명확하게 자각되어진다. 이와 같은 것은 배 움직임의 사라짐, 앉아 있음, 팔과 다리를 구부리고 폄, 사지의 뻣뻣함 등에도 동일하게 적용된다. 대상을 알아차리고 그것이 사라지는 것을 아는 것은 빠르고 연속적으로 일어난다. 어떤 수행자는 3단계를 분명하게 인식한다. 즉 대상을 알아차림, 대상이 사라짐, 사라졌다는 것을 아는 의식도 사라짐-모두 다 빠르고 연속적으로 진행된다. 그러나 대상의 사라짐과 그 사라짐을 아는 의식의 사라짐이 한 쌍으로 연속해서 일어난다는 것을 아는 것으로 충분하다.

수행자가 이러한 한 쌍으로 사라지는 현상을 계속해서 분명히 알아차릴 수 있을 때, 몸이나 머리·손·다리 같은 특별한 형체가 더 이상 그에게는 분명하지 않고, 모든 것은 사라지고 없어진다는 생각이 그에게 떠오른다. 이 단계에서 그는 그의 관찰이 과녁에서 빗나갔다고 느끼기 쉽다. 그러나 실제는 그렇지 않다. 대체로 마음은 특별한 모양이나 형태를 바라보고 있을 때 기쁨을 느낀다. 대상들이 없을 때 마음은 기쁜 상태를 원하고 있다. 그러나 실제로는 이것은 지혜가 발전되어가고 있는 명백한 표시이다. 초기 단계에서 우선 명백하게 알아차려지는 것은 대상의 이름이나 특징이다. 그러나 지금의 단계에서는 향상된 지혜로 인하여 대상의 사라짐이 우선 알아차려진다. 반복해서 반조했을 때만 이 모습이 다시 나타난다. 그러나 만약 알아차리지 않을 경우에는 사라짐의 사실이 매우 강하게 나타난다. 그리하여 현자가 말한 다음과 같은 사실을 직접 경험으로 알게 된다. "이름이나 모양이 나타날 때, 실재는 숨어버린다. 실재가 그 자신을 나타낼 때, 이름이나 모양은 사라진다."

수행자가 대상을 분명하게 알아차릴 때 그의 알아차림은 충분하지 않다고 생각한다. 이러한 원인은 지혜가 너무나 빠르고 맑기 때문에 인식의 과정들 사이에 있는 순간적인 무의식까지도 알게 된다. 예를 들면 팔을 구부리거나 펴려고 의도한다. 그는 하려고 하는 의도가 사라진다는 것을 즉각 알아차린다. 그 결과로 잠시 동안 팔을 구부리거나 펼 수 없게 된다. 그러한 경우에는 여섯 가지 감각문 중에서 한 곳, 현재 일어나고 있는 곳으로 관찰을 전환해야 한다.

만약 명상자가 그의 관찰을 평상시처럼 배의 일어남과 사라짐부터 시작해서 몸 전체로 넓혀 간다면, 그는 곧 추진력을 얻을 것이다. 그리하여 그는 '닿음과 앎', 혹은 '바라봄과 앎', 혹은 '들음과 앎' 등과 같이 하나와 그 다음 일어나는 것을 연속해서 알아차려야 한다. 그렇게 하는 동안 피로하거나 불안정한 것을 느낀다면 배의 일어남과 사라짐의 관찰로 돌아와야 한다. 시간이 다소 경과된 후에 힘을 회복하면, 몸 전체에 일어나고 있는 어떠한 대상을 관찰해도 된다.

그렇게 전체에 걸쳐서 관찰을 잘할 때에는 설령 한 대상을 힘차게 관찰하지 않더라도 그가 듣는 것이 사라져 없어지고, 그가 보는 것이 산산조각나 부수어져 양자 간에 연속성이 사라짐을 알게 된다. 이것이 참으로 있는 그대로 대상을 보는 것이다. 어떤 수행자들은 무엇이 일어나는지를 명확하게 보지 못한다. 왜냐하면, 사라짐이 너무나 빨라서 시력이 약화되었거나 혹은 현기증이 있는 것같이 느끼게 된다. 사실은 그렇지 않다. 그들은 단지 전후 연속해서 일어나는 것을 알아차리는 인식력이 부족할 따름이다. 그 결과로 그들은 모양이나 특징을 보지 못한다. 그러한 때에는 휴식을 취하거나 관찰을 멈추어야 한다. 그러나 몸과 마음의 현상은 계속하여 일어난다. 의식은 저절로 계속해서 그러한 것들을 관찰한다. 수행자는 누워서 자기를 결정할 수도 있다. 그러나 잠들지 못하고 온전하게 깨어 있다. 집중력 때문에 병이 나거나 불쾌하게 느껴지지는 않을 것이다. 계속해서 관찰을 힘차게 해나가야 한다. 그러나 그의 마음이 모든 대상을 충분히 명백하게 알아차릴 수 있게 된다는 것을 알게 된다.

대상의 사라짐과 사라짐을 알아차리는 행위 양자를 계속해서 관찰하고 있을 때, 그는 다음과 같이 돌이켜 생각한다. '심지어 눈이 깜박일 때나 빛이 번쩍하는 동안에도 계속해서 변하지 않고 존재하는 것은 없다. 전에는 이것을 깨닫지 못했다. 과거에 멸해지고 사라져 없어졌듯이, 미래에도 또한 멸해지고 사라져 없어질 것이다.'15) 이러한 생각도 관찰해야 된다.

(6) 두려운 인식에 대한 지혜(bhayatupatthāna - ñāṇa)

그 외에 관찰해 나가는 도중에 수행자는 두려움에 대한 인식을 가질 수도 있다. 그는 다음과 같이 생각한다. '인간은 그 사실

---

15) '사라짐의 지혜'에 대한 관찰법이다.

을 모르고 인생을 즐긴다. 이제 계속해서 사라진다는 사실을 알았으므로, 그것은 참으로 두려운 것이다. 사라지는 모든 순간에 인간은 죽을 수도 있다. 이 인생의 시작 자체가 두려운 것이다. 일어남의 끝없는 반복도 그러하다. 행복이나 안락함을 위하여 변화하고 있는 현상을 잡으려는 노력도 또한 무익하다. 다시 태어나는 것도 항상 멸해지고 사라져버리는 현상들의 반복이라는 관점에서 볼 때 참으로 무서운 것이다. 늙어지고, 죽게 되고 슬픔·한탄·고통·우울 그리고 절망하는 것 이 모두가 참으로 가공할 만한 것이다.' 이러한 생각도 관찰해서 격퇴시켜야 한다.

그리하여 수행자는 의지할 것은 아무것도 없다는 것을 알게 되고 몸뿐만 아니라 마음도 나약하게 되는 것같이 느낀다. 그는 우울한 생각에 사로잡히게 된다. 그는 더 이상 밝고 의기양양한 상태에 있지 않다. 그러나 절망해서는 안 된다. 이러한 상태는 지혜가 진보하고 있다는 징후이다. 그것은 두려움의 인식에 대한 불행을 느낄 따름이다. 그러한 생각도 역시 관찰해야 한다. 일어나는 대상들을 차례대로 계속 관찰해 감에 따라 이러한 불행한 느낌은 사라진다. 그러나 잠시 동안 관찰하지 않으면 우울함 그 자체가 명백해져서 두려움이 그를 압도할 것이다. 이러한 종류의 두려움은 지혜와 연결되어 있지 않은 것이다. 그러므로 그러한 쓸데없는 두려움이 나타나지 않게 하기 위하여 줄기찬 관찰을 해야 한다.16)

---

16) '두려움의 인식에 대한 지혜'에 대한 관찰법이다.

(7) 고통 있음의 지혜(ādīnava - ñāṇa)

또한 대상을 알아차리고 있는 동안에 다음과 같이 잘못을 범할 수도 있다. '이 몸과 마음의 현상은 무상하고 고통스러운 것이다. 태어나게 되는 것은 좋은 것이 아니다. 살아 존재하는 것 또한 좋은 일이 아니다. 사실은 대상들의 모양이나 형체들이 실체가 아닌 이상 명백하게 보이는 것 같은 대상의 모양이나 형체를 보는 것은 우울한 일이다. 인간이 행복이나 안락을 구하려는 노력은 참으로 공허한 것이다. 태어남은 바람직하지 않은 것이다. 늙어감·죽음·한탄함·고통·우울 그리고 절망함은 모두 다 무서운 것이다.' 이러한 종류의 생각도 마찬가지로 관찰되어져야 된다.17)

(8) 혐오감에 대한 지혜(nibbida - ñāṇa)

그러한 때에 대상으로서의 몸과 마음 그리고 그 대상을 알아차리는 마음은 매우 유치하고 비천하고 가치 없는 것같이 느껴지는 경향이 있다. 그것들의 일어나고 사라지는 것을 관찰함으로써 그러한 것이 역겨워진다. 그 자신의 몸이 썩어가고 붕괴되어가고 있는 것을 볼 것이다. 그는 그것을 덧없이 허무한 것으로 간지낸다.

이 단계에서 수행자가 몸과 마음에서 일어나고 있는 모든 것을 관찰하고 있는 중에 그는 그것에 대해 혐오감을 느낀다. 비록 그러한 것들의 사라짐을 계속 잘 관찰함으로써 분명하게 인식은 하지만, 그는 더 이상 경계심에 차 있거나 밝은 상태에 있지는 않다. 그의 관찰은 혐오감과 결합되어 있다. 따라서 그는 게을러

---

17) '고통 있음(불행)의 지혜'에 대한 관찰법이다.

진다. 그럼에도 불구하고 관찰을 포기할 수는 없다.

예를 들면, 진흙으로 된 더러운 길을 걸어가야만 할 때 매번 걸음걸이에 혐오감을 느끼지만 걸음을 멈출 수는 없는 사람과 같다. 그는 계속해서 걸어가야만 한다. 이때 그는 인간의 삶을 붕괴되어 없어지는 존재로서 본다. 인간으로나 남자와 여자, 왕과 억만장자와 같은 것으로 환생하기를 기대하지는 않는다. 천상에서 머무는 것에 대해서도 같은 느낌을 가지게 된다.18)

  (9) 해탈을 향한 지혜(muncitu - kamyatā - ñāṇa)

이러한 지혜를 통하여 관찰되어진 모든 현상이 혐오감을 느낄 때, 그의 내부에는 이러한 현상을 버리고 해탈되어지기를 바라는 간절함이 일어난다.19) 보는 것, 듣는 것, 닿는 것, 회상하는 것, 서 있는 것, 앉아 있는 것, 구부리는 것, 펴는 것, 알아차리는 것 이러한 모든 것을 제거해 버리기를 원한다. 이러한 바람도 관찰해야 한다. 그는 지금 몸과 마음의 진행에서 자유로워지기를 갈망한다. 그는 회상한다. '내가 관찰할 때마다 나는 반복함을 접하게 된다. 그것은 모든 것은 불쾌하다는 것이다. 그것들에 대한 관찰을 중지하는 것이 낫다.' 이러한 생각도 관찰해야 한다.

어떤 명상자들은 그러한 생각이 들 때 실제로 관찰을 중지한다. 비록 관찰을 중지한다 하더라도, 그 진행은 중단되지 않는다. 즉 일어나고, 사라지고, 구부리고, 펴고, 하려고 하는 것 등등, 그러한 것들은 여전히 계속된다. 분명한 현상을 알아차리는 것도

---

18) 이러한 혐오감 역시 있는 그대로 관찰해야 한다.
19) '해탈을 이루려는 마음의 지혜'에 대한 관찰수련법이다.

또한 계속된다. 그래서 이렇게 생각하면서 그는 기뻐한다.

'비록 내가 몸과 마음에 대해 관찰을 중지한다 할지라도, 현상은 여전히 일어나고 있다. 그러한 것은 일어나고 있고 그것을 의식하는 것도 거기에 홀로 있다. 그러한 것에서 자유로워지는 것은 단순히 관찰을 멈춤으로써 이루어지지는 않는다. 이러한 식으로 제거될 수는 없다. 평상시처럼 그러한 것들을 관찰해 나감으로써 삶의 세 가지 특성이 충분히 이해되어지고 그러한 것들에 아무런 주의가 주어지지 않을 때 평등심(무심)을 얻을 것이다. 이러한 현상의 종말인 열반이 실현될 것이다. 평화와 축복이 올 것이다.' 이렇게 기쁨에 가득 찬 생각을 하면서 현상에 대한 알아차림을 계속해 나갈 것이다. 이런 식으로 생각할 수 없는 수행자들의 경우에는 그들의 스승으로부터 설명을 듣고 만족해질 때까지 수행을 계속해야 한다.

(10) 다시 살펴보는 지혜(patisankhā - nupassana - ñāṇa)

수행을 계속한 후 그들은 힘을 얻게 된다. 그때 경우에 따라서는 여러 가지 고통스러운 감각이 일어난다. 이것에 절망할 필요는 없다. 그것은 본래부터 내재해 있는 특성인 고의 덩어리에 지나지 않는다. 주석서에 이렇게 기술되어 있다.

"오온을 고통스러운 것으로서, 종기와 같은 병으로서, 창살 같은 아픔이나 불행, 괴로움 등으로 본다."[20] 만약 그러한 고의 감각이 체험되지는 않는다 하더라도 무상·고·무아의 세 가지 특성 중 하나가 매 관찰시마다 명백하게 나타난다.[21]

---

20) 이 구절은 니까야 전편에 걸쳐 붓다가 강조하고 있는 내용이다.

비록 수행자가 제대로 관찰한다 하더라도, 그는 그가 잘하고 있다고 느끼지 않는다. 알아차려지는 대상과 알아차리고 있는 마음이 충분하게 밀착되어 있지 않다고 생각한다. 이것은 그가 삼법인에 대해서 너무 과도하게 알려고 하기 때문이다. 그의 관찰에 만족하지 못하기 때문에 그는 자주 자세를 바꾼다. 앉아 있는 동안에는 경행하는 것이 낫다고 생각한다.

경행시에는 좌선을 원한다. 앉은 다음에는 다리의 자세를 바꾸기를 바란다. 그는 다른 장소로 가기를 원한다. 그는 눕기를 원한다. 이렇게 변형할지라도 그는 특별한 하나의 자세로 오래 있을 수는 없다. 다시 불안정해진다. 그러나 절망하지는 말아야 한다. 이러한 모든 것은 그가 현상의 진정한 본성을 알게 되었기 때문에 일어난다. 그리고 또한 현상에 대한 평등의 지혜를 얻지 못했기 때문에 일어난다. 그는 실제로는 잘하고 있다. 그러나 그는 그렇게 생각하고 있지 않다. 그는 한 자세를 고수하도록 노력해야 한다. 그리고 그렇게 할 때 그 자세에서 편안함을 발견할 것이다. 계속해서 용맹스럽게 현상에 대한 관찰을 해나가면, 마음은 점차 가라앉고 밝아진다. 결국은 그의 불안감은 완전히 사라질 것이다.[22]

⑾ 현상에 대한 평등의 지혜(sankhārupekhā - ñāṇa)

현상에 대한 평등각이 성숙되었을 때, 마음은 대단히 맑아지고 현상은 매우 분명하게 알아차릴 수 있다. 알아차림은 아무런 노

---

21) 열 가지 무상, 스물 다섯 가지의 고통, 다섯 가지의 무아에 대한 특성이 있다.
22) '다시 살펴보는 지혜'에 대한 수련법이다.

력이 필요없는 것처럼 순일하게 되어간다. 미묘한 현상들도 역시 저절로 관찰된다. 무상·고·무아의 진정한 특성이 다시 돌이켜 살펴보지 않더라도 명백하게 되어 진다. 몸의 어떠한 지점에서 어떠한 감각이 일어나더라도 바로 관찰된다.

그러나 감각에 대한 느낌은 솜이나 양모처럼 부드럽다. 가끔씩 몸 전체에 알아차려야 할 대상이 너무나 많아서 알아차림이 가속화되어야 한다. 몸과 마음이 위로 향하여 뜨는 것 같다. 관찰되고 있는 대상이 적어진다. 그러한 것들을 쉽게 평온한 상태에서 관찰할 수 있다. 어떤 때는 몸의 형체가 모두 사라지고 정신적인 현상만 남는다. 그때 수행자는 자신의 내부에서 미세한 물방울로 샤워를 즐기는 것 같은 환희의 느낌을 경험한다.

그는 또한 청명함으로 충만하게 된다. 그는 또한 맑은 하늘과 같은 광명을 본다. 그러나 이러한 두드러진 특징이 과도하게 수행자에게 영향을 미치지는 않는다. 수행자는 미칠 듯이 기뻐 날뛰지는 않는다. 그러나 여전히 그러한 것들을 즐긴다. 그는 이러한 즐거움도 관찰해야 한다. 관찰해도 사라지지 않는다면 그러한 현상에 주시하지 말고 다른 대상들을 관찰해야 한다.

이 단계에서는 그는 '나'라든가 '자신 혹은 나의 것'이라는 것은 없고 오직 현상만이 일어난다는 지혜에 만족하게 된다. 즉 현상만이 다른 현상들을 인식하고 있다. 대상들을 하나하나 차례대로 알아차리고 있는 데에 기쁨을 발견한다. 오랜 시간 관찰해도 피로해지지 않는다. 그는 고통스런 감정에서 자유로워진다. 따라서 어떠한 자세를 취하더라도 오랫동안 유지할 수 있다. 앉아 있든 누워 있든 그는 두세 시간씩 불편하거나 피로를 느끼지 않고 관찰을 계속할 수 있다. 심지어 그 후에도 그의 자세는 전과 같이 부동이다.

때때로 현상들이 신속하게 일어난다. 그리고 수행자는 그것을 잘 관찰하고 있다. 그때 그에게 무엇이 일어날 것인가에 관해서 걱정이 될 때도 있다. 그러한 걱정도 알아차려져야 한다. 그는 잘 수행하고 있다고 느낀다. 이러한 느낌도 관찰해야 한다. 지혜의 진보를 기대한다. 이러한 기대감도 관찰해야 한다. 무엇이 일어나더라도 꾸준히 관찰해야 한다. 특별한 노력을 가해도 안 되고 느슨해져도 안 된다.

어떤 경우에는 걱정·즐김·집착·기대 때문에 알아차림이 느슨해지고 퇴보된다. 바라던 목표가 매우 가까이 와 있는 것같이 느끼는 수행자들은 대단한 노력으로 관찰을 한다. 그렇게 하는 동안 관찰은 느슨해지고 퇴보해지기 시작한다. 이러한 것은 불안정한 마음에 기인한다. 불안정한 마음으로는 현상을 제대로 집중할 수 없기 때문에 일어난다. 그래서 관찰이 좋은 상태에 있을 때는 순일하고 견실하게 수행을 해나가야 한다. 즉 그는 느슨해져도 안 되고 특별한 노력을 추가해도 안 된다(거문고 줄처럼). 계속 견실하게 해 나간다면 그는 신속하게 모든 현상의 멸(滅 : 眞空)로 파고드는 지혜를 얻고 열반을 실현할 것이다.

어떤 수행자의 경우에는 이 단계에서 더 높이 나아갈 수도 있고 다시 여러 차례 후퇴할 수도 있다. 절망하지는 말아야 한다. 다시 대결단심을 불러일으켜야 한다. 6근 문두에 일어나는 어떠한 것이라도 관찰하도록 모든 주의를 기울여야 한다. 그러나 알아차림이 순일하고 고요하지 않으면 그렇게 광범위하게 관찰하는 것은 거의 불가능하다.

만약 수행자가 배의 일어남, 사라짐이나 몸과 마음의 다른 부분에 관찰을 시작할 때, 그는 힘을 얻어가고 있다는 것을 발견하게 된다. 그때에 관찰은 저절로 순일하고 고요하게 되어간다. 그는 모든 현상의 일어나고 사라지는 것을 명확하고 쉽게 관찰할 수 있다. 이 지점에서 그의 마음은 모든 장애로부터 거의 자유로워져 있다. 아무리 흥미 있고 즐거운 대상이라 할지라도 이미 그의 마음은 더 이상 끄달리지 않는다.

또한 아무리 싫은 대상이라도 그를 더 이상 괴롭히지 않는다. 그는 단순히 보고, 듣고, 냄새 맡고, 맛보고, 감촉을 느끼고, 인식할 따름이다. 오욕팔풍에 무심한 여섯 가지 종류의 평등심을 갖고 모든 현상을 알아차리고 있다. 그는 관찰에 몰두하고 있는 동안은 시간의 길이조차도 모른다.

또한 모든 생각이 일어나지 않는다. 그러나 '도과(道果, magga phala)에 대한 지혜'를 얻기 위한 충분한 통찰력을 두 세 시간 내에 계발하지 못한다면 다른 생각이 들어오게 된다. 반면, 만약 수행이 잘 되면 더욱더 진보될 것을 기대해도 된다. 너무나 기쁜 나머지 수행이 퇴보하는 것을 경험할 수도 있다. 그때는 그러한 생각이나 기대감을 즉각 알아차림으로써 쫓아버려야 한다. 다시 견실한 관찰이 순일하게 나아갈 것이다. 그러나 충분한 통찰력이 이루어져 있지 않으면 집중은 다시 느슨해질 것이다. 이와 같이 어떤 수행자는 여러 번의 진보하고 퇴보하는 시행착오를 경험한다. 통찰의 이러한 과정에 대해 설법을 듣거나 연구를 해서 알고 있는 사람은 이러한 진보와 퇴보를 여러 번 되풀이하는 경향이 있다. 그러므로 훌륭한 스승 밑에서 지도받고 있는 수행자는 이러한 지식을 미리 얻는 것이 바람직하지 않다. 그러나 이 책은 스승 없이 혼자서 수행하는 사람을 위해서 서술해 놓은 것이다.

그의 수행에 이러한 진보와 퇴보의 시행착오에도 불구하고 수행자는 절망이나 실망을 해서는 안 된다. 말하자면, 지금 그는 성위과(聖位果)인 도과(道果)의 문턱에 와 있다. 5근 즉 신심(信)·정진력(力)·마음챙김(念)·선정(定)·지혜(慧)가 균형있게 계발되는 즉시 도과에 들어가 열반을 성취한다.

열반(涅槃)의 성취
수다원과의 성취

앞서 설명한 방식으로 발생하는 통찰지혜의 오르내림(起伏)은 원양어선에서 놓아준 새에 비유될 수 있다. 옛날에 원양어선의 선장은 배가 육지에 가까워졌는지의 여부를 확인하기가 어렵다는 사실을 알고 있었기 때문에 항해 도중 배가 육지에 얼마나 가까워졌는지 알기 위하여 항해를 시작할 때 데리고 간 새를 놓아주었다. 풀려난 새는 육지를 찾아서 사방으로 날아다녔다. 하지만 육지를 발견하지 못할 때마다 새는 다시 배로 돌아오곤 하였다. 이와 마찬가지로 통찰지혜가 도(道, magga)와 과(果, phala)의 지혜로 향상되어 열반을 성취할 만큼 충분히 무르익지 않았을 때는 육지를 발견하지 못한 새가 다시 배로 돌아오듯이 느슨해지고 지체되고 만다.

하지만 풀려난 새가 육지를 발견했을 때에는 배로 돌아오지 않고 육지 쪽으로 곧바로 날아가 버린다. 이와 마찬가지로 통찰

지혜가 무르익어 예리하고, 강하고, 명료하게 될 때 여섯 가지 감각의 문(六根)에서 나타나는 현상(行, 혹은 五蘊)들 가운데 하나에 대해서 그것이 무상(無常)하고, 고(苦)이며, 무아(無我)임을 알게 될 것이다.

이렇게 되면 무상·고·무아라는 세 가지 특성(三法印) 가운데 어느 하나에 대해서 알아차리는 행위가 그 특성에 대한 온전한 이해를 바탕으로 해서 더욱 명료해지고 강해진다. 이 때 알아차림은 더욱더 빨라지게 되는데, 이는 보통의 알아차림보다 3, 4배 정도 빠른 속도이며 알아차리는 행위는 저절로 진행된다.

이처럼 가속화된 알아차림의 흐름에서 마지막 의식이 끊어진 직후, 도과(道果, magga phala)가 일어나면서 모든 형성력(諸行, saṅkhārā)이 끊어진 열반을 이루게 된다. 열반을 이루기 바로 직전의 알아차리는 행위는 그전보다 더욱 명료하다. 마지막 알아차리는 행위가 있은 직후 소멸과 열반의 성취가 이루어진다. 이것이 바로 열반을 성취한 사람이 다음과 같이 말한 이유이다.

"알아차림의 대상(境)과 알아차리는 마음은 함께 사라진다. 또는 알아차림의 대상과 알아차리는 행위는 마치 담쟁이덩굴이 칼로 잘리워지듯이 끊어져 버린다. 또는 알아차림의 대상과 알아차리는 행위는 마치 천근의 짐을 내려놓듯이 떨어져 나간다. 또는 알아차림의 대상과 알아차리는 행위는 마치 가지고 있던 물건이 산산조각 나듯이 흩어져 버린다. 또는 알아차리는 대상과 알아차리는 행위는 마치 감옥에서 풀려나는 것과 같이 홀연히 자유로워진다.

또는 알아차리는 대상과 알아차리는 행위는 마치 촛불이 갑자기 꺼져 버리듯이 날아가 버린다. 또는 알아차리는 대상과 알아차리는 행위는 마치 어둠이 빛에 의해 대체되듯이 사라져 버린다. 또는 알아차리는 대상과 알아차리는 행위는 마치 혼란에서 벗어나는 것처럼 풀려져 버린다. 또는 알아차리는 대상과 알아차리는 행위는 마치 물속에서 가라앉는 것처럼 침잠해 버린다. 또는 알아차리는 대상과 알아차리는 행위는 마치 달리는 사람이 맞은편에서 강하게 저지당해 멈추어 버리듯이 갑자기 정지된다. 또는 이 둘은 함께 소멸되어 버린다."

하지만 현상(형성력)의 소멸을 이루고 있는 시간은 그다지 길지 않다. 그 시간은 한 순간의 알아차림이 진행되는 정도만큼 짧다. 그때(행의 소멸을 체험하고 난 직후) 수행자는 자신에게서 일어난 일에 대해 되돌아본다. 그리고 그는 알아차림의 대상인 육체적 현상의 흐름과 알아차리는 행위인 정신적 현상의 흐름이 소멸해 버린 것이 도(道)·과(果)·열반(涅槃)을 실현한 것임을 안다. 이러한 사실에 대해 잘 알고 있는 사람은 현상의 소멸이 바로 열반이며, 행의 소멸과 열반의 실현이 도(道)·과(果)임을 안다. 그리고 그는 속으로 이렇게 되뇌일 것이다. '나는 이제 열반을 체험했으며 수다원의 도과(道果)를 얻었다'라고. 이와 같은 분명한 앎은 경전을 공부했거나 이러한 주제에 대한 법문을 들은 사람에게는 명백하다.

어떤 수행자들은 이미 떨어버렸거나 떨어버려야 할, 남아있는 번뇌에 대해 되돌아본다. 이렇게 되돌아본 후에, 그들은 육체적, 정신적 흐름을 알아차리는 수행(삿띠빳타나 위빠싸나)을 계속해 나간다. 하지만, 수행을 계속해 나가다 보면 육체적·정신적 흐름이 거친 형태로 나타나게 된다. 이때가 되면 육체적·정신적 흐름이 생겨나고 사라지는 두 측면은 수행자에게 분명하게 드러난다. 그리고는 수행자에게는 자신의 알아차림이 느슨해지고 후퇴된 것처럼 느껴지게 된다.

하지만 사실은, 그는 '일어남과 사라짐의 현상에 대한 지혜(生滅智)'의 상태로 되돌아가 있는 것이다. 그의 알아차림이 느슨해지고 후퇴한 것은 사실이다. 생멸지의 단계로 되돌아왔기 때문에, 그는 밝은 빛이나 사물의 형태를 보는 것처럼 느낀다. 어떤 경우에는 알아차림의 대상과 알아차리는 행위가 짝을 이루어 함께 진행하지 못하는, 균형 잡히지 않은 수행 때문에 이러한 역행현상이 일어나기도 한다.

어떤 수행자들은 잠시 동안 가벼운 통증을 느끼기도 할 것이다. 대체로 수행자들은 자신들의 정신적인 흐름이 분명하고 밝아져 있음을 알아차린다. 이 상태에서 수행자는 그의 마음이 장애에서 완전히 벗어났다고 느낀다. 즉 그는 장애(다섯 가지 장애)에서 벗어난, 홀가분한 행복감을 느낀다. 이러한 상태의 마음이기 때문에 그의 정신적인 흐름을 알아차릴 수 없게 된다. 심지어는 그가 알아차리려고 해도 분명하게 알아차릴 수가 없다.

이 상태에서 그는 다른 어떠한 것도 생각할 수 없다. 그는 오로지 밝음과 행복함만을 느낀다. 이러한 느낌이 서서히 수그러들면서 그는 다시 몸과 마음의 현상을 알아차릴 수 있게 되고 육체적·정신적 흐름의 생성과 소멸을 다시금 분명하게 알게 된다. 조금 지나면, 그는 현상을 순일하고 고요하게 알아차릴 수 있는 단계에 이르게 된다. 그때 만약 통찰지혜가 성숙해 있다면 그는 다시 '현상(行)의 소멸에 대한 지혜(行滅智)'를 이룰 수 있다. 만약 집중(선정)의 힘이 예리하고 확고부동하다면, 그러한 지혜는 자주 반복해서 얻을 수 있다. 이때에 수행자의 목표는 첫 번째 도과(magga-phala)에 대한 지혜(道果智)를 이루는 것이다. 그 결과 수행자는 반복해서 그 지혜를 다시 얻을 수 있다. 지금까지 설명해온 수행의 방법은 위빠싸나 지혜를 얻어나가는 점진적인 단계와 수다원의 도과를 얻는 것에 대한 것이다.

도과의 지혜를 성취한 사람은 그의 기질과 마음상태에 일대 혁신이 온 것을 인지하고 그의 삶이 변화되었음을 느낀다. 삼보(三寶)에 대한 믿음과 확신이 더욱더 강해지고 확고해진다. 또한 이렇게 강화된 신심에 의해 환희심과 평온함을 얻는다. 그의 마음속에는 행복감이 저절로 솟아오른다. 이러한 법열의 체험으로 인해 도과를 성취한 직후에는 알아차림을 하려고 노력해도 대상을 분명하게 알아차릴 수 없다. 하지만 이러한 경험은 몇 시간이나 며칠이 지나면 서서히 없어지게 되고 그때에는 다시 현상(行)을 분명하게 알아차릴 수 있게 된다. 어떤 경우에는 도과를 성취한 수행자는 천 근이나 되는 짐을 벗어버린 것처럼 편하고 자유롭게 느끼고 계속해서 수행하려고 하지 않는다. 그들의 목적인 도과의 성취는 이루어졌으며 그들이 마음으로 느끼는 만족감도 이해할 만하다.

과의 지혜(phala-ñāna)

도과(道果, magga-phala)를 성취한 사람이 과의 지혜와 열반을 다시 한 번 얻기를 원한다면, 그는 자신의 마음을 그 목표로 향해서 고정시켜 놓고 다시 육체적·정신적 흐름에 마음챙김하여 알아차림(관찰)을 해나가야 한다. 지혜 위빠싸나 수행과정에서 범부(수다원의 도과를 얻지 못한 자)에게는 정신적·육체적 현상을 구분하는 지혜가 처음 나타나고 성위(聖位 : 四果)에 이른 사람에게는 '일어나고 사라지는 현상의 지혜'가 처음 나타나는 것은 자연스러운 일이다. 그리하여 수행자는 이 단계에서 육체적·정신적 흐름에 대해 분명하게 구분해서 알게 된 후 바로 '일어남과 사라짐의 지혜'를 얻고 그 뒤로 얻게 되는 위빠싸나 지혜의 점차적인 단계를 거쳐 '현상(行, 五蘊)에 관한 평등의 지혜'의 단계까지 이르게 된다. 이 지혜가 성숙되었을 때, 과(果)에 대한 지혜와 함께 형상의 멸(行의 滅 : 眞空)인 열반을 얻게 된다. 이 지혜는 미리 기간을 정해놓지 않은 사람에게는 잠시 동안만 지속된다.

그러나 어떤 때는 좀 더 길어질 수도 있다. 그러나 기간을 미리 결정한 사람의 경우 '과의 지혜'는 좀 더 오래 지속된다. 즉 한나절이나 밤까지 혹은 주석서에 설명되어진 바와 같이 정해놓은 시간 동안 지속된다. 마찬가지로 이 기간 동안에 선정과 지혜에 몰두한 사람들의 과의 지혜는 한 시간, 두 시간, 세 시간 등으로 지속된다. 과의 지혜는 수행자가 멈추기를 원할 때만 멈춘다. 그럼에도 불구하고 과의 지혜가 한두 시간 지속되는 동안에 가끔씩 되돌아보는 순간이 일어날 때도 있지만 네다섯 번의 알아차림으로 사라지고 과의 지혜로 되돌아간다. 경우에 따라 과의 지혜는 중단없이 여러 시간 계속된다. 과의 지혜가 계속되는 동안 마음은 열반이라고 지칭되는 형상의 멸(諸行의 滅 : 眞空)이 있다. 열반이란 육체적·정신적 흐름과 세간의 모든 개념에서 완전히 벗어난 법이다. 따라서 과의 지혜를 경험하는 동안에 정신적·육체적 흐름에 대한 인식이나 우리가 살고 있는 세상에 대한 인식은 일어나지 않는다. 그리고 다른 어떠한 세속적 영역에 대한 인식도 일어나지 않는다. 열반을 얻은 사람은 모든 세간의 영역에서 완전히 자유로워지며, 모든 세간적인 지혜와 성향에서 벗어난다.

그의 주위에는 보고, 듣고, 냄새 맡고, 접촉할 수 있는 대상이 있지만 그는 그러한 것들을 전혀 인식하지 못한다. 그의 자세는 확고부동하다. 만약 과의 지혜가 좌선 시에 온다면 그의 앉은 자세는 굽거나 흔들리지 않고 이전과 다름없이 확고부동하게 유지된다. 그러나 과의 지혜의 진행이 끝날 시점에 보고, 듣는 등의 대상이나 현상의 멸에 관련된 생각에 대한 알아차림이 그의 내부에서 즉각 일어난다. 그때 정상적인 알아차림으로 돌아오거나, 상쾌한 느낌이나, 되돌아보는 일이 일어난다. 처음에는 현상(行)이 거칠게 나타나고 그는 충분히 예리하게 알아차리지 못한다. 그러나 위빠싸나의 힘이 강한 사람의 경우는 알아차림이 이전과 마찬가지로 순일하다.

여기에 주의해야 할 점을 말해둔다. 수행자는 과의 지혜에 신속히 들어갈 것과 그 지속 기간에 대해 미리 정해야만 한다. 일단 육체적·정신적 흐름을 관찰하기 시작했다면 미리 정한 결심에 더 이상 주의를 기울여서는 안 된다. 위빠싸나의 지혜가 온전하게 성숙하기 전에 현상관찰을 매우 잘하고 있는 중에 소름끼침, 하품, 전율(떨림), 눈물이 흐르는 현상을 경험하면서 마음챙김이 느슨해지기도 한다. 알아차림의 행위가 강해지는 동안에는 그는 목표를 기대하게 되면서 관찰이 느슨하게 되기도 한다. 하지만 수행자는 관찰 이외의 다른 어떠한 것도 생각해서는 안 된다. 만약 부지 중에 생각이 떠올랐다면 빗나간 그 생각을 즉각 알아차려야 한다. 어떤 사람은 알아차리는 행위를 하는 데 있어서 여러 번의 기회를 놓친 다음에야 과의 지혜를 얻는다. 만약 집중력이 약하다면 과의 지혜에 들어가는 것은 지연된다. 또한 과의 지혜를 얻었다 해도 오래가지 못한다. 이것이 과의 지혜를 얻는 과정에 대한 설명이다.

지나온 위빠싸나 단계의 재점검

어떤 수행자는 두려운 인식에 대한 지혜, 고통 있음(두카)의 지혜, 혐오감을 깨닫는 지혜, 해탈을 이루려는 마음의 지혜를 차례로 경험하면서도 이 지혜들에 대해 분명하게 보지 못할 때도 있다. 그래서 이 지혜들을 반복해 보기를 원하는 사람은 정해진 시간 동안에 각 단계를 하나하나 재점검해 보아야 한다. 예를 들면, 30분이나 한 시간 동안에 '일어나고 사라지는 현상에 대한 지혜'에 마음을 고정시켜 놓고 대상의 일어나고 사라지는 것에만 집중해야 한다.

그 기간에는 일어나고 사라지는 현상의 지혜는 완벽하게 유지되고 더 이상 지혜는 높은 단계로 진보하지 않는다. 그러나 정해놓은 시간이 되면 '사라짐에 대한 지혜'가 스스로 일어난다. 만약 '사라짐에 대한 지혜'가 스스로 일어나지 않는다면 일정한 시간 동안 '사라짐에 대한 지혜'에 머물겠다는 결정심을 가지고 사라짐에 마음을 집중한다. 그러면 이 시간 동안에 결정한 것이 일어 난다. 정해진 시간이 지나면 다음 단계의 높은 지혜가 저절로 일 어난다. 만약 일어나지 않으면 두려운 대상과 연관된 '두려움 인 식에 대한 지혜'를 열망해야 한다.

두려움 인식의 지혜는 두려운 대상과 함께 일어난다. 그리고 나서 고(苦)의 대상으로 마음챙김을 전환해야 한다. '고통 있음의 지혜'는 매우 빨리 일어난다. 마음이 싫어하는 대상으로 향할 때, '혐오감을 깨닫는 지혜'가 일어난다. 모든 관찰에서 혐오감을 느 끼면서 혐오감을 깨닫는 지혜는 시작된다. 그리고 나서 다음 단 계인 '해탈을 이루려는 마음의 지혜'를 생각해야 한다. 형상으로 부터 해탈하려는 지극한 간절심을 가슴에 간직하고 그것에 대한 지혜를 열망해야 한다.

그러면 약간의 노력을 한 후, 곧 그 지혜가 일어난다. 다음 단 계의 지혜로 향할 때, 고통을 경험하기도 하고 자세를 바꾸고 싶 거나 고(苦)에 대한 느낌 때문에 방해를 받는다. 그러나 곧 '다시 살펴보는 지혜'를 얻을 것이다. 그때 수행자는 그의 마음을 '현상 (行)에 대한 평등(무심)의 지혜'로 돌려야 한다. 알아차리는 순간 은 '다시 살펴보는 지혜'가 순일하게 일어날 때까지 계속될 것이 다. 이렇게 해서 정해진 시간 동안에 마음 집중을 지속하게 되면 수행자가 일어나기를 원했던 특정지혜가 일어나고 그 기간이 끝 나면 다음 단계의 높은 지혜가 마치 기압계의 상승처럼 일어난 다는 사실을 알게 될 것이다.

만약 위에서 언급한 여러 단계의 지혜들에 대한 재점검이 아 직도 만족하지 않는다면, 만족하게 될 때까지 반복해야 한다. 대단히 용맹스러운 수행자에게는 지혜단계의 상승은 전광석화처럼 일어나서 일순간에 '형상에 대한 평등의 지혜'와 과의 지혜단계에 이른다. 수행의 힘이 갖추어져 있는 수행자는 걸음을 걸을 때나 식사를 하는 동안에도 과의 지혜를 이룰 수 있다.23)

사다함과의 성취

수행자가 첫 번째 도(道 : 수다원)에 대한 과의 지혜를 신속하게 달성하기 위한 수행에서 충분한 만족을 얻고 또한 오랜 시간 과의 지혜에 머물 수 있을 때, 그는 보다 높은 도를 얻기 위해 용맹 정진해야 한다. 그는 정진을 위한 특정한 시간을 결정한 후에 다음과 같은 큰 결심을 해야 한다.

'이 시간 동안에 동일한 과의 지혜를 경험하기를 원하지 않는다. 수다원의 과가 다시 반복되지 않기를! 내가 지금까지 경험하지 않았던 보다 높은 도의 지혜를 성취하겠다. 기필코 그 목적에 도달하겠다.' 이러한 큰 결심을 한 후 평상시처럼 몸과 마음의 현상을 관찰해야 한다. 일정한 시간을 미리 정하는 장점은 만약 그가 원하기만 하면 이미 달성한 도에 대한 과의 지혜는 쉽게 다시 얻을 수 있기 때문이다. 만약 그러한 제한된 시간을 정하지 않고 보다 높은 도를 이루기 위해 계속 노력한다면, 그때는 낮은 단계의 도과의 지혜를 다시 얻지 못하게 될 수도 있다. 그러한 경우

---

23) 용맹스럽거나 공덕이 수승한 수행자에게는 과의 지혜(覺)는 전광석화처럼 일어나 돈오돈수가 되고 천천히 나아가면 점오점수가 된다. 쉬면서 가면 점오이고 쉬지 않고 바로 나아가면 돈오돈수이다. 중국의 중봉 선사도 화두로 구경각에 바로 들 때에 1지에서 10지까지 거치지 않는 것이 아니고 새가 공중을 날아가듯이 지나간다고 했다.(최후 점검은 Ⅲ부 대념처경 참조와 선지식 상담)

에 보다 높은 도의 지혜도 아직 이루지 못하고 낮은 단계의 도과의 지혜로도 돌아갈 수 없다면, 그는 불만족과 실의 때문에 마음이 혼란스러워질 것이다. 이미 획득한 과의 지혜를 다시 달성하겠다는 바람을 포기함으로써 얻게 되는 이익은 일정한 시간 동안에 그 지혜에 대해 집착하지 않는 데 있다. 만약 통찰이 성숙되어 있다면 보다 높은 도를 얻을 수 있다. 만약 그 집착을 완전히 포기하지 않았다면 이전에 이룬 과의 지혜가 다시 시작될 수도 있다.

그러므로 그러한 소망을 완전히 포기하는 것이 정해진 기간 동안에는 필요하다. 보다 높은 도의 지혜를 얻기 위하여 관찰을 시작할 때 지혜의 단계는 '일어나고 사라지는 현상의 지혜'에서 출발한다. 그때 지혜의 과정은 과의 지혜를 다시 얻기 위해서 애써 노력하는 중에 이루었던 과정과 같지는 않지만 낮은 단계의 도를 위해서 수행을 할 때의 과정과 유사하다. 밝은 빛이나 형상이 '일어나고 사라지는 현상의 지혜의 초기 단계'에서와 같이 나타날 수도 있다. 고통을 느낄지도 모른다. 육체적·정신적 흐름의 분명한 생멸이 나타난다.

'현상에 대한 평등의 지혜'를 다시 이루는 데는 오랜 시간이 걸리지 않을지라도 과의 지혜를 다시 얻기 위해서 관찰하고 있는 동안에 만약 지혜가 성숙되어 있지 않다면 낮은 지혜 단계의 상태에 오래 머물러 있어야 한다. 그러나 낮은 단계의 도를 성취하기 위해서 관찰하고 있는 경우와 같이 수행자는 아무런 어려움에 봉착하지 않을 것이다. 각 지혜의 진행을 차례대로 밟아서 '현상에 대한 평등의 지혜'까지 하루 만에 도달하는 것이 가능하다.

마음속에 일어나는 지혜의 과정들은 보다 명료하고 분명하고 넓다. 두려움에 대한 인식, 고통, 혐오감, 세간의 고(苦)로부터 해탈을 이루려는 지혜에 대한 체험들이 훨씬 더 예리하게 나타난다.

이제, 한 시간 내에 서너 번 정도 과의 지혜에 드는 것이 가능하지만 보다 높은 도과에 도달하기 위한 지혜의 힘이 아직 충분히 성숙되어 있지 않다면, '현상에 대한 평등의 지혜'가 계속된다. 그것은 하루에, 몇 달 혹은 수년 동안 지속될 수도 있다. 지혜가 성숙되고 현상에 대한 분명한 알아차림이 이루어지면 현상(諸行)에 대한 멸(滅)의 실현은 보다 높은 도과의 실현과 함께 온다. 그 때에 '반조해 보는 지혜'[24]가 그에게 나타난다. 그리고 나서 얼마 후 지극히 명백한 마음의 상태로 '일어남과 사라짐의 현상에 대한 지혜'로 돌아간다. 이것이 사다함과(Sakadāgāmi magga, 一來果)의 성취에 이르는 위빠싸나 지혜의 과정에 대한 설명이다.

아나함과의 성취

다시 한번 세 번째 도(道)인, 아나함과를 달성하기를 간절히 염원하는 수행자는 이전의 도과의 지혜로 돌아가고자 하는 집착을 완전히 버리고 일정한 기간을 정하여 다시 한번 대발심을 한다. '보다 높은 도에 관련된 지혜의 진행만이 오기를! 보다 높은 도와 과의 지혜를 결단코 성취하겠다.' 그리고 나서 몸과 마음을 평상시처럼 관찰해야만 한다.

그는 일어나고 사라지는 현상의 지혜로부터 시작한다. 그러나 순서대로 지혜의 진행단계를 밟아가서 곧 '현상에 대한 평등의

---

24) '반조해 보는 지혜'는 V부 2장 참조

지혜'에 이른다. 만약 위빠싸나 지혜가 아직 충분히 성숙하지 않았다면, 이 지혜의 상태에 계속해서 머물 것이다. 지혜가 성숙되었을 때 현상(諸行)의 멸에 도달하고 동시에 세 번째 도과에 대한 지혜를 성취할 것이다. 이것이 세 번째 도과인 아나함(不還果)을 성취하는 것에 대한 설명이다.

아라한과의 성취

네 번째 마지막 아라한(arahatta magga and phala)을 간절히 열망하는 수행자는 일정한 기간을 정하고 세 번째 과의 지혜를 다시 얻겠다는 모든 집착을 버려야 한다. 그리고 나서 평상시처럼 몸과 마음의 진행을 관찰하는 데서부터 시작해야 한다. 이것이 대념처경에서 말하고 있는 단 하나의 길이다. '일어나고 사라지는 현상의 지혜'로 시작하여 곧 '현상에 대한 평등의 지혜'가 달성된다. 만약 지혜가 아직 성숙하지 않았다면 지연될 것이다. 지혜가 성숙되었을 때 수행자는 현상의 멸을 이루어 최종의 아라한의 도를 얻게 될 것이다.

전술한 단락에서 지혜의 진행이 도과의 실현으로 종결된다는 말은 바라밀이 성숙된 사람에 한해서만 언급한 것이다. 바라밀이 아직 성숙되지 않은 사람은 '현상에 대한 평등의 지혜'에 머물게 된다. 주목해야 할 중요한 사항은 첫 번째 도(수다원도)를 달성한 사람은 두 번째 도(사다함)는 비교적 쉽게 빠른 기간 내에 성취할지라도, 세 번째 도인 아나함에 이르는 것은 오랜 시간이 걸리며 어렵다는 것을 알게 될 것이다.

그 이유는 첫 번째와 두 번째 도를 성취한 자는 계행을 잘 준수한 사람이다. 즉 다시 말하면, 그들은 계를 잘 지킨 귀감들이다. 세 번째 도를 이루기 위해서는 선정삼매를 충분히 향상시켜야 한다. 그러므로 삼매를 성숙시키기 위하여 용맹정진을 하지 않으면 안 된다는 의미에서 세 번째 도는 쉽게 이룰 수 없다고 한 것이다. 어쨌든 이치는 이렇다 할지라도 자신의 힘을 계발하기 위하여 최선의 노력을 하지 않고서는 이러한 도나 저러한 도를 이룰 수 있는지 없는지는 아무도 알 수 없다. 경우에 따라서는 오랜 시간이 지나야만 얻을 수가 있다.

오랜 기간 동안 애써 노력해야 한다는 사실 때문에 자신은 아직 바라밀을 충분히 닦지 않았다고 가정할 필요는 없다. 오히려 현재의 노력에 의해 바라밀이 갖추어질 수 있고 따라서 (지혜의) 완성에 더 가까워진다. 그러므로 자기의 바라밀이 충분히 있는지 없는지를 마음속으로 저울질하면서 시간을 낭비해서는 안 된다.

수행자는 아래와 같은 부정할 수 없는 사항을 명심하고 자신의 목적을 이루기 위하여 최상의 노력을 해야 한다.

바라밀의 계발조차도 노력없이는 불가능하다. 수행자가 충분히 바라밀을 계발했다고 인정받더라도 노력없이는 어떠한 도(道)도 이룰 수 없다. 만약 노력에 박차를 가한다면 그러한 사람은 쉽게 그리고 신속하게 도를 성취할 수 있다. 만약 납득할 정도로 충분히 바라밀을 계발했다면, 그는 자신의 노력에 의해 바라밀의 성숙을 이루어내어 그 결과 그가 간절히 열망하던 도를 성취할 수 있다. 적어도 다음 생애에 도의 수확을 위한 잠재적인 씨는 뿌렸다.

[충고]

부처님의 가르침이 여전히 존재하고 있는 오늘날에 있어서 고해의 세계에서 벗어나 해탈을 얻고 위빠싸나(지혜) 수행의 궁극의 목표인 도과·열반의 성취를 위하여 지극히, 간절하게, 기민하게, 수행하는 사람들은 삿띠빳타나(四念處) 수행이라 불리우는 몸(身)·감각(受)·심(心)·법(法)에 대한 마음챙김을 앞서 설명한 방식으로 잘 수행해 나갈 수 있도록 조언을 받게 될 것이다. 사실 이러한 조언은 수행자를 위해서 필수적인 것이다.

이 책에서 개요를 설명한 지혜 수행상의 방법은 적절한 지식을 갖춘 사람에게 충분하다. 그러한 사람은 이것을 읽고 난 후, 체계적인 방법에 입각하여 확신을 가지고 부단한 간절함과 용맹스런 노력으로 관찰을 수련해야 한다. 그러나 자세한 경험과 수행자가 통과한 지혜의 단계를 이와 같이 짧은 지면에 상세하게 설명하는 것은 불가능하다는 것을 지적하고 싶다.

아직도 설명할 만한 중요한 것이 많이 남아 있다. 반면 여기에 설명되어진 것이 모든 수행자들에게 다 경험되는 것은 아니다. 자신의 능력과 업(業)에 따라서 차이가 있을 수 있다. 또한 자신의 신심·원력·부지런함은 항상 변하지 않고 유지되는 것은 아니다. 더군다나 스승없이 책에만 전적으로 의존하는 수행자는 특별한 여행을 해보지 않은 여행자처럼 조심스러워하고 주저할 것이다. 그러므로 그를 안내하고 격려해 주는 스승없이 계속 노력한다면, 열반의 길과 과위(果位)에 이르는 것이 쉽지 않다는 것은 명백한 사실이다.

그러므로 목적인 열반을 성취할 때까지 참으로 수행하기를 원

378

하는 사람은 가장 낮은 단계부터 가장 높은 단계인 열반의 도와 과의 지혜에 이르기까지 전 과정에 걸쳐 그를 안내해 줄 수 있는 것에 따른 것이다. "존재하는 실상 그대로의 생로병사에 대한 지혜를 얻기 위해서는 급히 스승을 찾아야 한다."

'나는 특별한 근기를 갖춘 비범한 사람이다. 왜 내가 다른 누군가의 지도를 받아야 하는가'라고 자부심을 갖고 있는 수행자가 있다면 그러한 자존심을 버리라고 충고하고 싶다.

관찰의 수행을 해나가는 도중에 부처님의 다음과 같은 충고를 가슴에 간직하고 목적지에 도달할 때까지 전심전력으로 나아가야 한다.

"게으르지 않고 노력을 아끼지 않는 수행자는 모든 고(苦)에서 벗어난 열반을 성취하리라. 그리고 이와 같이 발심한, 비할 바 없이 용감무쌍한 수행자는 최후의 난관을 헤쳐 나간다. 마라를 정복한다."

[추가설명]

다음은 마하시 사야도의 주석을 첨가한 빨리어 대념처경에서 발췌하여 번역한 것이다. 이것은 부처님의 말씀인 마음챙김(사념처)에 근거를 두었다는 것과 수행방법에 추가적인 도움을 주려고 설명한 것이다.

수행의 방법

대념처경은 다음과 같이 설명하였다.

• 다음으로 비구들이여, 비구는 걸을 때는 '나는 걷고 있다'라고 알아차린다 : 혹은 서 있거나, 앉아 있거나 누워 있을 때는 현재 있는 그 상태대로 알아차린다.

• 다음으로 비구들이여, 비구는 갈 때나 돌아올 때나 앞을 볼 때나 뒤를 볼 때나(사지를) 구부릴 때나 펼 때나, 옷을 입거나 걸치거나 발우를 들 때도 먹고, 마시고, 씹고, 맛보거나, 대소변을 볼 때도 그가 하고 있는 모든 것을 알아차린다. 가거나, 서 있거나, 잠잘 때나, 깨어있을 때나, 말할 때나, 침묵을 지킬 때나 그가 하고 있는 모든 것을 알아차린다.

• 다음으로 비구들이여, 비구는 이 몸을 요소(즉 4대)와 관련하여 놓여진 그대로 배치된 그대로 관찰한다.

• 여기에 비구들이여, 비구가 즐거운 감각을 느낄 때는 '나는 즐거운 감각을 느낀다'라고 알아차리고, 혹 괴로운 감각을 느낄 때는 '나는 괴로운 감각을 느낀다!'라고 알아차린다.

• 여기에 비구들이여, 비구는 탐욕이 있는 마음을 탐욕이 있는 마음으로 알아차리고 탐욕이 없는 마음을 탐욕이 없는 마음으로 알아차린다.

• 여기에 비구들이여, 비구가 감각적인 욕망이 그의 내부에 있을 때는 감각적인 욕망이 나의 내부에 있다는 것을 알아차린다.

부처님의 가르침과 일치시켜 구어체로 다음과 같이 묘사되었다.

배가 일어날 때는 '일어남', 배가 꺼질 때는 '사라짐', 사지를 구부릴 때는 '구부림', 펼 때는 '폄', 마음이 방황할 때는 '방황함', 마음이 생각하거나 회상하거나 알거나 할 때는 '생각함' '회상함' 혹

'앎' 뻣뻣하거나 뜨겁거나 고통스러울 때는 '뻣뻣함' '뜨거움' '아픔', 걷거나 서 있거나 누워 있거나 앉아 있을 때는 '걸음, 서 있음, 누워 있음, 앉아 있음' 등은 빨리어 경전에 설명되어 있는 대로 '사지의 움직임 속에 바람의 요소를 알아차림'과 같이 하지 않고 일반적인 언어로 서술했다.

배가 일어나고 사라지는(꺼지는) 움직임

배의 일어나고 사라지는 움직임을 관찰하는 것은 부처님의 가르침과 바로 일치한다. 이러한 일어남과 사라짐은 바람의 원소(風大)의 압력에 의한 육체적 진행이다. 바람의 요소는 육체적·정신적 현상의 다섯 가지 다발(五蘊) 중 육체적 집합에 속한다. 12처(6根·6識) 중 감촉대상에서 18계(6根·6識·6塵) 중 몸의 느낌에서 4대 원소 중 바람원소에서, 4성제(四聖諦) 중 고제(苦諦)에서 육체적 집합, 감촉의 대상, 몸의 느낌과 고제는 통찰관찰을 위한 명백한 대상이 된다. 그러므로 배의 움직임은 부처님의 가르침에 일치한 관찰대상이 된다. 그렇게 관찰하는 동안 그 움직임은 무상·고·무아의 법칙에 따른 바람의 움직임에 불과하다고 자각하는 것은 5온 12처, 4대 그리고 고제에 대한 부처님의 가르침과 완전히 일치하는 것이다.

배가 일어나고 꺼지는 동안에 경험되는 압력과 움직임은 분명히 바람의 요소라는 것을 알 수 있다. 정확히 그렇게 인지하는 것은 아래와 같이 부처님께서 가르치신 것과 일치한다.

• 형제들이여, 그대의 마음을 몸에 철저하게 집중시켜라. 그러면 몸의 본성이 무상하다는 것을 알 것이다.

• 형제들이여, 무상한 몸을 무상으로 볼 때 이와 같은 그의 견해는 올바른 견해이다.

• 여기에서 형제들이여, 비구는 몸(물질)의 형상은 무상하고 몸의 일어남과 사라짐도 무상하다는 것을 관찰한다.

• 형제들이여, 그대의 마음은 감촉대상에 철저하게 집중시켜라. 그러면 그들의 참 본성이 무상하다고 생각할 것이다.

• 형제들이여, 무상한 감촉대상을 무상으로 볼 때 이와 같은 그의 견해는 올바른 견해이다.

• 그러나 완전히 알아차리고 이해함으로써, 그 자신이 초연해짐으로써, 감촉 대상을 버림으로써 수행자는 고(苦)를 멸(滅)할 수 있다.

• 그의 내부에서 감촉 대상이 무상하다는 것을 앎으로써 무지는 사라지고 지혜는 일어난다.

• 여기에서 형제들이여, 비구는 감촉기관과 감촉대상을 알아차린다.

• 어떠한 내적 움직임의 요소와 외적 움직임의 요소도 이러한 것은 모두 다 움직임의 요소이다. 완벽한 직관적인 지혜에 의해 있는 그대로의 이러한 본성을 봐야 한다. 이것이 나의 것이 아니다. 이것이 내가 아니다. 이것이 자아가 아니다.

그러므로 배의 일어나고 꺼지는 움직임에 대한 관찰은 위의 내용과 대념처경(사대요소에 대한 관찰)과 일치한다는 것을 알 수 있다. 또한 육체적 집합에 속하는 배의 움직임과 압력을 일으키는 바람의 요소는 고제(苦諦)이다.

• 비구여, 무엇이 고(苦)에 관한 진리인가? 고는 다섯 가지 요

소의 다발(五取蘊)로 말해질 수 있다.

• 비구여, 고제는 완전히 이해되어져야 한다.

몸의 관찰에서 출발

지혜 수행자는 몸의 관찰에서 시작해야 한다. 몸은 마음보다 훨씬 쉽게 관찰할 수 있기 때문이다.

• 지혜의 수행으로 가는 자는 4대를 관찰해야 한다.

• 알아차려야 할 현상에 대해서는 수행자 자신에게 가장 분명하게 나타나고 쉽게 식별할 수 있는 대상부터 알아차려야 한다.

• 통찰(지혜)수행은 식별할 수 있는 것부터 시작한다. 그러므로 식별할 수 있는 대상을 관찰함으로써 시작되어진다. 그러나 나중에는 쉽게 식별할 수 없는 것도 식별되고 관찰되어져야 한다.

앞서 언급한 주석과 소주석에 의거하여 마음챙김을 효과적으로 하기 위하여 배의 일어나고 꺼지는(사라지는) 움직임부터 시작하라고 수행자에게 지시했다. 그러나 집중이 향상되었을 때는 6근 문두(여섯 감각문) 어디에 일어나는 현상도 모두 다 관찰해야 한다. 또한 이 효과에 대한 것도 수행자에게 가르쳐야 한다. 이와 같이 수행하면 관찰을 매우 잘 수행해 나갈 수 있다. 그러므로 배의 일어나고 사라지는 움직임에만 관찰하는 것이 충분한지 아닌지에 대한 의심을 할 필요는 없다.

여섯 감각기관에서 일어나는 현상의 관찰

모든 여섯 감각문에 일어나는 현상을 관찰하더라도, 그 관찰에 지적 사고가 수반되어서는 안 된다.

여섯 감각문에 일어나는 하나의 현상이나 기타 현상에 오직 순일무잡한 집중만으로 성성적적하게 관찰해야 한다.

• 볼 때는 보는 것에 욕망을 일으키지 않고 마음챙김하여 명료하게 감각을 받아들이는 자는 초연한 마음으로 집착에 머물지 않는다.

• 듣고, 냄새맡고, 맛보고, 감촉할 때에 욕망을 일으키지 않고 마음챙김하여 명료하게 감수하는 초연한 마음으로 집착에 머물지 않는다.

배의 일어남과 사라짐을 관찰하면서 배의 압력과 움직임을 알아차리는 수행자는 '욕망을 일으키지 않고 마음챙김하여 명료하게 감각을 받아들이는(感受) 자이다.'

• 형제들이여, 모든 것을 완전히 알아차려야 한다. 무엇이 형제들이 알아차려야 할 모든 것이냐? 눈이 완전히 알아차려져야 하는 것이며, 보이는 대상이 완전히 알아차려져야 하는 것이며, 안식(眼識)이 완전히 알아차려져야 하는 것이며, 눈의 접촉이 완전히 알아차려져야 하는 것이며, 눈의 접촉으로 일어나는 기쁨(樂)이나 슬픔(苦)이나 중립성(非苦非樂)이 완전히 알아차려져야 하는 것이다. 귀가 완전히 알아져야 하는 것이며, 소리가 완전히 알아져야 하는 것이며…코…냄새…혀…맛…못…감촉…마음이 완전히 알아차려져야 하는 것이며 마음 상태가 완전히 알아차려져야 하는 것이며….

위의 단락에서 '완전히 알아차려져야 하는 것'은 여섯 감각기관에서 일어나는 몸과 마음의 현상을 알아차리는 것을 의미한다. 배의 일어나고 사라지는 움직임을 알아차리는 것은 '감촉할 수

384

있는 것이 완전히 알아차려져야 한다'라는 것에 포함된다.

• 형제들이여, 눈이 관찰되어져야 하고, 보이는 대상이 관찰되어져야 하고, 몸이 관찰되어져야 하고, 감촉되는 것이 관찰되어져야 하고, 마음이 관찰되어져야 하고, 마음상태가 관찰되어져야 한다.

예비적인 선정 계발없이 수련하는 지혜명상

선정명상(Jhāna meditation)에서 충분한 집중을 예비적으로 계발하지 않은 채 바로 지혜명상을 시작하는 것이 가능하다.

• 여기에서 어떤 사람은 예비적인 선정을 계발하지 않고 5온을 무상 등으로 관찰한다. 이 관찰이 지혜명상이다.

이 주석서의 설명은 완전한 선정을 계발하지 않은 채 지혜명상을 시작하는 것이 가능하다는 것을 나타낸다. '지혜의 수행으로 가는 자는 사대를 관찰한다'라고 말한 바 있다. 이것 또한 그러한 가능성을 나타낸다. 그 외, 대념처경의 21부분 중 호흡 관찰법, 부정관, 아홉 가지 시체관을 제외한 모든 부분은 지혜명상법을 설명하고 있다. 그러므로 지혜명상법을 바로 시작할 수 있다는 것이 명백하다. 그러나 주석서에서 이러한 부분들을 접근적인 선정(access concentration) 관찰로 다루고 있으므로 접근적 선정(중간단계)은 몸의 자세 등을 관찰하는 과정에서 계발되고 그리고 5장애를 극복함으로써 청정심(마음의 정화)을 이룬다는 것을 이해해야 한다.

그러므로 『청정도론』은 '4대 관찰'이라는 명상주제의 제목하에 지혜명상과 관련된 4대의 관찰을 다루고 4대를 관찰하는 동안에 5장애는 극복되고 접근적 선정은 이루어진다고 설명했다. 이러한 주석서의 설명에 따라, 네 가지 중 네 가지 모두 혹은 하나, 혹은 둘, 혹은 셋을 관찰하는 도중에 접근적 선정은 계발될 수 있고 5장애는 극복되고 청정심은 이루어진다는 것을 확고부동하게 믿고 명심해야 한다. 이러한 것은 용맹정진한 수행자들의 개인적인 체험에 의해 직접 증명되는 것이다.

접근적 선정에 의한 청정심의 달성

• 청정심(마음의 정화)은 접근적인 선정과 무아경의 이중적인 선정(삼매)이다.

• 의식의 정화, 즉 접근적 선정과 함께 여덟 가지의 성취(8선정)….

• 완전한 선정(full concentration : 선정의 성취)처럼 접근적 선정도 지혜명상의 밑바탕으로 마음을 정화한다. 이것이 주석자가 '접근적 선정과 함께'로 표현하는 이유이다.

• 평범한 사람이나 수행자가 수행을 해나갈 때, 다음과 같이 생각한다. '여덟 가지 명상 성취 중 하나에서 일어난 후에 집중된 마음(선정)으로 통찰(지혜)수련을 해야 한다.' 선정삼매의 계발은 그들에게 효과적인 통찰계발을 가져와 통찰의 이득을 제공하며 그리고 붐비는 군중(환경) 속에서 넓은 공간(조건)에 도달하게 하는 방법과 같이 접근적 선정도 그러하다.

• '넓은 공간'에 도달하게 한다는 방법(도과·열반의 성취)은 이득에 대한 아홉 번째 기회를 얻는 것을 뜻한다.

더 상세히 설명하면 불법을 만나는 것은 대단히 어려우므로 공포에 싸인 사람은 윤회에서 벗어나기 위하여 너무나 간절한 나머지 완전한 선정을 이루지 않은 채 오직 접근적 선정에만 의지하여 지혜명상을 시작한다.

이러한 두 구절은 마음의 정화는 접근적 선정에 의해서도 이루어질 수 있으며 그리고 그것에 의해 지혜명상이 가능하다는 것을 명백하게 보여주는 것이다.

• 덕행(계행)이 있는 형제들은 다섯 가지 모임(五取蘊)을 무상, 괴로움, 병으로 사기꾼으로, 창살로, 고(苦)로, 유해한 것으로, 이방인으로, 일시적이고 비어있고(幻), 영혼이 없는 것(無我)으로 관찰해야 한다.

"입류과에 든 자는 다섯 가지 모임을 그와 같이 관찰해야 한다."

"일래과에 든 자는 다섯 가지 모임을 그와 같이 관찰해야 한다."

"불환과에 든 자는 다섯 가지 모임을 그와 같이 관찰해야 한다."

"참으로, 친구들이여! 덕행(계행)이 있는 형제는 입류과를 실현하기 위해서 다섯 가지 모임을 이렇게 관찰하는 것이 가능하다.

입류과에 든 형제는 일래과를 실현하기 위하여….

일래과에 든 형제는 불환과를 실현하기 위하여….

불환과에 든 형제는 아라한과를 실현하기 위하여….

덕(계)에 관한 이 설법은 계행이 있는 자는 다섯 가지 모임을 관찰할 수 있고 그렇게 관찰함으로써 점차적으로 입류과·일래과·

불환과·아라한과를 실현할 수 있다는 것을 명백하게 보여준다. 배의 일어나고 사라지는 움직임은 육체적 집합에 속하는 바람의 요소이다.

그러므로 배의 일어나고 사라지는 움직임에 바탕을 둔 마음챙김법과 여섯 감각문에서 일어나는 다섯 가지 모임을 관찰하는 것은 적절하고 바른 수행법이며 아라한과까지 이를 수 있다는 것을 확고부동하게 명심해야 한다.

결론적으로 모든 몸의 어떠한 부분에서 물질의 본성을 관찰하는 것은 지극히 당연하며 몸의 어떤 부분에서 바람의 성질을 관찰하는 것도 마찬가지로 당연하고 적절하다는 것에 특별한 주의를 기울여 명심해야 한다.

밧단따 소바나(Bhaddanta Sobhana)
앗가 마하 빤디따(Agga Maha Pandita)
마하시 사야도(Mahasi Sayadaw)

2장 해탈에 이르는 16관문

띠라츠 마하무니 선사/태국 왓 마하탓 조실

1. 불교의 세 가지 가르침

"법(Dhamma)에 의지하고 법을 따르는 자는 소낙비가 쏟아지는 가운데 커다란 우산 속에 있는 것과 같다."

위대하신 붓다의 가르침은 세 가지 범주로 나눌 수 있다. 경전 공부, 법의 수행, 실현(깨달음)의 단계로 이 셋은 상호 보완하는 기능을 갖고 계속 불법을 발전시켜 나가게 한다.

경전의 공부는 붓다의 가르침인 경(經)·율(律)·론(論)으로 계·정·혜를 내포한다.

법의 수행은 불교의 명상법으로 윤리적인 행동의 계·정·혜를 계발하는 것이다.

실현의 단계는 수행의 결과로 깨달음을 가져오고 일체의 번뇌로부터 완전히 자유로워지는 것이다. 이것을 불교적 의미와 삶의 목적에서 볼 때, '실현'이라 한다. 이것을 비유를 들어 설명해 보면, "경전을 연구하는 것은 하나의 코코넛과 같은 것이다. 법의 실천은 코코넛을 깨는 것과 같다."

실현의 단계는 코코넛을 깨어 그 안에 있는 모든 것을 먹는 것과 같다. 모든 수행자들은 현세와 미래세에 평화와 행복을 가져오기 위하여 이 세 단계를 계발해야 한다.

모든 수행자들이 열반을 실현하기를 기원한다.

- 띠라츠 마하무니 선사 -

2. 열반으로 가는 길

불교 전통에서 길(道, path)이라는 말에는 두 가지 의미가 있다. 하나는 사람이나 동물들이 다니는 길이고 다른 하나는 인간의 행동(身), 말(口), 생각(意)을 통하여 선행(善行)이나 악행(惡行)을 행하는 것을 뜻한다.

후자의 길은 다섯 종류로 나누어진다.

첫째, 타락의 길로서 욕심·성냄·어리석음에 바탕을 두고 일반적인 법, 규칙을 위반하는 것이다.

둘째, 인간의 길로서 5계를 지키고 10선(十善)을 행한다.

셋째, 천상에는 여섯 층이 있다. 이곳에 이르기 위해서는 8계를 지키고 도덕적으로 부끄러운 일이나 양심에 저촉되는 행위를 하지 말아야 한다. 그리고 시주하고, 설법을 듣고, 법당과 사원·승가학교·병원·일반학교 등을 건립하게 된다.

넷째, 범천(Brahma)의 세계로 가는 길이다. 이것은 마흔 가지 명상 주제 중 하나에 마음을 집중시키는 사마타 수행법으로 선정을 계발한다.

다섯째, 열반으로 가는 길로서 몸과 마음을 수행의 대상으로 통찰 지혜를 계발하는 위빠싸나 수행이다.

위의 다섯 가지 길 중에서 다섯 번째가 해탈로 가는 유일한 길이며 아래와 같은 특징을 갖고 있다.

⑴ 이 길은 옆으로 빗나가지 않고 바로 당처로 직하무심하는 단도직입적인 최상의 길이며,

⑵ 붓다 자신의 노력에 의해 직접 이 길을 발견한 것으로 삼세제불의 길이며,

⑶ 불교 내에서만 발견되고 타종교에서는 발견되지 않으며,

⑷ 이 길은 열반으로 나아가는 길이다.

빨리어 경전에서 다음과 같이 말했다.

"형제들이여! 이 네 가지 마음챙김을 굳건하게 하는 수행법(四念處)이 충분히 수련되었을 때는 무집착(無執着)을 가져오고 갈애에서 벗어나고, 완전히 속박에서 자유로워지고, 완전한 평화·완전한 지혜·깨달음·열반을 성취한다."

"형제들이여! 갠지스 강이 서쪽으로 쏜살같이 나아가듯이 네 가지 마음챙김을 굳건히 하는 수행은 열반을 향하여 나아간다."

질문과 대답

질문 몸(rūpa : 물질, 대상)과 마음(nama, 주체)인 오온은 언제, 어디서 일어나고 사라집니까?

대답 6근(눈·귀·코·혀·몸·마음)과 6경(모양·소리·냄새·맛·감촉·법)에서 모양을 볼 때, 소리를 들을 때, 냄새를 맡을 때, 맛을 볼

때, 감촉을 느낄 때, 마음이 생각을 일으킬 때에 일어나며 일어난 곳에서 곧 사라집니다.

질문 욕심·성냄·어리석음은 언제 어디서 일어납니까?

대답 이것 역시 내·외적 감각기관에서 일어납니다. 예를 들면, 눈이 모양을 볼 때 그것에 집착하는 것이 욕심이고 성냄이며 형상의 본질을 자각하는 마음챙김의 부족이 방일함입니다. 이것은 다른 종류의 감각기관에도 똑같이 적용됩니다.

질문 욕심·성냄·어리석음이 일어나고 있는 동안에 타락의 길에서 자유로워질 수 있습니까?

대답 자유로워질 수 없습니다.

질문 그렇다면 타락의 길을 피하기 위하여 무엇을 해야 합니까?

대답 열반으로 가는 길을 실천해야 합니다.

질문 어떻게 열반(견성해탈)의 길을 갈 수 있습니까?

대답 그것은 통찰 지혜 수행인 위빠싸나를 실천하는 마음챙김 수련으로 몸(身)·감각(受)·마음(心)·법(法)을 관찰하는 것입니다.

부처님 당시 꾸루(Kuru) 지방의 깜마싸담마(Kammasadamma)라 불리우는 마을에 부처님께서 머물고 있을 때, 꾸루의 사람들에게 사념처 수행에 관한 설법을 하셨습니다. 그것을 다음과 같이 요약할 수 있습니다.

꾸루의 주민(그들이 비구·비구니든 일반 신도든)은 환경과 사회적 여건이 좋고 건강하고 그들의 마음이 깊은 통찰수련에 적합하였기 때문에 대단히 빨리 이해했습니다. 이것을 헤아려 보신 부처님께서는 그들을 모아놓고 사념처에 관한 심오한 설법을 하셨습니다.

꾸루의 주민들은 습관적으로 사념처를 수행했습니다. 심지어 노예, 하인들까지도 사념처 수행에 관해서 서로서로 얘기했습니다. 부둣가, 일터 어디에서 만나더라도 그들은 이 주제에 관해서 얘기를 나누었습니다. 어떠한 사람이 그가 수행해 오고 있는 사념처 수행 중 어느 것에 마음챙김을 하고 있느냐고 질문을 받았을 때 만약 수행을 하지 않고 있다고 대답한다면, 다른 사람들은 그에게 비록 몸은 살아 있어도 죽은 사람과 다름없다고 꾸짖습니다.

그리고 그들은 게으르지 말고 사념처 중 하나에 마음챙김 하라고 격려해 줍니다. 만약 그 사람이 사념처 중 어느 하나를 수행하고 있다고 대답한다면 꾸루 주민들은 '대단히 훌륭합니다'라는 말로 세 번이나 칭찬해 주고 성스러운 삶을 살고 부처님의 가르침대로 보람 있는 일을 하라고 격려해 줍니다. 우리가 불교에 입문했다는 것을 고려해 보면, 우리 모두는 누구 하나 예외없이 시간을 허비하지 말고 견성해탈법을 수련해야 합니다. 만약 우리가 정성을 다하여 용맹스럽게 수행한다면 아래와 같이 시절 인연 따라 도과(道果)의 결실을 얻을 수 있을 것입니다.

"형제들이여! 이 비할 바 없는 최상승법은 누구나 여법하게 수행하기만 하면 수다원·사다함·아나함·아라한에 들 것이다. 무엇이 비할 바 없는 법인가? 그것은 몸에 대한 마음챙김법이다."

"형제들이여! 몸에 대한 마음챙김법을 수련하지 않는 사람은 불사(不死)의 경지를 결코 맛보지 못할 것이다. 몸에 대한 마음챙김을 수련한 사람은 생사를 초월한 불사의 경지에 들어간다."

질문 수행자가 미리 준비해야 할 것이 있습니까?

대답 꼭 필요한 것은 다음과 같습니다.

(1) 능력 있는 스승 가까이에서 함께 지낼 것

(2) 신심·정진력·알아차림·선정·지혜를 균형시킬 것

(3) 마음을 네 곳(身·受·心·法)에 집중시킬 것

수행자가 지켜야 할 의무사항

(1) 많은 정진력, 불방일을 통하여 아직 깨달음을 얻지 못한 동안에도 실망하지 말고 굳은 결정심을 가져라.

(2) 적게 먹고, 적게 자고, 적게 말하고, 수행은 많이 하라(눈·귀·코·혀·몸·마음을 단속하라).

(3) 모든 행동을 천천히 끊임없는 알아차림으로 하라.

(4) 모든 행동을 정진력, 마음챙김과 분명한 앎의 세 가지 정신적 요소와 함께하라. 수행자는 마음챙김하여 걷고 여러 가지 현상들을 중단없이 관찰하도록 노력해야 한다. 이것이 정진의 시작이다.

모든 행동에 앞서 그 의도를 알아차려라. 이것이 마음챙김의 수련이다. 조그만 행동까지도 모두 알아차린다. 이것이 알아차림의 계발이다.

수행자는 분주한 활동을 삼가야 한다

(1) 독서나 글쓰기와 같은 여러 가지 일들로 분주한 것.

(2) 노력은 적게 하고 잠은 많이 자는 것, 수행자는 적어도 하루에 네 시간은 자야 한다.

⑶ 친구를 만나고 잡담을 즐기면서 마음챙김을 잃어버리는 것.

⑷ 사교적인 회합에 참가하는 것.

⑸ 감각을 억제하지 않는 것.

⑹ 음식을 절제하지 않는 것, 적절한 음식량은 다섯 숟가락 이상이면 충분할 때 멈추어야 한다.

⑺ 망상이 일어날 때 망상을 즉각 알아차리지 못하는 것.

마음챙김이 되어 있을 때

한 시간 마음챙김하고 경행하라. 그리고 좌선하여 몸과 마음에 일어나는 현상을 관찰하면서 자신의 능력에 맞추어 30분에서 한 시간 혹은 그 이상 늘려나가라.

여기서 주의해야 할 것은 집중(定)은 약하고 정진력이 과다하면 마음챙김이 궤도에서 벗어날 것이다. 예를 들면 '일어남(rising)·사라짐(falling)·앉음(sitting)·닿음(touching)'을 관찰할 때 그 현상들을 알아차리지 못한다면 정확히 관찰하려는 노력이 과다하게 되고 마음이 혼란하게 된다. 만약, 집중이 과다하고 정진력이 약하면 혼침과 무기력함이 올 것이다.

만약, 신심이 과다하고 지혜가 빈약하면 욕망이 마음을 지배할 것이다. 만약, 지혜가 과다하고 신심이 불충분하면 의심과 망상이 올 것이다. 그러므로 수행자는 마음챙김 수련을 통하여 신심과 지혜, 정진력과 집중을 어떻게 균형시켜 나가는가를 터득해야 한다. 이러한 다섯 가지 기능(五根)을 균형시키는 방법은 다음과 같다.

⑴ 경행 수련을 하는 동안은 천천히 걸어라. 그러면 매 순간에

여러 가지 현상들을 알아차릴 것이다. 시선은 앞쪽 4피트 정도에 두라. 이때 목이 아프면 발로부터 2미터 정도 앞에 두어라. 그렇게 하는 동안 자신의 마음챙김을 놓치지 않을 것이며 좌선 시에도 안정된 마음챙김을 얻는다. 마음이 깊은 선정에서 일정한 시간을 보내게 될 때 지혜는 일어난다.

(2) 경행에 마음챙김하는 수련을 한 다음에는 배의 일어나고 사라지는 움직임을 관찰하라. 그렇게 하는 동안 몸과 마음을 지나치게 억제하지 말고 과다한 노력도 하지 마라. 예를 들면, 졸음이 와서 깨우려 할 때나 몸과 마음의 현상들을 제대로 관찰할 수 없을 때 과다한 노력이 있을 수 있다. 또한 수행자는 수행에 너무 느슨해져도 안 되고 불건전한 생각에 마음을 맡겨서도 안 된다. 수행자는 지나친 억제나 노력은 피하고 악습에 굴복당하지 않고 자신의 능력에 맞추어 수련해야 한다.

자신의 마음챙김을 쉬지 말고 지속적으로 하라. 예를 들면, 경행을 한 다음에는 좌선에서 몸과 마음에 일어나는 모든 활동을 빠뜨리지 말고 관찰하라. 이것을 천천히 서둘지 말고 수련해야 한다.

위빠싸나 수행을 하기 위한 예비적 준비사항

(1) 일반 신도들은 수행에 앞서 계(戒)를 받아야 하고 승려는 포살(참회)을 해야 한다. 누구든지 8계는 지켜야 한다.

(2) 삼보(佛·法·僧)에 귀의하고 스승을 의지해야 한다. "스승이시여, 지금 이 순간부터 위빠싸나 수행을 위하여 당신을 믿습니다."

⑶ 다음과 같이 가르침을 부탁한다. "스승이시여, 도(道)·과(果)·열반(涅槃)을 증득하도록 수행을 지도해 주십시오."

⑷ 일체 중생을 위하여 다음과 같이 기원한다. "나와 모든 중생이 행복할지어다. 모든 원한·고난·위험·불운에서 벗어날지어다." 일체 중생은 자신들의 업(karma), 원인으로서의 업, 유전으로서의 업, 피난처로서의 업을 가지고 있다. 자신의 업이 선업이든 악업이든 해탈로 나아가게 해야 한다.

⑸ 죽음에 대한 마음챙김을 하라. 우리들의 삶은 무상하고 죽음은 확실하다. 우리는 다행히 이번 기회에 수행을 할 행운을 가졌다. 왜냐하면 우리는 헛되이 태어나지 않았고 법을 수행하는 기회를 놓치지 않았기 때문이다.

⑹ 부처님과 그의 제자들에게 다음과 같이 서원하라. "이 길은 삼세제불과 모든 아라한, 벽지불이 열반을 증득한 곳이며 이 길은 사념처로 알려져 왔고 모든 성자들이 깨달음을 얻었던 길이다. 지금부터 그 도(道)와 과(果), 그리고 열반(涅槃)을 증득하기 위하여 정성을 다하여 수행할 것을 굳게 서원합니다."

⑺ "저는 이 수행법으로 생·로·병·사의 고해를 결단코 건너겠습니다."

⑻ 그때 스승은 처음 수행하는 수행자에게 충고를 한다.

수행자에게 주는 충고

우리들은 만나기 어려운 불법(佛法)을 다행히 금생에 만났으므로 완전한 해탈에 이르기까지 계(戒)·정(定)·혜(慧)를 닦는 것이 최상의 방법이다.

계행이 완전한 자는 현세에서나 미래세에서 반드시 행복을 성취한다. 그렇지만 이 계행은 세간적인 계행이라서 다시 타락의 길로 들어서는 것을 완전히 막지는 못한다. 그 결과 우리들은 보다 완전한 초세속적인 세계로 나아가는 계행을 계발해야 한다. 이것이야말로 도(道, path, magga)와 과(果, fruition, phala)를 이루는 계행이다. 만약 우리들이 이 수행으로 과를 이룰 때까지 수행한다면 우리들은 다시는 윤회로 타락하는 길로 들어서지 않을 것이다.

그러므로 이번 생애에서 도와 과를 이루기 위한 수행을 하는 것이 절대적으로 필요하며 반드시 가야 하는 길이다. 우리가 간절한 마음챙김을 가지고 이 수행을 연마한다면 우리는 성공한다. 그러나 수행하는 기회를 무시해 버린다면 해탈을 얻지 못한다. 이때에는 전생에서부터 잠재되어온 악업이 그 효력을 나타내기 시작한 것이다. 이미 효력을 나타낸 악업은 다시 누적될 것이다. 인간으로 태어난 후 모든 삶은 선업의 결과로서 수행을 하기 위한 절호의 기회로 간주되어야 한다.

지혜 명상인 위빠싸나의 수행에 입문하는 것은 계·정·혜를 낮은 단계에서 높은 단계로 계발하는 것이다. 이미 우리들이 살펴보았듯이 계는 두 종류로 나누어진다. 일반 신도와 승려들을 위한 일반적인 도덕적 규범으로서의 세간적인 계와 해탈에까지 이르는 위빠싸나 수행자들이 연마하는 초세간적(출세간)인 계이다. 선정 역시 도와 과의 단계를 얻지 못한 사람들의 세간적인 선정과 위빠싸나 수행으로 도와 과의 수준에까지 수행하는 수행자에게 나타나는 초세간적인 선정이 있다. 지혜에서도 마찬가지로 선과 악, 유익한 것과 유해한 것, 장점과 단점, 정신적·육체적 상태와 삼법인을 어느 정도 이해하는 세속적인 지혜와 도·과·열반의 수준까지 위빠싸나 명상(禪)을 수행하는 수행자에게 일어나는 계발된 지혜인 초세간적 지혜가 있다.

위빠싸나 지혜명상을 수행한 사람은 해탈에 이르기 위하여 계·정·혜를 계발한다. 그러나 불법을 만난 것을 좋은 기회로 생각하지만 이 기회를 놓쳐버린 사람은 후에 문자상으로만 법을 만났지, 그 정신은 놓쳐버렸다는 것을 알게 될 것이다. 그러나 수련을 하여 지혜의 눈을 얻은 사람은 대단한 결실을 얻게 되고 이것이야말로 참으로 부처님께 경의를 표하게 되는 것이다. 또한 그러한 수행자는 다음의 인용구에서 볼 수 있는 바와 같이 승리한 불제자로 간주되어질 수 있다.

"형제들이여! 나에게 경의를 표하는 사람은 누구나 탓사처럼 행하라. 진실한 존경은 꽃이나 향, 촛불, 여러 가지 향료 등을 공양하는 것이 아니고 참다운 법을 수행하는 것이다."

이렇게 수행하는 사람은 자신뿐만 아니라 다른 사람, 그리고 국가 지도자 모든 이웃에게 무량한 복덕을 갖다 준다.

"참법의 수행으로 나에게 귀의하는 한, 마치 보름달이 캄캄한 밤에 빛을 내듯이 불법은 지속되리라."

"마침내 참다운 수행자는 법의 울타리 내에서 안심입명처(安心立命處)를 얻게 될 것이다. 환언하면, 도·과·열반을 이룰 것이다."

스승은 이러한 충고를 수행자에게 일러주고 명상을 지도한다.[25]

---

25) 구체적인 수행법은 마하시 방법과 유사하다. 그리고 미얀마.태국.스리랑카 등에서는 위빠싸나 수행의 많은 다양한 수행법이 있다. 여기에서는 수행의 혼돈

3. 위빠싸나 지혜의 16단계

정신적·육체적 현상을 구분하는 지혜(nama rūpa Pariccheda ñāṇa)

이 상태에서는 수행자가 몸(Rūpa : 물질·대상)과 마음(Nama : 주체)을 구분할 수 있다. 예를 들면, 배가 일어나고 사라지는 현상은 대상(물질)이고 이 움직임을 알아차리는 마음은 주체이다. 또 발의 움직임은 대상(몸)이고 이 움직임을 의식하는 것은 주체인 마음이다.

수행자는 주체인 마음과 객체인 물질을 다음과 같은 다섯 가지 감각에 의해 구분할 수 있다.

⑴ 형상을 볼 때 눈과 색깔은 대상인 물질이고, 보고 있음을 의식하는 것은 주체인 마음이다.

⑵ 소리를 들을 때 소리 자체와 듣는 감각기관은 대상(물질)이고, 들은 것을 의식하는 것은 주체인 마음이다.

⑶ 무엇을 냄새 맡을 때 냄새 그 자체와 코는 대상(물질)이고, 냄새를 의식하는 것은 주체인 마음이다.

⑷ 맛을 볼 때 맛과 혀는 대상이고, 맛을 의식하는 것은 주체인 마음이다.

⑸ 만질 때 만지는 것이 차고 뜨겁고 부드럽고 딱딱한 것은 대상이고 만짐을 의식하는 것은 주체인 마음이다. 이를 아는 마음 역시 따로 있다.

을 줄이기 위해 호흡을 통한 배의 움직임 관찰법 위주로 소개했다. 위빠싸나 16단계는 앞의 마하시 위빠싸나 수행법과 병행해서 볼 것.

결론적으로 이 단계의 지혜에서는 수행자가 몸 전체는 대상(물질)이고, 마음(혹은 신체의 감각을 의식한 것)은 주체라는 것을 자각한다. 오직 마음과 물질만이 존재한다. 어떠한 존재나 '개아' '자아' '나' '그' 또는 '그녀'라는 것은 존재하지 않는다. 앉을 때는 앉는 몸과 그 동작은 대상이고 앉는 것을 의식하는 것은 마음인 주체이다. 일어서는 행위는 몸이고 서는 것을 의식하는 것은 마음이다. 걷는 행위는 몸이고 걷는 것을 의식하는 것은 마음이다.

[추가설명]

1단계 정신적·육체적 현상을 구분하는 지혜에 들어가는 내용을 한마디로 설명하면 4대, 18계, 12처, 오온의 생멸에서 몸과 마음을 구분해서 알아차리는 것을 말한다. 오온의 생멸은 18계(6근·6경·6식)와 12연기 각지에서 공통적으로 일어난다.

대념처경의 법의 관찰 중 고성제(苦聖諦)와 집성제(集聖諦)를 예로 들어 수행해 보겠다. 6근(눈·귀·코·혀·몸·마음), 6경(모양·소리·냄새·맛·촉·법), 6식에서 촉(觸)·수(受)·상(想)·사(思)·갈애(愛)·일으킨 생각(尋)·유지하는 노력(伺) 등에서 갈애가 일어난다. 모두 60종류의 대상이 일어나게 된다.

호흡이나 배의 움직임에서 이것을 하나씩 나열해가면서 표적 관찰해 본다. 호흡이나 배가 주된 대상일 때는 6근 중 몸(身)이 이에 해당한다. 몸은 4대 즉 지(地)·수(水)·화(火)·풍(風)이다. 이 것을 세분화하면 지(地)는 단단함, 부드러움, 거침, 매끄러움, 무거움, 가벼움, 수(水)는 흐름, 점착, 화(火)는 따뜻함, 차가움, 풍

(風)은 움직임, 지탱함이다(이 12요소는 아비담마 논서인 담마상가니에 따른 것으로 파욱 센타에서 지도하는 방법이다).

이 12가지 요소들을 배가 일어나고 들어갈 때마다 하나씩(예 : 움직임, 단단함, 부드러움…) 선택해서 번갈아 가면서 3~6번씩 관찰해 본다. 잘 느껴지지 않을 때는 여러 번 반복한다. 『청정도론』에 따라 물질을 더 세분화하면 4대요소와 형상(色), 냄새, 맛, 영양소, 생명기능, 성(性), 눈의 감성(pasāda) 등 다섯 감성, 심장토대의 물질, 온도와 마음 두 가지 원인에서 생긴 소리 등 17가지와 몸의 암시, 언어의 암시, 허공, 물질의 가벼움, 부드러움, 적합함, 생성, 상속 쇠퇴, 무상함 등 10가지 무형의 물질을 합하면 27종류가 된다. 초보자가 무형의 물질을 관찰하기란 불가능하다.

우선 지·수·화·풍의 12가지 분류에 따라 수행해 본다. 파욱 사야도 방법(『사마타 그리고 위빠싸나』, 졸저 『보면 사라진다』 참조)처럼 머리에서 발끝까지 하나하나씩 번갈아 가면서 알아차려 본다. 숙달되면 지의 요소 6가지, 수의 요소 2가지, 화의 요소 2가지, 풍의 요소 2가지를 한 번에 보아야 한다. 이것만 볼 수 있어도 망상이 들어올 틈이 없다.

처음에는 관념적으로 느껴지지만 정확하고 예리하게 반복하면 선명하게 관찰된다. 집중력과 관찰력을 향상시키는 것에 탁월한 효과가 있다. 주의 사항은 ①순서대로 ②빠르지도 느리지도 않게 ③산란없이 예리하고 정확하게 ④관념적으로 대충 하지 말고 ⑤분명한 것부터 ⑥각 요소의 특징들을 식별해야 한다.

이 12가지 요소를 배의 일어남과 사라짐, 앉음, 닿음에 각각 이용할 수도 있다. 이때 앉음과 닿음은 숨을 내쉬면서 배가 들어가고 숨을 마시기 직전 배가 일어나기 전에 잠시 멈춤의 틈이 있다. 이때 순간적으로 몸 전체의 느낌을 느끼는 앉음과 엉덩이가 바닥에 닿아 있는 느낌인 닿음을 관찰한다. 호흡 사이에 틈을 못 느끼면 일어남, 사라짐만 해도 된다(Ⅴ부 마하시 사야도 수행 중 '수행의 진보' 참조).

표적 관찰이 숙달되거나 지루해 질 때는 자연관찰법으로 일어나고 사라지는 현상들 중 강하게 일어나는 대상 중심으로 있는 그대로만 관찰해도 된다. 표적 관찰을 해보고 거부감이 있으면 하지 않아도 된다.

경행 시에도 발바닥에서 12가지 요소들을 하나하나씩 관찰해 보기도 하고 자연스럽게 느끼는 대로 관찰해 보기도 한다. 그리고 나서는 12가지 요소 각각에서 수(受), 상(想), 행(行), 식(識 혹은 觸·受·想·思·愛·尋·伺)을 각각 하나씩 반복해 가면서 관찰해 본다. 숙달되면 지·수·화·풍 사대(四大) 각각에서 오온 관찰이 된다. 목련존자는 사대의 오온 관찰로 6신통을 얻었다.

먹을 때도 혀와 음식과 부딪혀 맛이 일어난다. 이 맛을 아는 것이 식(識)이고 맛이 좋은가, 싫은가, 중간인가를 느끼는 것이 수(受)이고, 맛의 특징이 매운가, 짠가, 싱거운가 혹은 그 느낌을 인식하는 것이 상(想), 맛에 따라 반응 즉 좋은 맛은 더 먹고 싶고, 싫은 맛은 피하고 싶은 등의 오온이 일어난다.

나머지 6근·6경·6식에서도 마찬가지로 하나씩 관찰해 본다. 6근 6경·6식에서 표적 관찰하면서 선정의 5가지 요소(일으킨 생각, 유지하려는 노력, 희열, 행복감, 일념), 마음챙김, 수관, 분명한 앎, 노력 등도 점검해 가면서 관찰해 볼 수 있다. 이 정도는 지도만 제대로 받으면 7일에서 1개월 이내에 가능하다.

집중력이 뛰어나고 삿띠가 예리한 수행자는 빛 알갱이 같은 깔라빠(kalāpa)를 볼 수도 있다. 깔라빠는 세포 같은 빛 알갱이인데 파욱 선원에서는 사선정 수행 후에 깔라빠를 보게 하지만 삿띠가 뛰어난 수행자는 사선정에 들지 않고도 포착된다. 포착되면 깔라빠 하나를 선택해서 그 안에 지·수·화·풍, 색깔, 냄새, 맛, 영양소 등 8원소를 기본적으로 관찰해 본다. 일상생활에서는 이정도 관찰하기도 쉽지 않다. 더욱더 미세하게 보는 법이 있는데 여기서는 생략한다. 삿띠가 예리해지고 선정이 향상되면 저절로 관찰된다.

마음의 흐름을 보는 인식 과정의 17단계가 있는데 이것은 두 번째 단계인 원인을 식별하는 지혜 수행에서 12연기 관찰에 도움이 되므로 여기서는 그 요소들을 보는 법만 아비담마와 파욱 선사 설명 기준으로 살펴 보겠다. 초보자는 수행하기 어려우므로 이해만 하고 넘어가면 된다.

오문(五門) 인식과정

입태 시의 업의 표상을 대상으로 일어난 잠재의식인 바왕가는 살아있는 동안 계속 흐르고 있다. 이때 오문(눈·귀·코·혀·몸) 중에서 예를 들면 눈의 안근에 형상이 들어와 부딪히면 마치 새가 나무에 앉을 때 그림자가 따르듯이 '하나의 바왕가'가 움직여 흘러간다. 이를 지나간 바왕가라 한다. 그 다음 바왕가가 동요되고, 끊어지면서, 눈에 들어온 대상을 향하는 '오문전향(五門轉向)'이 일어난다.

이때 오식(五識) 중 하나인 안식이 일어나 대상을 확인해서 대상을 '받아들이고', 대상이 '무엇인지 조사하고', '결정한 후', 대상에 대한 '자와나(速行)'라고 부르는 일련의 인식과정이 7번 일어난다. 자와나란 의도적인 행위가 개입되어 선업, 불선업을 일어나게 하는 것이다. 여기서 선업을 극대화하는 지혜롭게 마음을 작용하는 노력(yoniso manasikāra)이 필요하다. 그 다음 자와나가 강해서 바왕가가 일어나기 전에 두 번 일어나는 일련의 마음작용을 '등록'이라 한다. 모두 17번의 심찰나가 작용한다. 이를 도표화하면 다음과 같다.

물질 토대	심장				눈													
심찰나	1	2	3	4	5	6	7	8	9	10	11	12	13	14	15	16	17	
대상	업의 표상			색깔 또는 모양														업의 표상
마음	지나간 바왕가	바왕가 동요	바왕가 끊어짐	오문 전향	안식	받아들임	조사	결정	자와나(9~15)							등록	등록	바왕가

하나의 심찰나에 일어남, 머묾, 사라짐의 3단계가 있다. 이처럼 삼법인을 관찰하는 것을 세 번째 단계인 현상의 바른 이해에 대한 지혜의 단계이고 그 인과를 볼 수 있으면 두 번째 원인을 식별하는 지혜의 단계이고, 그 생멸 각각의 인과를 볼 수 있으면 네 번째 생멸 현상에 대한 지혜이다.

의문(意門) 인식 과정

6근(六根)의 마노(mano, 意)에서는 생각이 일어나면 바왕가가 끊어지면서 의문전향(意門轉向)이 일어난다. 의식계(意識界)가 일어나는 것을 말하는데 이를 상세히 설명해 보겠다. 즉, 여기에는 ①대상을 알아차리는 오문 인식과정, 예를 들면 귀의 경우 소리라는 것만 의식 ②과거의 소리와 비교하여 지각하는 과정 ③ 그 소리의 이름을 파악하는 의문 인식과정 ④그 소리의 전체 이미지와 개념을 파악하는 의문 인식과정 ⑤느끼고 판단하는 의문 인식과정, 즉 생각의 확산이 일어나고, 업이 형성되고, 삼법인을 지각할 수도 있고, 관념적 실재(여자, 남자 등…)를 아는 것, 삼보에 대한 존경심, 재산에 대한 집착 등 지혜로운 주의력으로부터 해로운 마음이 일어나는 과정이다. ⑥같은 대상을 두고 많은 의문 인식과정이 일어난다.

파욱 선사의 관찰법을 보면 먼저 바왕가를 식별하고 다음엔 눈 (혹은 귀, 코, 혀, 몸) 속의 깔라빠에서 투명요소를 식별한다. 눈의 투명요소가 바왕가에 타나면 '이것이 눈투명 요소이다. 또는 무상, 고, 무아이다'라고 인식하면서 거기서 어떻게 의문 인식과정이 일어나는지 관찰한다.

여기에 관심있는 수행자는 직접 선원에 가서 4선정부터 지도받아야 한다. 4선정을 수행하지 않아도 일상생활 중에서 관찰이 예리하고 집중력이 뛰어난 수행자는 소리가 들릴 때 혹은 무엇을 볼 때 가슴으로 듣고 보면서 가슴의 마음상태와 같이 동시에 느끼면서 연습해 본다. 소리를 들을 때 '소리'라고 알아차리기 전 가슴에서 바왕가와 오문전향을 느낄 수 있다. 아니면 배의 일어나고 꺼짐에서 무수한 깔라빠가 포착될 때 깔라빠의 생멸 사이에서 바왕가부터 하나하나 17개 과정이 어떻게 일어나는지 반복해서 관찰해 보면 된다. 한 순간에 하나의 대상을 포착하는 게 효과적이다. 가장 쉬운 방법은 소리를 들을 때 가슴으로 들으면 가슴의 느낌은 의문(意門, 6식)이고 느낌 이전은 바왕가이고 귀에서 느낌은 오문(五門, 5식)이다.

생각이 떠오를 때도 가슴에서 생각과 생각 사이에서 어떻게 의문전향이 일어나는지 계속 반복해서 관찰해 보도록 한다. 어느 순간 아는 마음과 바왕가와 그 후의 일련의 과정이 한 순간에 전광석화처럼 관찰될 때 전문지도자와 상담해 보길 바란다. 물질요소 관찰이 분명해지도록 숙달한 후 정신적 요소들을 하나하나 나열해 가면서 관찰한다. 정신적 요소들은 ①감각 접촉 ②느낌 ③알음알이(識)를 통해서 확연히 드러난다.

『청정도론』에서는 이 단계를 견청정(見淸淨)이라 하고 위빠싸나의 출발점으로 본다. 우선 마하시 방법으로 수행하여 익히고 어느 정도 마하시 방법이 숙달된 후에는 여기에 덧붙여진 [추가설명] 방법으로 더 깊이 관찰해 보길 바란다. 다음에 이어진 단계들 역시 마하시 방법을 기본으로 해서 수행하고 더 깊은 향상을 위해서 여기에 첨가된 [추가설명] 방법으로 수행해 나가길 바란다. 마하시 사야도는 말릉카뿟따경에 대한 법문에서 수행자가 아비담마에 나오는 바왕가, 자와나, 등록 등의 관찰은 추론이지 정확한 관찰은 불가능하다고 말하면서 수행에 응용해 보라고 했다. 삿띠가 예리하거나 선정력이 있는 수행자는 추론이든 실제이든 어쨌든 보기는 본다. 부처님께서는 오온과 12연기로 현재의식

(六入), 바왕가(識), 무명, 행 등을 설명하셨다.

두 번째 단계인 원인을 식별하는 지혜에서는 오온, 12연기 중심으로 보다 상세하게 설명하겠다. 체험으로 확인하고 전문가와 점검해 보길 바란다. 북과 때리는 막대기와 여기에서 일어나는 소리가 각각이면서 섞이지 않고 서로 의지(緣)해서 일어나듯이 6근 6경 6식과 오온, 12연기의 요소들 역시 '개아', '영혼', '존재'가 아닌 현상들의 흐름이다. 그러나 이 현상들을 철견(徹見)할 때 우리는 지금 바로 여기에서 열반을 실현할 수 있다. 이 현상들을 보다 명백히 관찰하고 점검하기 위해 다음의 단계들이 이어진다.

원인(조건)을 식별하는 지혜(paccaya pariggaha ñāṇa)

마음이 원인이 되고 몸의 움직임은 결과가 된다. 예를 들면, 앉기를 원하는 것은 원인이고 앉는 것은 결과이다. 즉 마음작용이 신체적 행위에 선행한다. 6근(六根)에서도 마찬가지이다. 눈과 모양이 있을 때 안식(眼識)이 일어난다. 이것 이전에는 무명, 업, 갈애, 집착 등이 선행한다. 이러한 지혜단계에서 일어나는 현상은 다음과 같다.

(1) 배의 일어남만 느껴지고 꺼지는 것은 못 느낀다.

(2) 배가 깊숙이 꺼져 그 상태 그대로 있는 것같이 느낀다.

(3) 배가 일어나고 사라지는 현상이 없어진 것 같으나 손으로 만져보면 아직도 여전히 움직임을 느낄 수 있다.

(4) 종종 강도가 다양한 아픔을 느낀다.

(5) 환영이나 환각으로 상당히 방해를 받는 수행자도 있다.

(6) 배가 일어나고 사라지는 움직임과 그 움직임을 관찰하는

마음이 동시에 행해진다.

(7) 때로 앞, 뒤로 흔들거리게(허리를 굽혀) 되거나 몸이 진동하여 놀라는 수도 있다.

(8) 현생과 내생의 모든 존재는 단지 원인과 결과의 상호작용에서 파생된 것일 뿐이며, 단지 마음과 몸(물질)만으로 이루어져 있다는 것을 알게 된다.

(9) 배가 한 번 일어날 때 두 단계로 일어난다.

[추가설명]

원인을 식별하는 두 번째 단계의 지혜는 인과를 관찰하는 것으로 12연기를 포함한다. 12연기를 순관(順觀), 역관(逆觀)하는 방법과 5온 중심으로 관찰하는 방법이 있다. 실제로는 이 단계에서 무상·고·무아를 철견(徹見)하면 위빠싸나의 16단계나 도과(道果)가 모두 완성될 수 있다. 이 다음 단계부터는 1단계와 2단계를 좀더 구체적이고 정밀하게 무상, 고, 무아, 인과를 관찰해 나가는 과정이라 할 수 있다. 12연기 관찰도 『청정도론』에서와 같이 무명(無明)과 행(行)을 과거로 보는 삼세양중인과(三世兩重因果)의 방법이 있다. 현재 대부분 남방 선원에서는 12연기 관찰을 삼세양중인과에 두고 있다. 이때는 전생을 봐서 어머니 뱃속에 입태되는 순간의 식(識)을 관찰하는 방법이 있는데 전생을 관념으로 보기 쉬우므로 여기에서는 생략한다. 전생의 무명의 대상도 오온이므로 현재의 오온 생멸에서 무명을 제거하는 방법만 약술하겠다. 수행의 목적은 오온에서 탐진치를 제거하여 윤회에서 벗어나는 것이므로 그 주된 원인인 무명만 제거하면 되기 때문이다. 이것이 부처님의 돈오돈수법이다.

맛지마니까야 I에서 무명의 원인은 번뇌(āsavā)이고 번뇌의 원인은 무명이라 했다. 무명과 번뇌는 상호조건 지워져 수반되어 같이 일어난다. 쌍윳따니까야 4권 113에서는 무명의 대상을 오온이라 보고 오온의 생멸과 원인을 모르는 것이 무명이라 했다. 또한 갈애가 무명의 대상이라는 곳도 있다. 갈애와 번뇌도 오온의 한 요소이므로 결국 오온의 생멸을 철견(徹見)하면 무명이 제거되어 영원히 생사 해탈한다.

실제 수행에서는 니까야에서 보듯이 오온에서 무명측을 관찰하는 것이다. 가장 쉬운 방법은 쌍윳따니까야 4권 59와 6권 53에서와 같이 색·수·상·행·식과 6입에서 '나'라고 보고 집착하는 곳에서 무명이 일어난다. 여기에서 무상·고·무아를 보게 하여 무명을 제거하는 것이다.

또한 잡아함 298에서는 오온과 6입 즉 6근·6경에서 인과 전후와 내외를 알지 못하는 것이 무명이라 했다. 즉 현재 우리 몸과 마음에서 생멸하는 현상의 인과, 전후, 내외를 모르는 것이 무명이다. 부처님께서는 모든 고통의 근본원인인 무명을 제거할 때 주로 현재의 오온과 6입(6근·6경)에서 관찰하게 하셨다.

맛지마니까야 I권 190에서도 6근·6경에서 6식(識)이 일어날 때도 그 전에 기울임이 있어야 되는데 이것을 주석서에서는 식(識)인 바왕가라 했다. 경전상으로 볼 때는 12연기 중 무명, 행, 식이 선행하는 것을 말하는 것이다.

쌍윳따니까야 2권 11 자양분에서는 물질, 접촉, 의도, 의식이 네 가지 자양분이 일어날 때 갈애, 감수, 감촉, 6입, 명색, 의식,

410

행, 무명을 원천으로 일어난다고 되어 있다. 또한 이 자양분 중 의식의 자양분이 6입, 감촉, 감수, 갈애, 취착, 존재, 생사를 생겨 나게 하는 것으로 되어 있다. 그러므로 현재의 6입과 오온에서 무명, 행, 갈애 등의 원인과 결과를 관찰하는 것이다.

그 방법은 6근·6경에서 6식(識)이 일어날 때 생멸 사이에서 찰 나 적으로 직관하는 것이다. 소리가 들릴 때는 소리를 알아차리 기 이전에 무의식(바왕가)부터 관찰하기 시작한다. 좌선 시에는 배의 '일어남'과 '사라짐'의 틈 사이 그리고 관찰이 더욱 예리해졌 을 때는 배가 일어나고 들어가는 과정에서 무수한 생멸이 포착 된다. 그 생멸 사이에서도 관찰해야 한다.

선정과 삿띠(주시, 마음챙김)가 예리한 수행자나 참으로 발심 하여 수행하는 자는 무의식(바왕가, 아뢰야식)과 명색, 6입으로 그리고 촉, 수, 상, 사로 이어지는 과정을 찰나적으로 간파할 수 있다. 이때 무의식에서 오온생멸과 6입의 현재 의식에서 오온 생 멸을 명백하게 완전히 모르는 것이 무명이고 무명으로 인한 '나' 의 집착이 행(行)으로 이어져 반복 순환해 나간다.[이것을 남방 에서는 수평적으로 관찰하고 북방에서는 공성(空性)과 함께 입 체적으로 관찰(대승관법)한다.]

이 순환을 마음챙김과 분명한 앎으로 온전히 관찰할 때 무명, 행… 생사의 고리는 끊어지는 것이다. 『위빠싸나 성자 아짠 문』 에서 아짠 문이 마지막 아라한과를 성취할 때 이 순환과정[오염 의 회전 : 무명·갈애·취착 등이 원인인 번뇌(kilesa)이고, 업의 회 전 : 행·존재(業力, 有) 등이 업(kamma)이고, 과보의 회전 : 식· 명색·6입·접촉·느낌 등이 결과(vipaka)이다.]을 경행과 좌선에서 관찰하여 무명을 근절시킨다. 한번 무명이 단절되면 영원한 평화와 자유의 열반을 실현하는 것이다.

그러기 위해서는 우선 1단계 정신적·육체적 현상을 구분하는 수행에서 6근에서 일어나는 5온의 흐름을 하나하나씩 나열해가면서 표적 관찰을 일념 속에서 수없이 되풀이해야 한다. 그리고 남방 아비담마에 있는 바왕가에서 등록까지 일어나는 인식과정의 17단계를 시도해 보는 것도 훌륭한 방법이다.

17단계의 인식과정을 생각과 생각 사이, 모양(소리, 냄새, 맛, 촉감)의 생멸 사이에서 찰나지간에 직관하면서 바왕가와 바왕가 사이, 의문 인식과정에서 그 인과의 흐름을 반복 순환해 가면서 관찰해 본다. 『청정도론』에 의하면 오온에서 정신과 물질의 원인과 조건을 정확히 파악하여 의심이 없어지면 작은 수다원과에 이르렀다고 한다.

업을 짓는 자도 없고, 과보를 받는 자도 없고 순수한 법들만이 생멸하면서 흐를 뿐이니 이것이 바르게 봄(見)이다.

이와 같이 업과 과보가 원인과 함께 나아갈 때 씨앗과 나무처럼 그 시작을 알 수 없다…. 과보에 업이 없고, 업에 과보가 없어 그 둘은 각각 공(空)하지만 업이 없이는 과보가 없다. 마치 태양과 쇠똥 속에 불이 있는 것은 아니지만 그들 밖에 따로 불이 있는 것도 아니다. 연료들로부터 생기듯이…. 업을 의지하여 업으로부터 과보가 생길 뿐, 신도 없고, 범천도 없고, 윤회를 만드는 자도 없다. 원인과 조건따라 순수한 법들만이 일어날 뿐이다.

끝없는 노력과 매 순간의 예리한 삿띠로 언젠가는 무명을 제거하여 업의 굴레에서 벗어날 수 있다. 이것이 부처님의 견성해탈법이다.

현상의 바른 이해에 대한 지혜(sammasana ñāṇa)

이 단계의 지혜에서 나타나는 몇 가지 특성은 다음과 같다.

⑴ 마음과 몸(오온, 12연기, 18계)을 보고 특히 4대의 12가지와 그에 따른 오온의 흐름 등 12연기에서 모든 현상에서 처음, 중간, 끝의 변화과정을 분명히 관찰함으로써 삼법인, 즉 생멸 현상은 무상·고·무아라는 세 가지 특성을 알게 된다.

⑵ 배가 일어나는 현상은 세 단계로 나누어진다. 즉 일어나서 계속된 후에 사라짐을 의미한다. 사라지는 움직임도 이와 같이 세 단계로 이루어진다.

⑶ 아픔의 느낌이 아주 천천히 사라진다. 7, 8회의 알아차림 후에 사라진다.

⑷ 환상들이 많이 나타나며 수차례의 알아차림 후에 서서히 사라진다.

⑸ 배의 일어남과 사라짐이 오래 혹은 짧은 시간 동안 사라질 수도 있다.

⑹ 배의 움직임이 빨라지거나 느려지거나 방해받기도 한다.

⑺ 삼법인을 인식하고는 마음이 산만해지기도 한다.

⑻ 수행자의 손과 발이 뒤틀려지거나 경련이 일기도 한다.

⑼ 열 가지 통찰의 장애[26] 중에서 나타나기도 한다.

---

26) 열 가지 통찰의 장애는 마하시와 『청정도론』에서는 네 번째 단계인 '일어나고 사라지는 현상의 지혜' 단계에서 다루었다. 실수행에서는 각 단계가 겹쳐서 일어날 수 있다. 장애 역시 3, 4단계에 걸쳐 일어나는데 삼법인을 명확히 관찰하면 된다.

- 오바사(obhāsa : illumination 발광)

수행자는 다음과 같은 빛의 현상 등을 보기도 한다.

① 불꽃이나 횃불 또는 자동차의 헤드라이트 같은 빛을 본다.

② 수행자가 자신의 몸을 볼 수 있을 만큼 방이 충분히 환해진다.

③ 빛이 벽을 통과하는 것을 인지할 수도 있다.

④ 수행자 앞의 여러 곳을 볼 수 있을 만큼 밝아진다.

⑤ 문이 열려 있는 것같이 밝은 빛이 나타날 때도 있다. 어떤 수행자는 손을 들어 문을 닫으려고 하며, 또 다른 수행자들은 눈을 떠서 빛이 왜 들어오는지를 알아보려고 한다.

⑥ 휘황찬란하게 빛을 발하는 꽃들을 보기도 한다.

⑦ 넓고 넓은 바다가 펼쳐 보이기도 한다.

⑧ 빛의 광선이 수행자의 가슴과 몸으로부터 발산되는 것처럼 보이기도 한다.

⑨ 환상, 즉 코끼리 같은 것이 보이기도 한다.

- 삐띠(pīti) : 환희심(Joy)

① 순간의 황홀(khuddakā pīti) : 이 상태는 다음과 같다.

a. 수행자는 흰 색깔을 보거나

b. 신선감이나 어지러움을 느끼거나 또는 전신의 털끝이 서거나

c. 눈물이 흐르고 공포감을 느낀다.

② 잠깐 동안의 기쁨(khamikā pīti)

이 때에는 다음과 같은 특성이 있다.

414

a. 밝은 빛이 보이거나

b. 빛의 섬광(번쩍임)이 보이거나

c. 신경성 경련이 일거나

d. 온 몸이 뻣뻣해짐을 느끼거나

e. 온 몸에 개미가 올라오는 것 같거나

f. 온 몸이 뜨거워지거나

g. 온 몸에 전율을 느끼거나

h. 여러 가지 붉은 색이 보이거나

i. 온 몸에 털이 가볍게 서거나

j. 마치 개미가 얼굴과 온 몸을 기어오른 것처럼 간지럽게 느낀다.

③ 기쁨의 범람(okkantikā pīti)

이때에는 다음과 같은 특성이 있다.

a. 몸이 흔들리고 진동한다.

b. 얼굴·손·발에 경련이 일거나

c. 마치 침대가 위 아래로 뒤집히는 것처럼 격렬하게 몸이 흔들거리거나

d. 멀미가 나거나 때로는 실제로 토하기도 한다.

e. 해변에 밀려와 부서지는 파도처럼 율동감을 느끼거나

f. 에너지가 온 몸에 잔물결처럼 퍼져오는 것 같거나

g. 몸이 마치 흐르는 물에 꽂혀 있는 막대기처럼 떨거나

h. 밝은 노란 색이 보이거나

i. 몸이 이리저리 앞뒤로 구부려지기도 한다.

④ 기쁨의 고조(ubbenkā pīti)

이때에 나타나는 특성은 다음과 같다.

a. 몸이 확장되고 위로 움직이는 것 같거나

b. 온 몸과 얼굴에 이가 올라오는 것 같거나

c. 설사가 나거나

d. 몸을 앞뒤로 구부리거나

e. 누군가가 자신의 머리를 앞뒤로 움직이는 것처럼 느끼거나

f. 입을 벌리거나 다문 채로 씹는 운동을 하거나

g. 바람에 흔들리는 나무처럼 몸을 흔들거나

h. 몸을 앞으로 구부리거나 때로는 몸이 땅에 닿기도 하며

i. 몸이 안절부절 못하고 움직이며

j. 몸이 뛰어오르거나

k. 팔과 다리가 올라가고 경직되거나

l. 몸을 앞으로 구부리거나 기울인다.

m. 은빛 회색이 보이기도 한다.

⑤ 황홀감의 충만(pharanā pīti)

이때에는 다음과 같은 현상이 나타난다.

a. 추운 기운이 온 몸에 퍼지고

b. 마음에 평온이 때때로 나타나며

c. 온 몸이 간지럽거나

d. 졸려서 눈을 뜨고 싶지 않거나

e. 움직이기 싫어하며

f. 머리에서 발끝까지 또는 발끝에서 머리까지 강렬한 흐름이 느껴지거나

g. 목욕을 하고 나거나 얼음을 만진 것처럼 몸이 시원하며

416

h. 푸른 색이나 에메랄드 빛 초록색을 보거나

i. 얼굴에 이가 기어오르는 것 같은 가려움증이 나타난다.

이것이 다섯 가지 삐띠에 대한 설명의 끝이다.

- 빳싸디(passadhi : 평온심, tranquility)

이것은 정신적 요소와 의식의 평온을 의미한다.

다음과 같은 특성들이 나타나기도 한다.

① 깨달음을 얻은 것처럼 조용하고 평화로운 상태에 이른다.

② 들뜸이나 정신적 방황이 없다.

③ 마음챙김해서 알아채는 것이 쉬워진다.

④ 맑은 신선함을 느끼고 마음이 초조하지 않다.

⑤ 수행자는 자신의 마음챙김력을 만족하게 느끼기도 한다.

⑥ 잠에 떨어지는 것같이 느끼기도 한다.

⑦ 가벼움을 느끼기도 한다.

⑧ 집중이 잘 되고 잊어버리지 않는다.

⑨ 마음이 매우 맑다.

⑩ 엄하고 가혹하며 무자비한 사람도 부처님의 가르침이 심오하다는 것을 깨닫는다. 결과적으로 나쁜 짓 하는 것을 포기하고 대신에 오로지 선한 행위만을 하려고 한다.

⑪ 범법자나 주정뱅이조차도 나쁜 버릇을 버리고 매우 다른 사람으로 변한다.

- 수카(sukha : happiness, 행복감)

위빠싸나의 현상 중 네 번째로 수카는 더없는 기쁨을 뜻하며 다음과 같은 특성을 가지고 있다.

① 안온함을 느낀다.

② 기쁨 때문에 수행자는 오랜 시간 동안 수행을 그치지 않고 계속하려 한다.

③ 자신이 이미 경험하고 얻은 결과를 다른 사람들에게 얘기하고자 한다.

④ 무한한 자긍심과 행복감을 느낀다.

⑤ 이런 행복감은 처음으로 느끼는 것이라고 말하는 사람도 있다.

⑥ 어떤 수행자는 마음 깊이 그들의 스승에게 감사한다.

⑦ 어떤 수행자들은 바로 곁에 스승이 있어서 그들을 도와준다고 느낀다.

- 삿다(Saddhā : 신심, faith)

이것은 대발심·신심 등으로 해석되며 다음과 같은 특성을 가지고 있다.

① 수행자는 지나친 신념을 갖게 된다.

② 모든 사람이 위빠싸나를 수행하길 원한다.

③ 만나는 사람마다 위빠싸나 수행을 하도록 설득하려 한다.

④ 수행 선원에 성금을 보내 보답하려 한다.

⑤ 자신의 수행에 박차를 가하고, 더욱 진지하게 수행하려 한다.

⑥ 선행을 하고 보시하여 불교 사찰 및 부속물(불상 등)을 세우고 보수하려 한다.

⑦ 자신을 수행할 수 있도록 인도한 사람에 대해 감사한다.

⑧ 그의 스승에게 공양 올리려 한다.

⑨ 승려가 되려고 한다.

⑩ 수행을 멈추려 하지 않는다.

⑪ 조용하고 평화로운 곳에 가서 머물며 수행하기를 원한다.

⑫ 전심전력을 다해 수행하고자 결심한다.

- 빳가하(Paggāha : exertion, 분발심)

빳가하는 분발심, 용맹심의 뜻으로 다음과 같이 나타난다.

① 때로 수행자는 지나친 불굴의 투지로 수행한다.

② 너무나 혹독하게 죽음에 이를 정도로 수행한다.

③ 때로는 노력이 지나쳐서 집중력과 맑은 의식이 약해져서 산만해지고 삼매에 들지 못하기도 한다.

- 우닷타나(Udatthāna : attention, 주의력)

이것은 정신집중을 의미하며 다음과 같은 특성이 있다.

① 생각에 대한 지나친 집중은 때때로 현재를 관찰하지 못하게 하는 원인이 되며, 과거나 미래에 대한 생각에 파묻히게 한다.

② 과거에 일어났던 일에 지나치게 몰두한다.

③ 과거에 살아온 삶들을 희미하게 되새긴다.

-냐나(ñāṇa : Knowledge insight, 지혜)

지혜라는 의미로 다음과 같이 설명된다.

① 이론적 지식으로 수행에 혼란이 오고, 수행자는 자신이 옳다고 잘못 생각하며 허세를 부리고 그의 스승과 겨루려고 한다.

② 수행자는 여러 가지 것에 자기 나름의 해석을 한다.

③ 수행자는 그가 알거나 공부했던 여러 가지 원칙들에 대해 생각한다.

④ 현재를 알아차리지 않고, 사념으로 마음을 채운다. 생각에 바탕을 둔 지식이다.

- 우뻭카(upekkhā : equanimity, 평등심)

아홉 번째로 나타나는 현상은 무심(無心)을 뜻하며 다음과 같이 설명되어질 수 있다.

① 수행자의 마음은 무심하고 기쁘지도 않고 기분이 나쁘지도 않고 망각하지도 않는다. 배가 일어나고 사라짐은 불분명하고 가끔씩 움직임을 인식하지 못한다.

② 수행자는 마음챙김이 되지 않고 있으나 동시에 어떤 특별한 생각도 없다.

③ 배가 일어나고 사라지는 것은 간헐적으로 관찰된다.

④ 마음은 혼란하지 않고 평화롭다.

⑤ 수행자는 신체적 욕구에 무관심하다.

⑥ 순경계·역경계에 접하더라도 마음이 동요되지 않으며, 마음을 집중하려 하지 않으나 모든 외부 사물에 상당히 주의를 하고 있다.

- 니깐띠(nikanti : gratification, desire, 만족·바람)

열 번째는 니깐띠로서 만족감, 욕망을 의미하며 다음과 같은 특성을 갖고 있다.

420

① 여러 가지 대상에 만족한다.

② 가벼움·즐거움·행복·신심·분발심·지혜·마음챙김 등에 충만해서 만족하고 있다.

③ 여러 가지 환상이나 영상 등에 만족한다.

[추가설명]

이러한 장애들이 나타났을 때 예를 들면 빛의 현상이 나타나면 우선 자신의 마음, 특히 가슴 부위에서 좋아하는 마음이 있는가, 집착하는 마음이 있는가, 신비스럽게 생각하는 마음이 있는가, 두려워하는 마음이 있는가… 등의 자신의 마음 상태부터 먼저 알아차린다. 거울에 먼지가 없어야 맑은 빛이 대상을 비추듯이 알아차리는 삿띠(sati, 주시)에 욕심이나 싫어하는 마음 등의 집착심이 섞여 있으면 예리한 관찰이 되지 않는다. 그리고 나서 장애 현상의 처음, 중간, 끝과 인과 생멸을 있는 그대로 관찰한다. 그리고 배의 움직임이나 호흡 관찰 등의 주된 관찰 대상으로 돌아온다. 이러한 현상에 집착하면 장애가 되고, 있는 그대로 관찰하게 되면 다음 단계로 진보한다.

우선 구체적으로 모든 몸과 마음의 현상에서 처음, 중간, 끝에서 일어나는 현상들을 단계적으로 관찰하기 위해서 지·수·화·풍의 12가지와 그에 따른 수·상·행·식(1단계의 추가설명 참조) 그리고 대념처경의 4성제 중 6근·6경·6식에서 각각 일어나는 촉(觸)에서 사(伺)까지 60가지 요소와 12연기에서 표적 관찰로 각 요소의 처음, 중간, 끝을 보고 무상·고·무아를 차례로 반복해서 관찰한다. 처음에는 무상만 보고, 그 다음에는 고·무아를 표적 관찰해서 보기도 하고 자연스럽게 일어나는 대로 보기도 한다. 아비담마에서는 시간적으로 나누어 한평생을, 그 다음은 초년, 중년, 말년 그 다음은 10년 단위, 매년 단위, 매달, 보름, 하루, 시간 단위로 나누고 더욱 미세하게는 발자국을 옮길 때 매 순간에서 무상·고·무아를 보게 한다.

파욱 선사는 『청정도론』을 기준으로 해서 물질과 정신에 대한 7가지 방법으로 다음과 같이 관찰한다.

① 재생연결(입태의식)부터 전 생애까지 물질에서 삼법인(무상·고·무아)을 본다.

② 생애를 100년, 30년… 하루, 매 동작의 움직임에서 물질의 삼법인을 관찰한다.

③ 음식에서 생긴 물질에서 삼법인을 관찰한다.

④ 추울 때, 더울 때 등 온도에서 생긴 물질에서 삼법인을 관찰한다.

⑤ 업에서 생긴 물질에서 삼법인을 관찰하는 것이다. 이것은 6 감각문(六根) 중 하나에서 물질이 생멸하면 다른 문으로 넘어가지 않는 것을 관찰한다.

⑥ 희·노·애·락 등의 마음에서 생긴 물질의 삼법인을 관찰한다.

⑦ 철, 구리, 식물, 바위 등의 무정물에서 삼법인을 관찰한다.

이상이 물질을 관찰하는 7가지 방법이고 물질을 통찰하는 마음을 뒤따르는 통찰지로 앞의 통찰지를 무상·고·무아로 다음과 같이 관찰하는 것이 정신을 관찰하는 방법이다.

① 위의 물질 관찰법에서 7가지 방법으로 삼법인을 본 후 그때 이것을 보는 마음을 무상·고·무아로 통찰한다.

② 위의 7가지 방법 각각의 물질에서 삼법인을 보는 통찰지를 그 다음 뒤따르는 두 번째 통찰지로 삼법인을 쌍으로 보는 것이다.

③ 물질의 삼법인을 볼 때 그 통찰지 그 마음 자체를 3번째 통찰지 마음으로, 두 번째 통찰지 마음을 삼법인으로, 네 번째 통찰지 마음으로… 다섯 번째 통찰지 마음으로 네 번째 통찰지 마음을 삼법인으로 본다.

④ ③의 방법을 열한 번째까지 연속하는 것이다.

⑤ 사견(邪見) 즉 오온이 '나'라는 견해를 극복하기 위해 앞의 물질의 7가지 관찰하는 통찰지를 무아(無我) 위주로 관찰하는 법이다.

⑥ 자만심을 극복하기 위해… 무상(無常) 위주로 관찰하는 법이다.

⑦ 집착을 극복하기 위해… 고(苦) 위주로 관찰하는 법이다.

이상의 방법은 7각지를 세분화한 것으로도 볼 수 있다.

남방아비담마에서는 한 순간에는 하나만 생멸하는 설일체유부의 전통을 따른다. 즉 오온이 생멸할 때는 오온의 생멸만 있고 관찰할 때는 관찰의 생멸만 있다. 무상-관찰-무상-관찰…로 이어진다. 반면 북방불교에서는 오온을 관찰하는 반야는 불생불멸(不生不滅)이다. 체험으로 확인하길 바란다.

3단계의 무상·고·무아를 관찰하기 위한 『청정도론』의 18가지 방법이 있다.

열여덟 가지의 위대한 통찰(aṭṭhārasa mahāvipassanā)
⑴ 수행자는 몸과 마음(五蘊)의 제현상(諸現象)에서 제행무상

을 통찰(諸行無常觀)하여 영원성의 상념에서 벗어나며

(2) 일체개고를 통찰(一切皆苦觀)하여 전도된 즐거움의 상념에서 벗어나며

(3) 제법무아를 통찰(諸法無我觀)하여 자아의 상념에서 벗어나며

(4) 싫음이나 혐오감을 통찰(厭離觀)하여 즐거움의 집착에서 벗어나며[잡아함경에서 "오온은 병이요, 가시요, 창살이요, 괴로움이요…."라고 관찰하는 것과 상통한다.]

(5) 이탐을 통찰(離貪觀)하여 욕망에서 벗어나며

(6) 멸을 통찰(滅觀)하여 시작이나 집(集)의 관념에서 벗어나며

(7) 모든 얽매임에서 놓아버림을 통찰(出離觀)하여 얽매임(着)에서 벗어나며

(8) 존재의 소멸을 통찰(盡滅觀)하여 밀밀히 접착되고 존재한다는 상념에서 벗어나며

(9) 붕괴되고 늙어감을 통찰(變壞觀)하여 획득이나 늙지 않으려는 관념에서 벗어나며

(10) 현상의 변화됨을 통찰(變易觀)하여 현상의 고정성에 대한 상념에서 벗어나며

(11) 모든 현상(諸相)에서 흔적 없음을 통찰(無相觀)하며 상(相)에서 벗어나며[諸相이 非相이면 卽見如來이다].

(12) 마음의 묶임 없음을 통찰하여 마음의 묶임에서 벗어나며

(13) 비어 있음을 통찰(空觀)하여 자아에 대한 사견(邪見)에서 벗어나며

(14) 수준 높은 지혜의 상태(增上慧觀)를 계발하여 핵심영혼의

관념에서 벗어나며

⒂ 모든 존재의 참모습을 통찰(如實觀)하여 몰입의 집착에서 벗어나며

⒃ 모든 현상에 재난, 고난 있음을 통찰(苦通觀)하여 집착으로 인도되는 믿음에서 벗어나며

⒄ 반조, 성찰관(省察觀)을 계발하여, 무상에 대한 사려 깊지 못한 성찰을 거부하며

⒅ 생사윤회에서 벗어나는 길이 있음을 통찰(解脫觀)하여, 윤회로 향하는 번뇌를 가져오는 경향을 거부한다.

한마디로 오온에서 삼법인을 관찰하고 탐·진·치를 제거하여 해탈을 성취하는 것이다.

– 수행상 자기 점검/『청정도론』에서 발췌 –

일어나고 사라지는 현상에 대한 지혜(udayabbay ñāṇa)

일어나고 사라지는 것을 관찰하는 지혜로 번역되며 이때에는 다음과 같은 현상이 나타난다.

⑴ 배가 일어나고 사라지는 현상이 2, 3, 4, 5, 6단계로 이루어짐을 본다.

⑵ 일어나고 사라짐이 간헐적으로 사라진다.

⑶ 여러 가지 느낌이 두 번이나 세 번 관찰함으로써 사라진다.

⑷ 관찰이 분명하고 쉽게 된다.

⑸ 환영이 보일 때 '봄, 봄'이라고 알아차리면 재빨리 곧 없어진다.

⑹ 맑고 밝은 빛을 본다.

(7) 배가 일어나고 사라짐의 시작과 끝이 분명하게 관찰된다.

(8) 앉아 있을 때 몸이 잠에 떨어진 것처럼 앞으로 혹은 뒤로 구부러진다. 몸이 움직이는 정도는 집중의 정도에 달려 있다.

계속성(santati : continuity)이 깨어지는 것은 다음과 같은 경우에 나타나는 현상이다.

① 배가 일어나고 사라지는 현상이 빨라지다가 그칠 때는 무상이 분명하게 나타난다. 그러나 무아와 고는 아직도 계속된다.

② 배의 일어남, 사라짐의 움직임이 가벼워지다가 없어질 때는 무아가 분명하게 나타난다. 하지만 무상과 고는 계속된다.

③ 일어남, 사라짐이 딱딱해지고 방해받다가 사라지는 것은 고가 분명하게 나타날 때이며, 그러나 무아와 무상은 계속된다.

만약 수행자가 집중을 잘하여 삼매에 들면 수행자는 간헐적으로 숨이 끊어졌다 이어지는 경험을 하게 된다. 이때 수행자는 깊은 구렁(심연)에 떨어지거나 비행기를 타고 하강수직기류를 통과하는 것처럼 느껴질 것이나 사실 몸은 아무런 움직임이 없다.

[추가설명]

우선 1단계에서 관찰했던 지·수·화·풍 4대의 12가지와 대념처경의 6근·6경·6식의 60개 요소 각각에서 생멸현상을 관찰한다. 좌선시에는 호흡이나 배의 움직임에서 4대의 12가지를 배의 일어남, 사라짐, 앉음, 닿음의 각각에서 관찰한다. 각각의 요소에서 처음에는 무상(無常)만 보고, 그 다음에는 고(苦), 그 다음에는 무아(無我)를 각각 관찰해 나간다. 이것이 숙달되면 그 원인과 결과의 생멸을 오온, 18계, 12연기에서 관찰한다(대념처경 해설참조).

426

『청정도론』에서도 더욱더 상세하게 관찰하기 위하여 생멸의 현상 각각에서 인과를 관찰한다. 파욱 선사는 이를 『청정도론』에 따라 3단계로 설명했다.

1단계 : 일어남에 대한 관찰. 업에서 생긴 물질의 원인 5가지를 관찰한다. '업에서 생긴 물질'에서 업은 과거에 있었던 유익하거나 해로운 의도를 말한다. 즉 무지의 일어남이 어떻게 업에서 생긴 물질이 일어나게 하는지 관찰한다. 갈애의 일어남…, 취착의 일어남…, 행(行)의 일어남…, 업(有)의 일어남이 어떻게 업에서 생긴 물질을 일어나게 하는지 관찰한다. 또한 의식이 어떻게 마음에서 생긴 물질의 원인이 되는지, 온도가 어떻게 온도에서 생긴 물질의 원인이 되는지, 음식이 어떻게 음식에서 생긴 물질의 원인이 되는지를 관찰한다. '마음에서 생긴 물질'은 바왕가가 일어나는 순간 생긴다. '온도에서 생긴 물질'은 깔라빠 속의 불의 요소와 외부의 불의 요소가 결합하여 온도에서 생긴 유기 물질을 생기게 한다. '음식에서 생긴 물질'은 음식을 삼키는 순간부터 머무는 순간에 생긴다. 깔라빠 속의 영양소는 그 다음 깔라빠를 생성한다. 수(受), 상(想), 행(行), 식(識)도 마찬가지 방법으로 관찰한다.(대념처경 해설 참조).

2단계 : 사라짐에 대한 관찰 역시 1단계와 같다. 무명의 소멸이 업에서 생긴 물질을 소멸하게 하는지 관찰한다. 갈애의 소멸…, 취착의 소멸…, 행(行)의 소멸…, 업(有)의 소멸이 어떻게 업에서 생긴 물질을 소멸하게 하는지를 관찰한다. 또한 마음(온도, 음식)의 소멸이 어떻게 마음(온도, 음식)에서 생긴 물질이 소멸하는 원인이 되는가를 관찰한다.

3단계 : 일어남과 사라짐 관찰. 무명의 일어남이 업에서 생긴 물질의 일어나는 원인이 된다. 무명의 사라짐이 업에서 생긴 물질의 사라지는 원인이 된다. 무명은 무상하다. 업에서 생긴 물질도 무상하다고 관찰한다. 갈애, 취착, 행(行), 업의 경우도 이와 같은 방법으로 한다.

또한 마음의 일어남(사라짐)은 마음에서 생긴 물질이 일어나는(사라지는) 원인이 된다. 마음은 무상하다. 마음에서 생긴 물질도 무상하다. 수(受), 상(想), 행(行), 식(識)도 마찬가지 방법으로 관찰한다. 또 다른 방법은 경전에서처럼 12연기를 순관(順觀), 역관(逆觀)해 본다. 무명을 조건으로 행이 일어나고 행을…, 생사가 일어난다. 무명의 소멸로 행이 소멸되고, 행의… 생사가 소멸된다. 그 방법은 2번째 단계인 조건을 식별하는 지혜에서 다룬 것을 응용하면 된다.

배의 일어남과 사라짐, 경행 등 6근·6경·6식에서 12연기나 바왕가에서 등록까지 17단계를 관찰하면서 위의 방법을 시도해 보면 윤곽이 드러나기 시작한다. 한꺼번에 관찰하지 말고 각 요소 하나하나씩 표적 관찰로 시도해 보면 효과적이다.

'어떻게 일어나고 사라질까?'라는 약간의 의심을 갖고 근접삼매 속에서 각 요소들을 하나하나 차근차근히 반복 또 반복해서 관찰해 보길 바란다. 파욱 선사의 방법이 복잡하면 사념처 각각에서 생멸원인을 관찰해 본다.

범부들이 무상(無常)을 못 보는 것은 몸과 마음 모든 현상들이 빠르게 연속적으로 흐르기 때문이고, 고(苦)를 못 보는 것은 동작의 움직임이나 몸의 작용으로 고(苦)를 피하고 가리기 때문이

428

고, 무아(無我)를 못 보는 것은 집합된 요소들을 분리되어 있고 조건화되어 있는 것으로 보지 않고 덩어리로 보기 때문이다. 즉, 오온, 18계, 12연기에서 각 요소들이 덩어리로 되어 있으면서 각 기능을 발휘하면서 빠르게 변화하고 몸의 자세나 몸의 작용 속에서 함께 흐르고 있기 때문이다. 몸과 마음의 생멸변화와 그 인과를 예리하게 관찰함으로써 삼법인을 보아 연기가 확연해짐에 따라 죽으면 모든 것이 소멸한다는 단견(斷見)이나 영원히 존재하는 영혼이 있다는 상견(常見)에서 벗어난다.

이것이 생멸 현상에 대한 지혜의 수행법이다.

사라짐의 지혜(bhanga ñāṇa)

다섯 번째는 '사라짐의 지혜'로 다음과 같은 특성이 있다.

(1) '일어남'과 '사라짐'의 끝이 분명하다.

(2) 집중의 대상이 분명하지 않고 일어남, 사라짐의 움직임이 희미하게 관찰된다.

(3) 일어나고 사라지는 움직임이 없어진다. 수행자는 몸(대상)이 사라지고 마음도 따라서 없어지는 것처럼 느껴진다. 사실은 마음의 기능이 빠르기 때문에 사라짐이 동시에 일어난다.

(4) 일어나고 사라지는 움직임이 분명해졌다가 희미해졌다가 한다.

(5) 일어나고 사라짐을 끊임없이 볼 수 있을 것같이 관찰이 밀밀해짐을 느낀다. 첫 번째 의식이 멈추고, 그 다음에 수행자는 이 멈춤을 알 수 있게 된다.

(6) 여러 가지 대상이 아득히 먼 곳에 있는 것처럼 나타나서

관찰이 충분히 분명하지 않다.

(7) 오로지 일어남과 사라짐만이 있을 뿐 자아(나)에 대한 생각은 사라진다.

(8) 온 몸이 따뜻해짐을 느낄 수 있다.

(9) 그물로 덮인 것처럼 느끼기도 한다.

(10) 마음과 대상이 함께 사라지기도 한다.

(11) 먼저 대상(물질)이 사라지고 알아차리는 마음은 남는다. 그러나 의식의 대상과 마찬가지로 의식도 곧 사라진다.

(12) 어떤 수행자들은 배의 일어남, 사라짐이 잠깐 동안 멈추는 것을 느낀다. 한편 또 어떤 수행자들은 배의 움직임이 멈추는 현상이 2~4일간 계속되어 지루함을 느끼기도 한다. 이때에는 걷는 것이 최상의 치료법이다.

(13) 존재의 세 단계 즉 일어남·진행함·사라지는 몸과 마음의 모든 단계가 현존하지만, 그러나 수행자는 단지 사라지는 단계만을 관찰한다.

(14) 수행자는 내적 대상, 즉 배가 일어나고 사라지는 움직임이 분명하지 않고 외적 대상, 즉 나무 같은 것들도 흔들리는 것처럼 보인다.

(15) 모든 것들이 안개 속에 있는 것 같고, 희미하고 불분명한 것처럼 보인다.

(16) 수행자가 하늘을 쳐다보면 마치 공기의 진동이 있는 것처럼 보인다.

(17) 일어남, 사라짐이 갑자기 끊어졌다가 갑자기 다시 나타났다가 한다.

[추가설명]

파욱 사야도의 사라짐 지혜의 계발법은 다음과 같다.

① 무상을 보기 위해 현상의 파괴, 해체, 무너짐을 관찰한다.

② 고(苦)로 보기 위해 현상의 끊임없는 사라짐을 두려움으로 관찰한다.

③ 무아로 보기 위해 현상에서 영원한 실체가 없다는 것을 관찰한다.

또한 물질의 무너짐을 보고 무상하다고 알아차리는 통찰지 마음도 그 다음 통찰지 마음으로 무너짐을 본다. 관찰의 초점은 현상이 순간적으로 사라지는 것에만 집중하는 것이다. 이 단계에서는 현상의 일어남, 머묾, 현상의 표상, 현상의 원인의 일어남은 보지 않는다. 통찰지의 힘을 이용해서 현상의 소멸만을 보아야 하며 그것들을 무상·고·무아로 자각해야 한다. 또한 이들을 보는 첫 번째 통찰지의 소멸을 두 번째 통찰지로 무상·고·무아를 관찰한다.

배의 일어남, 사라짐, 앉음, 닿음을 정교하고 예리하게 관찰해 나가면 일어나고 사라지는 현상들이 호수나 강가에 소낙비가 쏟아져 물방울이 생겼다가 순간적으로 사라지는 것처럼 모든 현상들이 사라져간다. 이때는 주로 사라짐만 관찰되어진다. 그러다가 몸이 산산조각이 나 연기처럼, 구름처럼 사라지기도 한다.

부처님께서도 말씀하셨다. "오온을 물거품처럼, 아지랑이처럼, 바라보는 수행자는 죽음의 왕도 보지 못한다."고 사라짐이 계속될 때 관찰이 예리한 자는 바왕가를 보기도 한다. 그러나 이때는 바왕가인 줄 모른다. 이 사라짐의 지혜로 얻는 이익은 8가지이다.

①영혼불멸을 제거하고 ②목숨에 대한 집착이 사라지고 ③ 밤낮으로 수행에 전념하게 되며 ④청정하게 살아가며 ⑤크고 작은 일에 동요하지 않으며 ⑥두려움이 없어지고 ⑦인욕과 법열을 얻고 ⑧오욕락에 초연하여 홀로 수행하기를 좋아하게 된다.

처음 정신적·물질적 현상을 구분하는 지혜에서부터 사라짐의 지혜까지가 중요하다. 거듭거듭 반복해서 수행해 보길 바란다.

두려움의 인식에 대한 지혜(bhayatupattāna ñāṇa)

여섯 번째 상태는 두려움(공포)에 대한 지혜로 다음과 같은 특성들이 관찰된다.

(1) 먼저 수행자는 대상을 알아차리나 그 알아차림은 의식과 함께 사라져 간다.

(2) 두려움이 나타나나 유령(귀신)을 보았을 때와 같지는 않다.

(3) 몸과 마음이 사라져서 두려움을 초래한다.

(4) 신경증 때문에 야기되는 것 같은 신경통을 걸을 때나 서 있을 때 느끼기도 한다.

(5) 어떤 수행자들은 친구나 친척을 생각하면서 운다.

(6) 또 어떤 수행자들은 그들이 본 것에 대해 매우 두려워하며 심지어는 물주전자나 침대기둥을 보고도 놀란다.

(7) 수행자는 이제 자신이 이전에 좋은 것이라고 생각했던 몸과 마음이 전혀 실체가 없는 것이라는 것을 깨닫게 된다.

(8) 기쁨도 즐거움도 환희심도 없어진다.

(9) 어떤 수행자들은 공포심을 알아채나 공포심 때문에 겁내지는 않는다.

432

[추가설명]

열심히 수행한 결과 일어남, 사라짐, 앉음, 닿음 두세 번에 '사라짐의 지혜'에 도달한다. 형체가 사라지고 허공 같은 상태에서 '두려움의 지혜'가 일어난다.

『청정도론』에는, 한 여자에게 사형선고를 받은 세 아들이 있는데, 사형집행을 지켜보고 있는 이 어머니는 첫 번째 아들의 목이 잘려나가는 것을 봤다. 연이어 둘째 아들의 목이 잘리는 것을 보고 셋째 아들에 대한 희망이 사라진다. 첫째 아들처럼 과거에 일어났던 행(行)도 사라지고 둘째 아들처럼 현재 일어나는 행(行)도 사라지며 셋째 아들처럼 미래에 생길 행(行)도 일어나고 사라질 것이라는 것을 알게 된다.

다음 단계부터 다시 살펴보는 단계까지는 무상·고·무아로부터 체험으로 오는 심리적 변화이므로 여기까지만 추가설명을 하고 여기서부터는 V부 12장 마하시 사야도 설명을 참조하기 바란다.

도과의 지혜 이후 반조의 지혜에서 10가지 결박의 번뇌 중 몇 가지가 없어졌는가를 살피면서 계속 반복해서 5근(믿음, 마음챙김, 노력, 선정, 지혜)을 균형시키면서 관찰을 놓치지 않고 수행해 나가면 된다.

고(苦)에 대한 지혜(ādīnava ñāṇa)

이 단계의 지혜에는 다음과 같은 특징이 있다.

(1) 일어남, 사라짐 현상은 희미해지고 불분명해지며 움직임이 점차 사라진다.

(2) 수행자는 부정적이고 예민한 느낌을 경험한다.

(3) 몸과 마음의 관찰은 아주 잘 된다.

(4) 수행자는 아무것도 영원한 것이 없고 단지 몸과 마음이 일어나서 진행하다 사라져가는 것만이 있을 뿐이라고 부정적으로 인지한다. 수행자는 무상·고·무아의 삼법인에 대해 강하게 인지한다.

(5) 이전과는 반대로 코·눈·혀·몸 그리고 마음으로 지각된 모든 것에 대한 인식이 분명하지 않다.

혐오감에 대한 지혜(nibbidā ñāṇa)

여덟 번째는 '혐오감에 대한 지혜'로 다음과 같은 특징을 나타낸다.

(1) 수행자는 모든 것에 싫증을 느끼고 추하게 본다.

(2) 수행자는 게을러진 것처럼 느끼기도 하나 사물에 대한 분명한 관찰 능력은 아직도 건재하다.

(3) 환희심은 사라지고 수행자는 그가 사랑한 모든 것을 잃어버린 것처럼 허전하고 슬픈 느낌을 갖는다.

(4) 수행자는 전에는 경험하지 못했던 지루함을 이제야 비로소 느끼고 지루함이 무엇인지를 진정으로 알게 된다.

(5) 수행자는 이전에는 지옥이 나쁜 곳이라는 생각만 하였다고 할지라도 이 단계에서는 천상이 아닌 오로지 열반만이 진정으로 좋은 것이라고 느낀다. 그리고 세상의 어떠한 것도, 열반과 비교할 수 없다고 생각하면 이를 찾으려고 더욱 결심을 굳힌다.

(6) 수행자는 몸(물질)과 마음에서 즐거운 것이라곤 찾아볼 수 없다고 느낀다.

⑺ 모든 것에 혐오감을 느끼고 즐길 만한 것은 아무것도 없다고 느낀다.

⑻ 수행자는 어떤 사람과도 말하거나 만나려고 하지 않으며 방에 혼자 있기를 더 좋아한다.

⑼ 수행자는 태양열을 받는 듯이 덥고 건조하게 느낀다.

⑽ 수행자는 외로움·슬픔·냉담해짐을 느낀다.

⑾ 어떤 이들은 이전에 갖고 있던 명예욕이나 재산에 대한 욕망과 애착을 버린다. 그리고 모든 것은 소멸한다는 것을 깨닫고 괴로워한다. 모든 종족과 인간, 심지어는 신까지도 없어지는 존재라는 것을 깨닫는다. 그리고 태어남이 있는 곳에 늙음·병·죽음이 있다는 것을 안다. 그래서 집착은 사라지고 무상을 느끼면서 해탈을 찾으려는 강렬한 열망이 자리잡는다.

해탈을 달성하려는 마음의 지혜(muncitukamayatā ñāṇa)

아홉 번째는 '해탈을 이루려는 지혜'로서 다음과 같은 특징이 있다.

⑴ 수행자는 온 몸이 간지럽고 마치 개미나 작은 벌레가 물어뜯거나 얼굴, 목으로 기어오르는 것처럼 느낀다.

⑵ 참을성이 없어지고 서 있거나 앉아 있거나 눕거나 걷는 것을 잘 관찰하지 못하게 된다.

⑶ 아주 미세한 행동들을 관찰하지 못한다.

⑷ 불안하고 침착하지 못하며 지루해한다.

⑸ 수행을 집어치우고 포기하려 한다.

⑹ 어떤 수행자들은 자기 전생의 공덕이 충분하지 못하다고

생각하고 집으로 돌아가려 한다. 그리고는 집으로 돌아가기 위해 자신의 물건을 챙긴다. 이전에는 그래서 이 시기를 '보따리를 싸는 지혜'라고도 불렀다.

다시 살펴보는 지혜(patisaṅkhānupassana ñāṇa)

열 번째 지혜는 '다시 살펴보는 지혜'로서 다음과 같은 특징들이 관찰된다.

(1) 수행자는 온몸이 가시에 찔린 것 같은 체험을 한다.

(2) 여러 가지의 다른 불쾌한 감각들이 일어나지만 두 세 번의 관찰로 사라진다.

(3) 졸립거나 무기력함을 느낀다.

(4) 몸이 뻣뻣해져서 마치 과의 지혜에 들어간 것처럼 느끼나 의식과 청각기능은 여전히 작용하고 있다.

(5) 돌처럼 무겁게 느껴진다.

(6) 전신이 뜨거워지는 것 같기도 하다.

(7) 불편하게 느껴지기도 한다.

현상에 대한 평등(무심)의 지혜(saṅkhārupekhā ñāṇa)

열한 번째는 '모든 현상에 대한 평등의 지혜'로 불리며 다음과 같은 특징들이 있다.

(1) 수행자는 깜짝 놀라거나 기뻐하지 않고 단지 무심할 뿐이다. 배의 일어남, 사라짐은 단순히 몸과 마음의 현상으로 분명하게 관찰한다.

(2) 수행자는 행복도 슬픔도 느끼지 않는다. 마음과 의식은 분

436

명히 나타나 있고, 몸과 마음은 분명히 관찰된다.

⑶ 수행자는 순일하게 관찰한다.

⑷ 집중력이 좋고 마음은 오랫동안 평화롭고, 마치 잘 닦인 길을 달리는 것처럼 순일하다. 수행자는 만족하고 시간을 잊는다.

⑸ 빵굽는 기술이 좋은 숙련공이 과자를 잘 만들듯이 선정이 견실해 진다.

⑹ 여러 가지 고통과 질병, 즉 마비나 신경증 등이 치료된다.

⑺ 이 지혜의 특징은 평온과 만족이라고 말할 수 있다. 수행자는 얼마나 오랫동안 수행을 했는지에 대한 생각을 잊는다. 예를 들면, 30분 수행하려고 앉았다가 한 시간 정도가 자신도 모르게 지나간다.

적응(수순)의 지혜(anulaoma ñāṇa)

열두 번째 지혜는 '적응의 지혜'로서 다음과 같이 나누어진다.

⑴ 네 번째 단계에서 시작하여 예비적인 단계를 거쳐온 지혜

⑵ 37조도품으로부터 나오는 지혜, 이 지혜는 세 가지 특징을 갖는다.

무상(anicca)

자비를 실행하고 계를 지켜온 신심(信心) 있는 사람은 무상으로 도과(道果)에 이르게 될 것이다. 배가 일어나고 사라짐은 빨라지다가 갑자기 사라진다. 수행자는 배의 일어나고 사라지는 움직임이 사라지고, 앉았거나 닿는 감각조차도 사라지는 것을 깨닫게 된다. 빠른 호흡은 무상의 현상 중 하나이다. 이러한 사

라짐이 일어날 때마다 아는 지혜를 '적응의 지혜'라고 한다. 어쨌든 이러한 것은 실제로 체험이 되는 것이지 상상에 의해 되는 것은 아니다.

- 고통(dukkha)

선정을 잘 실행한 사람이 이르게 되는 길로서, 배가 일어나고 사라짐을 관찰할 때나 앉아 있음이나 닿음을 관찰할 때 숨이 막혀옴을 느낀다. 그래도 계속해서 배의 일어남과 사라짐이나 앉아 있음, 닿음을 관찰하면 감각이 사라진다. 고통에 의해 이르는 길은 참기 어렵다. 배가 일어나고 사라짐의 그침이나 앉아 있거나 닿는 감각의 그침에 대한 지혜를 '적응의 지혜'라고 한다.

- 무아(anatta)

위빠싸나를 수행했거나 전생에 위빠싸나에 관심을 가졌던 사람이 이르는 길로서, 배가 일어나고 사라지는 현상이 안정되고 간격도 고르게 되다가 사라진다. 배가 일어나고 사라지는 움직임이나 앉고 닿는 감각이 분명히 보인다. 무아에 의해 이르는 도과(道果)의 특징은 배의 움직임이 순일하고 가볍다는 점이다. 배의 움직임이 순일하고 고르게 계속될 때 무아의 특징이 나타난다. 무아란 '실체가 없음' '의미가 없음' '조정되어지지 않음' 등을 뜻한다.

즉 적응의 지혜는 배가 일어나고 사라지는 움직임, 혹은 앉아 있거나 닿을 때의 감각이 사라져 버린 것을 분명히 아는 능력이다.

사성제(四聖諦)

적응의 지혜에는 네 가지의 귀중한 진리가 분명하게 나타나는데 그것은 다음과 같다.

(1) 집제(samudaya sacca : 集諦)

이 진리는 배가 일어나기 시작할 때나 혹은 사라지기 시작할 때 자각된다. 그리고 수행자가 다음 지혜인 '성숙의 지혜'에 들어가기 직전에 생긴다.

집제는 몸의 시작과 마음의 시작이라고 하며 일어남과 사라짐이 시작되는 시발점이다. 나마 자띠는 마음의 시작이고 루빠자띠는 몸의 시작이다. 이러한 사실을 실제로 느끼고 경험하는 것을 집제라고 한다.

(2) 고제(dukkha sacca : 苦諦)

이것은 수행자가 배의 일어남, 사라짐 현상의 고통스러운 성질을 알기 때문에 일어나고 사라짐은 더 이상 참지 못할 때 자각되는 것이다. 수행자는 모든 것은 죽어서 없어지고 끝이 있다는 것을 알게 된다.

늙는다는 것은 마음과 몸의 쇠퇴현상이다. 죽음은 사라짐이며, 붕괴이고 마음과 몸의 끝이다. 고통의 멸(滅)을 자각하는 것을 고제라고 한다.

(3) 멸제(nirodha sacca : 滅諦)

이것은 일어나고 사라지는 움직임이 동시에 사라져 버렸을 때 보이는 것이다. 자띠(jati, birth, beginning)는 앎의 한계이므로 배의 움직임이 그쳤다는 것을 인식하는 것 또한 동시에 사라진다. 고통과 몸과 마음의 시발점이 함께 멈추는 상태, 즉 모든 현상(諸行)의 사라짐을 멸제라고 한다. 생멸멸(生滅滅)이 적멸(寂滅)이다.

⑷ 도제(magga sacca : 道諦)

이 상태에서 수행자는 배가 일어나고 사라짐을 완벽하게 자각한다. 생·멸의 처음, 중간, 끝을 분명하게 자각한다. 고(苦)의 끝과 배의 움직임이 사라지는 것이 분명하게 보일 때 이것을 도제라고 한다.

수행자는 네 가지 진리를 동시에 인식하여야 한다. 마치 촛불이 꺼질 때처럼 즉,

① 초의 심지가 다 타고

② 초의 밀랍이 다 닳아 없어지고

③ 촛불의 밝음이 사라져서

④ 깊은 어둠이 오듯이

여기에서 설명한 네 가지 빛의 특징이 동시에 일어나는 것처럼 네 가지 진리의 통찰도 동시에 나타난다. 열반(nibbana)의 상태는 멸제(nirodha sacca)·고제(dukkha sacca)·집제(samudaya sacca)·도제(magga sacca)가 동시에 자각될 때 나타난다.

성숙한(종성) 지혜(gotrabhū ñāṇa)

열세 번째는 '성숙한 지혜'로 이것은 지금까지 말해왔던 세속적인 상태와는 완전히 구분되는 지혜이다. 이는 곧 깨닫게 됨을 의미하며 열반(Nibbana)을 대상으로 갖게 된다.

간단히 설명하면, 감각이 소멸해 버린 찰나의 순간을 '성숙한 지혜'라고 한다. 수행자는 조건적인 현상에서 벗어나 그 대상으

로써 열반을 향한다.

이 상태는 세간적인 존재와 출세간적 존재(Lokuttara) 사이에 위치하는 상태이다. 이것은 세간적 존재도 아니고 출세간적 존재도 아닌 중간 상태다. 왜냐하면, 이는 두 상태의 사이에 있기 때문이다. 마치 부처의 방에 한 발을 넣고 한 발은 바깥에 놔두고 있는 사람과 같다. 이때에는 그가 안에 있다고도 바깥에 있다고도 말할 수 없지 않는가.

도의 지혜(magga ñāṇa)

다음 열네 번째 단계의 지혜는 '도의 지혜'이다. 이 단계에서 현상(諸行)들은 모두 사라진다. 이때 '도의 지혜'에서 나타나는 특징은 다음과 같다.

⑴ 결박의 열 가지 번뇌 중 몇몇 번뇌들을 없애고 또 나머지 다른 번뇌들을 없앨 준비를 한다(예 : 수다원의 경우는 세 가지 번뇌 소멸)

⑵ 맑고 완벽한 도의 지혜가 나타난다.

⑶ 열반에 이르는 법에 대한 깊은 지혜가 일어난다.

⑷ 도의 지혜는 열반에 도달하는 데 필요한 법에 대한 깊은 지혜이다.

⑸ 결박의 번뇌들을 정화할 수 있는 심오한 지혜가 생긴다.

'도의 지혜'의 특성은,

① 감각이 사라진 후에 열반에 들어가는 길이 잠간 지속됨을 알아차린다. 어떤 번뇌들은 완전히 파괴된다. 즉 처음 수다원에선 자아에 대한 잘못된 생각(有身見)·회의·관습과 의식 등에 대

한 잘못된 인식(戒禁取見) 등이 이때에 모두 끊어진다. 이 지혜는 열반을 대상으로 한다. 무엇이 옳고(正) 그른지(邪)에 대해서 천당과 지옥, 도와 도의 결과, 열반에 대한 의심이 완전히 없어진다. 또한 죽음 이후의 생에 대한 의심도 없어진다. 이 지혜는 초월적이다.

② '성숙의 지혜'는 일어나고 있는 것에 대해서는 마지막 지혜이다. 이 이후에는 어떠한 것에 대한 의식도 없다. 느낌과 의식이 갑자기 그친다. 그것은 마치 길을 따라 걷다가 갑자기 구덩이에 떨어진 사람과 같다. 대상과 대상을 알아차리는 의식은 열반의 상태에서는 기능을 멈춘다. 이러한 그침은 성숙한 지혜라고 한다. 이 지혜는 의식과 형태(色)의 그침(滅)을 모두 포함한다.

③ '성숙의 지혜'가 얼마 동안 진행된 후를 '도의 지혜'라고 부른다.

과의 지혜(phala ñāṇa)

열다섯 번째 지혜는 과(果)의 지혜라고 불린다. 이는 도의 지혜 직후에 생긴다. 마음은 무엇이 일어났는지 알게 되며 열반을 대상으로 한다. 이 상태가 두 번, 세 번 지속된다. 도의 지혜가 일어날 때마다 과의 지혜는 즉시 나타난다. 중간 단계는 없다. 과의 지혜는 도의 지혜와 마찬가지로 초월적이다. 도의 지혜는 원인이고, 과의 지혜는 결과이다. 성숙의 지혜·도의 지혜·과의 지혜로 들어가는 길은 다음과 같다.

(1) 첫 번째 감각이 끊어짐은 성숙의 지혜이고, 이때에는 열반을 대상으로 한다. 이것은 세간과 출세간 세계 사이에 있다.

442

(2) 감각이 끊어진(滅) 중간단계는 도의 지혜로 역시 열반을 대상으로 한다. 초세간적이다. 이때에는 번뇌들이 사라진다.

(3) 마지막 그침은 과의 지혜라고 불리며, 역시 열반을 대상으로 한다. 역시 초세간적이다. 도의 지혜에서는 번뇌가 근절된다. 과의 지혜에서는 이러한 번뇌들이 재발하는 것을 예방한다.

이러한 과정은 불을 끄는 것에 비교되기도 한다. 나무 한 조각이 불에 타고 있는 것을 상상해 보자. 불을 끄려면 나무에다 물을 퍼부어서 불꽃이 죽게 한다. 그래도 연기는 계속 날 것이다. 두세 번 계속 나무에 물을 끼얹으며 비로소 그때야 불이 완전히 꺼질 것이다. 이와 유사한 현상이 도의 지혜에서 수행자가 번뇌들을 제거할 때 나타난다. 번뇌의 힘이 계속 남아있기 때문에 과의 지혜 동안에도 다시 번뇌들을 깨끗이 해야 할 필요가 있다.

반조의 지혜(paccavekkhana ñāṇa)

이 지혜에서는 도(道)와 과(果), 열반에 대한 지혜를 돌이켜 반조한다. 제거된 번뇌와 아직도 남아있는 번뇌에 대한 지혜가 있다.

(1) '도의 지혜'에 대한 반조(返照)

(2) '과의 지혜'에 대한 반조(返照)

(3) 제거된 번뇌들에 대한 반조(返照)

(4) 남아있는 번뇌들에 대한 반조(返照)

(5) 열반을 체험한 사실에 대한 반조(返照)

또한 수행자는 일어남, 사라짐을 관찰하는 동안 도(道)와 과

(果), 열반에 들어간다. 그 순간 세 가지 특성이 생긴다. 즉 이전에 말한 오온에서 무상·고·무아를 관찰하는 것이다.

반조의 지혜란 수행자가 일어나고 사라지는 배의 움직임을 관찰하는 동안 일어남과 사라짐이 완전히 멸해버리는 것을 자각하는 것을 말한다. 사라짐 후에 다시 의식이 돌아와서 수행자가 그에게 무슨 일이 일어났었는지를 되돌아본다. 이후에 계속해서 일어나고 사라지는 움직임을 관찰한다. 이때에 배의 움직임은 평상시보다 더욱 분명하게 보인다. 일어났던 것을 되돌아 살펴보는 것을 '회광반조(省察)의 지혜'라 한다.

사마빠띠(Samapati)

세 가지의 사마빠띠가 있다. 찬다사마빠띠(Chandasamapati)·팔라사마빠띠(Phalasamapati)·니로다 사마빠띠(Nirodhasamapatina) 중 여기에서는 팔라사마빠띠만을 논하기로 한다.

팔라사마빠띠는 수행자가 얻은 도의 결과를 보는 것을 의미한다. 5분이나 10분, 24시간 혹은 그 이상을 사마빠띠에 들어갈 수 있다. 시간의 길이는 선정의 정도에 달려 있다. 선정이 잘 되면 오랫동안 머무를 수 있고, 선정력이 약하면 잠깐 머무를 수밖에 없을 것이다.

[추가설명]

다음은 『청정도론』과 아비담마와 파욱 선사 법문 중심으로 적응(수순)의 지혜, 성숙(종성)한 지혜, 도의 지혜, 과의 지혜, 반조의 지혜에 대해 보충설명하겠다.

대상		1	2	3	4	5	6	7	8	
		현상				열반				
마음	바왕가	의문전향	준비	근접	적응	성숙	도	과		바왕가

이 도표에서 보는 바와 같이

(1) 단지 작용만 하는 의문전향 의식이 '현상에 대한 평등의 지혜'의 정도에 따라 현상들을 무상·고·무아로 보면서 바왕가로부터 일어난다.

(2) 첫 번째 대상을 이해하고 의도적인 행위가 개입되는 속행(速行)인 자와나(준비)가 일어나서 같은 방법으로 현상을 보면서 마음의 연속성을 유지한다. 통찰지가 예리한 수행자의 경우는 바로 근접으로 들어간다.

(3) 두 번째 자와나(근접)가 일어나서 같은 방법으로 현상을 본다. 도에 가까이 갔다고 근접이라 한다.

(4) 세 번째 자와나(적응/수순)가 일어나서 같은 방법으로 현상을 본다. 이 세 자와나가 12번째 적응의 지혜를 구성한다. 이전의 마음에 적응(수순)하고, 이후에 올 마음에 적응한다. 이때 이전의 마음은 일어남과 사라짐의 지혜부터 현상에 대한 평등의 지혜이고 이후 마음은 도의식의 37조도품이다.

(5) 네 번째 자와나가 열반을 대상으로 일어난다. 이것이 13번째 성숙(종성)의 지혜이다. 구름 속의 달을 보듯이 열반을 알지만 번뇌를 제거하지는 않는다. 그러므로 도의 전향이라고 한다.

(6) 다섯 번째 자와나가 열반을 대상으로 일어난다. 이것이 번

뇌를 단계별로 제거하는 도(道)의 지혜이다. 예류도(수다원)와 함께한 지혜가 예류도의 지혜이다.

(7) 여섯 번째와 일곱 번째 자와나가 열반을 대상으로 일어난다. 이것이 15번째 과(果)의 지혜이다. 첫 번째 과(果)가 생기는 것에 이르러 예류자는 두 번째 성자라 한다. 아무리 게으름을 피워도 신이나 인간으로 태어나 7번 내에 아라한에 이르게 된다.

(8) 과의 마음 끝에 그의 마음은 바왕가에 들어간다. 그 다음 바왕가를 끊고 도를 반조하기 위하여 의문 전향의 마음이 일어난다. 그것이 멸할 때 순서대로 도를 반조하는 7개의 자와나가 일어난다. 다시 바왕가에 들어가서 그와 같은 방법으로 과 등을 반조하기 위하여 의문전향 등이 일어난다.

전향 등이 일어남으로써 ①도를 반조하고 ②과를 반조하고 ③열반을 반조하고 ④제거된 오염원(번뇌)을 반조하고 ⑤남아있는 오염원을 반조한다.

예류자처럼 일래자(사다함)와 불환자(아나함)도 다섯 가지 반조를 한다. 아라한의 경우 남아있는 오염원들을 반조함이 없다.

(9) 이와 같이 반조한 뒤 예류자는 두 번째 경지인 일래과, 불환과, 아라한과를 얻기 위해 수행한다. 5근(五根), 5력(五力), 7각지(七覺支)로써 5온을 무상·고·무아로 관찰하면서 앞서 설명한 방법대로 실행한다. 예류과(수다원과)에서 ①사견 ②의심 ③미신 ④질투 ⑤인색함을 제거하고 일래과(사다함과)에서 ⑥성냄과 ⑦감각적 탐욕을 줄이고, 불환과(아나함과)에서 ⑧성냄과 ⑨감각적 탐욕 ⑩후회 등을 제거하고 아라한과에서 ⑪미혹 ⑫양심 없음 ⑬수치심 없음 ⑭들뜸 ⑮색계·무색계에 대한 탐욕 ⑯자만

⑰해태 ⑱혼침 등의 모든 결박의 번뇌를 뿌리뽑는다.

이상은 아비담마 중심이고 니까야에서 10가지 결박의 번뇌는 수다원과에서 ①②③, 아나함과에서 ⑥⑦, 아라한과에서 ⑫⑬⑭와 근본무명으로 되어있다.

이와 같이 사성제(四聖諦)를 성취하고 열반을 실현하는 것이 대[수행자 자신이 도과를 얻었다고 체험되면 이론과 체험을 겸비한 훌륭한 선지식에게 점검받는 것이 안전하다. 특히 바왕가, 선정(본삼매), 적멸을 구분할 줄 알아야 한다. 대념처경 해설 참조]

남방위빠싸나의 특징은 16단계에서 살펴본 바와 같이 수평적·순차적 현상 관찰이다.

① 삼세양중인과 중심이므로 전생을 봐야 무명, 행, 식을 관찰할 수 있다.

② 마음진행의 17단계(바왕가~ 등) 중심이다.

③ 파욱 선사의 경우도 깔라빠와 마음 부수의 34가지도 수평적으로 관찰한다. 또한 물질(色)·마음(心)과 마음부수(心所)는 실재하는 것으로 본다(我空法空).

반면 북방의 대승 위빠싸나는 공(空)을 바탕으로 현상(오온, 12연기)과 공(空)을 동시에 입체적으로 관(觀)하므로 전생을 보지 않아도 현재의 오온, 18계에서 무명·행·식 등의 관찰이 가능하다. 물질(色)·마음부수(心所)는 공(我空法空)으로 본다. 공(空)도 관찰의 대상이다. 보다 자세한 내용은 훗날로 미룬다.

니까야나 아함경의 경우는 앞의 위빠싸나 지혜 2단계 '원인을 식별하는 지혜'에서 설명했듯이 오온과 12연기 중심이다. 필자의 수행회원들과 실험해 본 결과 현재의 오온, 18계에서 12연기를 입체적으로 관찰하는 것이 가장 정밀하고 깊은 것으로 증명되었다. 물론 이것은 과정이다. 독자 스스로 체험으로 확인하길 바란다.

"통찰지를 갖춘 수행자는
계행을 굳건히 지키면서
마음과 통찰지를 닦는다.
근면하고 슬기로운 수행자는
이 속박을 풀고 헤쳐나온다."
-『청정도론』

[참 고]
이 교재는 태국의 많은 수도원 중 하나인 왓 마하탓 선원에서 마하시 방법을 외국인을 위한 수행교재로 삼고 있는 것이다. 태국불교의 많은 위빠싸나 방법 중 하나이다. 이 교재에 필자가 경전,『청정도론』과 다른 교재들을 참고해서 체험을 덧붙여 (추가 설명) 형식으로 내용을 보충했다.

이 16단계의 지혜의 진행은 혼자서 수행할 경우 가끔씩 참고삼아보면 될 것이다. 길게 설명하면 16단계이지만 열반에 들기 직전까지는 삼법인을 여러 각도로 설명한 것이다. 삼법인을 철견하면 바로 열반을 실현한다.

우리가 처음 등산을 할 때는 안내자나 지도가 있어야 한다. 수행자에게도 스승이 있다면 이와 같은 안내 책자는 필요없다. 태국에서도 수행 중 이 책을 보는 것은 금하고 있다. 수행단계를 너무 세분화했기 때문에 점차법이라고 비난 받을 수도 있다. 실제 수행상에서는 이런 단계를 하나하나 거치는 사람도 있고 근기와 노력에 따라 순식간에 도달하는 사람도 있다. 열반은 시간과 공간을 초월해 있기 때문이다. 이 단계의 구분은 이정표로써 수행상에서 어떤 경계가 올 때 참고하면 될 것이다. 이 단계처럼 진행된다면 수행상 성공했다고 본다.

처음 수행하는 사람은 V부 1장 마하시 방법 위주로 하고 수행이 진보된 사람은 2장의 16단계의 추가설명 중심으로 수행해 가길 바란다.

3장 수행의 원리와 수행체험에 대한 보고요령

1. 우빤디따 사야도의 약력

우빤디따 사야도는 1921년 7월 28일 미얀마 수도 랭군에서 탄
생하여 7세 때, 우자가라 스님을 스승으로 불법을 배웠다. 이때
초급·중급 과정의 빨리어 경전 구술시험을 통과한 그는 12세 때
사미가 되어 아비담마를 배워 18세에는 그곳에서 거행된 빨리어
상급과정의 시험에 합격한다. 20세에 비구가 된 그는 유명한 고
승들의 지도를 받으며 계속 불교 교리를 공부하다가 1950년 마
하시 사야도 선사로부터 위빠싸나를 지도받고 위빠싸나 스승의
자격을 갖춘다.

1954년에는 6차 경전결집에 참가하여 경전의 교정을 보는 역
할을 담당하였으며, 1955년부터는 마하시 사야도가 맡고있는 마
하시 수도원에서 위빠싸나를 지도하였다.

이후 계속 위빠싸나 수행의 지도에 나서 1957년에는 마하시
사야도와 함께 스리랑카를 방문하여 그곳의 새로 건립한 수도원
에서 3년간 위빠싸나 지도를 했다. 1962년에는 스리랑카에서 돌
아와 마하시 수도원의 분원에 머물면서 외국인 수행자 삼백 명
이 포함된 십만여 명의 수행자를 배출하였다.

1982년 마하시 사야도의 입적 후엔 마하시 수도원장으로 선출되었으며 1984년에는 미국·영국·말레이시아에서 1985년에는 네팔·오스트레일리아 등지를 순회하면서 계속 위빠싸나를 전수하고 있다.

1988년 한국을 방문하기도 하여 비구·비구니·일반인 등 삼십여 명의 대중에게 위빠싸나를 지도했으며 현재 1990년 랭군에 개설한 빤딧따 라마라는 수도원에서 국내인과 외국인에게 위빠싸나를 지도중이다.

2. 우빤디따 선사와의 면담

질문 현 사회가 위빠싸나 수행으로 얻는 이익은?

대답 위빠싸나 수행으로 수행인은 번뇌를 제거합니다. 이 순간에는 탐욕과 성냄이 없고, 저절로 계행이 구족된 상태로 타인을 해치려는 악한 마음이 일어나지 않습니다. 불건전한 행위를 하지 않고 마음(意)이 제어되고 육체적 행위(身業)와 언어(口業)를 정화(淨化)합니다. 그리하여 사회는 평화와 질서가 유지되고 수행을 장려하게 됩니다. 비불교인들도 이곳 수도원을 방문하면 마음의 고요를 느끼고 이 수련으로부터 많은 정신적 혜택을 얻게 됩니다.

질문 회교도들도 이 수도원에서 수행할 수 있습니까? 그들도 개종합니까?

대답 회교도를 포함한 비불교도들 누구든지 여기 와서 위빠싸나 수행을 할 수 있습니다. 그러한 사람들도 최소한 마음의 고요함을 얻고 담마(法)의 맛을 체험한 후에는 더욱더 수련하기를 원합니다. 직접 자신들의 눈으로 승려들의 덕행을 보고 난 뒤에는 신심을 가지고 불법을 받아들이죠. 개종에 대해서는 강요하지 않지만 개종함으로써 불교를 이단으로 보는 그들의 조직으로부터 추방될 수도 있을 것입니다.

실례를 하나 들면 자신의 사업에 낙담한 한 침례교 신자가 있었지요. 불교신자인 그의 친한 친구에게 소개 받고 이곳에 와서 처음엔 불상에 예배(절)도 하지 않았습니다. 나중에는 승려의 덕행에 감화를 받았고 자신의 수행체험에 대해 ale게 되었습니다. 드디어 승려를 존경하게 되었고 '이것이야말로 진리이다'라고 확신하게 되었습니다. 그는 너무나 깊이 감동된 나머지 전도사의 지위도 버리고 계속 불도를 연마해 나가게 되었습니다. 위대한 전륜성왕 아쇼카의 경우도 마찬가지죠. 그도 처음엔 힌두교신자였으나 한 나이 어린 사미승이 그의 곁을 지날 때 그의 평화로운 모습과 고고한 태도에 감명을 받고 그 사미승을 왕궁으로 초청하여 설법을 듣고 불교신자가 되었습니다.

질문 희각(喜覺, Piti, Joy)은 장애가 되지만 선정에 드는 한 요소입니다. 희각에 5분이나 그 이상 머물 수가 있습니까? 만약 희각이 일어나면 어떻게 해야 합니까?

대답 희각은 선정삼매를 이루는 데 필수조건이고 그것은 법의 기쁨입니다. 그러나 희각 자체는 목적이 될 수 없고 보다 높은 목적을 위한 수단에 불과하지요.

만약 희각에 탐착해 있다면, 보다 높은 경지에는 도달하지 못합니다. 희각 그 자체는 해롭지 않으나 장애가 되고 해로운 것은 여기에 집착하는 마음입니다. 만약 희각이 나타나면 이것을 관찰해야 합니다. 인위적으로 만들거나 없애면 안 되고 단지 집중하여 알아차려야 합니다. 희각은 생사해탈에 이르는 목적이 아닌 수단에 지나지 않는다는 것을 명심해야 합니다. 법구경에서도 다음과 같이 말했습니다.

"비구여! 5온의 일어나고 사라지는 것을 분명하게 관찰할 때마다 기쁨과 즐거움(喜樂)이 일어난다.

현자(賢者)에게는 이것이 (죽음이 없는) 열반으로 나아가는 길이 된다."

만약 이곳에서 집착하게 되면 열반을 이루지 못합니다. 희각의 상태에서 기뻐하는 것은 아직 성숙하지 못한 어린애다운 태도입니다. 그것은 마치 어린애에게 동전 한 닢이나 장난감을 주어서 달래는 것과 같습니다. 다 성장한 어른의 경우에도 이러한 기쁨은 느껴지지요. 희각은 깊은 물 속이 아닌 물 위에 떠있는 코르크와 같습니다.

질문 희각과 즐거움은 동시에 나타납니까?

대답 초선정과 두 번째 선정에선 동시에 나타납니다. 세 번째 선정에서는 삐띠는 가라앉고 수카가 나타납니다. 삐띠가 없는 가운데 수카의 특성은 대단히 즐겁습니다. 수카에는 두 종류가 있는데 하나는 감각을 통한 것으로 완전한 기쁨은 되지 못하는 반면, 감각이나 자극없이 나타나는 수카는 정신적 기쁨으로 완전한 즐거움을 가집니다.

보통사람들은 참 행복이나 기쁨은 몸과 마음에서 오는 감각을 통해서 성취할 수 있다고 생각합니다. 몸과 마음(識)이 없는 열반에서 어떻게 즐거움을 느낄 수 있겠는가? 이러한 의문은 우다이 비구가 사리풋타에게 제기한 것입니다. 사람들은 즐거운 대상을 보거나 즐거운 대상을 들을 때 기쁨을 느낍니다. 좋아하는 대상으로부터 오는 기쁨은 웨다이따 수카(vedayita sukha)라 부르며 이것은 현재 대상과의 감촉에서 일어납니다. 보는 것에서 즐거움을 얻기 위해서는 눈과 보이는 대상이 있어야 하며 이 두 곳에 연(緣)해서 안식과 접촉, 느낌이 일어납니다.

5온(몸과 마음)에 집착한 사람은 좋은 느낌을 참다운 행복으로 생각합니다. 이러한 공허한 즐거움을 얻기 위해서도 상당한 대가와 많은 노고를 치러야 하고 심지어 비도덕적인 행위까지 범하게 됩니다. 예를 들면, 영화감상을 즐기기 위하여 극장으로 가서 돈을 지불해야 합니다. 그러한 과정에서 고통을 당할 수도 있습니다. 그러한 즐거움은 영속적인 실체가 없는 무상한 것이죠.

이것과 관련해서 세 가지 종류의 고(苦, dukkha)에 대해서 설명해 보겠습니다.

(1) 두카두카(dukkha dukkha)로서 아라한이나 아나함과에 도달한 사람을 제외한 모든 사람이 정신적·육체적으로 경험하는 고통의 경우입니다.

(2) 위빠리나마 두카(vipariṇāma dukkha)로서 수카(즐거움)를 잃어버림으로써 오는 고통입니다.

(3) 상카라 두카(saṅkhāra dukkha)로서 몸과 마음현상의 일시적이고 조건적인 것에 관계되는 것입니다.

수행자는 선정과 지혜가 깊어짐에 따라 장애 요소들을 극복함에서 오는 수카를 경험합니다. 업(業)에서 오는 즐거움과 비교해 볼 때 법의 즐거움은 훨씬 더 순수하고 평화롭고 심오합니다. 수행자가 법의 가피를 인식한 후로는 업에서 오는 욕망이나 즐거움은 병으로 생각하게 됩니다. 일단 당신이 한 것인 줄 알았다면, 그것을 버릴 것입니다.

몸과 마음(識)의 감각적인 접촉없이 오는 수카는 산띠수카(santi sukha)라 하는데 이러한 즐거움은 성위과(聖位果)에 도달한 사람들에 의해서만 이해될 수 있는 것입니다.

감각적인 즐거움과 연관되지 않는 즐거움을 예로 들어보면, 깊이 달콤하게 잠을 자는 사람의 경우는 어떤 감각적인 즐거운 것을 제시해도 일어나기를 원하지 않습니다. 깊은 잠을 자는 동안은 방안에 있는 향기나 그가 누워 자고 있는 부드러운 담요와 같은 어떠한 감각적인 것도 즐기지 않습니다. 그러나 일단 잠에서 일어났을 때는 '달콤한 잠을 잤다'고 중얼거립니다. 어떻게 이러한 즐거움을 보여줄 수 있겠는가? 자신은 느끼지만 보여줄 수는 없습니다. 보여줄 수 없다는 이유 때문에 그러한 것이 존재하지 않는다고 말할 수는 없지 않겠습니까?

그러므로 이러한 잠은 비록 직접적으로 느끼는 감각적이거나 물질적인 즐거움은 아니지만 사람이 느낄 수 있는 즐거움의 한 종류입니다. 나는 이러한 일례를 들어서 몸과 의식의 세계와 무관한 열반의 낙(樂)이 있음을 증명시킵니다. 그 낙은 잠자는 것의 수천 배 이상입니다.

또한 우리들은 술과 담배로부터 얻는 즐거움과 금주, 금연으로부터 얻는 즐거움을 비교할 수도 있습니다.

질문 수행 중에는 열반을 갈망해서는 안 된다는데 왜 그러합니까?

대답 일단 수행자가 열반으로 가는 올바른 길(즉 계·정·혜)에 들어섰다면, 열반을 염원할 필요는 없습니다. 열반을 갈망할 때 좋은 결과도 올 수 있고, 나쁜 결과도 올 수 있습니다. 열반에 집착하면 욕망이 되어 수행상에 장애의 요인이 됩니다. 이것이 내가 어떠한 현상도 모두 다 알아차리라는 이유입니다. 예를 들면, 학생이 수학시험을 치를 때 제한된 시간에 답을 구하기 위해서는 계산을 하면서 문제를 풀어야 합니다. 실제적인 공식을 이용하여 문제를 풀지 않고 답만을 생각해서는 안 됩니다.

존재에 대한 고(苦)와 궁극적인 해탈을 이해했다면, 열반을 향해서 가기만 하면 됩니다. 열반에 대해 더 이상 갈망할 필요는 없습니다. 만약 열반을 원하게 되면 그것은 단지 이름만으로만 바랄 뿐이지 궁극적인 지혜에 의한 것은 아닙니다. 위빠싸나 수행 중 일시적인 적멸을 체험할 수도 있지만, 반복적인 수행에 의해서 완전한 적멸을 성취할 수 있습니다. 축구시합에서 영리한 선수는 팀 동료들에게 볼을 패스하는 동안 가능하면 골대 가까이로 볼을 몰아갑니다. 골에 대한 확신이 있을 때만 슛을 날립니다. 이것이 먼 거리에서 볼을 넣는 것보다 현명한 방법입니다. 그러므로 단지 일어나고 있는 대상에만 마음 집중하여 계속 알아차려 나가야 합니다.

욕망과 같은 대상도 알아차리면 곧 사라진다고 말할 때 이 경우에는 욕망은 일어나지만 그 효력을 발생시키지 못한다거나 혹은 번뇌는 일어나지만 영향을 못 미친다고 할 수 있지 않겠습니까? 이러한 질문에는 간단하게 대답할 수 있지만 좀더 상세하게 설명을 해보겠습니다.

보통사람이 한 대상을 볼 때와 수행자가 그 대상을 볼 때에 여기에서는 근본적인 차이가 있습니다. 다섯 감각기관(눈·코·귀·입·몸)이 다섯 감각 문을 따라들어갈 때 의식의 흐름이 어떤 의식의 순서에 입각해서 일어납니다.

보이는 한 대상이 눈에 들어오거나 접촉되었다고 가정해 봅니다. 이때 바왕가 의식(bhavanga, subconsciousness, 생명을 이어가는 의식, 무의식)이 생각의 두세 번 순간에 진동하다가 사라집니다. 그리고 나서 다섯 감각 문에서 그 대상을 감지하는 의식이 일어났다가 사라집니다.

이 단계에서 자연적인 흐름이 조사되어 그 대상에 대하여 '아! 이것이 무엇인가?'라고 말할 만큼 됩니다. 그리고 나서 아래와 같은 생각이 일어났다가 사라집니다.

- 눈 의식(眼識)이 그 대상을 봄
- 이것을 받아들이는 의식
- 조사하는 의식
- 결정하는 의식

이러한 진행이 생각하는 것보다 훨씬 빠른 속도로 일어납니다. 찰나지간에 일어나는 이러한 생각의 연속은 범인의 이해 범위로는 감지되기 어렵습니다.

5관에서의 식(五識)의 흐름은 앞서 말한 보이는 대상을 정신적으로 인식하는 의근(意根)의 의식(六識)으로 이어집니다. 의근의 의식은 바왕가 진동에 이어서 옵니다. 이 단계에까지 의식의 흐름은 선(善)도 악(惡)도 아닌 중성의 기능적인 것입니다. 수행자와 일반인과의 차이는 이러한 두 상태의 의식의 흐름 다음에 있습니다. 일반인의 경우는 그 대상이 실제로 의식될 때까지 대상의 개념이나 이름에 대하여 의식의 흐름이 계속 진행됩니다.

그 다음에는 그 대상의 개념에 집착하여 더욱 미세하게 진행시켜 그 상황에 따라 어리석음·화냄·욕심으로 발전시켜 나갑니다. 이러한 것이 선인지 악인지를 판단이 되는 것은 자와나(javana, impulsion 자극·인식의 흐름, 업이 발동되기 시작)의 단계에서 일어납니다.

반면, 수행자는 대상이 일어나는 대로 그 대상을 알아차림으로써 계속 진행되는 의식의 고리를 절단시킵니다. 수행자는 의식의 문에서 자와나가 업(業, 관련된 의식에 따른 선의 의지든 악의 의지든)을 갖는 힘을 얻기 전에 의식의 흐름을 중단시켜 그 고리를 절단해 버립니다.

보이는 것에서는 단지 보일 뿐이고 들리는 것에서는 단지 들릴 뿐이다…. 의식의 흐름은 자와나를 일으키지 않은 채 결정의 순간에 사라져 업의 자와나가 수행자의 마음에서 일어날 기회를 갖지 못합니다. 이것이 '보여진 것은 단지 보여질 뿐이다'를 뜻하는 것입니다. '단지(merely)'라는 말은 마음챙김을 통하여 그 대상의 이름·모양·상태와 같은 특성들을 절단해 버리는 것을 뜻합니다.

수행자는 그 대상에 더 이상 의식의 흐름이 나아가지 않기 때문에 그 대상이 좋든 싫든 욕망·성냄·어리석음이 일어나지 않습니다. 현상을 알아차림으로써 인과관계와 보편적인 특성들을 알기 때문에 악업의 흐름은 일어나지 않고 그 뿌리를 내릴 수 없습니다.

자와나는 도덕적일 수도 있고 비도덕적일 수도 있고 기능적일 수도 있습니다. 수행자의 마음에는 욕심·성냄·어리석음이 없기 때문에 도덕적인 자와나(善業)가 일어납니다. 도덕적인 의식에는 윤회로 나아가는 의식과 열반으로 나아가는 의식의 두 종류가 있습니다. 전자의 경우는 번뇌로부터 자유롭지 않은 반면 후자의 경우는 번뇌로부터 자유롭습니다. 수행자는 마음챙김을 통하여 열반으로 나아가는 도덕적인 의식을 증가시킵니다.

현상에 대한 마음챙김으로부터 삼법인(三法印)과 인과의 관계를 알고 탐·진·치를 극복합니다. 이것이 소위 말하는 업의 흐름을 중단시키는 것입니다. 이러한 도덕적인 선업의 의식이 힘을 얻어감에 따라 감각적인 대상이 여섯 감각문을 침입한다 하더라도 수행자의 의식은 '단지 바라봄'의 초기단계에서 멈추어 악업은 일어나지 않습니다. '혐오감에 대한 지혜'나 '형상에 관한 평등의 지혜'를 계발한 수행자는 어떠한 번뇌도 더 이상 발전시키지 않습니다. 그러한 사람을 우수한 수행자라 합니다. 보통의 수행자에게는 탐욕이나 성냄이 알아차림의 과정에서 끼어들 수가 있습니다. 그러나 일단 이러한 망상이 발동된 것을 알아차린다면 즉각 관찰해서 제거해 버립니다. 이러한 번뇌는 깨끗이 정제된 흰 표면 위에 나타난 먼지와 같습니다. 조그만 먼지도 매우 선명하게 보이므로 쉽게 발견해서 제거합니다. 수행자가 게으르지 않고 부지런하다면 이러한 망상을 완전히 제거합니다.

열등한 수행자는 성냄과 욕망의 침입을 자주 허용합니다. 이 수행자는 불건전한 자와 나를 제거하기 위하여 전심전력으로 노력해야 합니다. 번뇌의 침입으로 알아차림에 많은 틈이 있게 되면 수행의 진보가 느리게 됩니다.

보통사람의 마음은 번뇌를 막아낼 만큼 강하지 않습니다. 그것은 마치 좋지 못한 음식을 먹는 것과 같아서 많이 취하게 되면 많은 고통의 원인이 됩니다. 이러한 음식을 조금만 취하게 되면 괜찮을지도 모릅니다. 이때는 잘 알아차려서 해독을 하면 괜찮습니다. 비도덕적인 탐욕·성냄·어리석음의 경우도 마찬가지입니다.

만약 수행자가 탐·진·치의 공격을 알아차려서 치료해 버린다면, 부작용은 일어나지 않을 것입니다. 반면 이러한 것들을 받아들인다면 점점 누적되어 커다란 덩어리가 될 것입니다. 치료도 어려워지고 수행자는 만성병 환자와 같게 됩니다. '예방이 치료보다 낫다'는 격언이 있듯이 비도덕적인 생각이 들어오는 것으로부터 막아내는 것이 바람직합니다. "전심전력으로 빈틈없이 알아차려라. 그러면 번뇌는 일어나지 않을 것입니다. 의사도 약도 나무라지 말라." 이렇게 충고합니다. 그러므로 다음과 같이 정리할 수 있습니다.

(1) 보통사람이 대상과 마주치는 순간,
- 분명한 대상을 보게 되고
- 보여진 것을 다시 살펴 생각하고
- 형상이나 모양이 떠오르고
- 마침내 이름이 부여된다.
(2) 위빠싸나 수행자의 경우는,

- 마주치는 순간 바로 알아차린다.
- 생각의 흐름이 중단된다.
- 나마, 루빠(몸과 마음, 주체와 객체, nama-rūpa)를 분간하고 그들의 일어남과 사라짐을 이해하게 된다.
- 무상(無常)과 고(苦)의 특성이 명백해진다.

(3) 마주치는 순간에 고제(苦諦, dukkha sacca)를 이해하기 위해서는,

- 눈과 보이는 대상의 두 물질적 요소
- 의식·접촉·느낌의 세 가지 정신적 요소
- 보는 순간에 일체개고(一切皆苦)를 앎
- 마음챙김을 통하여 '보는 것'으로 앎

질문 지금까지 느껴보지 못한 환희로운 것을 체험한다면 '일어나고 사라지는 현상에 대한 지혜'를 성취했다고 결론내릴 수 있습니까?

대답 꼭 그렇다고는 말할 수 없습니다. 이 지혜의 단계 전에서도 신통을 가진 것처럼 전생을 볼 수 있습니다. 그러나 대부분의 경우 전생을 볼 수 없습니다. 왜냐하면, 희각이나 경쾌안각과 같은 불완전한 지혜에 너무 몰두하기 때문입니다. 그러므로 희각을 벗어나서 평등심이 뚜렷해져 평등심으로 머물 수 있을 때 '일어나고 사라지는 현상에 대한 지혜'가 성숙되었다고 할 수 있습니다. 평등심은 선정에서 일어나는 환희심이나 3선정에서 일어나는 즐거움에 초연한 것입니다.

질문 마음챙김 수련을 통하여 자신의 기능이 예리해질 때, 초능력과 같은 직관적인 지혜를 가질 수 있습니까?

대답 가능합니다. 수행 중에 누군가가 자기한테 와서 무슨 말을 할것인지를 알 수 있습니다.

질문 수행자가 대상을 알아차리고 있을 때 어떻게 이러한 것이 가능합니까?

대답 약 20년 전에 한 여성 수행자가 대단히 열심히 수행하여 위빠싸나 지혜를 성취했을 때 그녀의 집 부엌에서 요리하고 접시 닦는 것 등의 일들이 일어나고 있음을 멀리서 볼 수 있었습니다. 나중에 그녀가 그의 가족에게 그때 일어난 일들과 그 시각을 얘기했을 때 그녀가 봤던 것과 완전히 일치했습니다.

25년 전에는 가미라는 이름을 가진 한 일본 수행자가 '현상의 바른 이해에 대한 지혜'와 '일어나고 사라지는 현상에 대한 지혜'의 중간단계의 지혜를 성취했을 당시 어느 날, 일본에 있는 그의 여동생이 전에는 몰랐던 토지문제로 법정 소송에 휘말리게 되었습니다. 바로 그날 그녀의 편지를 받고 그가 환상과 같은 세계에서 봤던 것과 꼭 일치했던 것을 보고 너무나 놀랐습니다.

며칠 뒤에 이 수행자는 그의 한 친구가 그에게 자문을 구하러 오는 것을 수행 중에 보았습니다. 이전에는 생각지도 않았는데 그가 법당을 지나서 식당으로 가고 있을 때 그에게 자문을 구하러 온 이 친구를 만났습니다. 이 수행자는 꼭 들어맞는 이러한 사실에 또 한번 놀라움을 금치 못했습니다.

이러한 일들은 '일어나고 사라지는 현상에 대한 지혜'가 성숙했을 때는 더욱 자주 나타났습니다. 이러한 것들이 일어났을 때 집착하지 않고 관찰함으로써 궁극의 지혜에 도달할 수 있습니다.

지금까지 우리들이 토론했던 일들은 너무나 당연한 일이지 절대 신비한 것이 아닙니다. 또 다른 하나의 예를 보면, 11세 된 한 사미가 어머니 자궁에 수태된 날부터 자궁에서 몸이 커가는 과정과 자궁에서 느꼈던 고통들을 생생하게 기억하여 아비담마를 연구하는 학자를 놀라게 했습니다. 그 다음날 녹음을 위해서 그의 얘기를 다시 부탁했습니다. 그는 기억하지 못했죠. 그래서 그에게 그것을 생각할 수 있는 방법을 시도해 보라고 부탁했습니다.

우리들은 어떻게 하라고 구체적으로 얘기하지는 않았습니다. 그는 전생과 연결하기를 위한 마음의 강한 암시를 준 후에 또 한 번의 노력을 시도했습니다. 이번에는 지난 번보다 더 완벽하게 전생과 연결했고 그 자신도 다소 흥분했습니다.

'일어나고 사라지는 현상의 지혜' 단계에서 마음챙김은 대단히 강력합니다. 마치 신통력을 얻은 것처럼 우주의 다른 세계를 눈으로 보듯이 생생하게 볼 수 있고 그가 마음을 기울이면 영상화할 수 있습니다. 이러한 것은 신비스러운 것이 아닙니다.

질문 사마타와 위빠싸나의 분명한 차이는 무엇입니까?

대답 간단히 말해서 위빠싸나는 대상을 꿰뚫어 파악하는 것이고 사마타는 집중된 의식(삼매)입니다. 좀더 상세히 살펴보면, 마음챙김은 주된 특성이 대상에서 떠내려가는 것이 아니고 대상에 '파고들어 가라앉는 것'입니다. 삼매의 특징은 한 곳에 '모이는 것'입니다. 만약 삼매가 지나치면, 대상이 몽롱해져 마음은 침체되고 무기에 빠져들기 쉽습니다.

그 기능으로 보면 마음챙김은 '잃어버림이 아니다' 즉 대상의 당처를 놓치지 않고 있는 것인 반면, 삼매는 '의식을 대상에 강하

게 챙김하는 것'입니다

  마음챙김에는 두 가지 역할이 있습니다. 하나는 대상을 단도직
입적으로 정면으로 관찰하는 것이고, 둘째는 번뇌를 못 들어오게
막는 것입니다. 삼매는 한 대상에 정신통일하여 마음을 고요하게
합니다. 이것은 마치 선생님의 지시를 따르기 위하여 지정된 장
소에 모여 훈련에 참가하고 있는 소년들과 같습니다. 또 다른 의
미에서 보면 마음챙김은 원인이고 삼매는 결과입니다. 한 대상에
마음챙김함으로써 마음의 집중이나 통일이 성취됩니다.

3. 수행에 대한 스승과의 면담방법[27]

필요성

  경전에 의하면 몸과 마음의 현상은 수행자 자신에게 있는 여
섯 개의 감각의 문(6근)을 통해 항상 일어나고 있다. 하나의 광경
을 볼 때 보는 눈과 보여진 광경은 몸의(물질적) 현상이고 반면
에 광경을 의식하는 것은 마음의 현상이다. 이와 마찬가지로 소
리·냄새·맛·닿음·생각과 몸의 움직임, 예를 들면 팔을 구부리고
펴거나 몸을 돌리거나 기울이고, 걸으면서 발을 떼는 등의 동작
의 경험도 위와 같다. 이러한 모든 일어나는 현상을 그것이 아무

---

27) 이 수행 면담은 V부 1장에 설명한 마하시 위빠싸나 수행법을 기준한 것이다.
    다른 수행법의 경우는 주제만 달리했을 뿐 그 원리는 같다. 응용해서 참조하면
    자신의 수행에 도움이 된다. 이 부분을 번역하는 데는 최혜륜(이화여대 교수,
    정신발달연구소장) 법우의 번역본을 참조했다.

리 사소한 것이라 할지라도 하나도 놓치지 말고 현상이 일어난 즉시 알아차려서 일어나고 있는 동안 아주 밀밀하고 정확하게 마음챙김하여 관찰하도록 해야 한다.

관찰법과 보고하는 요령

이러한 설명은 가능한 한 아주 쉽게 반복해서 초보자들에게 설명되어 왔다. 그런데도 어떤 수행자들은 이를 정확하게 이해하지 못하고 수행하는 데 바르게 적용하지 못한다. 그래서 이러한 문제들을 방지하기 위해 지도하는 스승들은 기억하기 쉬운 공식이나 금언 같은 것을 연구해 왔다.

이러한 공식 중 첫째는 '기본적인 관찰대상(예 : 배의 움직임)을 어떻게 관찰했는지, 그 결과 무엇을 느꼈는지, 느낀 것(무엇을 알게 됐는지)에 대해 말하라'이다. 기본적인 관찰대상으로서 마음을 성성적적하게 집중해야 할 곳은 수행자가 숨을 쉴 때 일어나고 사라지는 배의 움직임(혹은 다른 수행주제)이다. 고통이나 망상과 같은 특별히 강한 집중 대상이 없을 때는 수행자가 마음을 집중해야 할 가장 중요한 대상은 바로 이 배의 움직임(혹은 다른 수행주제)이다.' 우선 배의 움직임을 일차적으로 집중하여 관찰해야 한다. 만약 마음이 2차적인 부수적 대상을 관찰하였더라도 이 관찰 대상이 사라지고 나면 즉시 제 1대상인 배의 일어남, 사라짐으로 되돌아와야 한다.

수행자는 배가 일어날 때 그 처음 일어나는 순간부터 끝까지 관찰해야 하고 어떻게 관찰하고 느꼈는지를 말할 수 있어야 한다. 숨을 들이쉴 때 처음에는 배가 약간 빨리 일어나기 시작해서 숨을 들이쉬는 동안 계속 불러가다가, 숨 들이쉬는 것을 멈추면 배가 일어나는 동작이 멈추게 된다. 이때도 정확하게 관찰해야 하고 무엇을 관찰하고 느꼈는지를 말할 수 있어야 한다.

배가 일어나는 동작을 관찰할 때는 모든 움직임과 느낌을 전부 경험하고 알아차려야 한다. 경전에서는 이것이 바로 수행의 본질이 되어야 한다고 말하고 있다.28) 이것은 모든 신체적 현상이 배가 일어나는 전 동작을 볼 때처럼 그 시작과 중간과 끝이 단 한 순간의 빈틈도 없이 계속적으로 밀밀히 관찰되어져야 함을 의미하는 것이다.29) 이러한 알아차림 즉, 관찰은 배의 일어남과 동시에 시작하여 배 움직임의 처음·중간·끝인 모든 순간들을 성성적적, 밀밀면면하게 행하여야 한다. 초보자는 움직임의 세 단계를 모두 관찰할 수는 없을 것이나 그렇게 하려고 열심히 전심전력으로 노력해야 한다. 대충대충 수행을 하거나 별 진전도 없이 도중에 수행을 그만두거나 해서는 안 된다. 마음을 진지하고 간절하게 전력을 다하여 대상에 집중해야만 진보가 있다.

수행자는 관찰대상을 충분히 집중된 주의력으로 알아차릴 수 있는지, 대상과 알아차리는 마음 사이에 틈 없이 동시에 이루어지는지(배의), 움직임을 연속적으로 밀밀하게 관찰할 수 있는지를 자신이 점검할 수 있고 면담 시에도 보고할 수 있어야 한다. 만약 대상을 정확하게 관찰할 경우, 느낀 것은 무엇이고 겪은 것(경험한 것)은 무엇인가? 집중 대상에 대하여 그리고 배가 일어

---

28) 불교 수행의 대상은 5온(五蘊)이다. 배의 움직임도 5온의 현상이다. 이것의 통찰이 위빠싸나이고 5온을 철견하는 것이 견성이다(반야심경 참조).

29) 중부경 123에 의하면 완성자 여래의 특성도 감정(受), 인식(想), 생각(思)의 처음·중간·끝을 아는 것이다.

나는 움직임에 대한 느낌을 분명하고 정확하게 알아차릴 수 있어야 하고 보고해야 한다.

이런 종류의 수행에는 두 가지 작용이 있다. 첫째는 집중대상을 관찰 혹은 알아차리는 활동이며, 둘째는 알아챈 혹은 관찰된 집중 대상과 관련하여 나타난 결과적 의식이 그것이다. 이 두 가지 작용이 일어난 이후에야 비로소 수행자는 자신이 '제대로 수행할 수 있고' '체험한 것'에 대해 말할 수 있게 된다.

여기에서 가장 중요한 제1집중 대상인 배의 움직임을 가지고 살펴보자. 수행자는 그의 결과적 의식이나 알아챔이 집중대상(배가 일어남) 및 대상의 계속적인 움직임과 동시에 일어났는지에 대해서 점검할 수 있어야 하고 말할 수 있어야 한다. 이 두 작용이 동시에 일어났다면 무엇을 느꼈는가? 배 그 자체인지 아니면 배가 일어나는 상태 혹은 양식인지 아니면 배가 일어날 때 나타나는 팽창감과 움직임을 느꼈는지에 대해 스스로 알고 보고해야 한다.

관찰의 세 가지 측면

배가 일어나는 물질적(물리적, 신체적) 요소에는 세 가지 측면이 있다. 이는 다음과 같다.

① 모양 혹은 형태의 측면
② 상태 혹은 양식의 측면
③ 본질적 특성 혹은 고유한 성질의 측면
- 좌선의 경우
①의 모양 혹은 형태의 측면이란 수행자의 마음이 집중되는

배의 모양 혹은 형태를 말한다. 수행자의 전신이라 하면, 몸의 모양이나 형태를 말한다. 배도 역시 몸의 일부분이므로 신체적(물리적) 요소로서 모양이나 형태적 측면이 있는 것을 말한다.

②의 상태 혹은 양식의 측면은 어떤 특수한 순간에 나타나는 배의 조건이나 상태를 말한다. 그러므로 배의 모양이 들어갔는지 혹은 팽팽하거나 부풀어 오른 상태인지를 말한다. 팔리 경전 용어로서는, 이 조건이나 상태를 아까라(akara)라고 부른다. 다른 예를 들면, 종려나뭇잎이 꽉 오무라져 있는지 아니면 이제 막 잎을 편 상태인지를 말한다. 또 다른 예를 들자면, 몸이 앉아 있는지 서 있는지 걷는지 혹은 누워 있는 자세인지를 말한다.

③ 만약 수행자가 수행 중에 일념으로 배를 관찰하면 본질적인 특성을 보기 전에 모양이나 형태 혹은 상태나 양식을 '보게'(알아채게) 될 것이다. 그러나 모양이 상태의 측면을 '보는 것'은 위빠싸나의 통찰은 아니다. 수행자는 모양이나 상태의 측면을 넘어선 본질적 특성(paramattha)을 보아야 한다.

다시 말하면, 팽창감 혹은 움직이는 가운데 나타난 현상들을 '보아야'만 한다. 수행자가 일념으로 관찰을 하기만 한다면 이러한 특성들을 느끼게 될 것이다. 여기에 착안해서 수행해야 하고 그리고 스승과 면담 시에도 이를 보고할 수 있어야 한다. 그러나 수행자가 실제로 '본 것'을 말해야지 그렇게 보았다고 상상한 것을 말해서는 안 된다. 보고 내용은 실제로 경험한 위빠싸나 통찰에만 근거로 해야 한다. 수행시에도 직접 체험으로 자각해야지 분별이나 상상으로 느껴서는 안 된다.

수행자는 숨을 내쉴 때 배가 점차 꺼지는 상태도 이와 마찬가지로 관찰하고 느끼고 보고해야 한다.

  - 경행(walking meditation) 및 기타 걷는 수행을 할 때에도 이와 마찬가지이다. 발을 들 때에도, 처음 시작부터 끝까지 즉 발을 들 때까지의 동작을 동시에 관찰할 수 있어야 한다. 그렇게 할 수 있다면 이때 무엇을 느낄 수 있는가? 발을 보거나 들어올릴 때의 상태나 모양을 보는지, 발이 점점 가벼워지는 것과 들어올려지는 것을 느끼는지, 발이 점점 앞으로 당겨지며 혹은 긴장감 아니면 앞으로 나아가는 것을 느끼는지 아니면 어떤 감각을 느꼈는지를 관찰할 수 있어야 하고, 이 세 가지 측면에 대해 보고도 할 수 있어야 한다. 발을 앞으로 내밀 때(발을 들어서 옮기는 도중에) 발을 미는 움직임과 동시에 이를 관찰하고 주시해야 한다. 이때에는 무엇을 느끼는가? 발모양을 보거나 발을 밀 때의 방법이나 양식을 보는지, 이러한 움직임 즉 발이 밀리고 앞에서는 당기는 것 같은 움직임의 본질적인 특성을 느끼는지? 이와 같이 발을 내릴 때도 발을 내리는(떨어뜨리는) 동작을 처음부터 끝까지 즉 발이 땅이나 바닥에 닿을 때까지 계속적으로 움직임과 동시에 관찰해야 한다.

  만약에 그렇게 한다면 무엇을 느꼈는가? 발 모양을 보았는가, 발을 내릴 때의 방법을 보는가, 이렇게 발이 움직일 때 발이 가벼워지고 부드러워지는 것 같은 본질적 특성을 느끼는가? 다른 모든 관찰대상, 즉 다리를 구부리거나 펴고 몸을 돌리거나 기울이거나 앉거나 서는 등의 모든 관찰대상도 이와 같이 관찰한다. 이러한 현상들을 볼 때에도 수행자는 현상이 나타남과 동시에 처음부터 끝까지 함께 관찰하도록 한다. 수행자는 보고를 할 때

도 위에서 언급한 대로 대상을 이러한 세 가지 측면에서 관찰한
것으로 보고해야지 일어난 모든 것을 아무거나 두서없이 보고해
서는 안 된다.

본질적 특성의 세 측면

수행자는 다음에 말한 마음과 신체적(물리적) 현상의 특징을
이해해야만 한다.

(1) 삽바와 라카나(Sabbāva Lakkhana 고유한 특성)

삽바와 라카나는 정신적이고 신체적(물리적)인 현상의 고유한
혹은 본질적 특별한 특징, 혹은 특성을 의미한다. 예를 들면, 딱
딱하거나 부드러움(地大 : 흙의 요소)은 뼈와 살이 가진 각각의
특성이다. 이러한 특징 혹은 특성은 단지 지대에만 속하는 것일
뿐 다른 나머지 세 가지 요소(응고성 : 水大, 온도 : 火大, 움직임
: 風大)에는 속하지 않는다. 다른 사바와 라카나는 불의 요소(뜨
겁고 차가움의 요소), 바람의 요소(움직임의 요소), 또한 물의 요
소이다.

마음의 특성은 알아차리는 기능을 가진 것이다. 감축(Phassa :
contact)의 특성은 마음을 채색하거나 다른 현상과 접촉하게 하
는 것이다. 감정의 특성은 느낌의 기능이다.

(2) 상카따 라카나(sankhata lakkhana 조건지워진 특성)

모든 정신적·신체(물리)적 현상의 특징은 시작과 중간과 끝이
있다는 점이다. 팔리경전 용어로는 이를 시작(uppāda), 중간진행
그리고 사라짐이라고 한다. 웁빠다는 현상의 시작이나 일어남을
의미한다. 티띠(thiti)는 소멸을 향한 지속·연속·진행이다. 방가

(bhaṅga)는 끝남 혹은 소멸이다. 이 세 가지 특징 혹은 특성들은 상카따 라카나(saṅkhata=합성된 혹은 조건지워진)라고 불린다.

(3) 사만냐 라카나(samañña Lakkhana 일반적·공통적 특성)

모든 정신적·신체(물리)적 현상의 세 번째 특징 혹은 특성은 사만냐 라카나(일반적 혹은 공통의 특성)라고 불린다. 영속성이 없음(無常), 불만족함(苦), 실체가 없음(無我)은 모든 조건지워진 현상이 갖고 있는 보통 혹은 일반적인 특징이나 특성이다.

팔리경전 용어로는 이 세 가지 특성을 무상·고 그리고 무아라고 불린다. 이러한 특성은 신체적·정신적 현상 속에 널리 퍼져 있는 공통적 특성이다. 그러므로 이들을 가리켜 사만냐 라카나라고 부른다.

요약하면 지금까지 설명한 세 가지 특성 즉 삽바와 라카나(고유한 특성), 두 번째의 상카따 라카나(조건지워진 특성) 그리고 세 번째는 사만냐 라카나(공통적 혹은 일반적인 특징)를 수행자는 잘 이해해야만 한다.

세 가지 특성을 실수행에 적용하는 법

이 세 가지 특성 중에서 우선 실 수행을 통해 사바와 즉 수행자가 관찰하고 주시하는 물질적·정신적 현상의 특성을 자각해야 한다. 그러면 어떻게 수행을 해야만 문제가 되는 현상의 특성이나 고유성을 자각할 수 있을 것인가? 수행자는 이러한 현상이 일어나자마자 즉각 알아차려서 그리고 일어나고 있는 동안에 계속 주시, 관찰하여야만 한다. 이렇게 했을 때만이 현상의 본질적 성질을 분명하게 알아차릴 수 있지 달리 특별한 비법은 없다.

수행자가 숨을 들이마시면 배는 일어난다. 숨을 들이마시기 전에는 배가 일어나지 않는다. 수행자의 마음은 처음부터 끝까지 배가 일어나는 움직임을 계속해서 관찰해야 한다.[30] 이렇게 했을 때만이 수행자는 이 움직임의 진정한 본질을 볼 수 있다. 그러면 진정한 본질(특성)이란 무엇인가? 숨을 들이마시면 바람이 들어간다. 바람이란 무엇인가. 이것은 움직임의 요소다.

이것이 바로 수행자가 보게 될 움직임의 진정한 본질이다. 이것은 단지 수행자가 움직임이 일어나자마자 관찰하기 시작하여 사라질 때까지 계속 주시, 관찰해야만 볼 수 있다. 이렇게 하지 않으면 본질적 특성은 말할 것도 없이 모양이나 형태, 상태나 양식조차 볼 수 없을 것이다. '본다'는 것은 생각조차 할 수 없다. 계속적으로 수행 대상 즉 숨을 들이쉬고 내쉴 때 배가 일어나고 꺼지는 현상에 집중하여 밀착시켜 관찰함으로써 점차 집중하는 힘이 강해질 것이다. 집중하는 힘이 강해지면 이때는 더 이상 배의 형태나 모양, 일어나고 사라지는 방법이나 양식을 보지는 않게 된다. 통찰력은 이 단계를 뛰어넘어 관찰하고 있는 배의 움직임에서 나타나는 팽창감·압력·배 움직임 속에 나타난 현상들을 모두 느낄 수 있게 될 것이다. 숨을 내쉴 때에는 수행자는 팽창감이 가라앉고, 또한 숨을 끝까지 내쉼에 따라 배의 움직임도 끝

---

30) 이 때 종종 수행자들은 혼돈하는 수가 있다. 처음·중간·끝이 호흡이 코로 들어와서 가슴, 배로 들어오는 것을 느끼는 수도 있고 아니면 배의 움직임을 처음·중간·끝으로 불러오든가 꺼지는 과정을 관찰할 수도 있다. 둘 다 가능하다. 전통적인 수행에서는 코로부터 시작하는 것을 설명하고 마하시 수도원에서는 배 움직임의 처음·중간·끝을 강조한다. 문제는 몸, 감각, 마음상태(오온)를 분명하게 관찰하여 삼법인을 철견하는 것이다.

난다는 것을 느끼게 될 것이다.

이와 같이 걷는 수행 중에서 나타나는 모든 움직임, 즉 다리를 들어올리고 앞으로 밀고 내려서 바닥이나 땅에 놓는 모든 움직임과 그에 따른 느낌들을 관찰해야만 한다.

지도 스승은 수행자가 느끼게 될 것에 대해서는 얘기해 주지 않으나 어떻게 관찰, 주시할 것인가는 지시할 것이다. 이것은 마치 산수계산을 할 때와 같다. 교사는 답을 가르쳐 주지는 않으나 계산을 하는 방법은 가르쳐 준다.31)

이와 같은 수행의 방법을 다른 모든 종류의 신체적 움직임이나 몸을 통해 경험한 느낌, 마음속에 떠오른 생각에도 적용한다. 이 모든 것은 일어나자마자 그리고 일어나고 있는 동안에 계속 관찰되어져야 하며, 현상의 진정한 본성을 확실하게 볼 수 있게 되어야 한다.

수행의 원리와 수행방법

지금까지 첫 번째 공식 "고유한 본성은 그 현상이 일어나는 즉시 그와 동시에 관찰될 때 자각된다."32)는 것을 다루어 왔다.

두 번째 공식은 '사바와(sabbhāva : 고유한 특성)가 보여진 후

---

31) 이때부터 위빠싸나는 지혜의 16단계가 나타나기 시작한다. 공덕이 수승하거나 용맹정진자는 일초직입여래지하고 게으른 수행자는 오르락내리락하면서 시행착오를 거치면서 나아간다.

32) 현상(事)과 본질(理)을 북방불교에서는 분리할 수 없다(色卽是空, 空卽是色). 법성게에서는 이사명연 무분별(理事冥然 無分別)이라 했고 영명 선사의 '만선동귀집'에서도 본성은 현상을 통해서 나타난다고 했다. 5온 중 하나의 현상을 철견하면 두 번째, 세 번째 공식을 찰나지간에 걸쳐 당하에 본성을 완전히 철견할 수 있다. 이론보다는 체험으로 확인하길 바란다.

라야만이 상카따 라카나(saṅkhata lakkhana : 조건지워진 특성)
가 드러난다'는 것이다. 즉 관찰된 현상이 일어나서 계속되다 사
라지는 것을 '보게' 될 것이다. 그리고 상카따 라카나가 보여진
후에 사만냐 라카나는 드러날 것이다. 즉 관찰대상이 일어나는
즉시 집중된 알아차림에 의해 사바와 라카나는 드러나고 사바와
라카나가 포착될 때 상카따 라카나와 사만냐 라카나는 드러나게
된다.

사만냐 라카나가 나타나면 무상·고·무아의 특성이 드러나게
될 것이다. 그러므로 세 번째 공식은 상카따가 명백해진 후에야
사만냐는 보인다는 것이다. 네 번째 공식은 사만냐가 보인 후에
위빠싸나 지혜가 생긴다는 것이다.

이러한 경험에 의해 위빠싸나 지혜는 점차 성숙해가고 무르익
어서 도의 지혜에 이르게 되며, 이어서 계속 성위의 도과의 지혜
에 이르게 된다. 이 지혜에 의해 수행자는 열반을 실현하고 탐·
진·치와 고를 멸한다.[33)]

수행자는 보았다고 생각하는 것이 아니라 실제로 체험해야 하
고 체험한 것을 계속해서 보고해야 한다. 단지 수행자가 체험한
것만이 그 자신의 지혜이다. 보았다고 생각하는 것은 잘해 봐야
단지 지식을 빌린 것밖에 안 되며, 그가 직접 관찰하고 체험한
현상의 본성이나 진리와는 일치하지 않는다.

수행자가 앉아서 수행을 할 때에 관찰해야 할 가장 1차적인

---

33) 마하시 사야도의 설명(V부 1장)에 의하면 이때에 지혜와 선정이 성숙된 사람
   은 전광석화처럼 바로 '도과의 지혜'로 나아간다고 했다. 반드시 경전과 명안
   종사의 점검이 필요하다. 중간단계에 집착해서 깨쳤다는 사람들을 너무나 많
   이 봤다.

대상은 배가 일어나고 사라지는 움직임(혹은 다른 주제)이다. 이때 여러 가지 생각이나 망상이 마음에 떠오른다. 마음은 방황하는 경향이 있다. 제1관찰대상을 떠나 여러 가지 생각이나, 좋은 것 혹은 좋지 않은 다른 것들을 향하여 계속 방황한다. 이럴 땐 어떻게 해야 하는가? 이때에는 단지 마음속에 떠오르는 것을 주시하기만 한다. 그렇게 하면 생각은 계속되는가, 멈추고 사라지는가? 사라진 후 마음의 집중은 규칙적으로 제 1관찰 대상에 되돌아와 있는가? 이러한 것을 수행하면서 직접 점검해야 하고 스승에게도 보고해야만 한다.

다음 공식은 '관찰되고 인지된 모든 생각을 스승에게 보고해야 한다'는 것이다. 수행 초심자는 제1대상에 주의를 집중하고 있는 동안 아직 느낌이나 감각은 일어나지 않을 수도 있다. 그러나 망상은 일어나기 쉽다. 그럴지라도 초심자는 일어나는 모든 망상을 알아차릴 수는 없다. 이렇게 흩어지는 생각을 최소화하기 위해서 초심자는 집중력을 제1관찰 대상에 최대한으로 밀착시켜 밀밀하게 집중하여야만 한다. 수행자가 앉아 있는 동안 5, 10 혹은 15분 안에 어떤 불쾌한 감각이 몸에 나타나기 쉽다. 이것은 곧 마음에 영향을 미친다.

느낌과 감각이 일어날 때 이는 곧 관찰되어야 한다. 관찰할 때 간단하게 가려움·아픔·마비됨(저림)·쑤심 등의 일상용어로 표현하는 것이 수(vedana : 受)와 같은 경전용어로 서술하는 것보다 더 낫다. 이러한 느낌은 매우 자연스럽게 나타나며 위에서와 같은 방법으로 관찰되어야 한다. 느낌이 강하든 약하든 계속 나타나든지 아니면 사라지든지 간에…. 그래서 다음 공식은 '모든 느

낌(감각)은 관찰, 자각되어야 하고 스승에게도 보고되어야 한다'
이다.

다음으로는 어떤 현상들이 관찰, 자각되어야 하는가? 보인 풍
경, 들린 소리, 맡은 냄새, 맛본 음식들이 그것이다. 그 다음으로
는 좋아함, 죄지음, 나태, 무기력, 산만, 불안, 의심, 회상, 분명한
이해, 주의력, 만족, 기쁨 평안, 고요, 정적, 수행이 쉬움 등등의
정신적 현상이 관찰, 자각되어야 한다.[34]

부처님께서 이 모든 것을 법의 관찰이라고 이름붙이셨다. 좋아
하는 마음이 일어나는 것을 가정해 보자. 주시하면 무슨 일이 일
어나는가? 좋아하는 것 다음에는 욕망이 뒤따른다. 수행자는 이
러한 것을 알아차리고 보고할 수 있어야 한다. 또 다른 예를 들
어보자. 수행자는 나태와 무기력 그리고 연약해짐을 경험한다고
하자. 이때 이러한 마음의 상태를 알아차리면 산란함이 생긴다.
이러한 것이 차례로 관찰, 주시되면 무슨 일이 생기는가? 이러한
마음의 대상이 생길 때마다 이들은 관찰되어야 한다.

요약하면, 사념처 위빠싸나 수행에서는 다음과 같은 네 가지
집중 대상이 있다.

(1) 신체의 움직임(身)

(2) 느낌이나 감각(受)

(3) 마음(心)

(4) 법(法)

이러한 수행에서는 세 가지 사건이 연속적으로 나타난다.

---

34) 이때 첫 번째 알아차림에서 생각이 사라지지 않으면 생각 이전의 무의식 상태
　　를 관찰해 본다(졸저 '보면 사라진다' 2장 참조).

① 현상의 일어남

② 일어난 현상을 관찰함

③ 수행자가 알아차리고 자각함

다음 공식은 모든 현상은 이해되고 자각되어야 한다는 것이다. 그리고 ②와 ③은 수행자의 의무이다. 모든 관찰대상(위에 열거한 네 가지 범주에 속하는)을 위해서는 위에 언급된 세 가지 연속적 과정을 이해하는 것이 중요하다. 그러나 수행자의 관심사는 관찰하고 주시하는 것이며, 이를 위한 공식은 다음과 같다. 어떠한 것이든 일어난 것, 관찰된 것, 자각되고 보여진 것은 완벽하게 이해되어야 하고 스승과 면담시에도 얘기되어야 한다.

수행지침, 보고요령에 대한 정리·요약·보충

⑴ 수행방법에 대해서는 마하시 선사의 기본적인 가르침에 따라 제1관찰대상, 즉 수행자가 숨을 쉴 때 배가 일어나고 사라지는 것을 알아차리는 것으로부터 시작한다.

⑵ 정신적·신체적(물리적) 현상은 수행자의 여섯 개의 감각의 문(6근)을 통해 계속적으로 일어난다. 풍경이 보일 때 보는 눈과 보여진 광경은 신체적(물리적) 현상이고, 광경을 의식하는 마음은 정신적 현상이다. 소리, 냄새, 맛, 닿음, 생각과 신체의 움직임, 즉 팔을 구부리고 펴거나 몸을 돌리고 기울임, 걸을 때의 발걸음도 이와 마찬가지다. 이 모든 경험은 일어날 때마다 면밀히 관찰되어야 한다. 우연히 나타나는 매우 사소한 것일지라도 하나도 놓치지 말고 관찰해야 한다.

⑶ 일련의 공식들은 수행 과정을 분명히 하고, 자신의 경험을

면담시에 어떻게 설명할 것인가를 명백하게 하기 위해서 고안되었다. 그것은 다음과 같다.

첫째 공식 : 제1관찰 대상(배의 움직임)을 어떻게 관찰하고, 그러한 경험으로부터 무엇을 알게 되었는지를 표현하라.

일어나고 사라지는 모든 움직임은 체험되고 관찰되어야 한다. 그것의 시작과 중간, 끝은 가능한 한 계속 관찰되어야 한다. 배의 움직임과 동시에 관찰하여 세 단계에 따라 밀밀하고 정확하게 계속 알아차려야 한다.

스승에게 보고할 것

대상과 관찰하는 마음의 일치도에 대해 말하고, 어느 정도까지 배의 움직임을 연속적 단계로 관찰할 수 있는지에 대해 말하라. 두 번째로는 일어나고 사라지는 것을 관찰할 때 실제로 느낀 것(자각한 것)이 무엇인가를 말하라.

보충설명

배가 일어나고 사라지는 움직임에 포함된 물질적 요소에는 세 가지 측면이 있다.

① 모양 혹은 형태적 측면 : 이것은 수행자가 주의 깊게 집중하여 알아챈 배의 모양이나 형태를 말한다.

② 상태 혹은 양식적 측면 : 어떤 특별한 순간에 알아차린 상태를 말한다. 예를 들면, 배가 평평(납작)한지 팽팽히 부풀어 올랐는지 꺼져 있는지 등

③ 본질적인 특징 측면 : 이것은 배가 일어나고 사라지는 동안

478

에 나타나는 긴장(팽창), 움직임, 동작 등 지·수·화·풍의 느낌에
관련된 것을 말한다.

특별지침의 요약

수행자는 현상이 일어나는 순간부터 일어나고 있는 동안 관찰
을 계속해야 한다. 이렇게 계속 수행한다면 수행자는 현상의 고
유한 특징이나 특질을 알아차리게 될 것이다. 결론적으로 사바
와(고유한 성질)가 보일 때만이 상카따(조건지워진 특성)가 드
러난다. 관찰된 현상이 일어나고, 계속되고, 사라지는 것을 볼 수
있다. 사만냐 라카나가 보여질 때만이 위빠싸나 지혜가 생긴다.

스승에게 보고할 것

보고할 때 수행자는 마음챙김을 통해 실제로 체험한 것을 말
해야지, 생각에서 나온 것이나 보았다고 생각되는 것을 말해서는
안 된다.

보충 지침

배가 일어나고 사라짐을 관찰할 때 여러 가지 생각과 대상이
마음에 떠오른다. 이때 수행자는 기본적으로 마음에 떠오른 모든
것을 관찰해야 한다.

두 개의 추가적인 공식

관찰되고 자각된 모든 생각은 보고해야 하고, 그들의 행동에
따라 나타나는 모든 느낌과 현저한 감각은 관찰, 자각되어야 하

고 면담시에 모두 보고해야 한다(다른 지침이 없는 한).

스승에게 보고할 것

생각을 관찰했을 때 사고가 계속되는지 아니면 모두 사라지는지, 혹은 사라진 후 마음챙김이 다시 제1관찰대상으로 되돌아왔는지에 대해 수행자는 일어난 모든 것을 그대로 가능한 한 최선을 다해 알아차리고 보고해야 한다.

보충설명

마음의 대상 즉 좋아함, 싫어함, 불안, 의심, 기쁨, 고요 등은 일어날 때마다 그 상태가 어떻게 작용하는지에 따라 관찰되어야 한다(즉, 계속하는지 강해지는지 사라지는지… 무엇이 따라오는지… 그리고 이 현상은 어떻게 작용하는지… 등). 마음에서 좋아함이 일어났다고 가정해 보자. 이것은 관찰하면서 어떻게 되는가? 좋아한 다음에는 생각, 졸음, 마음의 싫증, 의식의 약해짐 등이 뒤따른다. 이러한 마음의 상태를 주시하며 산란함이 때로는 나타나며 다음에는 회의가 쉽게 생겨난다. 이러한 것이 차례로 관찰될 때 무슨 일이 생기는가? 이러한 마음의 대상이 생길 때마다 수행자는 즉각, 정확하고 면밀하게 관찰해야 한다.

요약

사념처 위빠싸나 수련(satipaṭṭhāna vipassanā bhavana : 마음챙김의 굳건한 확립을 통한 통찰 수행)을 실시하는 데 있어서 집중대상은 다음과 같은 네 가지가 있다.

① 신체적 감각(身)

② 느낌(受)

③ 마음(心)

④ 법(法)

어떠한 집중대상을 관찰할지라도 세 가지 사건이 수행 중에 연속적 순서로 나타난다.

① 현상의 일어남

② 일어난 현상을 관찰 혹은 알아차림

③ 이러한 집중 관찰을 통해 수행자가 느끼고 알게 됨

마지막 공식 : 일어나는 것, 관찰되는 것, 보고 알게 되는 모든 것은 이해되고 면담 시에는 자세하고 정확하게 보고되어야 한다.

스승에게 보고할 것

① 수행자는 면담시에 가능한 한 아주 자세하게 본질적인 특성이나 느낌을 설명해야 한다.

② 그리고 또한 수행자가 경행 중 발을 드는 움직임을 수행할 때에는 처음부터 끝까지 동시에 지속적으로 관찰하도록 노력해야 한다.

③ 수행자는 다른 지침이 없는 한, 발과 다리가 움직이는 세 단계(처음, 중간, 끝)의 각각의 본질적 특성과 느낌을 설명해야 한다.

보충 설명

위빠싸나 수행자는 정신적·신체적(물리적) 현상의 다음과 같은 특징 및 특성이 의미하는 것이 무엇인지를 이해해야 한다.

① 삽바와 라카나(sabbhāva lakkhana)

정신적·신체적 현상의 특수한 특징 혹은 특성을 의미한다. 예를 들면 지대(흙의 요소 : 딱딱함), 화대(불의 요소 : 뜨겁고 차가움의 요소 혹은 온도), 수대(물의 요소 : 응고와 유동성의 요소), 그리고 풍대(바람의 요소 : 움직임의 요소)와 같은 것이다. 마음이나 정신현상의 특수한 특성은 의식이다. 감촉 즉, 다른 대상과의 접촉의 특성뿐만 아니라 감각 또는 기쁘거나 불쾌하거나 혹은 중립적인 느낌 같은 정신적 기능도 이에 포함된다. 여기에는 신체적(물리적) 또는 정신적인 현상이 나타내는 여러 가지 측면들이 포함된다.35)

② 상카따 라카나(saṅkhata lakkhana)

이것은 모든 정신적·신체적(물리적) 현상에 대해 복합적이고 조건화된 특성을 말한다. 모든 조건지워진 현상은 세 단계로 되어있다. 일어남(또는 시작), 계속함(또는 중간) 그리고 사라짐(또는 현상의 소멸)이 그것이다. 이 세 특징을 상카따 라카나라고 한다.

③ 사만냐 라카나(samañña lakkhana)

이것은 정신 및 신체적 현상의 일반적이고 공통적인 특징으로 무상의 특징, 고의 특성, 무아의 특성을 의미한다. 이러한 특성들

---

35) 능엄경에서는 물질과 마음을 완전히 독립된 별개로 보지 않고 사대(四大)에서 여래장을 설명한다. 어느 것이 맞는지 헷갈리지 말고, 헷갈리는 그 마음을 철견하면 견성(見性)할 것이다. 부처님께서는 말씀하셨다. "안에도 머무르지 말고 밖에도 머물지 말라. 일어나는 그 생각을 철견하면 해탈이다."

은 모든 정신적·신체적(물리적) 현상에 공통적이다. 그러므로 사만냐 라카나로 지칭된다.

　수행자는 위에서 언급하고 설명한 세 가지 특성을 이해하도록 노력해야 한다. 이 세 가지 특성 중에서 수행을 실제로 하면 정신적·신체적(물리적) 현상 중에서 우선 사바와의 특성을 곧장 알게 된다.

위빠싸나 수행을 위한 간단한 방법
　마음챙김 수행에서 가장 중요한 법칙 : 마음을 집중하여 고요(定)하게 하라. 그리하면 통찰(慧)은 저절로 일어나리라.

　허리를 하늘 천추인 양 곧게 펴고 앉아서 다리를 교차하고
　청명한 마음의 눈으로 배에 집중하라.
　자연스러운 호흡으로 배의 일어나고 사라지는 움직임에
　마음 집중하라.
　순수한 고요함이 마음에 스며들고, 청정심이 나타날 것이다.
　장엄하고 아름답다, 진리여!
　뻣뻣함, 팽창감, 움직임의 변화, 이 모든 현상을 주시하라.
　방황하는 생각이 나타나면 놓치지 않고, 즉각 알아차려라.
　좋고, 나쁨, 중립적인 느낌의 세계 하나도 놓치지 말고!
　알아차려라! 알아차려라! 있는 그대로!
　보고, 듣고, 감촉하는 의식(心)의 세계, 집중된 마음으로
　알아차려라! 알아차려라! 지금, 여기에서.

스승에게 보고해야 할 것

① 배의 일어나는 움직임을 관찰한 것

② 배의 꺼지는 움직임을 관찰한 것

③ 상상(망상)에 대해 관찰한 것

④ 느낌에 대해 관찰한 것

⑤ 생각에 대해 관찰한 것

⑥ 관찰의 필수적인 것 : 나타나는 대상(현상), 알아차림, 이해
   (파악)

⑦ 이 모든 것을 각각 분명하고 자세하게 보고할 것

⑧ 새로운 경험과 요점만 보고할 것

⑨ 간단하고 분명하게 보고할 것

⑩ 시간 낭비하지 말 것

정 리[36]

① 기본대상(배의 움직임)이 일어날 때 열심히 집중 관찰하고,
   이러한 집중된 마음이 없었는지를 점검하고 보고할 것

② 관찰한 것을 정확하고 자세하게 파악하여 보고할 것

③ 관찰할 수 있었던 것을 상세하게 모두 보고할 것

④ 관찰하고 경험한 것을 무엇이나 보고할 것

---

36) 미얀마 수도원에서 수행할 때는 의무적으로 1주일에 3~4번 자신의 수행 체험
   을 보고하고 지도받는다. 이렇게 상세하고, 성성적적, 밀밀하게 수행하면서 고
   구정녕하게 경책하는 스승의 점검을 따를 때 안 깨달을래야 안 깨달을 수 없
   을 것이다. 그러나 무엇보다도 중요한 것은 본인의 노력이다.

VI

한국의 대승 위빠싸나

모든 악을 짓지 말고(諸惡莫作)

모든 선은 다 행하라(衆善奉行)

스스로 마음을 깨끗이 하라(自淨其意)

이것이 모든 부처님의 가르침이다(是諸佛敎).

한국의 대승위빠싸나

불멸 후 100~200년 후부터 부처님 말씀을 해석하는 시각이 달라져 각 부파가 형성되면서 부파불교가 시작되었다. 그 중 설일체유부나 상좌부는 현재 남방불교에 영향을 미쳤고, 대중부와 그 후 출현한 용수, 세친 등은 북방불교에 영향을 미쳤다. 북방의 대승불교는 중국을 거쳐 우리나라에 들어왔다.

우리나라에 중국선이 전래된 것은 신라 41대 헌덕왕 때(809~826)로 마조도일(馬祖道一) 계통의 선이 주류가 되는데, 법랑(法朗)이 선덕왕(632~647) 때에 당나라에 가서 도신의 법을 전해왔다는 것이 최초의 기록이다.

그 이전에 원효에 의하여 『기신론』의 진여연기를 바탕으로 계발된 지관법과 『금강삼매경론』의 무생관(無生觀, 12연기관)과 무상관(無常觀, 대승유식관)이 부처님의 12연기관에 가장 가깝다고 볼 수 있다. 고려 때는 밀교(密敎)나, 지관 수행도 도입되었으나 고려 말 보조(普照), 나옹, 보우(普愚) 이후로는 간화선이 주류를 이루어 왔다고 볼 수 있다. 다음에는 지면관계상 부처님의 원형수행법에 가장 가까운 원효의 대승위빠싸나에 관해서만 살펴보고 자세한 내용은 훗날을 기약한다.

1. 원효의 대승위빠싸나

1600여 년의 한국불교사에서 중국의 영향을 받지 않고 국적 있는 종교로 소화한 대표적 고승이 원효이다. 원효는 이미 7세기경에 이미 한·중·일 대승불교권에서 가장 완벽하게 부처님의 위빠싸나를 정립했다.

불법은 너무나 심오하고 광대하여 눈 밝은 안목(明眼宗師)을 갖추지 못하면 불법의 핵심을 간과하기 쉽다. 특히 대승경전에서는 편집과정에서 첨삭된 부분이 많다. 즉 반야부 계통에서는 부처님의 원전인 아함경을 소승법으로 보았고, 다른 대승경전에서도 아라한을 보살이나 벽지불 이하의 지위에 두고 있다.

이것은 불멸 후, 100~500년 사이에 부파불교의 교리논쟁의 영향으로 경전의 편집과정에서 첨삭된 경우이다. 이 당시 남방 상좌부에서는 4성제, 12연기에 대한 주제로 논쟁을 했는데, 북방에서는 대승경전 편집과정에서 부파불교의 성문승(4성제), 연각승(12연기)을 아라한이라고 폄하했다.(대승경전상의 미세 번뇌가 남아있는 아라한 개념은 아함경의 번뇌가 다 소멸한 아라한 개념과는 차이가 있다.)

그리하여 중국의 천태지자(538~597) 스님은 경전을 5등급(5時教判)으로 나누어 설명했다. 즉 처음 부처님께서 깨치고 나서 화엄경을 설하니, 중생들이 이해를 하지 못하여, 아함경, 방등경, 반야경, 열반경, 법화경으로 설했다고 분류한 것이다. 천태 스님은 아함경을 소승경으로 폄하했다.

여기에서 완전히 벗어난 분이 대표적으로 용수와 원효이다. 대각국사 의천 스님도 원효 스님을 중국의 어떤 선사와도 비교할 수 없어서 용수와 비견했다.

　사실 북방의 모든 불법의 해석이나 선사들의 체험은 용수의 영향 하에 있다고 해도 과언이 아니다. 용수는 '현상은 변하지만 그 실체는 있다'는 아공법유(我空法有)를 주장한 설일체유부 교리의 잘못을 지적했다. 그러면서도 용수는 그의 대표작인 중론(中論)에서 그 핵심내용을 반야교리에 바탕을 두면서도 12연기와 4성제로 현상과 실체가 모두 공이라는 아공법공(我空法空)을 증명했다.

　용수는 니까야와 아함부의 가전연경에 근거하여 4성제, 12연기를 공(空)으로 해석함으로써, 부처님의 근본으로 돌아가고자 설일체유부의 잘못을 시정하려 했던 것이다.

　용수의 수행법은 현상 이전의 본성을 관(觀)하는 공관(空觀), 오온, 12연기의 현상을 관하는 가관(假觀), 공관과 가관을 함께 입체적으로 관하는 중관(中觀) 중심이다. 이것이 대승위빠싸나의 핵심으로 아공법공(我空法空)을 실현하는 것이다. 아공법공의 수행은 그 후 유가행유식파, 중국의 천태지관, 티벳의 보리도차제론 등으로 전승되었다.

　중국과 한국의 대부분의 선사들이 천태지자의 5시교판을 따랐지만, 원효 선사는 열반경 종요에서 "모든 부처님 경전은 무량한 뜻이 있는데, 5시교로써 부처님의 뜻을 한정하는 것은 마치 소라로써 바닷물을 길어보려는 격이고, 갈대구멍으로 하늘을 보는 격이다."라고 혹평을 했다. 최근엔 성철 스님이 백일법문에서 천태 스님의 오류를 지적했다.

　용수나 원효 정도의 안목이 아니면, 대승경전의 편집과정에서 잘못 첨삭된 내용을 그릇되게 해석하여 역사적으로 커다란 오류를 범하는 것이다.

　천태지자의 잘못된 경전분류로 인하여 중국에서는 12연기와 유식을 경시한 본성 중심의 수행법으로 변화가 왔고, 우리나라 강원에서는 아직도 부처님의 원전인 니까야나 아함경을 설하지 않고 있는데, 이것은 향후 시정될 것으로 본다.

　물론 모든 대승경전의 내용은 니까야와 아함경에 바탕을 두고 있으므로 불교경전으로 인정한다. 현재 남방불교권에서는 대승경전을 힌두교의 영향을 받았다고 해서 대승불교를 힌두교로 보고, 북방불교권에서는 남방불교를 상좌부와 설일체유부에서 벗어나지 못한 소승아라한으로 폄하하고 있다. 이것은 그 동안 지리적·문화적·역사적 영향으로 서로간의 충분한 연구와 교류가 단절되었기 때문이다. 또한 수행으로 부처님과 아라한의 경지를 완전히 체험하지 않고, 자신의 견해에만 집착하는 데서 오는 오류이다. 이러한 오해와 편견은 향후 남·북방 수행자들의 체험적 교류에 의해 점차 해결되고 상호 발전되는 계기가 될 것으로 본다.

　그러므로 진정한 수행자는 4성제 8정도인 4념처 위빠싸나에 의지하여, 탐·진·치를 제거하고, 부처님께서 보리수 아래에서 증득한 12연기 중도를 수행으로 체득하면서 모든 수행을 부처님 경전에 입각해서 검증하고 탁마해나갈 때 남·북방 불교의 상호간 이해와 발전을 기약할 수 있을 것이다.

부처님의 경전에 입각하여 우리나라에서 수행체계를 세운 원효의 대승위빠싸나 수행관을 간략하게 소개하고자 한다.

대승기신론소에 나타난 대승위빠싸나

기신론에서는 일심(一心), 이문(二門), 삼대(三大), 사신(四信), 육바라밀인 오행(五行)을 설명했다.

(1) 일심(一心)

인간, 우주의 근본자리가 일심(一心)이다. 이것은 『우다나』에서 열반은 본래부터 갖추어져 있다는 내용과 상통한다.

일심에는 진여문(眞如門=體大)과 생멸문(生滅門=相大, 用大)으로 나누어 진다.

진여는 불변, 절대, 평등, 불생불멸의 본체이다.

생멸문은 현상을 다룬 것으로 무의식인 아뢰야식까지 포함한다.

물이 있으므로 파도가 있는 것과 같이 불생불멸하는 마음의 체는 물에 비유되고, 무명의 바람이 불어와서 생멸하는 파도가 일어나는 것은 생멸문에 비유된다.

물과 파도는 같다고도 다르다고도 할 수 없는 불일불이(不一不異)의 관계이다.

생멸심 자체가 진여를 떠나서 있지 않으므로 우리는 언제나 생멸하는 번뇌망상에서 진여를 발견할 수 있다.

마치 파도가 가라앉으면 고요한 수면이 나타나듯이 파도가 가라앉은 물은 각(覺)이라 할 수 있고, 파도는 불각(不覺)이라 할 수 있다.

맑은 각은 진여이며, 무명은 불각이다.

그러므로 처음부터 반야관에 의지하는 것이 시각(始覺)이고, 무명이 없는 것에 이르는 것이 본각(本覺)이다. 즉,

본체(本体)=절대(絶對)=평등(平等)=불변(不變)=자유(自由)=不生不滅(眞如)
　　↕　　　　　↕　　　　↕　　　　↕　　　　↕　　　　　↕
현상(現象)=상대(相對)=차별(差別)=변화(變化)=부자유(不自由)=생멸(生滅)

(2) 삼대(三大)

일심을 삼대(三大)로 나누어 설명할 수 있다.

진여평등을 체대(體大), 한량없는 불성공덕(佛性功德)을 구족한 여래장(如來藏)을 상대(相大), 능히 일체 세간의 착한 인과를 내는 것은 용대(用大)이다.

이를 책상에 비유하면, 책상의 체는 나무요, 상은 책상모양이며, 용은 책을 넣고 공부하는 용도와 같은 것이다.

(3) 사신(四信)

기신론에서는 신심의 중요성을 강조하면서 수행자의 마음가짐을 세 가지로 분류한다.

첫째는 신심성취발심(信心成就發心)으로 신심을 성취시키고 결심을 발하는 불퇴전(不退轉)의 발심(十信, 十住)이며, 둘째는 해행발심(解行發心)으로 이해와 실천을 굳건히 하여 더욱 앞으로 나아가고자 하는 발심(十行, 十廻向)이며, 셋째는 증발심(證發

心)으로 법신을 증득하고 진심을 드러내는 발심(初地, 十地)이다.

그러나 중생의 근기상 이보다 낮은 지적 수준의 수행자를 위해서 신심의 네 가지 측면을 말한다. 즉, 첫째는 근본에 대한 확신이다. 이 세상의 모든 사물의 근본이 진여(眞如)라는 사실을 잊지 않고 즐겨 생각하는 것으로 참되고 한결같은 마음, 진여한 마음은 다 그곳으로 귀일하는 바며, 모든 행위가 바로 그곳으로부터 나오는 근원이기 때문에 근본이라고 한다.

둘째는 불(佛), 즉 진여의 마음을 회복해 가진 이에게는 무한한 공덕이 있다는 확신을 가져야 한다.

셋째는 그가 가르친 교훈(法)을 실천하면 큰 이익이 있다고 믿는 것이다.

넷째는 승가의 성원은 능히 올바른 실천을 할 수 있다고 믿는 것이다.

(4) 육바라밀의 실천으로 신심을 완성시킨다.

실천해야 할 행동강령으로 다섯 가지가 있다.

첫째, 베풀어 주라.(施)

둘째, 윤리(倫理)를 지켜라.(戒)

셋째, 참고 용서하라.(忍)

넷째, 부지런히 정진하여라.(進)

다섯째, 마음을 가라앉히고 근원을 관찰하라.(止觀)

여기에서는 이 책의 성격상 지관법에 대해서만 살펴보겠다. 지관은 육바라밀의 선정(禪定), 지혜(般若)에 해당한다.

원효는 유가론 보살지(瑜伽論菩薩地)에서 지관의 정의를 다음과 같이 인용 소개한다.

"보살은 제법(諸法)에서 분별하는 바가 없다. 그러므로 이것을 지(止)라고 부르는 것임을 알아야 할 것이다. 또 이 세상 모든 사물이 지니는 본질적인 의미, 무한히 깊은 그 도리에 대한 세속적인 탁월한 지혜를 일컬어 관(觀)이라고 함을 알아야 할 것이다. 진여문(眞如門)에 의해서 모든 경계의 상(相)을 끊을 줄 아는 까닭에 분별하는 바가 없으며, 그리하여 무분별지(無分別智)가 이루어진다.

또 생멸문(生滅門)에 의해서 일체법의 상(相)을 분별하고 그 도리를 관(觀)하므로 근본지를 깨친 후에 세속사 등을 터득하는 후득지(後得智)가 이루어진다. 상(相)에 따라서, 즉 나타난 성격상으로 말하면 정(定)을 지(止)사마타라고 하고 혜(慧, 般若)를 관(觀, 위빠싸나)이라고 한다. 그러나 본질적으로 말하면 정(定)이나 혜(慧)가 다 지관에 통하는 것이다."

더 나아가 원효는 사마타와 위빠싸나의 구체적인 수행법에 대해 상세히 밝히기 위하여 유가론 성문지(瑜伽論 聲聞地)에 나오는 아홉 가지 마음자리(心性)와 네 가지 위빠싸나를 들어 설명하고 있다.

아홉 가지 마음자리는 다음과 같다.

① 내면적으로 안정되게 한다.(內住)

바깥 세계, 즉 인과관계로 얽힌 대상세계 때문에 산란해진 모든 생각을 한 곳으로 모아들여, 마음을 내면적으로 안정시켜 산란케 하지 않는 것을 말한다.

② 평등하게 한다.(等住, 平等)

처음에는 대상세계에 결박된 마음이 아직 거칠게 동요하여, 두루 모든 것에 평등하고 원만하게 머무르지 못하게 하나 차차 그 대상에 대해 그 하나하나를 차별적으로 보는 생각을 꺾어간다.

③ 평안하게 한다.(安住, 平安)

만약 이 마음이 위에서 말한 바와 같이 내면적이 되고, 평등해진다 할지라도 한번 생각을 방일하게 함으로써 바깥세계에 대해 산란하게 되면, 또 다시 마음을 안으로 모아들여 다시 내면적으로 안주하게 한다.

④ 가까이 머문다.(近住)

마음을 안으로 집중시키고 바깥 대상은 집착할 만한 특성이 없다는 것을 알고 자신도 집착된 마음을 일으키지 않는다.

⑤ 조절하여 순하게 한다.(調順)

색·성·향·미·촉 등 5근이 일으키는 번뇌와 탐·진·치 등의 유독한 생각, 남녀의 모양 등과 이와 같은 여러 가지 경계는 화근이 된다는 것을 알고 마음이 산란해지는 일을 막고 공연히 마음이 흩어지도록 하지 않는다.

⑥ 고요하게 한다.(寂靜)

여러 가지 종류의 욕심과 시기·질투·원한·해침 등은 좋지 않다고 생각하고 마음의 산란함을 고요하게 가라앉힌다.

⑦ 지극히 고요해진다.(最極靜)

위의 두 가지 경우와 같은 심경이 나타나지만 혹 옳게 생각하지 못함으로써 다시 동요가 생기고 그것을 잘 참아 견디지 못하는 수가 있다. 일체 외계의 사물은 오직 마음의 소산임을 알고, 이 마음에는 특수한 어떤 외형적인 모습이 없다는 것을 알고 다시 이 역경계를 계기로 애써 그러한 마음의 동요를 극복하고 지극히 고요한 마음을 얻는다.

⑧ 오로지 한 가지 길에 머무른다.(專住一趣)

행·주·좌·와에 일을 하게 되는 경우 그것도 모두 수행에 도움이 되는 기회로 생각하고 여러 가지 방편을 써서 노력함으로써 조금도 결함없이 부단히 지속되는 삼매가 생기게 된다.

⑨ 한결같은 마음을 유지한다.(等持)

한없이 여러 차례 닦고 또 닦아 그렇게 닦은 것이 원인이 되고 계기가 되어 이제는 별로 방편을 써서 노력함이 없어도 자유로이 한결같은 마음을 순일하게 쓸 수 있게 된다.

이때에 마음은 더욱 총명해져 자연히 진여삼매에 들게 된다. 이와 같이 원효가 설명하는 사마타 수행은 점점 더 선정의 깊이(진여삼매)에 들게 하여 본성과 그 생멸을 철견하는 위빠싸나 수행으로 연결하는 정혜쌍수임을 알 수 있다. 이어서 원효가 말하는 네 가지 위빠싸나 관찰법을 살펴보자.

"어떻게 관찰하는 것을 네 가지 위빠싸나라고 하느냐 하면 수행자가 마음 안에서 사마타의 안정을 얻으면 이에 따라 맑고 착하고 좋은 것이 무엇인가를 하나도 남김없이 다 올바로 사유분별하게 되며, 또 그 외적 양상을 남김없이 다 관찰하게 되며 그리고 그 대상이 지니는 의미를 남김없이 관찰하게 되는 것을 말한다. 그 네 가지는 다음과 같다.

㉠ 올바른 사유분별(能正思擇)

무엇이 티 없이 맑은 행위이며, 무엇이 좋은 방편이며 또 무엇이 착한 일인가 하는 것을 올바로 사유분별하여 그 모든 것을 남

496

김없이 가려내는 것을 말한다.

ⓛ 지극히 깊은 사유분별(最極思擇)

수행자가 대상세계를 보고 지극히 깊이 사유분별하여, 그 본성이 무엇인가를 있는 그대로 즉 진여(眞如)를 가려냄을 말한다.

ⓒ 외적 세계에 대한 전반적인 관찰(周遍尋思)

객관적인 사물에 대하여 지혜로운 눈으로 분별할 뜻을 일으켜, 그 외적인 양상을 남김없이 관찰하는 것을 말한다.

ⓔ 객관적인 사물의 의미에 대한 전반적인 관찰(周遍伺察)

수행자를 둘러싼 객관적인 사물에 대해 그 의미를 찾아 남김없이 관찰하는 것을 말한다.

원효의 위빠싸나는 마음의 안팎(우주법계)을 다 포함한다.

원효는 "이 소승적인 방법을 가지고 대승의 목표를 향해 가면 대승지관의 행이 된다"고 말했다. 그러므로 수행의 방법자체보다는 수행자의 심적 태도도 이에 못지않게 중요하다는 것을 알 수 있다. 이는 부처님께서 수행을 지도하실 때 정견(正見)부터 먼저 이해시킨 점과 상통한다.

부처님의 수행법이라도 수행자가 아공(我空)에만 집착하면 소승법이 되고 아공법공을 실천하면 대승법이 되는 것이다.

참고로 『기신론소』에 나타난 위빠싸나 관을 살펴보겠다.

"이 세상의 만사를 어떻게 관(觀)할 것인가 하면 우선 네 가지 면의 관찰을 잊지 말아야 한다."

㉠ 이 세상의 모든 일들, 인과의 법칙대로 나타나 전변(轉變)하고 있는 그 모든 것들이 하나도 항구 불변한 것이 없으며, 쉬지 않고 생성 파괴의 과정을 겪고 있는 현상을 관찰할 것.(無常觀)

ⓛ 우리 인간의 생각과 말과 행위는 모두 망념의 발동으로 인하여 생겼다 사라졌다 하되 그것이 모두 고통스럽지 않은 것이 없다고 관찰할 것.(苦觀)

ⓒ 또 과거와 현재, 미래에 걸쳐 우리가 생각해내는 모든 의식은 그 자체로서 절대적인 자주성을 지닌 것이 아니며 과거의 것은 꿈과 같고 현재의 것은 번개와 같고 미래의 것은 구름과 같이 별안간 나타나는 것이라는 사실을 관찰할 것.(無我觀)

ⓔ 우리 인간의 육신뿐만 아니라 세상의 일체의 육신은 모두 부정(不淨)한 것이며, 갖가지로 더럽혀 있어 하나도 진실로 즐길 만한 것이 못 된다는 사실을 관찰할 것.(不淨觀)

이러한 현실 세계의 실상에 대한 기본적인 세계관을 법상관(法相觀)이라 부르고 여기에 입각해서 실천적·윤리적 세계관을 대비관(大悲觀)이라 한다. 이어서 원효가 설명한 마음을 가다듬는 법을 살펴본다.

"어떻게 마음을 가다듬는다는 말이냐? 올바른 뜻을 세우는 것이다. 말세의 수행자들 가운데는 올바로 원하는 자가 적고, 그릇되게 바라는 자가 허다하다. 다시 말하면 명예나 이익을 얻고자 참선하는 모습을 나타내 허송세월을 하는 것인즉 그렇게 해서 선정을 얻을 리 만무하다.

이러한 그릇된 소망을 버리는 것을 일러 뜻을 바르게 한다고 하는 것이다. 다른 아무런 생각없이 직접 마음의 산란함을 가라앉혀 진여(眞如) 그대로가 되게 하고 자기 자신이 더할 바 없이 훌륭한 진리를 체득함은 물론, 다른 사람도 그렇게 되도록 하는 것을 일컬어 마음을 바로잡는다고 하는 것이다."

"또한 이와 같은 삼매에 의하여 수행자는 온 세계가 오직 진여의 한 가지 모습을 지니고 있는 사실을 알게 된다. 모든 중생이 그냥 그대로 각자(覺者)의 진리의 몸(法身)과 다를 바 없다고 알게 되는 것인데 이를 일컬어 세계를 하나로 보는 삼매(一行三昧, 一相三昧)라고 한다. 진여한 마음이 바로 이 삼매의 근본이며, 만약 수행을 계속해 가면 점차적으로 무량한 삼매를 일으킬 수 있음을 알아야 할 것이다."

본문에서 올바로 생각하는 대비관에 대해서는 다음과 같이 말했다. 그리하여 이렇게 생각해야 할 것이다. "모든 중생은 근본적으로 모두 무명의 훈습 때문에 마음의 동요를 일으켜 정신적·육체적 온갖 고통을 받게끔 되었으며, 지금도 계속해서 한없는 핍박을 당하게 될 것이다. 나아가 앞으로 받을 고통에 또 무슨 한계가 있는 것이 아니다. 이는 실로 버리기 힘들며, 벗어나기 힘들고, 그 무명을 헤치고 지혜로워진다는 것이 쉽지 않은 것이다. 중생은 이처럼 매우 불쌍한 존재이다."

이렇게 생각하고 큰 용기를 내어 다음과 같이 대서원을 세워야 마땅한 것이다.

"원컨대 내 마음에서는 모든 차별대립적 의식을 없애고, 어디에서든지 어느 때에든지 모든 착하고 좋은 일을 다하고 또 가능한 온갖 탁월한 방법을 다하여 고통 속에 있는 모든 중생을 구제하여 그들로 하여금 최대의 기쁨인 고통의 극복과 평화의 성취를 실현하도록 하겠다."라고 원을 발하는 것이다.

이러한 원을 세우고 어느 때 어느 곳을 막론하고 힘껏 남을 위해 봉사하고 스스로 수학(修學)을 게을리하지 않아야 하는 것이다. 오직 앉아서 사마타(止)에만 전념하는 때를 제외하고는 항상 만사에 있어서 마땅히 해야 할 것과 하지 말아야 할 것을 관찰(觀察)하여야 하는 것이다."

원효의 사마타(止) 위빠싸나(觀)는 한마디로 귀일심원 요익중생(歸一心源, 饒益衆生)이다. 즉 대선정, 진여(眞如)의 일심바다(法身)에서 일체 중생의 해탈을 위해 대자비행을 베푸는 것이다. 대자비행도 관찰대상이다.

북방불교의 위빠싸나 수행의 특성은 불교의 핵심인 사제와 연기를 아공법공(我空法空)의 입장에서 전 우주를 대상으로 상대적인 양변을 초월한 시각에서 보는 중도(中道)이다. 즉 색즉시공, 공즉시색(色卽是空, 空卽是色)이며 불생불멸(不生不滅), 불일불이(不一不異)이며, 생사와 열반이 같은 모양(生死涅槃 常共和)이며, 중생과 내가 둘이 아니므로 동체대비(同體大悲)의 원력으로 육바라밀이 그 실천 덕목으로 대두된다. 육바라밀 중 선정과 반야가 사마타·위빠싸나(止觀, 定慧)이다. 그리고 올바른 관(正觀)은 대자비행도 포함한다. 이것은 인간과 우주의 근본자리인 일심(一心)에서 마음의 본래 자리인 진여문과 생멸하는 생멸문을 하나로 보기 때문이다.

이와 같은 맥락에서 보면 기신론에 나타난 원효의 지관법은 진여문(眞如門, 無分別智) 생멸문(生滅門, 後得智), 자비관(慈悲觀)이 하나로 된다. 마치 구름을 벗어난 달(眞如, 止)이 그 달빛(慧, 觀)으로써 일체 중생과 만물을 비추어 주고 만물을 길러주는 것(慈悲行)과 같다. 이 셋은 분리될 수 없는 것이다.

이것은 처음 수행의 출발점이 '세상의 모든 사물의 근본이 일

500

심(一心), 진여(眞如)라는 것'을 믿는 불퇴전의 대신심, 대발심에서 시작했기 때문이다. 이것은 대단히 중요하며, 그리고 대단한 주목을 기울일 필요가 있다. (어쩌면 수행자의 생명이 여기에 있는지도 모른다.) 이 신심은 맹목적인 신심이 아니고 직심(直心), 심심(深心), 자비심에 의한 절대 신심이다. 그리하여 올바른 정견, 올바른 신심, 올바른 발심의 완성을 실현하기 위하여 지관법을 수행하고 지관의 완성으로 육바라밀이 완성되도록 일체 중생이 다함께 고해의 바다에서 영원히 자유롭게 해탈하도록 끝없이 자비행을 실천하는 것이 원효의 지관법 수행의 핵심이다.

원효의 지관수행의 핵심은 다음에 설명하는 금강삼매경론에서 찾아볼 수 있다. 지면관계상 간략하게 살펴보겠다.

금강삼매경론에 나타난 대승위빠싸나

『금강삼매경론』에는 여러 관법이 많이 등장하지만 가장 근본 불교에 가까운 것은 무상관(無常觀)과 무생관(無生觀)이다. 이것을 금강삼매경론과 일본의 사토 시게끼 박사의 「원효의 화쟁론」 논문을 참조해서 살펴 보겠다.

(1) 무상관은 12연기를 관하는 것으로 두 가지 자기 집착을 제거한다. 행동하고 업을 짓는 자기가 있다는 집착과 자기는 항상 변하지 않는다는 집착이다. 12연기를 관하면 자신의 힘으로 존재하는 것은 아무것도 없고 무상이므로 그 실체로서 존재하는 것도 없다. 또한 몸은 마음에 의지하므로 마음이 없다면 몸도 없다. 마음이 없다면 인과도 없다. 마음과 인과가 공(空)이므로 12지도 없다(空).

(2) 무생관에서도 5식은 5근(眼, 耳, 鼻, 舌, 身)과 5경(色, 聲, 香, 味, 觸)에 의지하고 식, 근, 경에 의지해 물질(色)이 있으므로 인연 따라 생멸하는 것이지 얻을 수 있는 실체가 있는 것이 아니다. 5식의 성립에는 6, 7, 8식이 있지만 여기에는 색법이 없으므로(空) 그 실체는 얻을 수 있는 것이 아니다.

모든 심상(心相, 8식)을 본래 무생(無生)으로 볼 수 있다면 보는 관(觀)도 적멸에 들어 일심이 된다. 즉, 여덟 가지 식이 적멸하여 귀일심원(歸一心源)이 되며 이것이 지혜로 발현될 때 8식은 거울처럼 만상을 있는 그대로 비추는 대원경지(大圓鏡智), 7식은 차별 없이 만상을 드러내는 평등성지(平等性智), 6식은 만상의 묘한 성품을 무심하게 살피는 묘관찰지(妙觀察智), 5식은 경계 따라 자비를 짓는 성소작지(成所作智)로 전환된다.

유식삼성 역시 망상의 경계인 변계소집성(遍界所執性)은 주·객이 파해지고, 의타기성(依他起性)의 본체로서의 원성실성(圓成實性)은 주·객이 하나인 무이(無二)로 철견되어 귀일심원(歸一心源)이 실현되는 것이다. 이를 금강삼매에 의해 얻어진 불지(佛智)라 한다. 식(識)을 떠난 법(法)이 진공(眞空)이다. 37조도품 역시 이와 같은 정관(正觀)으로 볼 때 절대공(絶對空)인 둘도 아니고 하나도 아닌 무이이불수일(無二而不守一)의 귀일심원(歸一心源), 요익중생(饒益衆生)이 되는 것이며 화엄경의 일체무애인(一切無碍人), 일도출생사(一道出生死)의 경지에 이르는 것이다.

이를 달리 설명하면 모든 심상(心相)을 무생(無生)으로 볼 수 있다면 보는 마음(能觀心)도 불생(不生)이므로 공적(空寂)에 들어간다(이는 유식관에서 대상인 소취(所取)를 무(空)로 보면 주관인 능취(能取) 역시 무(空)로 되어 아공법공을 실현한다와 유사한 상태다). 이 본공심이 귀일심원이 되어 아공법공으로 여래장일미지원(如來藏一味之源)이며 무이이불수일(無二而不守一)로 일체 중생을 자비로 제도하는 요익중생의 실천이 발현된다. 이것이 6바라밀의 핵심실천법이다.

이를 실천 수행하는 마음이 무생반야 즉, 무생행(無生行)으로 무생행이 되었을 때는 아공법공이 되며 이 상태에서 자연스럽게 용수의 8부중도(八不中道)도 실행되며 기신론의 시각(始覺)과 본각(本覺)도 하나인 무이처(無二處)가 된다. 공(空)과 지혜와 자비가 하나가 되는 것이다. 이를 실현하기 위한 방법으로 삼삼매(空三昧, 無依三昧, 無相三昧), 존삼해탈(虛空, 金剛, 般若), 37조도품 등이 있으나 모두 8식 제거와 아공법공을 지향하므로 지면관계상 상세한 설명은 생략한다. 무상관, 무생관은 초기불교와 일치하고 가장 구체적이며 나머지 모든 수행법을 포함한다고 볼 수 있다.

삼삼매와 존삼해탈에서도(남방불교의 수행은 현상에서 무상·고·무아를 수평적으로 보아 도과에 드는 반면) 원효는 현상에서 공(從假入空), 공에서 현상(從空入假)으로 관하는 아공법공으로 중도관을 입체적으로 수행한다. 그 핵심은 무상관, 무생관과 통한다.

초심자도 아공법공의 상태가 어느 정도 이해되고 체험되면 직심(直心), 심심(深心), 자비심에 의한 절대 신심의 대발심이 일어나므로 대원력에 의해 성불(成佛)로 가는 대 보리심을 일으킬 수 있다. 이것이 남방불교의 아공법유(我空法有)의 관법과 다른 원

효의 지혜, 진여(空), 자비가 하나로 되는 대승위빠싸나의 핵심이
다. 이는 과거칠불의 가르침과도 통한다.

모든 악을 짓지 말고(諸惡莫作)
모든 선은 다 행하라(衆善奉行)
스스로 마음을 깨끗이 하라(自淨其意)
이것이 모든 부처님의 가르침이다(是諸佛敎).

참 고향으로 가는 옛길

부처님께서는 보리수 아래에서 12연기를 관하여 위없는 깨달음을 얻으셨다. 쌍윳따니까야 2권에서도 삼세제불이 모두 다 12연기로 깨친다고 나와 있다. 그리하여 초전법륜시에도 그의 제자들을 깨달음으로 이끌 때에도, 주로 오온 관찰로 지도하셨다.

오온을 시간적으로 그리고 동시적 상관성으로 연결한 것이 12연기이다. 오온을 유식학파에서는 5, 6, 7, 8식으로 나누었다. 결국 위빠싸나는 오온(5, 6, 7, 8식)과 12연기의 흐름을 반야관으로 완전히 꿰뚫어 보았을 때, 탐·진·치가 제거되고 본래 있는 열반의 '참 모습'이 드러난다. 이것이 부처님 가르침의 핵심이다. 오온과 12연기가 바로 부처님의 화두였던 것이다.

부처님께서는 잡아함경에서 "사성제를 관찰하는 것은 한 털을 쪼개어 백 개로 나누고, 그 나눈 한 개 털을 모두 쏘아 화살마다 다 맞히는 것보다 참으로 어려운 일이다."라고 하셨다. 사성제의 핵심은 오온·12연기에서 탐·진·치를 제거하는 것이다.

남방 위빠싸나는 오온과 12연기를 무상·고·무아의 현상 위주로 관찰하는 수평관인 반면, 공(空)의 도리와 불성(佛性) 중심인 북방 대승위빠싸나는 직관·내관(회광반조) 위주의 입체관 수행이 발달되었다. 남방에서는 오온의 현상을 주시하면서 그 구성

요소의 변화를 수평적으로 관찰하고, 북방에서는 오온과 열반, 윤회 현실과 열반을 하나로 보아 바로 진공의 자리를 입체적으로 직관·내관하는 것이 그 특성이다. 즉 본체인 공관(空觀), 오온·12연기 중심인 현상의 가관(假觀), 공관과 가관이 하나가 된 중관(中觀) 중심이다. 중관은 공과 현상을 같이 관하는 것이다. 이때 아공법공(我空法空)이 되는 것이다.

이 과정에서 공통점은 오온과 12연기에서 탐·진·치를 제거하는 과정이 10가지 결박의 번뇌를 반야관으로 헤쳐나가는 것이다. 그러므로 우리가 말하는 깨달음도, 오온과 12연기에서 탐·진·치를 완전히 제거하고 본래 있는 열반인 '참 모습'으로 돌아오는 길은, 반야관으로 '나'를 잘못 본 10가지 결박의 번뇌를 제거하는 것이다. 그때 연기인 중도를 완전히 깨칠 수 있고, 저절로 자비행이 나오게 되어 있다. 이때 남·북방 불교가 함께 하나로 화합하게 되는 것이다.

탐·진·치가 완전히 제거되었을 때는, 중생과 나가 둘이 아니므로 자비를 베풀게 된다. 마치 나무에서 나뭇잎을 보면 여러 개이나 그 뿌리는 하나인 것처럼, 탐·진·치가 제거된 상태에서는 반야관과 자비행만이 있게 된다. 이것이 참된 진리의 길이며 남·북방이 함께 만날 수 있는 궁극의 장이다.

부처님께서 처음 깨쳤을 때, 천상에 있는 헤마와타와 사타기리 두 천인이 서로 논쟁을 했다. 사타기리는 "나는 부처님께서 완전히 깨친 것을 보았다."고 하니, 헤마와타는 "어떻게 아느냐? 그는 모든 사람을 평등하게 대할 수 있느냐?"라고 반박했다. 이에 사타기리는 "그는 욕망과 어리석음이 멸했으므로, 모든 사람을 평등하게 대할 수 있다."고 했다.

　사실, 부처님께서는 자신을 살해하려 한 제바달다나 그의 아들 라훌라를 동등하게 대했다. 자비경에서도 원수거나 친한 이거나 똑같이, 홀어머니가 외아들을 사랑하듯이, 자비를 베풀라고 했다. 완전히 무아가 되었을 때 원수를 자식처럼 사랑하게 되는 것이다. 그래서 헤마와타가 부처님한테 와서 욕망·성냄·어리석음을 없애는 방법을 여쭈었을 때, "오온 즉 6근·6경·6식에서 무상·고·무아를 보아 탐·진·치를 제거하라."고 설하셨다.

　결국 위빠싸나 수행의 결실은 지혜와 자비의 완성이다. 그리고 그 길은 살아 숨쉬는 삶의 현장에서 8정도의 실천이다. 8정도는 중도의 실천으로 행동과 말, 그리고 생각으로 지혜와 자비를 실천하는 것이며 6바라밀까지 포함한다.

　부처님께서는 쌍윳따니까야(상응부경)에서 다음과 같이 설하셨다.

　"형제들이여, 한 사람이 숲 속을 살피다가 거대한 나무들 사이로 난 오래된 길, 옛 사람들이 지나간 흔적이 있는 길을 발견했다. 그 길을 따라 한참 걸어가니 오래 된 도시의 왕국이 있었다. 그것을 본 그 사람은 얼른 자기 나라의 왕과 대신들에게 달려가 그 옛길과 옛 왕국의 발견에 대해 알렸다.

　형제들이여, 이와 같이 나 역시 오래된 길, 옛 사람들이 걸었던 옛 길을 발견했다. 무엇이 오래 된 길인가? 무엇이 옛 사람들이 걸었던 길인가? 그것은 성스러운 8정도이다. 올바른 견해, 올바른 사유, 올바른 말, 올바른 행위, 올바른 직업, 올바른 노력, 올바른 마음챙김(위빠싸나), 올바른 삼매가 그것이다.

그 길을 따라 나는 늙음과 죽음의 소멸을 완전히 알았다. 생성, 집착, 갈애, 느낌, 접촉, 감각, 정신과 물질, 의식의 참 모습을 완전히 알았다. 내가 완전히 알게 된 이 사실을 형제와 자매들에게 선언하노라.

형제들이여, 이 진실된 삶은 번성하고 풍요로우며 널리 알려지리라. 슬기로운 사람들과 하늘이 잘 보호하여 매우 번창하리라."

본래부터 있어 왔던 그 길은, 현재 우리들의 몸과 마음 안에 있다. 이 길 속에는 우주의 끝도 있고, 중생의 사랑과 미움도 있고, 고의 끝과 영원한 평화와 자유도 있다.

벗들이여, 이 길을 한 번 같이 걸어가 보지 않겠는가?

"중생을 정화하고 슬픔과 근심을 극복하고 괴로움과 번뇌를 소멸하고, 올바른 길(八正道)을 따르며 열반을 얻게 하는 오직 한 길이 있다. 그것은 사념처 위빠싸나이다."

다음에 오온과 12연기로 모든 고통을 소멸하고 영원한 평화와 자유로 가는 참 고향의 이정표를 다시 한번 세우는 세 가지 경전 사례를 살펴보면서 독자들과 이별을 고한다.

[오온 관찰로 잠재된 근본무명까지 소멸]

쌍윳따니까야 40권 89에서 발췌했다. 오온 관찰에 의해 아나함과에서 아라한으로 가는 이야기다.

한때 많은 장로 수행승들이 꼬쌈비에 있는 고싸따 승원에 있었다. 그때 존자 케마까가 바라리까 승원에 있으면서 병이 들어 괴로워했는데 아주 중병이 들었다.

그런데 장로 수행승들이 저녁 무렵 각자 홀로 명상하다가 일어나 존자 닷싸까에게 말했다.

"벗이여, 그대는 수행승 케마까가 있는 곳을 찾아라. 찾아가서 수행승 케마까에게 이와 같이 말하시오 '케마까여, 그대는 참아내고 견디어 낼 만합니까? 그대의 고통은 증가하고 줄어들지는 않습니까? 줄어들고 증가하지 않는 것을 알지 못합니까?'라고."

"벗들이여, 그렇게 하겠습니다."라고 존자 닷싸까는 모든 장로 수행승에게 대답하고 존자 케마까가 있는 곳을 찾았다. 가까이 다가가서 존자 케마까에게 다음과 같이 말했다.

"케마까여, 그대는 참아내고 견디어 낼 만합니까? 그대의 고통은 증가하고 줄어들지는 않습니까? 줄어들고 증가하지 않는 것을 알지 못합니까?"

"벗이여, 참아내고 견디어 낼 수 없습니다. 저의 고통은 증가하고 줄어들지는 않습니다. 줄어들어 증가하지 않는 것을 알지 못합니다."

그래서 존자 닷싸까는 장로 수행승들이 있는 곳을 찾았다. 가까이 다가가서 그들 장로 수행승들에게 케마까의 말대로 전했다.

"벗이여 닷싸까여, 어서 오십시오 그대는 수행승 케마까가 있는 곳을 다시 찾으시오 찾아가서 수행승 케마까에게 이와 같이 말하시오 '벗이여 케마까여, 장로들이 이와 같이 말했습니다. 세존께서는 다섯 가지 집착된 존재의 다발(五蘊)에 관해 말씀하셨습니다. 곧 물질(色)의 다발, 감수(受)의 다발, 인식·지각(想)의 다발, 형성(行)의 다발, 의식(識)의 다발에 관해 설명하셨는데 이들 다섯 가지 존재의 다발 가운데 어느 하나라도 나 또는 나의 것이라고 여길 수 있습니까?라고."

"벗들이여, 그렇게 하겠습니다."라고 존자 닷싸까는 모든 장로 수행승에게 대답하고 존자 케마까가 있는 곳을 찾았다. 가까이 다가가서 존자 케마까에게 다음과 같이 말했다.

"벗들이여, 세존께서는 다섯 가지 집착된 존재의 다발에 관해 말씀하셨습니다. 곧 물질의 다발, 감수의 다발, 지각(인식)의 다발, 형성의 다발, 의식의 다발에 관해 설명하셨는데 이들 다섯 가지 존재의 다발 가운데 어느 하나라도 나 또는 나의 것이라고 여기지 않습니다."

그러자 존자 닷싸까는 장로 수행승들이 있는 곳을 찾았다. 가까이 다가와서 그들 수행승들에게 들은 대로 말했다.

"벗이여 닷싸까여, 어서 오십시오. 그대는 수행승 케마까가 있는 곳을 다시 찾으십시오. 찾아가서 수행승 케마까에게 이와 같이 말하시오. 벗이여 케마까여, 장로들이 이와 같이 말했습니다. '세존께서는 다섯 가지 집착된 존재의 다발에 관해 말씀하셨습니다. 곧 물질의 다발, 감수의 다발, 지각의 다발, 형성의 다발, 의식의 다발에 관해 설명하셨는데, 만약 존자 케마까가 이들 다섯 가지 존재의 다발 가운데 어느 하나라도 나 또는 나의 것이라고 여기지 않는다면 그것만으로도 번뇌를 부순 거룩한 이가 된 것입니다.'라고."

"벗들이여, 그렇게 하겠습니다."라고 존자 닷싸까는 모든 장로 수행승에게 대답하고 존자 케마까가 있는 곳을 찾았다. 가까이 다가가서 존자 케마까에게 다음과 같이 말했다.

"벗들이여, 세존께서는 다섯 가지 집착된 존재의 다발에 관해 말씀하셨습니다. 곧 물질의 다발, 감수의 다발, 지각의 다발, 형성의 다발, 의식의 다발에 관해 설명하셨는데, 저는 이들 다섯 가지 존재의 다발 가운데 어느 하나라도 나 또는 나의 것이라고 여기지 않습니다. 그러나 저는 번뇌를 부순 아라한이 아닙니다. 벗들이여, 저는 다섯 가지 집착된 존재의 다발을 나라고 여기지 않을 뿐 실제로는 다섯 가지 집착된 존재의 다발 가운데 내가 있다고 생각하고 있습니다."

그러자 존자 닷싸까는 장로 수행승들이 있는 곳을 찾았다. 가까이 다가와서 그들 수행승들에게 들은 대로 말했다.

"벗이여 닷싸까여, 어서 오십시오. 그대는 수행승 케마까가 있는 곳을 다시 찾으십시오. 찾아가서 수행승 케마까에게 이와 같이 말하시오. '벗이여 케마까여, 장로들이 이와 같이 말했습니다. 벗이여 케마까여, 이것이 나라고 그대가 말했는데, 이것이 나라고 말한 바의 의미는 무엇입니까? 물질을 두고 나라고 말한 것입니까? 물질이 아닌 것을 두고 나라고 말한 것입니까? 감수를 두고 나라고 말한 것입니까? 감수가 아닌 것을 두고 나라고 말한 것입니까? 지각을 두고 나라고 말한 것입니까? 지각이 아닌 것을 두고 나라고 말한 것입니까? 형성을 두고 나라고 말한 것입니까? 형성이 아닌 것을 두고 나라고 말한 것입니까? 의식을 두고 나라고 말한 것입니까? 의식이 아닌 것을 두고 나라고 말한 것입니까? 벗이여 케마까여, 이것이 나라고 그대가 말했는데, 이것이 나라고 말한 바의 의미는 무엇입니까?'라고.

"벗들이여, 그렇게 하겠습니다."라고 존자 닷싸까는 모든 장로 수행승에게 대답하고 존자 케마까가 있는 곳을 찾았다. 가까이 다가가서 존자 케마까에게 다음과 같이 말했다.

"벗이여 닷싸까여, 그만두게 이렇게 수고롭게 달려가고 달려 올 게 무엇이란 말입니까? 벗이여, 내 지팡이를 붙들게. 내가 장로 수행승들이 있는 곳을 찾아가겠습니다."

그래서 존자 케마까는 지팡이에 의지하여 장로 수행승들이 있는 곳을 찾았다. 가까이 다가가서 장로 수행승들에게 인사를 했다. 인사를 하고 안부를 나눈 뒤에 한쪽으로 물러앉았다.

한쪽으로 물러앉은 존자 케마까에게 장로 수행승들은 다음과 같이 말했다.

"벗이여 케마까여, 이것이 나라고 그대가 말했는데, 이것이 나라고 말한 바의 의미는 무엇입니까? 물질을 두고 나라고 말한 것입니까? 물질이 아닌 것을 두고 나라고 말한 것입니까? 감수를 두고 나라고 말한 것입니까? 감수가 아닌 것을 두고 나라고 말한 것입니까? 지각을 두고 나라고 말한 것입니까? 지각이 아닌 것을 두고 나라고 말한 것입니까? 형성을 두고 나라고 말한 것입니까? 형성이 아닌 것을 두고 나라고 말한 것입니까? 의식을 두고 나라고 말한 것입니까? 의식이 아니 것을 두고 나라고 말한 것입니까? 벗이여 케마까여 이것이 나라고 그대가 말했는데, 이것이 나라고 말한 바의 의미는 무엇입니까?"

"벗들이여, 물질을 두고 나라고도 말하지 않습니다. 물질이 아

512

닌 것을 두고 나라고도 말하지 않습니다. 감수를 두고 나라고도 말하지 않습니다. 감수가 아닌 것을 두고 나라고도 말하지 않습니다. 지각을 두고 나라고도 말하지 않습니다. 지각이 아닌 것을 두고 나라고도 말하지 않습니다. 형성을 두고 나라고도 말하지 않습니다. 형성이 아닌 것을 두고 나라고도 말하지 않습니다. 의식을 두고 나라고도 말하지 않습니다. 의식이 아닌 것을 두고 나라고도 말하지 않습니다. 벗들이여, 다섯 가지 집착된 존재의 다발이 나라고 여기지 않지만 나는 다섯 가지 집착된 존재의 다발 안에 있다라는 생각에 사로잡혀 있습니다.

벗들이여, 예를 들어 청련화, 홍련화, 백련화의 향기가 있다고 합시다. 누군가 그것이 꽃잎의 향기, 꽃받침의 향기, 꽃 수술의 향기라고 말한다면, 그는 옳게 말한다고 봅니까? 벗이여, 그렇지 않습니다. 벗들이여, 어떻게 설명해야 바른 설명이 되겠습니까? 벗이여, 꽃의 향기라고 설명하면 바른 설명이 될 것입니다.

벗들이여, 이와 같이 나는 물질을 두고 나라고도 말하지 않습니다. 물질이 아닌 것을 두고 나라고도 말하지 않습니다. 감수를 두고 나라고도 말하지 않습니다. 감수가 아닌 것을 두고 나라고도 말하지 않습니다. 지각을 두고 나라고도 말하지 않습니다. 지각이 아닌 것을 두고 나라고도 말하지 않습니다. 형성을 두고 나라고도 말하지 않습니다. 형성이 아닌 것을 두고 나라고도 말하지 않습니다. 의식을 두고 나라고도 말하지 않습니다. 의식이 아닌 것을 두고 나라고도 말하지 않습니다. 벗들이여, 다섯 가지 집착된 존재의 다발이 나라고 여기지 않지만 나는 다섯 가지 집착된 존재의 다발 안에 있다라는 생각에 사로잡혀 있습니다.

벗들이여, 어떠한 고귀한 제자가 다섯 가지 하부의 결박을 끊었다고 하더라도 다섯 가지 집착된 존재의 다발 가운데 섬세하게 발견되는 나라는 자만, 나라는 욕망, 나라는 잠재의식[37]을 아직 끊지 못한 것입니다. 그는 나중에 다섯 가지 집착된 존재의 다발 가운데 일어나는 생멸을 이와 같이 관찰해야 합니다. 물질은 이와 같고 물질의 생성은 이와 같고 물질의 소멸은 이와 같습니다. 감수는 이와 같고, 감수의 생성은 이와 같고, 감수의 소멸은 이와 같습니다. 지각은 이와 같고, 지각의 생성은 이와 같고, 지각의 소멸은 이와 같습니다. 형성은 이와 같고, 형성의 생성은 이와 같고, 형성의 소멸은 이와 같습니다. 의식은 이와 같고, 의식의 생성은 이와 같고, 의식의 소멸은 이와 같습니다.

그가 이 다섯 가지 집착된 존재의 다발들의 생멸을 관찰하면, 다섯 가지 집착된 존재의 다발들에 섬세하게 발견되는 아직 끊어지지 않은 나라는 자만, 나라는 욕망, 나라는 잠재의식은 두루 소멸됩니다.

벗들이여, 예를 들어 더러워져 때가 묻은 옷이 있어 주인은 그것을 세탁업자에게 맡겼고 세탁업자는 그것을 소금물이나 잿물이나 쇠똥에 고루 뒤섞어 맑은 물에 세탁했다고 합시다.

아무리 그 옷이 청정하고 깨끗하더라도 아직 거기에는 수반되는 소금물 냄새나 잿물 냄새나 쇠똥 냄새가 가신 것은 아닙니다. 세탁업자가 그것을 주인에게 주면, 주인은 그것을 향기가 밴 상자에 넣어 보관해서 거기에 남아 있는 소금물 냄새나 잿물 냄새

---

37) 잠재의식은 아누싸야(anusaya)라고 하는데 아비담마에서는 ①감각적 욕망 ②존재에 대한 욕망 ③성냄 ④의심 ⑤사견 ⑥자만 ⑦무명 등이 있다고 한다.

나 쇠똥 냄새를 없애버립니다.

벗이여, 이와 같이 어떠한 고귀한 제자가 다섯 가지 하부의 결박을 끊었다고 하더라도 다섯 가지 집착된 존재의 다발 가운데 섬세하게 발견되는 나라는 자만, 나라는 욕망, 나라는 잠재의식을 아직 끊지 못한 것입니다. 그는 나중에 다섯 가지 집착된 존재의 다발 가운데 일어나는 생멸을 이와 같이 관찰해야 합니다. 물질은 이와 같고, 물질의 생성은 이와 같고, 물질의 소멸은 이와 같습니다. 감수는 이와 같고, 감수의 생성은 이와 같고, 감수의 소멸은 이와 같습니다. 지각은 이와 같고 지각의 생성은 이와 같고, 지각의 소멸은 이와 같습니다. 형성은 이와 같고, 형성의 생성은 이와 같고, 형성의 소멸은 이와 같습니다. 의식은 이와 같고, 의식의 생성은 이와 같고 의식의 소멸은 이와 같습니다."

이에 장로 수행승들은 존자 케마까에게 다음과 같이 말했습니다.

"우리는 존자 케마까를 괴롭히려고 질문한 것은 아닙니다. 오히려 존자 케마까가 여래의 가르침을 상세히 설명하고, 교시하고, 시설하고, 전개하고, 열어 보이고, 분석하고, 설명할 수 있다고 생각했기 때문입니다. 그래서 존자 케마까는 세존의 가르침을 상세히 설명하고, 교시하고, 시설하고, 전개하고, 열어 보이고, 분석하고, 설명했습니다."

이와 같이 존자 케마까가 법을 설해 마치자 장로 수행승들은 만족하여 존자 케마까가 말한 바를 기쁘게 받아들였다.

이와 같이 답변이 오갈 때에 육십 명의 장로 수행승과 존자 케마까는 집착없이 번뇌에서 벗어나 마음의 해탈을 성취했다.

이 설명은 아나함과에서 아라한과를 얻는 과정이다 다섯 가지 하부의 결박 번뇌(의심, 사견, 미신, 성냄, 감각적 욕망)를 끊었으면 이미 아나함과이다. 아나함이 된 후에 나머지 결박 번뇌(색계, 무색계에 대한 욕망, 불안정, 아만, 무명)들을 제거하여 아라한이 된다. 그 방법은 집착된 존재의 다섯 다발(五蘊 : 色·受·想·行·識) 각각에서 그 생멸과정을 사성제, 즉 12연기와 연계해서 관찰하는 것이다(Ⅴ부 2장 16단계 중 2단계 원인을 식별하는 지혜 중 '추가설명' 참조).

이 생멸과정은 12연기와 관련되어 있는 것을 대념처경 주석서와 쌍윳따니까야 4권 59와 6권 53에서 볼 수 있다. 오온 속에 12연기가 있고, 12연기 각지에 오온이 있으면서 매 순간 생멸하면서 삼세에 걸쳐 흐르고 있다. 그러므로 모든 탐·진·치인 열 가지 결박의 번뇌를 근절하기 위하여 오온에서 12연기를 관하는 것이다. 이것이 나 자신에게 본래 있는 열반과의 만남이며 남·북방 위빠싸나의 만남이다.

[오온 현상 관찰로 아라한이 된 여인]
다음은 부처님 당시 생사의 무상을 절망한 한 여인이 부처님 설법을 듣고 오온 관찰로 아라한이 되는 사례를 법구경 113에서 발췌했다.

빠따짜라는 사왓띠에 사는 한 재산가의 딸이었다. 그녀는 너무나도 아름다웠는데, 그녀의 부모는 딸을 매우 엄격하게 가두어 키웠다. 그렇지만 그녀는 어느 날 자기 심부름을 해주는 남자 종과 정을 통한 뒤 몰래 집을 나가 다른 마을에서 아주 가난하게 살았다.

시간이 지나 그녀는 아기를 갖게 되었다. 해산날이 다가오자 그녀는 남편에게 사왓띠에 있는 친정에 가서 아기를 낳고 돌아올 테니 허락해 달라고 청했다. 그러나 남편은 아내가 한번 친정으로 가면 친정 부모들이 딸을 돌려주지 않으리라 판단하고 아내를 말렸다.

당시 풍습으로는 여자는 반드시 친정에 돌아와 친정어머니의 도움을 받아 해산하도록 되어 있었다. 그런 이유도 있고 해서 그녀는 남편이 밖에 나간 사이에 남편 몰래 친정집으로 출발했다. 남편은 집에 돌아와 보고 아내가 없는 것을 알자, 곧 아내를 뒤쫓아갔다. 얼마쯤 가다가 남편은 아내를 찾아내어 제발 자기와 함께 집으로 돌아가자고 애원했다. 그러나 그녀는 그것을 거부했기 때문에 실랑이가 벌어졌고, 그러다가 길가 덤불 속에서 아기를 낳게 되었다. 이미 아기를 낳았기 때문에 친정에 돌아갈 명분이 없어졌으므로 그녀는 남편을 따라 집으로 돌아왔다.

그런데 다시 얼마의 세월이 흘러 빠따짜라는 두 번째 아기를 가지게 되었다. 그때에도 그녀는 어린 아들을 안고 친정집으로 향했다. 그녀의 남편은 이번에도 그녀를 말렸으나 빠따짜라는 듣지 않았고, 남편은 계속해서 뒤쫓아오면서 아내를 붙들었다. 그러는 동안 아기 낳을 시간은 급해져 가는데 날은 어두워지고 비까지 마구 쏟아지는 것이었다. 남편은 아내가 아기를 낳을 적당한 장소를 찾아 헤맬 수밖에 없었는데, 그만 독사에 물려서 죽고 말았다. 그리고 아내는 비를 맞으며 남편을 기다리다가 나무 밑

517

에서 혼자 아기를 낳았다.

　이튿날 아침이 되도록 남편이 돌아오지 않자 빠따짜라는 근처를 돌아보다가 남편이 독사에 물려 죽은 것을 알았다. 그녀는 자기 때문에 남편이 죽게 되었다며 가슴을 치면서 통곡했다. 그리고, 이제는 남편이 없는 집에 돌아가는 것도 소용이 없게 되었으므로 계속해서 걸어 친정으로 향했다.

　사왓띠로 가려면 강을 건너야만 했다. 그런데 밤 사이에 많은 비가 내려서 아찌라와띠 강은 엄청나게 불어 있었다. 비가 오지 않을 때에는 강에 물이 많지 않아서 쉽게 건널 수가 있었겠지만 지금은 달랐다. 빠따짜라는 두 어린아이와 일용품을 가지고는 함께 강을 건널 수가 없었으므로, 먼저 갓난아기를 안고 보따리는 인 채 강을 건넜다. 그녀는 갓난아기를 언덕 위에 놓아두고 큰아들을 데리고 오기 위해 강물로 들어섰다.

　그런데 그녀가 강물 한가운데에 이르러 뒤돌아보니 큰 독수리가 언덕에 뉘어 놓은 갓난아기를 채가려 하고 있었다. 깜짝 놀란 빠따짜라는 소리를 지르면서 손을 내저었다. 그러자 이쪽에서 기다리던 큰 아들은 그것이 자기를 부르는 소리라고 생각하여 물로 들어왔다. 그러자 거센 물결이 아이를 휩쓸어가 버렸으며, 갓난아기 또한 독수리가 유유하게 채가 버리고 말았다. 그렇게 되어 그녀는 하루 사이에 남편을 독사에게, 그리고 아들 둘은 물과 독수리에게 모두 잃어버리고 말았다.

　그녀는 큰소리로 울면서 부르짖었다.

　"한 아들은 독수리가 채가 버리고, 또 다른 아들은 물살이 휩쓸어 가버리고, 남편은 독사에게 물려 죽었소!"

그렇게 울부짖던 그녀는 사왓띠에서 오는 한 남자를 만나게 되어 부모의 안부를 물어 보았다. 그러자 그 남자는 뜻밖의 소식을 전했다. 그에 의하면 간밤의 폭우로 그녀의 친정집이 무너져서 잠들었던 부모와 형제 셋이 모두 죽었으며, 이미 화장까지 끝났다는 것이었다. 이 비참한 소식을 듣고 나서 그렇잖아도 실의에 빠져 있던 그녀는 거의 미쳐버렸다. 그녀는 옷이 몸에서 벗겨지는 것도 모른 채 반은 알몸이 되어 거리를 쏘다니면서 자신의 비참함을 울부짖으며 하소연했다.

이때 부처님께서는 제따와나 수도원에 계시면서 빠따짜라가 오는 것을 아시었다. 부처님께서는 광명을 보내시어 그녀를 법회 장소로 이끌어 오시었는데, 그녀가 옷을 벗고 있었으므로 대중이 이를 제지했다. 이에 부처님께서 말씀하시었다.

"저 미친 여인을 막지 말라."

그렇게 해서 빠따짜라는 부처님의 말씀을 들을 수 있는 거리까지 다가올 수 있었다. 부처님께서는 그녀에게

"정신을 차려 조심하고 네 마음을 조용하게 가지라."

고 말씀하시었다. 그 말씀에 따라 빠따짜라는 자기 몸을 살펴보고 그제서야 아래옷이 벗겨져 있는 것을 알고는 부끄러운 마음에 얼굴을 묻으며 몸을 구부리고 앉았다. 그러자 누군가가 옷감 조각을 던져 주었고, 그녀는 그것으로 아랫몸을 대충 둘둘 감을 수 있었다. 그런 다음 그녀는 어떻게 해서 자기가 부모와 오빠, 언니, 동생, 그리고 남편과 자식들을 하루 사이에 다 잃게 되었는지를 부처님께 여쭈었다.

부처님께서는 그녀에게 말씀하시었다.

"빠따짜라여, 두려워하지 말라. 너는 이제 보호해 줄 수 있고, 인도해 줄 수 있는 곳에 이르렀다. 이 엄청난 생사윤회 속에서 네가 부모, 자식, 형제를 잃고 흘린 눈물은 이루 헤아릴 수 없이 많다. 네가 지금까지 흘린 눈물은 이 땅 위에 있는 모든 물보다도 많다.

부처님께서는 이같이 그녀를 위로해 주신 다음 아남딱가라는 경을 설해 주시었다. 그러자 그녀는 다시 전처럼 정신이 회복되었다. 이때 부처님께서는 다시 덧붙여 이렇게 설법해 주셨다.

"이미 세상을 떠나버린 사람에 대해서 너무 지나치게 생각하지 말아야 한다. 그보다는 자기 자신을 좀 더 깨어있도록 노력할 것이며, 청정한 마음으로 닙바나(열반)를 깨닫기 위해 힘써야 한다."

빠따짜라는 부처님의 이 가르침을 듣고 곧 소따빳띠 팔라를 성취하였다.

그리고 나서 빠따짜라는 비구니가 되었다. 어느 날 빠따짜라 비구니는 물항아리에서 물을 퍼내어 발을 씻고 있었다. 그런데 자세히 관찰해 보니 물을 처음 쏟았을 때는 멀리 흘러가지 못하고 거의가 땅 속으로 흡수되어 버리는 것이었다. 두 번째로 물을 쏟았을 때에는 좀 더 멀리까지 흘러갔다. 그녀가 세 번째 물을 쏟고 그 흘러가는 모양을 자세하게 관찰해 보니, 이번에는 물이 아주 먼 데까지 흘러가는 것이었다. 여기에서 그녀는 중생의 수준도 그렇게 각기 다르다는 것을 깨달을 수 있었다.

이때 부처님께서는 제따와나 수도원에 계시면서 신통력으로 빠따짜라를 보시고 그녀에게 광명을 놓으시었다. 부처님께서는 빠따짜라 비구니 앞에 앉으신 듯이 모습을 나타내시어 이렇게 설법하시었다.

"빠따짜라여, 너는 이제 바른 길로 들어섰다. 너는 이제 몸과 마음의 다섯 가지 다발(五蘊)에 대해 진실하게 알고 바른 생각을 갖게 되었다. 빠따짜라여, 무릇 사람된 자로서 모든 현상이 항상하지 않다는 것(諸行無常)을 모르고, 모든 생명들이 불만족과 고통과 슬픔 가운데 있음(一切皆苦)을 모르며, 모든 담마에 절대자, 주인 혹은 앗따(atta : 我)가 존재하지 않는다는 것(諸法無我)을 모른다면, 그가 비록 백 년을 산다고 해도 그의 삶은 아무런 의미가 없다." 그리고 부처님께서는 다음 게송을 읊으시었다.

오온에서 일어나고 사라지는 현상을 모르고
백 년을 사는 것보다는
단 하루라도 오온에서 일어나고 사라지는 현상을
깨닫는 것이 훨씬 낫다.

부처님의 이 설법 끝에 빠따짜라 장로니는 아라핫따 팔라(아라한과)를 성취하였다.

쌍윳따니까야에서도 우리가 지금까지 생사윤회 속에서 흘린 눈물의 양은 사해바다보다 많고, 짐승으로 태어나 목이 잘린 피의 양도 사해바다보다 많고, 교수형을 당해 흘린 피의 양도 사해바다보다 많다고 했다. 윤회의 고해에서 벗어나는 게 불법수행의 목적이다. 윤회의 씨앗은 오온을 '나'로 보는 무명이다. 오온에서 무상·고·무아를 보는 것이 무명을 제거하는 것이다.

수다원과에서 3가지 결박의 번뇌가 사라진다. 그 중 사견(邪見, sakkaya-diṭṭhi)은 오온의 생멸을 관찰하여 '나'가 아닌 것을 알고 의심과 미신에서 벗어나는 것이다. 아나함과에서 '감각적 욕망'과 '성냄'이 사라진다. 아라한과에서 근본 무명을 근절할 때도 무명의 대상은 오온이다. 오온의 생멸을 모르는 것이 무명이다. 오온에서 무상·고·무아를 철견(徹見)할 때 무명은 박살나고 생사윤회에서 영원히 벗어나는 것이다. 무명이 사라질 때 5가지 결박의 번뇌(색계에 대한 욕망, 무색계에 대한 욕망, 자만, 불안, 무명) 중 나머지 4가지가 모두 사라진다. 이 검증법이 있는 한 남방·북방의 위빠싸나의 시각과 수행법이 다소 틀려도 우리 내면에 있는 생사 없는 열반에 도달할 수 있는 것이다.

[삼세 모든 부처는 12연기로 성불(成佛)]
다음에는 과거 24불 중 한 분인 비빳시(vippassī, 毘婆尸佛) 부처님의 12연기관으로 성불(成佛)하는 체험담이다. 쌍윳따니까야 2권에서 발췌했다.

이와 같이 나는 들었다. 한때 세존께서 사왓띠의 제따와나에 있는 아나타삔디까 승원에 계셨다. 그때 세존께서 '수행승들이여'라고 수행승들을 부르셨다. 수행승들은 '세존이시여'라고 세존께 대답했다. 세존께서는 다음과 같이 말씀하셨다.

"수행승들이여, 거룩하고 올바로 깨달은 비빳시 부처님께서[38]

---

38) Vipassī : 漢譯에서는 毘婆尸佛이라고 音寫한다. 이 부처님께서는 역사적인 석

옛날 아직 올바른 깨달음을 얻지 못한 보살이었을 때 주의 깊게 이와 같이 생각했다. '이 세상은 곤란함에 빠져 있다. 태어나고, 늙고, 죽고, 이별하고, 다시 태어나면서도 그러한 늙고 죽음이라는 괴로움에서의 떠남을 잘 알지 못한다. 참으로 언제 그 늙고 죽는 괴로움에서의 떠남을 알겠는가?'

그때 수행승들이여, 비빳시 보살에게 이와 같은 생각이 떠올랐다. '무엇이 있을 때 늙고 죽음이 있게 되며 무엇을 조건으로 늙고 죽음이 생겨나는가?' 수행승들이여, 그때 비빳시 보살은 올바른 사유에서 생긴 지혜로써 이해했다. '태어남이 있을 때 늙고 죽음이 있게 되며 태어남을 조건으로 늙고 죽음이 생겨난다.'

그때 수행승들이여, 비빳시 보살에게 이와 같은 생각이 떠올랐다. '무엇이 있을 때 태어남이 있게 되며 무엇을 조건으로 태어남이 생겨나는가?' 수행승들이여, 그때 비빳시 보살은 올바른 사유에서 생긴 지혜로써 이해했다. '존재가 있을 때 태어남이 있게 되며 존재를 조건으로 태어남이 생겨난다.'

그때 수행승들이여, 비빳시 보살에게 이와 같은 생각이 떠올랐다. '무엇이 있을 때 존재가 생겨나며 무엇을 조건으로 존재가 생겨나는가?' 그때 수행승들이여, 비빳시 보살은 올바른 사유에서 생긴 지혜로써 이해했다. '취착이 있을 때 존재가 있게 되며 취착을 조건으로 존재가 생겨난다.'

그때 수행승들이여, 비빳시 보살에게 이와 같은 생각이 떠올랐다. '무엇이 있을 때 취착이 있게 되며 무엇을 조건으로 취착이

가모니 부처님 이전의 24불 가운데 19번째 부처님이다. 24불 모두 비빳시와 석가모니 부처님처럼 12연기 관찰로 부처님이 되셨다.

생겨나는가?' 그때 수행승들이여, 비빳시 보살은 올바른 사유에
서 생긴 지혜로써 이해했다. '갈애가 있을 때 취착이 있게 되며
갈애를 조건으로 취착이 생겨난다.'

그때 수행승들이여, 비빳시 보살에게 이와 같은 생각이 떠올랐
다. '무엇이 있을 때 갈애가 있게 되며 무엇을 조건으로 갈애가
생겨나는가?' 그때 수행승들이여, 비빳시 보살은 올바른 사유에
서 생긴 지혜로써 이해했다. '감수가 있을 때 갈애가 있게 되며
감수를 조건으로 갈애가 생겨난다.'

그때 수행승들이여, 비빳시 보살에게 이와 같은 생각이 떠올랐
다. '무엇이 있을 때 감수가 있게 되며 무엇을 조건으로 감수가
생겨나는가?' 그때 수행승들이여, 비빳시 보살은 올바른 사유에
서 생긴 지혜로써 이해했다. '접촉이 있을 때 감수가 있게 되며
접촉을 조건으로 감수가 생겨난다.'

그때 수행승들이여, 비빳시 보살에게 이와 같은 생각이 떠올랐
다. '무엇이 있을 때 접촉이 있게 되며 무엇을 조건으로 접촉이
생겨나는가?' 그때 수행승들이여, 비빳시 보살은 올바른 사유에
서 생긴 지혜로써 이해했다. '여섯 감각기관이 있을 때 접촉이 있
게 되며 여섯 감역을 조건으로 접촉이 생겨난다.'

그때 수행승들이여, 비빳시 보살에게 이와 같은 생각이 떠올
랐다. '무엇이 있을 때 여섯 감각기관이 있게 되며 무엇을 조건
으로 여섯 감각기관이 생겨나는가?' 그때 수행승들이여, 비빳시
보살은 올바른 사유에서 생긴 지혜로써 이해했다. '명색이 있을
때 여섯 감각기관이 있게 되며 명색을 조건으로 여섯 감역이 생
겨난다.'

524

그때 수행승들이여, 비빳시 보살에게 이와 같은 생각이 떠올랐다. '무엇이 있을 때 명색이 있게 되며 무엇을 조건으로 명색이 생겨나는가?' 그때 수행승들이여, 비빳시 보살은 올바른 사유에서 생긴 지혜로써 이해했다. '의식이 있을 때 명색이 있게 되며 의식을 조건으로 명색이 생겨난다.'

그때 수행승들이여, 비빳시 보살에게 이와 같은 생각이 떠올랐다. '무엇이 있을 때 의식이 있게 되며 무엇을 조건으로 의식이 생겨나는가?' 그때 수행승들이여, 비빳시 보살은 올바른 사유에서 생긴 지혜로써 이해했다. '형성(行)이 있을 때 의식이 있게 되며 형성을 조건으로 의식이 생겨난다.'

그때 수행승들이여, 비빳시 보살에게 이와 같은 생각이 떠올랐다. '무엇이 있을 때 형성이 있게 되며 무엇을 조건으로 형성이 생겨나는가?' 그때 수행승들이여, 비빳시 보살은 올바른 사유에서 생긴 지혜로써 이해했다. '무명이 있을 때 무명이 있게 되며 무명을 조건으로 형성이 생겨난다.'

이와 같이 무명을 조건으로 형성이 생겨나고, 형성을 조건으로 의식이 생겨나며, 의식을 조건으로 명색이 생겨나고, 명색을 조건으로 여섯 감각기관이 생겨나며, 여섯 감각기관을 조건으로 감수가 생겨나고, 감수를 조건으로 갈애가 생겨나며, 갈애를 조건으로 취착이 생겨나고, 취착을 조건으로 존재가 생겨나며, 존재를 조건으로 태어남이 생겨나고, 태어남을 조건으로 늙고 죽음, 우울, 슬픔, 고통, 불쾌, 절망이 생겨난다. 이와 같이 해서 모든 괴로움의 다발들이 생겨난다.

생겨나고 생겨나는 것과 함께 수행승들이여, 비빳시 보살에게 일찍이 들어보지 못한 가르침에 대한 눈이 생겨나고 앎이 생겨나고 지혜가 생겨나고 밝음이 생겨나고 빛이 생겨났다.

그때 수행승들이여, 비빳시 보살에게 이와 같은 생각이 떠올랐다. '무엇이 없을 때 늙고 죽음이 없어지며 무엇이 소멸함으로써 늙고 죽음이 소멸하는가?' 그때 수행승들이여, 비빳시 보살은 올바른 사유에서 생긴 지혜로써 이해했다. '태어남이 없을 때 늙고 죽음이 없어지며 태어남이 소멸함으로써 늙고 죽음이 소멸한다.'

그때 수행승들이여, 비빳시 보살에게 이와 같은 생각이 떠올랐다. '무엇이 없을 때 태어남이 없어지며 무엇이 소멸함으로써 태어남이 소멸하는가?' 그때 수행승들이여, 비빳시 보살은 올바른 사유에서 생긴 지혜로써 이해했다. '존재가 없을 때 태어남이 없어지며 존재가 소멸함으로써 태어남이 소멸한다.'

그때 수행승들이여, 비빳시 보살에게 이와 같은 생각이 떠올랐다. '무엇이 없을 때 존재가 없어지며 무엇이 소멸함으로써 존재가 소멸하는가?' 그때 수행승들이여, 비빳시 보살은 올바른 사유에서 생긴 지혜로써 이해했다. '취착이 없을 때 존재가 없어지며 취착이 소멸함으로써 존재가 소멸한다.'

그때 수행승들이여, 비빳시 보살에게 이와 같은 생각이 떠올랐다. '무엇이 없을 때 취착이 없어지며 무엇이 소멸함으로써 취착이 소멸하는가?' 그때 수행승들이여, 비빳시 보살은 올바른 사유에서 생긴 지혜로써 이해했다. '갈애가 없을 때 취착이 없어지며 갈애가 소멸함으로써 취착이 소멸한다.'

그때 수행승들이여, 비빳시 보살에게 이와 같은 생각이 떠올랐다. '무엇이 없을 때 갈애가 없어지며 무엇이 소멸함으로써 갈애가 소멸하는가?' 그때 수행승들이여, 비빳시 보살은 올바른 사유에서 생긴 지혜로써 이해했다. '감수가 없을 때 갈애가 없어지며 감수가 소멸함으로써 갈애가 소멸한다.'

그때 수행승들이여, 비빳시 보살에게 이와 같은 생각이 떠올랐다. '무엇이 없을 때 감수가 없어지며 무엇이 소멸함으로써 감수가 소멸하는가?' 그때 수행승들이여, 비빳시 보살은 올바른 사유에서 생긴 지혜로써 이해했다. '접촉이 없을 때 감수가 없어지며 접촉이 소멸함으로써 감수가 소멸한다.'

그때 수행승들이여, 비빳시 보살에게 이와 같은 생각이 떠올랐다. '무엇이 없을 때 접촉이 없어지며 무엇이 소멸함으로써 접촉이 소멸하는가?' 그때 수행승들이여, 비빳시 보살은 올바른 사유에서 생긴 지혜로써 이해했다. '여섯 감각기관이 없을 때 접촉이 없어지며 여섯 감각기관이 소멸함으로써 접촉이 소멸한다.'

그때 수행승들이여, 비빳시 보살에게 이와 같은 생각이 떠올랐다. '무엇이 없을 때 여섯 감각기관이 없어지며 무엇이 소멸함으로써 여섯 감각기관이 소멸하는가?' 그때 수행승들이여, 비빳시 보살은 올바른 사유에서 생긴 지혜로써 이해했다. '명색이 없을 때 여섯 감각기관이 없어지며 명색이 소멸함으로써 여섯 감각기관이 소멸한다.'

그때 수행승들이여, 비빳시 보살에게 이와 같은 생각이 떠올랐다. '무엇이 없을 때 명색이 없어지며 무엇이 소멸함으로써 명색이 소멸하는가?' 그때 수행승들이여, 비빳시 보살은 올바른 사유에서 생긴 지혜로써 이해했다. '의식이 없을 때 명색이 없어지며 의식이 소멸함으로써 명색이 소멸한다.'

그때 수행승들이여, 비빳시 보살에게 이와 같은 생각이 떠올랐다. '무엇이 없을 때 의식이 없어지며 무엇이 소멸함으로써 의식이 소멸하는가?' 그때 수행승들이여, 비빳시 보살은 올바른 사유에서 생긴 지혜로써 이해했다. '형성이 없을 때 의식이 없어지며 형성이 소멸함으로써 의식이 소멸한다.'

그때 수행승들이여, 비빳시 보살에게 이와 같은 생각이 떠올랐다. '무엇이 없을 때 형성이 없어지며 무엇이 소멸함으로써 형성이 소멸하는가?' 그때 수행승들이여, 비빳시 보살은 올바른 사유에서 생긴 지혜로써 이해했다. '무명이 없을 때 형성이 없어지며 무명이 소멸함으로써 형성이 소멸한다.'

이와 같이 무명이 소멸함으로써 형성이 소멸하고, 형성이 소멸함으로써 의식이 소멸하며, 의식이 소멸함으로써 명색이 소멸하고, 명색이 소멸함으로써 여섯 감각기관이 소멸하며, 여섯 감각기관이 소멸함으로써 접촉이 소멸하고, 접촉이 소멸함으로써 감수가 소멸하며, 감수가 소멸함으로써 갈애가 소멸하고, 갈애가 소멸함으로써 취착이 소멸하며, 취착이 소멸함으로써 존재가 소멸하고, 존재가 소멸함으로써 태어남이 소멸하며, 태어남이 소멸함으로써 늙고 죽음, 우울, 슬픔, 고통, 불쾌, 절망이 소멸한다. 이와 같이 해서 모든 괴로움의 다발들이 소멸한다.

소멸하고 소멸하는 것과 함께 수행승들이여, 비빳시 보살에게 일찍이 들어보지 못한 가르침에 대한 눈이 생겨나고 앎이 생겨나고 지혜가 생겨나고 밝음이 생겨나고 빛이 생겨났다."

이상은 쌍윳따니까야 2권에 나오는 과거 24불 중 한 분에 대한 석가모니 부처님의 설법이다. 쌍윳따니까야에서 삼세 모든 부처님은 12연기로 성불한다고 하셨다. 석가모니 부처님도 보리수 아래에서 12연기 관찰로 무상정등정각을 이루셨다. 4성제에서 (대념처경에서 보았듯이) 고(苦)와 집(集)이 12연기이다. 12연기는 지금 글을 읽고 있는 독자들의 몸과 마음에서 생멸하고 있다.

현재 숨쉬고, 말하고, 생각하고, 일하는 일체처, 일체시에 조건 지워진 몸과 마음에서 무상·고·무아·공을 철견(徹見)하여 탐·진·치를 소멸할 때 성불(成佛)은 실현된다.

부처님께서는 우다나경에서 탐·진·치가 제거되면 부처라고 하셨다. 반야심경에서도 "삼세제불이 반야로 오온을 공(空)으로 볼 때 모든 고(苦)가 다한 아뇩다라삼먁삼보리(無上正等正覺)를 얻는다."고 했다.

또한 쌍윳따니까야 2권 27에서 12연기 각지를 소멸하는 방법으로 8정도(戒·定·慧)를 유일한 방법으로 제시하셨다. 첫 번째 제자 콘단냐와 마지막 제자 수밧다에게도 8정도로 생사해탈을 이루게 하셨다. 그리고 최후의 유언인 "모든 조건지워진 것은 무상하다. 방일하지 말라. 해탈을 이룰 때까지"에서 조건지워진 것이 고(苦)·집(集)의 12연기이고 불방일이 8정도(道)이고, 해탈이 열반(滅)이다.

> "길 가운데 최고의 길은 8정도요,
> 진리 가운데 최고의 진리는 4성제다.
> 최고의 경지는 해탈이고, 인간과 천상을
> 통틀어 부처야말로 최고의 성자다."

"노력하는 것은 바로 그대 자신이다.
부처는 단지 길만을 가르쳐 줄 뿐이다.
누구든지 마음챙김과 내적 관찰을 수행하면
마라(악마, 번뇌)의 묶임에서 풀려나리라."

참고문헌

한글대장경(아함부, 본연부 등), 서울, 동국대 역경원, 1967.

빨리어 아함경, London, Pali text society, 1976.

DIGHA NIKAYA(장부경), YANGON, Burma Pitaka association, 1984

南傳大藏經(아함부, 東京, 大正新修大藏經 刊行會, 昭和 46年

우.웨뿔로(Vepullo) 편역. 南方佛教 基本聖典, 東京, 中山書房佛書林, 昭和 52년

우.웨풀로(Vepullo), NANPOBUKKYO 'PALI' 日本 門司禪院, 昭和 59年

전재성 번역,   쌍윳따니까야, 서울, 한국 빨리어 성전협회, 2002

대림·각묵 번역,   아비담마길라잡이, 서울, 초기불전연구원, 2002

대림 스님,   『청정도론』, 서울, 초기불전연구원, 2005

거해 스님 편역,   법구경, 서울, 고려원, 1992.

서경수 역,   법구경, 서울, 홍법원, 1983.

법정 스님 역,   숫따니빠따경, 서울, 샘터, 1991.

고익진 편역,   한글 아함경, 서울, 동국대 역경원, 1991.

하야시마 코오쇼/강기희 역,   대열반경, 서울, 민족사, 1991

사쿠베다 하지메/이미령 역,   우다나/이티붓타카, 서울, 민족사, 1991.

운허 스님 역,   열반경, 서울, 동국대 역경원, 1986.

운허 스님 역,   화엄경, 서울, 동국대 역경원, 1986.

운허 스님 역,   능엄경, 서울, 동국대 역경원, 1974.

김재근 역,   능가경, 서울, 덕문출판사, 1978.

한정섭 역,   유마경, 서울, 법륜사, 1977.

신소천 역,   원각경, 서울, 홍법원, 1978.

돈연 스님 역,   금강경, 서울 불일출판사, 1989.

전재성 역,   금강경(티벳번역본), 서울, 백련문화재단, 1992.

박경훈 역,   대승대집지장십륜경, 서울, 동국대 역경원, 1982.

불교성전,   서울, 동국대 역경원 1991.

원효/이영무 역,   열반경종요, 서울, 대성문화사, 1984.

영명연수 스님 저, 송찬우 역,   종경록, 서울, 세계사 1990.

한길로 역,   육조단경, 서울, 홍법원, 1986.

퇴옹성철,   육조단경, 해인사, 장경각, 1990.

퇴옹성철,   신심명, 증도가, 해인사, 장경각, 1986.

퇴옹성철,   백일법문, 해인사, 장경각, 1992.

퇴옹성철,   선문정로, 해인사, 장경각, 1981.

혜암 스님,   선문촬요/달마관심론, 수덕사, 1982.

고산 스님 역,   기신론, 서울, 보련각, 1980

이평래 역,   기신론, 서울, 경전 읽기 모임, 1988.

심재열 역,   보조법어, 서울, 보성문화사, 1979.

광덕 스님 역,   선관책진, 서울, 불광출판부, 1988.

법정 스님,   말과 침묵, 서울, 샘터, 1989.

불교학개론,   서울, 동국대 편집부, 1991.

피야다시/정원 스님 역,   부처님 그분, 서울, 고요한 소리, 1992

돈연 스님,   깨달음, 서울, 경전 읽기 모임, 1987/1990.

위세제카라/이지수 역,   삼법인(The three signata), 서울, 고요한 소리, 1988.

월뿔라라훌라/전재성 역, 불타의 가르침, 서울, 한길사, 1992.

정태혁 편역,   붓다의 호흡과 명상, 서울, 정신세계사, 1991.

거해 스님 엮음,   깨달음의 길, 서울, 산방, 1991.

마쓰다니 후미오/장순용 역, 붓다의 가르침, 서울, 고려원, 1987.

백련선서간행회, 참선경어, 해인사, 장경각, 1989.

냐나포니카/재연 스님 역, 다섯 가지 장애와 그 극복방법(원본및 번역본), 서울, 고요한 소리, 1988.

석지현 스님, 불교를 찾아서, 서울, 일지사, 1988.

나가오가진/김수아 역, 중관과 유식, 동국대출판부, 2005.

Bhikku Namamoli, Visuddhi Magga(『청정도론』), Kandy Srilanka, Buddhist publication society, 1975.

E.H. Brewster, The life of Gotama the Buddha, London, Kegan Paul, Trench, Trubner, Co.Ltd. 1926.

Nynaponika Thera, The heart of Buddhist Meditation, London, Rider co. 1962.

Mahasi Sayadaw, To Nibbana via the Noble eightfold, Yango (버마), Buddhasāsananugaha, 1980.

Mahasi Sayadaw, Practical Vipassana Meditation, Yangon, Buddhasāsananuggaha, 1983.

Mahasi Sayadaw, The progress of Insight, Yangon, Buddhasā sananuggha, 1980.

Mahasi Sayadaw, Satipaṭṭana Vipassana, Yangon, Buddhasāsan anuggha, 1979.

각묵 스님, 대념처경과 그 주석서, 초기불전연구원, 2003.

Amadeo Sole-leris, Insight and Tranquility, London, Century Hutchinson Ltd. 1986.

Theerarach Mahamuni, The Path to Nibbana, Bankok, Mahadhatu Monastery, 1989.

U. Pandita, Guidance for yogis at Interview, Yangon, Buddhasās ana Nuggaha, 1982.

Sujiva, Hop on Board the ship of Mindfulness,

Penang/Malaysia, MBMC, 1990.

U.Pandita, In this very Life, Boston, Wisdom Publications, 1992.

U.Pandita,   Dhamma Discourses, Yangon, Buddhasāsananau ggaha, 1988.

U.Janaka,   Vipassana Meditation, Penang, MBMC, 1989.

Achan Naeb Vipassana Bhavana, Bankok, Boonkanjanaram, 1985.

Ton Achan Direction to Self penetration, Bankok, Rajburi, 1984.

Vajlranana Maha Thera Buddhist Meditation, Malaysia, Buddhist Missionary society, 1987.

Jackorn Field,   The Living Buddhist Masters, Santa Cruz, U.S.A. Unity Pres, 1977.

U.Silānanda,   The four foundation of Mindfulness, Boston, wisdom publications, 1990.

Nyanaponika Thera, The Five Mental Hindrances and their conquest, kandy Srilanka, Buddhist Publica tion Society, 1974.

참고한 사전

① 불교대사전, 서울, 홍법원, 1990

② パーリ語辭典, 東京, 春秋社, 1981.

③ Nyanatilock, Buddhist Dictionary, Colombo/Celon, Frewin, 1972.

④ The Palitest Society's Pali-English Dictionary, London, the palitext society, 1921.

위빠싸나 선의 의의와 전망

깨침과 닦음, 그리고 선

불교는 깨침과 닦음의 종교이다. 2,500년 전 부다가야의 보리수 아래서 새벽별을 보고 이룬 부처님의 큰 깨침은 불교의 처음이요, 끝이다. 그 깨친 바 진리를 풀어놓은 것이 불교의 모든 것이며, 그것들을 통하여 모든 사람들이 그 깨침에 돌아가려는 것이 부처님의 가르침이기 때문이다.

이러한 깨침의 종교인 불교는 단순한 이론이나 지적인 이해가 아니라, 깨침을 향한 실천 즉, 닦음을 요청한다. 따라서 진정한 불교인은 쉼없는 닦음을 통해 날로 새로워지지 않으면 아니된다.

불교의 닦음은 어떠한 것일까? 불교의 닦음은 본질적으로 '스스로' 닦는 닦음이다. 모든 사람은 스스로의 실천과 노력을 통하여 깨침에 이를 수 있다고 보기 때문이다. 부처님께서 돌아가시기 직전 제자들에게 "너 자신을 등불 삼고 진리를 등불 삼아 열심히 정진하라."는 마지막 당부도 이러한 불교적 실천, 닦음의 성격을 잘 나타낸다.

이러한 불교적 닦음의 구체적 내용이 유명한 여덟 가지 바른 실천, 즉 팔정도이다. 일체의 모든 괴로움에서 벗어나 니르바나에 이르기 위하여 바른 견해, 바른 사유, 바른 말, 바른 행동, 바른 생활, 바른 정진, 바른 관찰, 바른 선정의 여덟 가지 실천이 필요하다는 것이다. 이 여덟 가지 바른 실천이야말로 모든 불교적 실천의 원형이다. 마음공부를 기본으로 하는 선(禪) 또한 그 연원을 이 가운데서 찾지 않으면 안 된다.

팔정도 가운데 특히 마음 닦는 선법의 기본이 되는 실천은 바른 관찰, 바른 선정 즉 정념(正念)과 정정(正定)의 두 가지이다. 정정은 마음을 '하나'되게 하는 삼매의 훈련이며 정념은 마음을 밝게 하여 '비추어 보는' 것이다. 즉, 지관(止觀)이라고 할 때 지는 정정, 관은 정념을 가리킨다.

대승불교, 특히 중국에서 발달된 선 역시 그 뿌리를 정념과 정정의 실천에서 찾지 않으면 안 된다. 그러한 근본불교의 실천이 발달, 변형된 것이기 때문이다.

위빠싸나 선의 성격

위빠싸나 선은 어떠한 실천인가? '위빠싸나(vipassana)'란 관(觀)' '밝게 본다'는 뜻으로 '념(念, sati)'과 통하는 말이다. 따라서 위빠싸나 선은 정념(正念)의 실천을 가리킨다. 정념은 우리나라에서 팔정도의 다른 실천인 정사(正思)와 혼동되고 있지만, 행동하기 전의 '사유'를 가리키는 정사와는 전혀 다르다.

정념의 '념', 즉 '관'은 마음이 '밝게 비추어 봄'을 말한다. 영어로는 mindful하다, aware하다는 상태로 표현되고 있다. 따라서 위빠싸나의 '봄'은 순일한 '그저 봄'을 가리킨다고나 할까. 이 실천법은 부처님께서 가장 강조하신 마음공부로 지금까지 남방불교의 여러 나라에 전승되고 있으며 근래에는 미국을 위시한 서양에도 보급되어 널리 실천되고 있다.

위빠싸나 선은 구체적으로 무엇을 관하는가? 네 가지 관의 주제 혹은 대상이 몸, 느낌, 생각, 생각의 대상(身受心法)인 이른바 사념처(四念處)이다. 따라서 사념처관(四念處觀)인 위빠싸나 선은 쉽게 말하여 우리의 몸과 마음을 보는 실천법이다. 실제 우리의 호흡, 몸, 마음이 순간순간 어떻게 작용하는지를 '보라'는 것이다. 실천의 실제에 있어서는 자연스런 호흡의 들(入)이고 남(出)을 관하는 것을 기본으로 하여, 생각이나 느낌이 일어나면 일어나는 하나하나를 밝게 보는 단순한 훈련법이다.

그러나 위빠싸나 선은 강력한 실천법이다. 이 실천을 가르치고 있는 경(『중아함념처경』『장부대념처경』)에서 부처님께서는 이 실천이야말로 '중생의 마음을 깨끗이 하고, 걱정과 두려움에서 벗어나게 하며, 고뇌와 슬픔을 없애고, 진리를 깨달아 니르바나를 체득케 하는 유일한 길'이라고 강조하고 계신다.

여기서 우리가 주목할 것은 위빠싸나 선이 진리를 깨달아 니르바나에 이르는 제일가는 길일 뿐만 아니라, 우리들의 마음을 청정하게 하고, 걱정과 두려움, 고뇌와 슬픔에서 벗어나게 하는 훌륭한 실천법이라는 사실이다. 따라서 니르바나에 이르려는 사람은 물론, 마음을 깨끗이 하고 온갖 불안과 공포, 고뇌와 슬픔에서 벗어나려는 모든 사람들에게 열려 있는 길이 위빠싸나 선이다. 단순히 우리들 몸과 마음의 움직임을 '보는' 것으로 그러한 훌륭한 결과가 가능할까? 부처님께서 친히 체험을 통하여 확언하고 계신 말씀이므로 의심의 여지가 있을 수 없다. 누구나 실천을 해보면 알 수 있을 것이다. 그러나 이해를 돕기 위하여 어떻게 그런 것이 가능한지 근본원리를 알아보는 일도 무익하지는 않을 것이다.

첫째, 우리들 몸과 마음을 밝게 관하라는 것은 지금, 여기의 살아 숨쉬는 나의 움직임을 보라는 것이다. 우리들은 눈, 코, 귀, 입 등 오관을 통하여 바깥의 대상을 쫓아 분주하게 살아간다. 그러니까 우리의 시선은 항상 밖을 향해 치달을 뿐 '나' 자신을 보지 못하고 있다. 그러므로 바깥 것들의 모습은 이러니저러니 아는 듯 싶으나 정작 내 존재의 모습에는 어둡다.

보려는 관심조차 가지지 않으니 모를 수밖에. 위빠싸나 선은 시선을 돌려 우리 자신의 호흡, 몸, 생각이 어떻게 작용하는지를 직접 보라는 것이다. '나'의 실상은 개념이나 사유를 통해서가 아니라 이러한 실제적인 '봄'을 통하여 '아하!' 하고 깨달아질 수 있는 것이기 때문이다. 이 얼마나 직접적인 자기 이해의 길인가. '무상' '무아'라는 말은 단순한 개념이 아니라, 그러한 봄을 통하여 깨달아진 내 존재의 실상인 것이다.

둘째, 내 존재의 실상을 깨칠 수 있을 뿐만 아니라, 몸과 마음의 움직임을 '봄'을 통하여 우리의 마음은 청정해질 수 있고 온갖 번뇌망상에서 자유로울 수 있다. 우리는 마음 속에 일어나는 번뇌망상을 보는 능력이 부족하므로 그것들에 묶여 괴로움을 받는다. 그러나 '밝게 보면' 그것들은 태양 앞의 안개처럼 무산될 수밖에 없다. 번뇌망상은 어두운 기운이요, '봄'은 빛이며 광명이기 때문이다.

셋째, '봄'은 마음의 자유와 주체적인 삶의 힘이 된다. 우리는 어떤 대상을 만나 좋으니 싫으니 생각을 일으키고 그에 따라 행위를 일으킨다. 그런데 문제는 그 과정을 전혀 보지 못한 채 덜컥덜컥 말하고 행동한다. 그럴 때 우리는 그 대상에 '먹혀버린 채' 맹목적인 반응을 할 뿐이다. 즉, 그 대상이 마음에 들면 좋아라 하고, 그렇지 못하면 미워하고 짜증내고, 그러므로 마음의 자유를 상실하게 된다. 그러나 대상에 대하여 우리의 마음이 움직이는 것을 밝게 볼 수 있을 때, 우리는 보는 만큼 마음과 행위의 자유를 가질 수 있다.

예를 들어, 어떤 사람을 향하여 미워하는 마음이 생길 때 그 상태를 볼 수 있다면 그 상태에서 미워하는 마음을 비울 수도 있고, 또 필요하다면 상대방의 버릇을 바로잡아 주기 위하여 충고나 질책도 할 수 있을 것이다. 그러한 언행은 상대에 먹혀버린 채 나도 모르는 사이에 하는 부자유한 행동이 아니라 주체적이고 자율적인 행동인 것이다. 따라서 '봄'이 있는 경우와 그렇지 못한 경우는 하늘과 땅의 차이가 있다.

넷째, 위빠싸나 선은 맑고 청정한 삶의 원천이 된다. 항상 마음과 몸의 작용을 관함으로써 우리는 나의 좋지 않은 경향과 습관에 대해서도 자연히 비추어 보게 된다.

그러한 '봄'의 빛이 작용할 때 바람직스럽지 못한 생각, 행위의 경향들에서 벗어나 깨끗한 삶을 살 수 있다. '봄'을 통한 자기분석, 그를 통한 자기 교정이라 할 것이다.

위빠싸나 선의 의의와 전망

위빠싸나 선의 실천이 오늘을 살아가는 우리에게는 어떤 의의를 가질까?

첫째, 물질과 기계의 틈바구니에서 '나'를 망각하고 잃어가는 자기 상실의 깊은 늪에 빠져 있는 오늘 우리들에게 위빠싸나 선은 가장 직접적인 자기 회복의 길로 우리 앞에 다가온다. 위빠싸나 선이 제시하는 자기 회복의 길은 철저한 자기 이해의 길이다. 그 길은 맹목적인 믿음이나 관념적인 이해로써가 아닌, 생생히 살아움직이고 있는 '나'를 봄으로써 가능하다. 오늘날 서구에서 많은 지성들이 위빠싸나 선에서 삶의 슬기를 찾고 있는 현상은 결코 우연한 일이 아니다.

둘째, 이렇게 직접적인 자기 이해, 자기 회복의 길이면서도 위빠싸나 선은 전문적인 몇몇 사람에 국한된 어려운 실천이 아니라, 일반인들이 쉽게 접근할 수 있는 생활선의 특성을 가진다. 그러므로 위빠싸나 선은 누구에게나 열려 있는 길이다. 호흡을 중심으로 한 단순한 '관'의 훈련이므로 언제, 어디서나, 그리고 누구나 쉽게 할 수 있는 실천수행법이다.

끝으로, 우리나라에서 위빠싸나 선의 전망은 어떠할까? 세계는 지금 하나가 되어가고 있다. 동·서가 통하고 각기 다른 전통간에도 상호이해의 문이 열리고 있다. 따라서 불교 내의 다른 흐름 간에도 교통이 이루어지고 있다. 그동안 한국불교는 나름대로 대승의 전통 속에서 독특한 전통을 가꾸어 왔다.

그 전통의 근저에는 모든 갈래의 흐름을 묘합회통하는 강한 성격이 있다. 우리의 불교에서 소승과 대승, 선과 교가 아우르는 모습을 볼 수 있는 것도 이 때문이라 할 것이다. 실천적인 면에서 화두선 이른바 조사선이 강한 목소리를 지키고 있는 것이 사실이지만, 너무 고답적이라 대중이 접근하기 어렵다는 비판도 무시할 수 없다.

이러한 상황에서 우리는 위빠싸나 선으로 화두선의 한계를 보완하고 극복할 수 있는 기능을 기대해 봄직도 하다. 위빠싸나 선은 화두선에 비하여 점진적인 실천이며 호흡의 관을 기본으로 하는 무리 없는 선법이어서 모든 사람들이 쉽게 접근할 수 있기 때문이다. 부처님의 가르침은 본래 모든 근기의 사람을 다 포용하는 넓고 원융한 길이지 않은가.

여기서 우리가 한 가지 유념할 것은 소승에 대한 맹목적인 편견이다. 진정한 대승인 '하나인 불교[一佛乘]'는 대·소승을 각기 다른 능력과 소질의 사람들을 위한 길로 융섭하는 불교이다. 또한 가지 분명히 알 일은 정념의 실천, 위빠싸나 선은 소승이 아니다. 부처님께서 실천하셨고, 또 모든 사람들께 권장했던 근본불교의 기본실천법이라는 사실이다.

나는 평소에 이처럼 근본적인 실천이 우리나라에도 많이 소개되기를 염원해왔다. 그런데 이번에 김열권 선생의 노작으로 『부처님이 깨달음을 얻은 수행법-위빠싸나 I , II』가 불광출판사에서 나오게 된다는 소식이다. 얼마나 반가운 일인가.

더구나 그 내용을 살펴보건대 부처님께서 직접 실천하셨던 수행의 내용, 그리고 불교 수행의 요체는 물론 실제 수행의 방법 및 남방 선사들의 체험까지 담고 있어서 실로 위빠싸나 선에 대한 방대한 자료를 한데 묶고 있다.

아무쪼록 이 책이 부처님의 바른 수행을 이해하고 우리 자신
을 찾는 일에 큰 도움이 되기를 기원해 마지않는다.

전북대 철학과 교수
강 건 기

부처님이 깨달음을 얻은 수행법

위빠싸나 II

1993년 4월 10일 초판 발행
2018년 6월 8일 개정증보판 4쇄

편저자 · 김열권
발행인 · 박상근(至弘)
편집인 · 류지호

펴낸곳 · 불광출판사 (03150) 서울시 종로구 우정국로 45 -13 3층
        대표전화 420-3200 편집부 420-3300 팩시밀리 420-3400
        출판등록 제300-2009-130호(1979. 10. 10.)

ISBN 978-89-7479-539-9(03220)

© 김열권, 1993

값 18,000원